KB214907

프롤로그 "파티마의 딜레마"를 통해 저자의 간절한 소망이 내 피부 밑으로 파고들고 내 영혼에 긴 울림의 여운을 남긴다. 이제는 고인이 된 젊은 복음전도자 나빌 쿠레쉬의 삶과 글을 읽으면서 나는 사도 바울이 떠올랐다. 다메섹으로 가는 길 위에서 개종과 회심 경험을 했던 바울, 자기 민족에게 핍박을 받으면서도 그가 발견한 예수 그리스도의 길을 자기 민족과 이방인들에게 보여주려고 그토록 수고를 아끼지 않았던 바울 말이다. 1세기에 유대교를 향해 예수 그리스도의 복음을 강력하게 변증했던 바울이 있었다면, 21세기에는 이슬람교를 향해 예수 그리스도를 변증하는 나빌 쿠레쉬가 있다고 말하면 지나친 언사일까? 쿠레쉬의 글 속에는 참 하나님, 참 종교, 참 신앙, 참 구원에 대한 간절한 열망과 확신이 넘쳐난다. 이 책은 이슬람과 기독교가 근본적으로 다른 신앙(종교) 체계라는 점을 매우 논리 정연하게 변증한 탁월한 변증서인 동시에 예수 그리스도 안에 드러난 하나님의 복음에 대한 강력한 증언이기도 하다. 이슬람교의 한반도 상륙에 대해 감정적으로 대응하는 데만 익숙한 한국교회에게 이 책이 소중한 신학적 자원이 되었으면 좋겠다. 죽어서도 믿음으로 말하는 저자의 유고작이기에 진심으로 추천하는 바다.

류호준 | 백석대학교 신학대학원 구약학 교수

진리를 향한 목마름으로 어떤 위협 속에서도 전진했던 한 구도자의 증언이자 변증이 담긴 책이다. 이 책은 신실한 무슬림으로 살던 이의 눈으로 본 변증서라는 점에서 큰 매력이 있다. 진짜 하나님이 누구냐라는 도발적인 질문과 무슬림들이 선지자로 이해하는 예수를 알라와 동격에 놓은 제목의 절묘함에 탄성을 질렀다. 저자의 삶의 정황과 고민 속에서 이슬람의 주요 요소와 기독교의 본질에 대한 내용을 독자가 잘 따라갈 수 있도록 흐름을 잡아주는 친절함이 돋보인다. 무슬림을 진리이신 예수께로 인도하고자 삶을 드리는 선교 사역자들과 한국교회, 그리고 무슬림을 이웃으로 인정해야 하는 한국 사회의 모든 이들이 읽어볼 만한 책이다. 이슬람의 주요한 원리와 구성, 무슬림들이 무엇을 믿는가를 보다 쉽게 이해하게 될 뿐 아니라 예수님과 복음에 대한 저자의 멋진 변증에 반하게 될 것이다.

이대행 | 선교사, 선교한국 상임위원장

복음을 변증하는 진정한 능력은 사도적 증언에서 나오며, 그 증언은 다원적 사회를 살아가는 그리스도인들에게 선교적 대화를 위한 핵심 요소다. 이 책의 저자는 성경을 중심으로 예수의 십자가와 부활, 그리고 그분의 하나님 되심을 삼위일체적으로 설명하고 이슬람의 주장들과 비교하여 기독교의 진리를 역설한다. 삼위일체, 특히 예수 그리스도의 십자가와 부활에 관한 저자의 변증은 이슬람 선교에 중요한 함의를 제공한다. 이 책에서 저자가 역설하는 예수 그리스도에 대한 변증은 기독교 복음이 진리임을 확증하는 타당성 구조(plausibility structure)를 분명하게 입증한다. 확신하건대, 저자가 고백하는 기독교의 진리 추구의 여정은 명목상의 그리스도인들에게 엄청난 충격을 줄 것이다. 특히 복음이 진리임을 목숨을 걸고 증언할 뿐 아니라 삶으로 살아내려는 저자의 열심은, 미사여구로 치장한 말만 난무하는 오늘날 한국교회 강단과 그리스도인들의 일상생활 가운데 복음이 진정 무엇을 이야기하는가를 여실히 드러내고 있다. 이 책은 이슬람에 대한 이해뿐 아니라 기독교에 대한 이해의 지평을 넓히며, 복음의 능력을 잃어가고 있는 한국교회에 반드시 필요한 책이다.

최형근 | 서울신학대학교 선교학 교수

기독교와 다른 종교를 비교하는 것은 쉬운 일이 아니다. 비교종교학적 관점에서 객관적으로 비교할 수는 있으나 그 종교를 신앙하는 자가 아니면 종교의 주장을 정확하게 알 수 없다. 저자는 독실한 무슬림 가정에서 태어나 성장하였으며 기독교와 논쟁하기 위해 성경을 읽는 과정에서 기독교 진리를 받아들이고 개종한 그리스도인이다. 그렇기 때문에 저자는 기독교와 이슬람의 공통점뿐 아니라 차이점도 명확히 밝히면서 자신이 왜 기독교를 선택하였는가를 매우 치밀하고 설득력 있는 근거로 진술한다. 본서는 기독교와 이슬람의 차이를 밝혀 줄 뿐 아니라 기독교인들에게 익숙하여 그 의미가 희미해진 핵심 내용들을 개종한 그리스도인의 시각에서 신선하게 건져내어 증거한다.

한국일 | 장로회신학대학교 선교학 교수

No God But One: Allah or Jesus?

A Former Muslim Investigates the Evidence for Islam and Christianity

Nabeel Qureshi

무슬림이었던 구도자, 이슬람과 기독교의 증거를 조사하다

알라인가,

예수인가

누가 진짜 하나님 인가?

나빌 쿠레쉬 지음 | 박명준 옮김

새물결플러스

위대한 친구이자 완전한 바보인

데이비드 우드에게 이 책을 드립니다.

차례

❖ 감사의 말 ❖

큰 수고와 헤아릴 수 없는 많은 시간이 이 책에 투입되었습니다. 여러 어려움에도 불구하고 격려를 아끼지 않은 존더반 출판팀에 나는 큰 빚을 졌습니다. 한결같은 지지를 보내준 매디슨 트래멀, 전략적인 관점을 제시해준 제시 힐먼, 오래 참고 기다려준 브라이언 핍스, 그리고 비전의 사람 스탠 건드리가 없었다면 이 책은 나올 수 없었을 것입니다. 특별한 감사를 표합니다. 또한 통찰과 지혜, 충실한 우정을 보여준 마크 스위니에게도 고마움을 전합니다.

　이 책이 더 나은 책이 되도록 손길을 보태준 많은 이들이 있습니다. 리처드 제터, 리처드 슈마크, 매튜 토머스, 존 은조로게, 숀 하트, 벳시 던컨에게 감사를 전합니다. 집필을 위해 떨어져 지내야 했던 많은 날을 감내해준 아내 미셸의 사랑과 격려에 감사하지 않을 수 없습니다. 또한 책을 집필하는 동안 태어나 찬란한 기쁨으로 내 삶을 채워준 사랑스러운 딸 아야(Ayah)에게 고마운 마음을 남깁니다.

　마지막으로 그러나 못지않게 중요한 분으로, 이 모든 수고를 감당할 수 있도록 추진력과 방법을 부어주신 하나님께 감사를 올립니다. 이 모든 것이 그분의 영광과 그분의 백성을 위한 일이 되기를 기도합니다. 아멘.

꽃 서문 꽃

친애하는 독자께,

시간을 내어 이 책을 펼쳐 든 당신께 진심으로 감사합니다. 이 책에서 다루고 있는 주제는 나에게 그리고 나와 비슷한 처지에 있는 수백만 명의 사람들에게 단순한 정보 이상의 것입니다. 이것은 참 하나님과 참 '생명'을 찾기 위해 온 마음과 뜻을 다해 벌인 전면적인 분투입니다. 이제, 내 마음을 아프게 했지만 내 삶을 변화시킨 지난 십오 년간의 탐구를 요약하여 당신과 나누고자 합니다.

어쩌면 당신은 이슬람에서 기독교로 회심한 나의 여정을 기록한 『알라를 찾다가 예수를 만나다』(*Seeking Allah, Finding Jesus*, 새물결플러스 역간)를 이미 읽었는지도 모르겠습니다. 하나님을 찾아가는 과정에서 내가 경험한 관계, 감정, 영적 분투를 자세히 다룬 그 책은 내 이야기의 심장입니다. 반면 두 종교와 그것이 주장하는 바를 검토하고 있는 이 책 『누가 진짜 하나님인가? 알라인가, 예수인가』(*No God but One: Allah or Jesus?*)는 내 이야기의 머리입니다. 이 책을 통해서 나는 특히 다음의 중대한 두 가지에 대해 자세히 설명하고자 합니다. 이슬람과 기독교의 차이가 갖는 함의는 거대하다는 것, 그리고 역사의 증거는 기독교가 주장하는 바를 강력히 지지하고 있다는 것입니다.

"하나님", "알라", "야웨"

시작하기에 앞서, 이 책의 제목에 대해 약간의 설명이 필요할 것 같습니다. 이슬람과 기독교, 양쪽 모두 "하나님 한 분 외에 다른 신은 없다"고 믿는 일신교입니다. 하지만 그 하나님이 누구인가에 대해서는 근본적으로 다른 입장을 취합니다. 한쪽은 알라를, 다른 한쪽은 예수를 믿습니다.

아랍어 단어 **알라**는 최소한 네 가지 일반 용법으로 사용됩니다. 무엇보다 이 단어는 이슬람의 가르침을 따르는 무슬림들이 생각하는 신을 가리킵니다. 이는 아무에게도 놀랍지 않은 사실입니다. 두 번째 용법은 포괄적인 의미로 단순히 신을 의미합니다.

영어에서 '신'(God)이라는 단어와 마찬가지로, 이 경우 알라는 반드시 특정 종교의 신일 필요가 없습니다. 여기까지는 그렇다 치고, 다음의 두 용법은 놀라울 수 있습니다. 아랍어를 말하는 많은 그리스도인들은 기독교의 삼위일체 하나님을 뜻하는 말로 **알라**라는 단어를 사용하며, 또한 때때로 그들은 삼위일체의 첫 위격인 성부 하나님을 일컫는 말로 이 단어를 사용합니다.

보다 복잡한 문제는 종종 그리스도인들이 삼위일체 하나님의 위격을 분명하게 구분하지 않는다는 점입니다. 따라서 그들이 "예수는 하나님이다"라고 말한 뒤 곧이어 "예수는 하나님의 아들이다"라고 말할 때 그들의 무슬림 친구들은 혼란스러울 수 있습니다. 엄밀히 말해서 두 진술 모두 틀림없는 교리이지만, **하나님**이라는 단어를 맞바꿔 사용함으로써 혼란이 초래됩니다. 그들의 무슬림 친구들은 이 말에 "그렇다면 예수는 자기 자신의 아들입니까?" 하고 반응할지 모릅니다. 그들이 설명을 요구하는 게 마땅합니다.

이 책에서 나는 이 단어들을 사용하는 방식에 세심한 주의를 기울일 것입니다. 명시적으로 무슬림들의 하나님을 의미할 때는 **알라**를, 삼위일체의 세 위격을 함께 언급할 때는 **야웨**를, 그리고 일반적 의미나 의도적으로 모호한 표현이 필요한 때에는 **하나님**이란 단어를 사용할 것입니다. 삼위일체의 위격을 구별하여 언급할 때는 **성부, 성자, 성령**이란 용어를 사용하겠습니다. 마지막으로, 만일 이 단락이 어렵게 느껴진다면, 이 책을 읽는 것이 당신에게는 정말 다행스러운 일입니다. 부디 시간을 내어 2부('일위일체인가, 삼위일체인가')를 살펴보기 바랍니다.

의미를 정의하는 문제

종교와 관련된 토론에서 가장 어려운 문제 중 하나는 용어를 정의하는 일입니다. 어떤 사람들이 "이슬람"이라는 말을 할 때 기본적으로 그들은 무슬림 친구가 믿고 따르는 신앙을 뜻하는 것입니다. 하지만 무슬림 친구가 실천하는 이슬람교의 모습과 사우디아라비아의 이맘(이슬람교의 지도자)이 실천하는 이슬람교의 모습은 매우 다르게 보일 수 있는데, 이 경우 어느 쪽이 이슬람을 더 정확하게 대변하는지 어떻게 분별할 수 있을까요? 이슬람을 따른다고 주장하는 여러 교단과 분파가 있는데, 그들이 정말로 무슬림인지 아닌지 어떻게 알 수 있을까요? 혹시 우리는 자신이 무슬림이라고 말하는 이들 모두가 이슬람을 대변한다고 가정하고 있지는 않은지요? 그렇다면, 이슬람국가(ISIS) 같은 테러리스트 집단이 분명 무슬림을 표방하지만 사실은 이슬람을 대변하지 않는다고 하는 주장을 우리는 어떻게 다뤄야 할까요?

이는 보기보다 훨씬 어려운 문제입니다. 하지만 의미가 표류하는 것을 막기 위해 최소한의 용어의 정의를 규정할 필요가 있습니다. 나는 어떤 종교 단체를 정의할 때는 역사의 눈으로 보아야 한다고 생각합니다. 단체의 전통으로 내려오는 이야기 속에서 초기 형성기에 그 단체에 고유한 정체성을 부여하고 다른 단체와 구별되게 만든 점은 무엇이었는가? 무슬림들의 경우, 무함마드가 예언자이며 그의 가르침만을 알라의 계시로 따르겠다고 동의하는 것이 핵심입니다. 이 책에서 우리는 이것을 행하는 모든 이들을 무슬림으로 볼 것이며, 이슬람의 초기 정체성 형성기에 무함마드가 가르친 바를 이슬람교로 볼 것입니다.

똑같은 논리를 적용하여, 초기 형성기에 그리스도인들은 히브리 성경(구약)의 하나님을 믿음으로써 그리스-로마 사회와 구별되는 자신만의 정체성을 확립했습니다. 하지만 그리스도인들은 그리스도의 부활을 놓고서 다른 유대인들과 구분되었는데, 그들은 예수 그분이 적어도 어떤 의미에서는 히브리 성경의 하나님이라고 믿었습니다. 따라서 히브리 성경의 유일신을 믿을 뿐 아니라 부활하신 예수를 하나님으로 믿고 따르는 이들을 나는 그리스도인이라 여깁니다. 그렇다면 기독교란 초기 정체성 형성기에 사람들이 이해한 예수의 가르침 위에 세워진 것이라고 할 수 있을 것입니다.

마지막 생각과 닫는 기도

이 책은 지난 십여 년 동안 내가 숙원하던 것이었습니다. 그 시간 동안 나는, 간절히 하나님을 찾되 이슬람 논증과 기독교 논증 사이에서 이러지도 못하고 저러지도 못하고 있는 수천 명의 사람들을 만났습니다. 내게 편견이 없다고 말하지는 않겠습니다. 하지만 이 논쟁의 양쪽에 모두 서봤던 나로서는 그 모든 주장을 헤쳐 나가고자 애쓰는 것이 얼마나 버거운 일인지 잘 압니다. 기도하기는, 이 책이 고단한 추구의 여정 중에 있는 많은 이들에게 가 닿아서, 한 분 참 하나님의 제단 앞으로 그들을 인도해준다면 더 바랄 게 없겠습니다. 그가 당신이라면, 내가 당신을 위해 기도하고 눈물 흘렸음을, 그리고 이 책이 당신을 위해 쓰인 책이라는 것을 기억해주십시오.

만일 당신이 개인적 추구의 여정에서 이 책을 만난 것이 아니라 새로운 것을 알기 위해 이 책을 펼쳐 들었다면, 읽기를 잠깐 멈추고, 하나님을 알기 위해 애쓰며 이슬람과 기독교 사이에서 분투하고 있는 이들을 위해 기도해주십시오. 하나님께서 그들을 만나주시기를, 하나님께서 당신을 구비시켜서 그들의 여정에 함께 하도록 해주시기를 기도하기 바랍니다.

우리가 구하거나 상상하는 것 이상으로, 측량할 수 없는 방식으로 일하시는 온 우주의 야웨 하나님! 구하옵나니, 주님 당신께 이 책을 드리오니 당신을 드러내시고 영광을 받아주소서. 인생들을 건지시고 이 세상을 변화시켜주소서. 많은 이들로 당신을 아는 구원의 지식에 이르게 하시고, 당신과 그들의 마음에 충만한 기쁨을 주는 관계 속으로 들어가게 하소서. 예수님의 이름으로 기도합니다. 아멘

파티마의 딜레마

"회개해! 너는 신을 모독했어!"

파티마의 오빠는 분노로 들끓고 있었다. 오빠의 말이 여전히 파티마의 머릿속에 울려 퍼졌다. **회개해! 너는 신을 모독했어!** 위협이 가득한 말이었다. 신성모독에 따르는 처벌은 죽음이었다. 그녀가 정말 신을 모독했던가? 그럴 의도는 없었다. 격해진 말다툼 끝에 무심코 몇 마디 던졌을 뿐인데…하지만 이제 어떡한다? 어쩌다 이런 일이 벌어진 걸까? 그녀는 혼신의 힘을 다해 생각을 가다듬었다. 목숨이 달린 일이었다.

파티마는 묻었던 두 손에서 고개를 들어 컴퓨터를 바라보았다. 은밀한 생각과 내면의 갈등을 털어놓던 곳, 새로운 생각을 토론하고 그녀에게 귀 기울이는 이들과 의견을 나누던 곳. 컴퓨터는 친구들과 자유를 향해 열려 있는 그녀의 창이었다.

하지만 오늘 들통이 난 것은 컴퓨터 때문이었다. 그 결과, 파티마는 몇 시간째 자기 방에 갇혀서 목숨을 부지할 수 있을지 염려하고 있었다. 오빠가 언제 들이닥칠지 알 수 없었고, 회개하지 않으면 그것으로 끝일 수 있었다. 생각해야 했다. 신속하고 분명하게 사태를 파악해야 했다.

비록 컴퓨터 때문에 들통이 나기는 했지만 그럼에도 의지할 데는 여전히 컴퓨터뿐이었다. 전에 여러 번 했던 것처럼, 파티마는 해결 방법을 찾기 위해 노트북 컴퓨터로 돌아갔다. 그리고 아랍 동호회에 로그인하여 게시글을 쓰기 시작했다.

─

작성 시간: 2008년 7월 24일, 오전 5시 15분
작성자: 라니아

파티마는 수년째 '라니아'라는 필명을 사용하고 있지만 동호회에서는 그녀를 잘 알고 있었다. 실은 그녀가 스물여섯 살의 사라 파티마 알-무타이리이며, 활기 넘치는 젊은 여성이고, 열정적인 교사이며, 조국 사우디를 사랑하고, 최근 기독교로 회심한 것까지 알고 있었다.

카심 지방 출신의 파티마 가족은 명문가 베두인족으로서 조상 대대로 내려오는 신앙인 이슬람교에 입각해 그녀를 키웠다. 독실한 딸을 원했던 그녀의 엄마는 그녀가 어린 나이임에도 코란 학교에 등록시켰고, 파티마는 이슬람 신앙을 매우 진지하게 받아들이게 되었다. 코란을 배우기 시작했고, 머리카락이 드러나지 않도록 '히잡'(머리 가리개)을 둘렀으며, 일주일에 두 번씩 금식했다. 그녀는 종교적 열심이 이내 가족들을 앞지르기 시작했으며, 텔레비전과 세속 음악을 멀리했고 나중에는 그런 열정 때문에 친구들마저 포기했다.

파티마의 어머니는 걱정이 되었다. 신실한 딸이기를 바랐던 것이지 광신적인 딸을 원했던 것은 아니었다. 그녀가 아는 이슬람은 이런 것이 아니었다. 그녀는 자신의 결정을 후회하며 파티마를 코란 학교에서 빼내어 공립학교에 등록시켰다.

이후 수년을 지내면서 파티마의 삶은 정상으로 돌아왔다. 하지만 신앙적 열심은 사그라들지 않았다. 그녀는 불가지론자와 배교자들을 상대로 온라인 토론을 벌이며 그들의 공격으로부터 자신이 사랑하는 예언자와 자신의 신앙을 수호했다. 이러한 대화 과정에서 그녀는 이슬람교의 역사와 신학을 세심하게 조사했고 아무리 꼬치꼬치 따져도 자신의 신앙은 흔들리지 않으리라 자신했다. 하지만 이러한 논쟁을 하던 중 그녀는 고뇌와 절망 속에 자신이 더 이상 이슬람을 따를 수 없다는 것을 깨달았다. 그녀는 며칠 동안 식음을 전폐했고, 침체에 빠졌고, 결국에는 무신론자가 되었다.

하지만 그 뭔가가 이것은 답이 아니라고 말하고 있었다. 그녀는 처음부터 다시 하나님을 찾기 시작했다. 이번에는 그분의 도움을 구했다. 그때 우연히 복음서, 그중에서도 마태복음을 알게 되었다. 복음서는 그녀를 사로잡았다. 네 번을 읽었고, 산상수훈에서 가장 감동을 받았다. 수개월에 걸쳐 숙고하고 탐사한 끝에, 그 메시지를 받아들였다. 그녀와 연결된 기독교 공동체는 그녀에게 새로 갖게 된 신앙을 비밀로 해두라고 조언했다. 사우디아라비아에서 이슬람을 떠난다는 것은 곧 죽음을 뜻하기 때문이었다. 열정적이고 솔직한 파티마로서는 어려운 일이었지만, 그녀는 자신이 회심했다는 사실을 모두에게 숨긴 채, 자신의 은밀한 생각을 컴퓨터에 남겼고 기독교 공동체와 온라인으로 대화를 나눴다.

절망의 순간, 지금 파티마가 돌아간 곳은 그 온라인 공동체였다. 잠깐 생각을 가다듬고 그녀는 게시글의 제목을 달고 글을 이어갔다.

———

작성 시간: 2008년 7월 24일, 오전 5시 15분

작성자: 라니아

제목: 큰 어려움에 처했습니다

본문: 우리 주님, 우리 하나님, 메시아이신 예수님의 평화가 있기를 빕니다. 큰 어려움에 처했습니다. 오늘 저녁에 엄마, 오빠와 신앙 논쟁을 벌인 뒤로 가족들이 나를 의심하기 시작했습니다. …

그녀의 오빠. 파티마는 그와의 논쟁이 얼마나 위험한지를 동호회에 설명할 필요가 없었다. 그녀의 오빠는 한 가정에서 그녀와 비슷하게 시작했지만 이후 인생은 아주 다르게 흘러갔다. 어린 시절부터 열렬한 이슬람 신자였던 그는 이후 열광적인 신자가 되었다. 결국에는 시민들의 엄격한 이슬람 신앙 준수를 목표로 설립된 사우디아라비아의 종교 경찰인 '미덕 증진 및 부패방지 위원회'에 가입했다. 많은 무슬림들이 전반적으로 교조적인 사우디아라비아의 이슬람 신앙 형태와 구체적으로는 이 위원회와 관련해서 문제를 제기하고 있지만, 파티마의 오빠 같은 열혈 청년들에게 종교적 엄격성은 매력으로 작용하는 게 현실이다.

자판 위에 손가락을 올리고 그날 저녁에 있었던 끔찍한 사건을 복기하려고 하자 말이 쏟아져 나왔다. 마음이 약해져 있던 파티마는 이슬람교에 종교의 자유가 부족하다고 불평했노라 설명했다. 가족들이 해명을 요구했을 때 그녀는 무심결에 이렇게 말했다. "메시아의 길이 예언자의 길보다 순결해. 그 둘 사이에는 엄청난 차이가 있다고!" 그러자 오빠가 득달같이 화를 내며 으름장을 놓았다. "회개해! 너 지금 신을 모독한 거야!" 파티마는 사과하려 했지만, 그녀의 방으로 달려간 오빠는 그녀의 노트북 컴퓨터를 가지고 나오더니 파일을 뒤지기 시작했다. 거기서 그는 파티마의 일기와 그녀의 기독교 신앙고백, 그리고 십자가 그림을 발견했다.

의심이 확증되었다. 그의 눈은 적의로 이글거렸다. 네 시간을 줄 테니 네가 한 짓을 생각해보라는 말을 남기고 오빠는 떠났다.

회개해! 너는 신을 모독했어!

게시글을 마무리하면서 파티마는 간단한 요청을 남겼다. "오빠의 눈빛이 무서웠습니다. 오빠를 믿을 수 없어요. 나를 위해 기도해 주세요, 부탁입니다.…"

네 시간이 지났다. 오빠는 언제라도 들이닥칠 수 있었다. 파티마는 선택을 해야 했다. 회개하고 이슬람의 품에 안길 것인가, 생명을 잃을지도 모를 기독교 신앙을 굳게 붙들 것인가? 이슬람인가, 기독교인가?

이슬람인가, 기독교인가?

이 질문에 파티마의 모든 것이 달려 있었다. 확신의 정도와 무관하게, 죽음의 위협 앞에서 순간 그녀는 자신이 정말 얼마나 확신하고 있는지 생각했는지도 모른다. **메시아의 길과 예언자의 길이 진짜 완전히 다른가? 이런저런 종교가 진리라고 정말 확신할 수 있을까? 그렇다 하더라도, 그 진리는 목숨을 걸 만한 진리일까?**

매년 수백만 명의 사람들이 파티마와 같은 딜레마에 직면한다. 이슬람을 따를지 기독교를 따를지, 알라를 섬길지 예수를 섬길지. 세속 사회에 살거나 명목상 종교적인 사회에 살지 않는 이상, 파티마와 마찬가지로 그의 처지는 아주 위험하다. 그는 가족이나 친구, 직업뿐 아니라 최악의 경우 목숨까지 잃을 수 있다. 이러한 추구자들에게 중요한 것은, 무엇이든 옳게 보이는 것을 믿는 것이 아니다. 그들은 확신이 필요하다. 어떤 희생이 따르더라도 붙들 만한 가치가 있다는 확신 말이다.

나의 경우를 말하자면, 결심하고 이슬람을 떠난 지 10년이 되었지만 그 결정의 여파는 아직도 매일 나를 힘들게 한다. 회심하기 훨씬 전부터 이렇게 될 줄 알고 있었지만, 그럼에도 나한테는 확신이 있었다. 이슬람과 기독교가 한 하나님께로 가는 두 개의 길이 아니라 서로 다른 곳으로 가는 전혀 다른 두 개의 길이라는 확신, 복음을 믿을 만한 더할 나위 없는 역사적 근거가 있다는 확신, 비록 내가 이슬람을 사랑하지만 그 토대를 근본적으로 허무는 문제들을 외면할 수 없다는 확신 말이다.

그러나 무엇보다도, 한 분 참 하나님을 따르는 것은 어떠한 시련과 고통이 있더라도 감내할 만한 가치가 있다는 확신이 있었다. 어떠한 대가를 치르더라도, 증거와 진리를 따라야 했다.

2005년에 나는 스물두 해 동안 믿어온 나의 신앙을 떠나 예수님을 따르기로 했다. 2009년에 의과대학을 졸업하고서는 기독교의 복음 메시지에 관해 내가 깨달은 바를 사람들과 나누기 위해 의료계를 떠나기로 결심했다. 나는 이 메시지 안에 사람들의 마음을 변화시키고 세상을 변혁시키는 능력이 있음을 진심으로 믿는다. 복음이 선포하는 하나님은 다른 어느 신과 같지 않아서, 우리가 그분의 이야기에 동참하여 그분을 사람들에게 소개할 수 있음은 측량할 수 없는 영예가 아닐 수 없다.

이 메시지를 나누는 과정에서 나는 두 종류의 사람들을 종종 만난다. 한 부류는 이슬람 비판을 즐기는 그리스도인들이고, 다른 부류는 주장은 잘하지만 배우려고는 하지 않는 무슬림들이다. 나는 그들을 염두에 두고 이 책을 쓰지 않았다. 오히려 내가 염두에 둔 이들은 다음의 질문들에 대한 답변을 필요로 하는─파티마와 내가 그랬던 것처럼─사람들이다.

  * 이슬람과 기독교의 차이는 무엇인가?
  * 기독교나 이슬람이 진리라고 확신할 수 있는가?
  * 그 진리는 목숨을 걸 만한 진리인가?

이 질문들에 대답하기까지 나는 4년이 걸렸다. 그리고 다시 10년 넘게 연구할 정도로 여전히 내게 중요하게 남아 있다. 이 책은 내가 내놓는 간략한 답변이다. 내가 발견한 내용을 나눈 뒤, 우리는 똑같은 질문에 파티마가 어떻게 응답했는지 볼 것이며 그녀의 인생이 어떻게 바뀌었는지 목도하게 될 것이다.

이슬람과 기독교,
무엇이 다른가?

2005년 8월, 나는 인생에서 가장 뼈아픈 깨달음을 얻었다. 내가 더 이상 이슬람을 믿지 않고 있음을 깨달은 것이다. 더 의지할 게 남아 있지 않았고, 여러 해 동안 싸우며 발견한 뜻밖의 결론을 더는 외면할 수 없었다.

어릴 때 나는 이슬람을 사랑하도록 배우며 자랐다. 코란의 여러 장을 기쁘게 외웠고 매일마다 기도 시간에 그 말씀을 암송했다. 해마다 찾아오는 라마단 기간 동안 가족과 함께하는 금식을 고대했거니와, 이른 새벽에 드리는 기도와 해가 진 다음 공동체가 함께하는 식사에 마음이 설렜다. 확대 가족과 더불어 양대 축일(이드[Eid])을 간절히 기다렸다. 나의 온 삶이 이슬람을 중심으로 돌아갔고, 물려받은 무슬림 유산을 나는 자랑스럽게 여겼다.

모순된 말이지만, 내 신앙을 한계에 이르게 한 것은 다름 아닌 이슬람에 대한 나의 확신이었다.

2001년에 학부 생활을 시작한 직후, 나는 대학에서 만난 한 그리스도인 친구에게 이슬람의 진리를 진지하게 생각해보라고 도전했다. 나는 여러 모스크에서 그리고 무슬림 권위자들로부터 들은 논증을 활용하여 이슬람 교리가 검증 가능한 사실이며 기독교 교리는 검증 가능한 오류라고 주장했다. 그때 친구가 보인 반응이 결국 4년 동안 이어진 연구와 조사로 나를 이끌었다. 그 과정에서 내가 번번이 발견한 사실은, 기독교 교리가 아무리 역사적 시험을 받더라도 흔들림이 없다는 것이었다. 내가 평생 동안 믿어 온 반(反)기독교 논증은 오류투성이에 빈약했지만, 기독교는 견고했다.

그러나 나의 세계를 뒤흔들고 나를 철두철미 당황스럽게 한 것은 그다음에 일어난 일이었다. 친구는 내가 기독교 교리에 반대하기 위해 사용했던 것과 똑같이 비판적인 기준을 사용하여 이슬람에 도전했다. 견실한 조사의 무게를 견디지 못하고 이슬람의 토대는 허물어지고 말았다.

2005년 여름 무렵, 나는 내가 더 이상 '샤하다' 곧 "알라 외에 다른 신은 없고, 무함마드는 알라의 사도다"라는 무슬림의 신앙고백을 믿지 않고 있음을 깨달았다. 샤하다 고백은 무슬림에게 요구되는 최소한의 의무인데, 그것을 믿지 않게 된 것이다. 나는 믿고 싶었다. 절실하게. 내가 사랑한 모든 것, 그러니까 가족과 친구, 문화, 전통, 유산 등 이 모두가 이슬람 안에 있었기 때문이다. 이슬람을 떠난다는 것은 내가 알던 모든 것을 희생하는 일이자, 내가 가장 사랑하는 사람들을 비탄에 빠뜨리는 일이 될 터였다.

한편 기독교는 내게 아무런 매력이 없었다. 우리 가족은 그리스도인이 아니었고, 내게 그리스도인 친구는 세 명뿐이었으며, 내가 교회에 가본 몇 번의 경험은 좋지 못한 기억만 남겼고, 나는 성탄절과 부활절이 이교 전통이라 생각했으며, 내가 그리스도인이 될 수 있다고는 정말 생각조차 해보지 못했다. 나는 기독교를 믿고 싶은 마음이 없었다. 조금도.

그러나 너무 늦었다. 나는 기독교가 참임을 이미 알고 있었고, 정직하게 샤하다를 고백할 수 없었기에 스스로 무슬림이라고 할 수 없었다. 유일하게 남은 질문은 내가 마지막 발걸음을 내딛어 믿음으로 나아갈 것인가 하는 것뿐이었다. 거부할 수 없는 증거를 발견한 것과 그 증거에 근거해 믿음으로 행동하는 것은 별개의 일이다. 선택의 대가가 실제 감당할 수 없을 정도일 경우, 특히 그렇다.

2005년 8월 24일, 더 이상 버틸 수 없던 나는 예수님 앞에 무릎을 꿇고 그분께 내 믿음을 고백했다. 가족들은 큰 충격에 빠졌고, 다음 1년은 내 인생에서 가장 괴로운 한 해였다. 이제 나는 가족들뿐 아니라 이슬람 공동체의 모든 친구들에게 외부인이었다. 몇 주 후 첫 번째 살해 위협을 받았다. 그때로부터 10년이 지난 지금도 이따금 살해 위협을 받고 있고, 옛 친구들을 되찾지 못했으며, 가족들은 완전히 달라졌다. 나는 내가 내린 결정의 뼈아픈 결과를 매일 느끼고 있다.

그래서 이슬람과 기독교가 기본적으로 똑같다고 말하는 사람들을 볼 때면 나는 못 믿겠다는 반응을 애써 누르곤 한다. 이슬람과 기독교가 같은가? 우리 부모님은 분명 그 말에 동의하지 않으며, 내가 잃은 친구들 중 어느 누구도 그렇게 생각하지 않는다. 그런 뻔한 말을 하는 것은 이슬람을 떠나 기독교로 돌아왔거나 혹은 그 반대로 돌아간 수십만의 회심자들의 뺨을 때리는 것과 다름 없다.

두 종교는 다를뿐더러 그 차이가 일으키는 파장은 내가 회심할 때 알았던 것보다 훨씬 더 어마어마하다. 나는 두 종교의 역사적 교리가 다르다는 것을 알고 있었다. 하지만 교리는 그저 진공 상태에서 존재하는 게 아니다. 그것은 우리가 세상을 보는 방식에 영향을 끼치고, 우리가 세상을 보는 방식은 다시 우리의 존재를 바꾸어 놓는다.

예를 들어, 앞으로 '알라'라고 부를 무슬림들의 신 개념은 그리스도인들의 신 개념과 다른 특성을 가지고 있다. 물론, 가장 두드러지는 점은 알라는 삼위일체가 아닌 반면 기독교의 하나님은 성부, 성자, 성령의 삼위로 존재한다는 것이다. 하나님의 위격에 대한 개념은 이슬람과 기독교 사이에 괴리가 얼마나 큰지를 드러낸다. "예수는 하나님이다"라는 기독교의 기초 명제는 평균적인 무슬림들에게 신성 모독으로 인식된다. 두 종교 모두 하나님 한 분 외에 다른 신은 없다고 가르치지만, 그분이 어떤 분이신가에 대해서는 하나님의 위격에 대한 개념에서부터 두 종교가 현저하게 다르다는 게 드러난다.

우리가 하나님을 어떤 분으로 생각하는가 하는 것은 그분이 창조하신 세상을 보는 관점에 지대한 영향을 끼친다. 하나님이 인간을 창조하신 이유는 그들과 친밀한 관계를 맺기 위해서인가, 그들을 시험하기 위해서인가? 하나님은 인간을 그분의 종으로 보시는가, 그분의 자녀라 생각하시는가? 하나님은 우리가 사랑에 초점을 맞춰서 살기를 원하시는가, 율법에 맞춰서 살기를 원하시는가? 저 세상의 삶에 대해 하나님은 어찌 될지 알 수 없는 심판을 불안한 마음으로 기다리라고 말씀하시는가, 그분의 은혜를 믿고 기뻐하라고 말씀하시는가? 하나님에 대한 이슬람과 기독교의 관점은 서로 다른 대답으로 이어지고, 각각 어떤 대답을 하는지에 따라 자신에 대한 관점뿐 아니라 다른 이들과 우리 주위의 세상을 바라보는 관점이 바뀐다.

무슬림과 그리스도인 모두 하나님 한 분 외에 다른 신은 없다고 믿는다. 그런데 그 하나님은 알라인가, 예수인가? 내 개인의 경험을 근거로 진실하게 말할 수 있거니와, 이 질문에 어떤 대답을 하느냐에 따라 우리는 완전히 다른 존재가 되는 것이다.

1부

샤리아인가, 복음인가?
서로 다른 해결책

1장

생명으로 인도하는 길

젊은 대학생이었던 나는 신앙에 대한 다양한 관점이 거대한 파도처럼 일렁이는 우리 대학에서 나 자신이 이슬람을 대변하는 목소리가 된 것이 자랑스러웠다. 비판적 사고가 장려되는 환경 속에 있다는 점에서 사고의 다양성은 아름다웠다. 우리가 자신의 사상과 견해를 제시하면, 다른 이들은 우리의 견해에 도전할 수도 있고 거기서 어떤 통찰을 얻을 수도 있었다. 그것은 그들의 자유였다. 그리고 그런 비판적 과정을 거치면서 우리의 사고는 정교해졌다. 관용은 언제나 사람들을 용납한다는 의미였지, 그들의 생각까지 항상 받아들인다는 뜻은 아니었다.

한 학우가 몹시 소중히 여기는 신념에 도전하는 과정에서 우리는 단짝 친구가 되었다. 데이비드 우드는 나와 같이 올드 도미니언 대학의 토론과 웅변 동아리에 있었는데, 그가 성경을 읽는 모습을 보고 나는 주저 없이 성경의 신빙성과 보존에 의문을 제기했다. 우리 두 사람 모두 하나님과 진리에 대한 열정이 있었기에 서로 관점은 매섭게 부딪쳤지만 마음은 금세 통했다. 근본적인 문제에 있어서 여지없이 생각이 달랐던 우리는 종종 같은 수업을 수강하면서 강의실 뒷자리에 앉아 토론을 이어가곤 했다.

그런데 동아리 규모가 커지면서 다른 견해들이 우리의 토론에 끼어들면서 어떤 뜻밖의 경향이 드러났다. 첫 번째는, 토론팀 동료인 불가지론자 마리가 우리의 토론을 넘겨듣고 끼어들었을 때였다. 데이비드와 나는 한 편이 되어 서로 마음을 맞춰 마리의 견해에 맞섰다. 두 번째는, 불교를 믿는 친구 재크가 자신이 불교도인 이유를 제시했을 때였는데 그때 데이비드와 나는 똑같은 근거로 재크의 견해에 반대했다. 다른 세계관을 가진 사람들과 토론을 벌일 때면 이슬람과 기독교의 유사점이 잘 드러났다.

방대한 종교의 스펙트럼에서 이슬람과 기독교가 서로 가깝다는 데는 의심의 여지가 없다. 이슬람과 기독교는 지구상에서 유일신을 믿는 가장 큰 양대 종교로서 서로 유사점이 많다. 양쪽 모두 온 우주를 통치하고 계신 영원하고 전능하고 전지하신 하나님에 대해 가르친다. 그 하나님이 한 남자와 한 여자를 통해 온 인류를 창조하셨지만 인류는 그분께 등을 돌렸다. 두 종교 모두 부활과 최후 심판의 날이 있음을 가르친다. 그날이 이르기 전에 하나님을 찾아 그분을 따르는 것이 무엇보다 중요하다.

하지만 이슬람과 기독교의 유사점은 일신교라는 장식을 넘어 훨씬 깊이 들어간다. 양쪽 모두 스스로를 아브라함의 자손이라 주장하고, 양쪽 모두 하나님께서 인류를 당신께 돌이키게 하려고 인간 및 천사를 사자로 보냈다고 가르치며, 양쪽 모두 하나님께서 사람들을 인도하기 위해 신적 영감이 담긴 경전을 주셨다고 가르치고, 양쪽 모두 사탄은 속이는 자이며 방심한 자들을 잘못된 길로 이끈다고 가르치며, 양쪽 모두 신자는 헌신적으로 타인을 돌봐야 하며 믿지 않는 이들에게 진리를 선포해야 한다고 가르친다.

가장 놀랄 만한 공통점은 아마 예수에 대한 존중일 것이다. 이슬람과 기독교 모두 예수가 동정녀에게서 태어났고 어느 누구보다 놀라운 기적을 행했다고 가르친다. 예수가 문둥병자를 깨끗하게 했으며 눈먼 자를 고쳤고 심지어 죽은 자를 살렸음은 성경과 코란 모두 가르치는 바다. 참으로 두 책 모두 예수가 메시아라고 가르치며, 그리스도인들과 마찬가지로 무슬림들도 그의 재림을 기다린다.

따라서 이슬람과 기독교 사이에 공통점이 많다는 점에는 이론의 여지가 없다. 이를 무시한다면 치우친 것이다. 대학교 때 데이비드와 내가 목격했다시피 무신론에서 범신론에 이르는 허다한 세계관을 고려해볼 때 특히 그렇다.

생명으로 인도하는 길: 율법인가, 사람인가?

그러나 유사점이 많다는 것이 곧 차이점이 중요하지 않다는 뜻은 아니다. 인간과 침팬지는 95퍼센트의 유전자를 공유하고 있으니,

서로 다른 나머지 5퍼센트가 어마어마하게 중요한 것이다! 이슬람과 기독교도 마찬가지다. 둘은 많은 공통 유전자를 갖고 있지만 그 표현형은 확연히 다르다.

가장 큰 차이가 드러나는 부분은 각 종교가 가르치는 궁극적인 메시지다. 이슬람에 따르면, 천국에 이르는 길은 율법 규범인 샤리아다. 그것을 따르면 알라를 기쁘게 하고 알라의 호의를 얻는다. '샤리아'는 문자 그대로 번역하면 "그 길"이다. 기독교 메시지인 복음에 따르면, 영원한 생명에 이르는 길은 예수다. 예수는 말했다. "내가 곧 길이요 진리요 생명이니 나로 말미암지 않고는 아버지께로 올 자가 없느니라"(요 14:6). 이슬람에서는 샤리아가 길이고, 기독교에서는 예수가 길이다.

어떻게 생명에 이르는 길이 한 종교에서는 율법인 데 비해 다른 종교에서는 한 사람에 대한 믿음일 수 있을까? 이를 이해하기 위해서는 샤리아와 복음을 비교해봐야 한다.

2장

샤리아와 복음의 비교

이슬람 세계관

'이슬람'이란 말은 "복종"이란 뜻으로, 이슬람교의 명백한 메시지는 정확히 다음과 같다. 즉 인간은 하나님의 주권적 의지에 모두 복종해야 한다. 우주의 운명을 예정한 알라는 자신을 예배하게끔 하려는 구체적인 목적으로 인류를 지었다(코란 51:56). 인류를 인도하기 위해 알라는 예언자들을 모든 사람에게 보내어 그들을 무지에서 이끌어내게 했다(코란 4.163-165).

여기서 주목해야 할 중요한 점이 있는데, 이슬람에서 이해하는 '예언자' 개념은 성경에서 말하는 것과 같지 않다는 점이다. 이슬람에서 예언자는 인류를 이끌기 위해 하나님으로부터 선택받은 사람으로서 다른 모든 사람보다 높은 지위를 가진다. 코란에서 예언자는 신의 선택을 받은 지도자를 뜻하며 꼭 예언하는 사람일 필요는 없다.

코란에서 아담은 첫 번째 예언자로 여겨지지만 노아, 아브라함, 이스마엘, 이삭, 야곱, 욥, 모세, 요나, 아론, 솔로몬, 다윗, 예수도 역시 예언자로 언급된다(코란 4:163). 이들 모두가 알라에게 복종함으로써 복종(즉 이슬람)을 실천한 것이다. 그래서 이들은 복종하는 사람들(즉 무슬림)로 여겨진다. 그리고 이들 예언자들을 따라 알라께 복종하는 모든 이들 또한 무슬림으로 여겨진다. 설령 그들이 무함마드보다 여러 세대 전에 태어났더라도 마찬가지다.

알라는 각 예언자에게 필요하고 감당할 만큼의 계시를 보여주었다. 예컨대, 파라오에 맞서 저항해야 했던 모세의 백성에게 알라는 "눈에는 눈, 이에는 이"라는 지침을 계시해주었다. 하지만 평화가 필요했던 예수의 백성에게는 "다른 쪽 뺨도 돌려 대라"고 가르쳤다. 모세와 예수 모두 다른 예언자들과 마찬가지로 하나님의 말씀을 받았다. 천사들이 그들에게 알라의 계시를 불러주었고, 그 계시는 토라로, '인질'(복음)로, 그 밖의 다른 책들로 기록되었다(예. 코란 5:46).

안타깝게도 사람들은 알라가 보내준 예언자들을 충실히 따르지 않았다. 이를 긍휼히 여긴 알라는 무함마드를 보냈고 그에게 코란을 주었다. 이처럼 알라는 최종적으로 완성된 종교를 인류에게 주었다(코란 5.3). 그러므로 이슬람은 유대교나 기독교와 달리 세계의 모든 종교의 정점이며, 이는 이슬람 가르침의 출발점이다. 무함마드가 왔는데도 그런 (기성) 종교들을 따르는 이들은 모두

유혹을 받아 길을 잘못 든 사람이거나 반역자다. 심판 날에 이슬람 외에 어떤 종교도 받아들여지지 않을 것이다(코란 3:81-85).

사람은 심판 날을 염두에 둘 때 이슬람을 따를 강력한 동기를 발견할 수 있다. 코란은 그날에 모든 사람이 알라 앞에서 자신의 죄에 대한 책임을 져야 한다고 강조한다(코란 6:164; 17:15; 35:18; 39:7; 53:38). 이는 무슬림의 심중에 견고히 자리 잡은 생각이다. 즉 자비로우신 하나님은 우리의 죄를 없이하고 싶으실지 모르나, 중재해줄 자가 없다. 따라서 무슬림은 천국에 갈 수 있도록 선한 삶을 살아야 하며 하나님의 자비로운 심판이 자신들의 구원을 보증해주리라고 희망할 뿐이다.

이슬람의 해법: 샤리아

하지만 이슬람은 인류의 근본적인 문제는 무지이며 인간이 선한 삶을 살려면 인도함을 받아야 한다고 가르친다. 일단 무엇을 믿어야 하는지('아키다'), 어떻게 살아야 하는지('샤리아')를 알고 나면 인간은 알라의 호의를 얻게 될 것이다.

바른 믿음과 관련해서 강조점은 이슬람 개념의 일신론에 있다. 즉 알라는 성부가 아니며 성자도 아니다(코란 112장). 알라는 완전한 통일체요 단자(monad)이다. 그 밖에 '아키다'의 기본 요소는 앞에서 언급한 바와 같다. 즉 예언자에 대한 믿음, 신적 영감을 받은 책들에 대한 믿음, 천사 및 보이지 않는 세계에 대한 믿음, 심판 날에 대한 믿음, 알라의 예정적 통치에 대한 믿음, 이 여섯 가지를 통틀어 '믿음의 여섯 조항'이라 한다. 이슬람 신앙에는 훨씬 더 많은 내용이 있지만, 이 여섯 가지가 핵심이다.

이슬람에서 바른 실천은 '샤리아'라고 하는 이슬람 율법을 통해 익힐 수 있는데, 그 의미는 "물로 가는 길"이다. 사막에 사는 사람들에게 이 개념은 강력하다. 샤리아를 따르는 것은 곧 생명으로 가는 길인 셈이다. 샤리아는 먹을 수 있는 음식에서부터 적절한 화폐 유형, 기도 시간에 낭송해야 할 정확한 말에 이르기까지 헌신적인 무슬림 생활의 거의 모든 면을 규정한다. 이슬람의 모든 실천 중 다섯 가지가 무엇보다 중요하다. "알라 외에 다른 신은 없으며 무함마드는 알라의 사도다"라는 이슬람의 좌우명인 '샤하다'를 선포함, 하루 다섯 번의 기도, '라마단' 월 동안의 금식, 자선, 메카 순례가 그것이다. 이 다섯 가지를 통틀어 '이슬람의 다섯 기둥'이라 한다.

'아키다'와 샤리아는 궁극적으로 무함마드의 삶과 가르침에 근거한다. 무함마드는 이슬람을 구현한 인물이기에 무슬림들은 그를 완벽한 모범으로 삼고 따라야 한다. 그가 살아 있는 동안 보인 행위와 그가 남긴 말은 방대한 문헌으로 기록되었는데 이를 총괄하여 '하디스'라고 한다. 코란 다음으로 너무도 중요한 하디스는 샤리아의 두 번째 단계를 이룬다.

코란의 방대한 가르침과 놀라울 정도로 광범위한 하디스 문헌을 고려할 때, 샤리아를 분별하는 일은 학자들의 과제다. 무슬림 율법학자들은 방대한 전통과 판례를 연구한 뒤에 공식적인 판결, 곧 '파타와'('파트와'의 복수형)를 내린다. 이 학자들을 전문적으로는 '푸카하'라고 부르지만 대개는 무슬림 지도자를 뜻하는 포괄적 용어인 '이맘'으로 부른다. 이들 학자들의 합의를 한데 묶어서 '이즈마'라고 하는데, 이즈마는 샤리아의 중요한 세 번째 요소로 받아들여진다.

마지막으로, 이슬람의 메시지를 이해할 차례다. 샤리아는 이슬람 율법 그 이상이다. 샤리아는 인간의 무지함에 대한 답변으로, 그것을 따를 경우 알라와의 평화로운 삶을 누리게 되고 알라의 복을 풍성히 받게 될 것이다. 샤리아는 코란에서 유래하며, 무함마드의 삶에서 모범적으로 구현되었고, 이맘이 해설해준다. 우리가 샤리아에 복종하고 잘 행했다면 마지막 날에 알라는 우리에게 자비를 베풀어서 천국에 들어가게 해줄 것이다. 천국에서 우리는 영원한 보상을 받을 것이다.

간략히 말하자면, 이슬람의 구원과 관련해서 샤리아는 문자 그대로 "그 길"이며 하나님의 뜻에 복종하는 것은 우리 예배의 가장 중요한 표현인 것이다.

기독교 세계관

기독교 세계관의 시작에는 한 분 야웨 하나님이 있다. 그분은 서로를 완벽하게 사랑하는 세 위격으로 존재한다. 이처럼 한 하나님은 세 실체를 가진 사랑이다. 이 사랑으로 하나님은 자기 형상을 따라 인간을 만들었다. 하나님은 인간을 사랑하고 인간도 하나님을 사랑하도록 말이다.

'사랑'이라는 단어가 영어에서 하도 다양하게 쓰이다 보니 무슬림들이 이 사랑의 개념을 종종 오해한다는 사실에 주목할 필요가 있다. 우리가 논하는 사랑의 구체적인 개념은 종종 '아가페' 사랑이라 불린다. 그것은 우리가 낭만적인 관계에서 그려내는 그런 유의 사랑이 아니다. 이것은 로맨틱한 관계가 중심이 되는 유의 사랑이 아니다. 성경은 고린도전서 13장에서 이 사랑을 아름답게 묘사하고 있는데, 그 본질은 타인을 기뻐하는 이타심으로 요약할 수 있다. 전능하되 가장 겸손하고, 우주의 중심이되 이타적인 분이신 하나님이 바로 그런 분이다. 그분이 인간을 창조하신 것은 우리를 기뻐하고 또한 우리로 그분을 기뻐하게 하기 위함이었다. 이타적인 사랑으로 말이다.

하지만 이 사랑이 가치 있는 사랑이 되려면 자발적이어야 하기에 하나님은 인간에게 그분을 사랑하거나 거부할 수 있는 선택권을 주었다. 사람이 하나님에게 불순종할 때 그것은 곧 하나님을 거부하는 것과 다름없다. '생명의 근원'을 거부함으로써 우리는 우리 삶에 죽음을 가져온다. 그리고 이 과정은 되풀이된다. 죄의 결과가 죽음인 것은 '생명의 근원'을 거부하는 것이 곧 죄이기 때문이다.

기독교 세계관에서 하나님께 범죄한 것을 잘못된 행위보다 더 중하게 보는 것은 바로 이런 이유 때문이다. 죄는 우주를 붙드시는 분께 대한 반역이다. 죄는 우주에서 가장 파괴적인 세력이다. 그것은 고통 당하는 모든 마음, 깨어진 모든 가정, 의미 없는 모든 전쟁, 극악무도한 모든 인종학살의 궁극적 뿌리다. 죄는 악성 종양처럼 세대를 통해 확장되고 전염병처럼 문명을 쓸어버린다. 죄의 효과는 대대적이다. 망치 한 방에 거울이 산산조각 나듯, 죄는 인간이 창조될 때의 하나님의 형상을 산산조각 낸다. 아담이 죄를 지었을 때 인간 안에 담지된 하나님의 형상은 회복 불가할 정도로 파괴되었다.

기독교 세계관을 요약하면 이렇다. 죄가 우리 영혼과 온 세상을 잠식해버렸다. 죄를 없앨 수 있는 방법이 우리에게는 없다. 단순히 선을 행하는 것으로는 깨어진 우리 영혼을 회복시킬 수 없다. 이 세상에 우리가 할 수 있는 일은 아무것도 없다. 기적만이, 하나님의 행동만이 우리를 회복하고 이 세상을 구원할 수 있다.

기독교의 해법: 복음

그러나 기독교의 메시지에는 좋은 소식이 있다. 좋은 소식을 뜻하는 그리스어 단어는 '유앙겔리온'인데, 영어로는 "복음"으로 번역된다. 그 좋은 소식은 바로 이것이다. 비록 우리 힘으로는 하나님께 다가갈 수 없지만, 하나님은 그분의 크신 사랑으로 우리에게 오셔서 우리를 위한 길을 마련하셨다. 하나님 자신이 우리 죄의 대가를 치르셨고 우리 영혼을 영원토록 회복하실 것이다. 우리가 해야 할 일은 우리의 반역을 회개하고, 그분이 하신 일을 믿고, 그분을 따르는 것이다.

우리의 죗값을 치르기 위해 하나님, 구체적으로 삼위일체의 제2위가 세상에 오셨다. 하나님은 자신의 신적 본성을 바꾸지 않고 인간의 본성을 입으셨다. 그분은 인간으로 나셨지만 아담의 깨어진 계보를 따르지 않고 원래 인간이 의도된 대로 온전하게 나셨다. 그분의 기적으로 재창조될 때 궁극적으로 우리도 그렇게 될 것이다. 그는 '예수'란 이름을 취했는데 이는 "하나님이 구원하신다"는 뜻이다. 인간의 본성을 지니신 분으로서 그는 인간과 마찬가지로 자랐고, 인간과 마찬가지로 밥을 먹었고, 인간과 더불어 고통을 당했고, 결국 인간과 마찬가지로 죽었다. 이 모든 일에서 그는 범죄하지 않았기에 우리의 죄를 담당할 수 있었다. 그는 우리가 마땅히 살았어야 할 삶을 살았기에 우리가 마땅히 죽었어야 할 죽음을 죽을 수 있었다. 그는 우리를 위해 죽음으로써 이 세상의 죄를 자기 몸으로 담당했고, 그래서 이제 누구든지 그를 믿고 또한 그가 한 일을 믿는 자는 영원한 생명을 얻게 되었다.

인간의 관점에서 예수를 볼 때는 그저 한 사람이 다른 사람의 죽음을 대신해서 죽은 것으로 보일 수 있다. 그래서 그의 죽음이 단순히 또 하나의 죽음이 아니라 세상에 생명을 가져오는 죽음이며, 그가 자신이 말한 바 참 하나님임을 입증하기 위해, 그는 죽은 자 가운데서 다시 살아났다. 한편으로 이 부활은 예수가 참으로 초자연적인 권위를 가진 분이며 널리 전해야 할 분임을 의심하는 모든 이들에게 하나의 표적이었다. 또 한편으로 그것은 그가 죽음을 이겼음을 믿는 이들에게 하나의 상징과 같은 사건이었다. 예수는 우리를 위해 죽음을 정복했다.

하나님이 우리를 대신해 치르신 희생을 받아들이고자 하는 이들은 반드시 자신의 죄를 회개하고 자신을 내어드려 그분을 따라야 한다. 우리가 그렇게 할 때 하나님은, 구체적으로는 삼위일체의 제3위가 우리 마음을 거룩한 성전으로 만들고 우리 안에 거한다. 그가 우리를 완전히 변화시킨다. 다시 말해, 우리가 예수를 따를 때 우리는 점점 더 그를 닮게 되고 깨어지지 않은 온전한 사람이 되어가며, 성령은 회복이 불가능했을 우리 영혼을 회복시키는 기적의 사역을 시작한다. 예수처럼 우리도 이타적인 사랑으로 충만해져서, 하나님께서 우리를 위해 사셨듯이 나 자신보다 타인을 위한 삶을 살기 시작한다. 예수를 닮는 길을 계속 따라가는 이들은 예수가 우리를 위해 기꺼이 죽었듯 타인을 위해 기꺼이 죽음으로써 그분을 드러낸다. 그들은 점점 더 하나님을 닮아간다. 사심 없이 타인을 기뻐하게 되는 것이다.

끝으로 기독교의 메시지를 정리하면 이렇다. 인류의 근본 문제는 죄이며, 우리에게는 스스로를 구원할 능력이 없다. 하지만 좋은 소식이 있으니, 하나님이 우리를 사랑하셔서 우리가 받아야 할 형벌의 값을 십자가에서 대신 치르시고 그분께 이르는 길을 마련하셨다. 예수는 죽음에서 부활함으로써 자신이 '생명의 주인'임을 확증했다. 회개하고 예수를 따르는 우리는 온 삶으로 그분에 대한 우리의 믿음과 그분의 구원을 드러내고, 하나님은 우리 안에서 우리를 변화시키는 일을 시작하신다. 우리가 예수를 따를 때 성령은 우리로 더욱 그분을 닮게 하고 세상 속으로 우리를 보내어 이타적인 하나님의 사랑으로 인류를 사랑하게 하신다. 예수가 우리를 위해 모범을 보이셨으니 우리는 타인을 위해 우리 삶을 내려놓을 수 있다. 우리가 재창조되어, 온전해지고, 그분과 더불어 살고, 영원토록 그분을 사랑할 때 우리는 기적적인 결실을 맺으며 궁극적인 회복을 얻게 것이다.

이처럼 기독교의 구원과 관련해서 예수는 문자 그대로 "그 길"이며 우리가 하나님을 사랑하는 것은 우리 예배의 가장 중요한 표현이다.

3장

은혜란 무엇인가

2013년, 나는 기독교 사상가와 복음전도자들로 이루어진 '래비 재커라이어스 국제 선교단'에 합류하는 영예를 얻었다. 홍콩에서 내가 맡은 첫 과제 중 하나는 카리스마 있는 이집트인 무슬림을 상대하는 일이었다. 원래 그는 유명 음악가가 되려는 꿈을 품고 동양으로 왔다가 결국 음악계에 환멸을 느끼고 이슬람에서 평화를 찾았다. 이후로 그는 '다이', 곧 이슬람을 전하는 데 헌신한 무슬림이 되었다.

그는 매우 따뜻하고 친절한 사람이었다. 비록 우리의 토론은 격정적이었지만, 서로에게 힘을 주는 건설적인 분위기로 진행되었다. 우리는 대화를 마치고서 서로 끌어안았고 자리를 뜨기 전 청중들에게 질문할 기회를 주었다. 그러자 엄마가 보내서 나온 것이 분명한 두 아이, 각각 열두 살과 열 살로 보이는 여자아이와 남자아이가 내게 다가왔다. 아이들이 질문했을 때 나는 미소를 짓지 않을 수 없었다. 왜냐하면 나도 그 아이들 나이였을 때 부모님의 성화에 못 이겨 똑같은 질문을 그리스도인들에게 던졌던 기억이 났기 때문이었다. "하나님이 그리스도인들의 죄를 모두 용서해주셔서 아무도 지옥에 가지 않아도 된다면, 그리스도인들은 자기가 원하는 죄를 모두 지을 수 있는 건데 무엇 때문에 착한 일을 행하려고 하겠어요?"

우리는 이슬람 메시지와 기독교 메시지의 차이를 숙고해보았으니, 이 질문이 하나도 놀랍지 않을 것이다. 이슬람에서 샤리아를 따르는 자에게 주어지는 보상은 천국이며 불순종의 억제책은 지옥이다. 인간의 노력과 무관하게 보상이 약속된다면 어느 누가 힘든 도덕적 결단을 내리겠는가? 이슬람에서 인간 문제에 대한 해결책은 율법이기에, 하나님에 의해 변화된 마음이라는 복음의 사상은 많은 무슬림들의 눈에는 낯선 개념이 아닐 수 없다. 이 아이들에게처럼 말이다. 샤리아와 복음 사이의 괴리는 무슬림들이 그리스도인들에게 던지는 또 다른 흔한 질문들로 이어진다.

원죄 교리

이슬람에서는 모든 사람이 자신의 죄를 짊어져야 한다고 가르치기 때문에 무슬림들은 종종 원죄 교리에 의문을 제기한다. 하나님 앞에 우리가 서는 것과 아담이 무슨 관련이 있단 말인가?

다행히도 무슬림과 그리스도인 사이에 이해를 증진해줄 다리가 있으니, 무슬림도 아담이 죄를 지어 에덴동산에서 쫓겨났다고 믿는다는 점이다. 또한 원죄에 대해 기독교 사상 안에도 다른 관점이 있다는 점을 기억하는 것이 도움이 된다. 내가 아직 무슬림이었을 때 가장 도움이 되었던 관점이 알려주는 바, 소동이 가라앉고 나면 무슬림과 그리스도인은 이 점에 대해 큰 이견이 없다.

이 견해에 따르면, 성경은 아무도 자기 조상의 죄에 대해 책임을 지지 않는다고 가르치는데(신 24:16; 겔 18:20), 즉 사람들이 유죄인 것이 아담의 죄 때문이 아니라는 뜻이다. 심판을 받을 때 우리는 자신의 죄만으로 심판받을 것이다. 아담의 죄는 그 모든 것의 출발점인 셈이다.

죄의 파괴력에 대한 기독교적 관점을 떠올려보면, 아담이 범죄했을 때 그의 영혼은 철저히 파괴되었던 것 같다. 비록 아담이 하나님의 형상을 따라 창조되었지만 그 형상은 산산조각 났고, 복구 불가능할 정도로 왜곡된 하나님의 형상이 아담의 자손에게 상속되었다(창 5:3). 인류는 이 깨어진 형상을 아담으로부터 물려받았기에 모든 인간은 깨져 있고 죄를 짓는 경향이 있다. 사람들은 아담의 죄로 심판받지 않는다. 하지만 아담의 죄로 인해 그의 후손인 우리 모두는 깨어진 모습으로 태어난다. 그의 죄 때문에 우리 모두는 궁극적으로 죄를 짓는다.

우리가 원죄에 대해 어떤 견해를 가지고 있든 간에 그리스도인들은 모든 사람이 죄를 지으며 각 사람의 죄는 하나님의 심판을 받기에 충분하다고 믿는다. 이 점은 무슬림들이 대체로 동의하는 바이다.

하나님의 의: 사소한 죄에는 죽음을, 죄인의 괴수에게는 자비를?

이슬람의 기본 원리에 따르면, 알라는 우리를 심판할 때 선행과 악행을 각각 천칭에 달아볼 것이다. 대략적으로 말해, 무슬림들은 죄를 적게 지은 사람은 걱정할 게 없다고 믿는다. 그렇기 때문에 종종 그들은 사소하기 이를 데 없는 죄에 대해 하나님께서 정의를 들이미는 이유를 묻곤 한다. 홍콩의 '다이'가 토론 중에 꼭 짚어 질문한 것처럼, "무단횡단을 했다는 이유로 판사가 당신에게 사형을 언도한다면 공정하다고 할 수 있는가?"

이는 정당한 질문이다. 무슬림 시절 내가 같은 질문을 던졌을 때 그리스도인들은 대개 만족스러운 답변을 하지 못했다. 보통 그들은 내게 "죄의 삯은 사망"이라고 가르치는 로마서 6:23을 들먹이곤 했다. 나의 반응은 항상 정직했다. "그게 성경을 믿을 수 없는 또 다른 이유에요. 말이 안 되잖아요. 왜 사소한 죄에 대해 사형을 내리죠?" 따라서 토론회 중 똑같은 질문을 '다이'가 던졌을 때 나는 조금도 놀라지 않았다.

또한 그가 다음의 필연적 질문을 던졌을 때도 놀라지 않았다. "만일 하나님이 연쇄 살인범과 인종학살을 지시한 독재자를 용서한다면 어떻게 하나님을 의롭다고 할 수 있습니까? 당신은 히틀

러일지라도 그리스도인이 되었다면 천국에 갈 수 있었다고 말하는 겁니까?" 여기에는 감정적인 비난이 담겨 있지만 제대로 된 답변이 필요한 질문이다.

제대로 이해하기 위해서는 다음 두 가지를 기억할 필요가 있다. 죄의 본질과 하나님의 본성 말이다.

기독교의 가르침에서 죄는 단지 악행을 저지르는 것이 아님을 기억해야 한다. 죄는 생명의 근원이신 하나님께 대한 반역이다. 죽음은 우리의 행위에 상응하는 결과로서의 처벌이 아니다. 하나님은 무단횡단을 했다고 우리를 처벌하지 않는다. 우리 자신이 무단횡단을 하다가 트럭에 치이는 것이다.

하나님의 본성에 관해 우리는 그가 우리를 온전히 사랑하신다는 사실을 기억할 필요가 있다. 온전한 아버지라면 자식이 무슨 짓을 해도 사랑할 것이다. 마찬가지로 우리의 하늘 아버지는 우리가 어떤 짓을 해도 여전히 우리를 사랑하신다. 예를 들어, 아버지는 자기 자녀가 도둑질을 하더라도 사랑할 것이다. 아들을 당국에 넘겨주어 자신이 지은 죄의 결과를 대면하게 하도록 할지라도, 그것은 사랑에서 기인한 것이며 궁극적인 갱생을 바라는 염원 때문일 것이다. 마찬가지로 하나님은 그들의 죄에도 불구하고 자기 자녀들을 사랑하신다. 자녀들이 자기 행위의 결과를 이 땅에서 감당하며 살도록 허용할지라도 그것은 그들로 회개하여 삶을 돌이키도록 하기 위함이다. 이 모든 과정에서 하나님은 항상 우리를 사랑하신다. 그분은 우리의 온전한 아버지요 사랑이기 때문이다.

하지만 그런 사랑에는 적어도 두 면이 존재하며 그 둘은 서로 충돌하는 것처럼 보이는데, 바로 자비와 정의다. 아버지는 긍휼히 여김으로써 범죄자 자녀를 사랑할 수 있지만 또한 정의를 요구함으로써 희생된 자녀를 사랑해야 한다. 자비와 정의 모두 하나님의 완전한 사랑의 표현이다. 여기에 딜레마가 있다. 하나님은 그 둘 사이에서 어디에 분계선을 그을까? 그분이 정의를 요구하면, 범죄자를 위한 자비는 어떻게 되는가? 그분이 자비를 베풀면, 희생자를 위한 정의는 어떻게 되는가? 그분은 하나님이시니 임의로 분계선을 그어서는 안 된다. 그렇다면 하나님의 분계선은 어디일까?

하나님은 또한 완벽하다. 설명을 위해, 모든 범죄자에게 정의를 요구하면서 용서는 절대 베풀지 않는 인간 판사를 생각해보면 도움이 된다. 자비는 손톱만큼도 없지만 그는 매우 공정한 판사일 것이다. 이제 하나님이 죄를 남김없이 처벌하지 않는다면, 하나님은 인간 판사보다 덜 공정한 판사가 될 것이다. 정말 하나님의 정의 관념이 인간의 정의 관념보다 못하다고 생각할 수 있을까? 물론 그럴 수 없다. 마찬가지로 모든 범죄에 대해 용서를 베푸는 인간 판사를 생각해보자. 그는 매우 자비로운 판사일 수는 있으나 전혀 공정하지 않을 것이다. 만일 하나님이 모든 죄를 용서하지 않는다면, 하나님은 인간 판사보다 덜 자비로운 판사가 될 것이다. 그러나 하나님은 가장 자비하신 분이다. 인간의 자비가 그분의 자비를 앞지를 수는 없다.

이 딜레마에서 벗어나는 길은 무엇인가? 자비와 정의 사이에서 하나님은 어디에 분계선을 긋는가?

여기서 하나님의 사랑의 탁월함과 무궁함이 드러난다. 그분은 분계선을 긋지 않는다. 그분은 죄를 범한 모든 사람에게 자비를 베푸는 한편, 저질러진 모든 죄에 대해 정의를 요구한다. 그분은 우리 죄의 결과를 그분이 직접 담당하는 방법으로 이 일을 행한다. 우리의 죄의 결과는 죽음이며, 하나님은 그분의 모든 자녀들을 대신해 죽기로 했다.

어떻게 예수가 인류의 죄를 대신해 죽을 수 있는가?

이 질문은 무슬림과 그리스도인의 대화에서 가장 빈번하게 등장하는 질문인데, 이 질문에 무슬림이 자극을 받는 이유를 상기하는 것이 중요하다. 즉 이슬람은 각 사람의 죄는 자기 자신이 책임져야 한다고 강조한다. 어느 누구도 다른 이를 대신하거나 중재할 수 없다.

하지만 양자가 거의 의견일치를 보이는 또 다른 예가 있다. 무슬림들과 마찬가지로 그리스도인들도 다른 사람의 죄를 대신 짊어질 위치에 있는 인간은 없다고 믿는다. 하지만 그것을 깨닫기 위해 나는 그리스도인들이 예수를 하나님이라고 믿는다는 사실을 기억해야 했다. 무슬림들은 하나님이 우리 죄를 용서할 수 있다고 믿으며, 이는 그리스도인들이 복음을 통해 가르치는 바와 정확히 일치한다. 즉 하나님은 인류의 죄를 용서하실 수 있는 분이다. 그분의 십자가 죽음은 우리 죄를 향한 그분의 자비를 구체적으로 보여주는 행동이다. 먼 미래에 있을 심판 날에 우리를 그저 용서해주는 대신, 그분은 실제 시공간 속에서 우리의 죗값을 치르셨다. 1세기에, 십자가 위에서 말이다.

또 다른 질문이 잇따른다. "하나님이 죄를 전가시키다니 그것은 공정한가? 아무도 다른 이의 짐을 대신 질 수 없는 이유는 그것은 불공정한 일이기 때문이다." 여기서 두 가지를 기억하는 게 좋겠다. 첫째, 사람들은 항상 다른 이들의 짐을 자원해서 짊어 지고 있으며 그것은 절대적으로 공정하다. 예를 들어, 어느 젊은 이가 은행에서 대출을 받고 싶으나 신용이 없다면, 그는 보증인을 찾아야 할 텐데 대개 부모가 그의 보증을 서줄 것이다. 그가 대출을 갚지 못하면, 그 짐은 보증을 선 부모에게 부과된다.

마찬가지로, 복음은 선하고 사랑 많으신 아버지 하나님께서 우리의 보증을 섰다고 가르친다. 심판 때 우리가 죄인으로 드러나면, 우리의 빚은 하나님께 전가될 텐데 그는 이미 그 값을 치르셨다.

이 외에도 알아두면 유익한 것은, 실은 코란이 아무도 다른 이의 죄를 대신 짊어질 수 없다고 가르치지 않는다는 사실이다. 코란의 관련 구절들을 자세히 살펴보면, 관련된 다섯 구절 모두 "짐을 진 자는 다른 이의 짐을 질 수 없다"고 가르친다. 어떤 사람도 다른 이의 죄를 질 수 없다가 아니라, 이미 죄인인 사람은 다른 이의 죄를 짊어질 위치에 있지 않다는 것이다. 무슬림들은 예수가 어떠한 죄도 범하지 않았다고 믿기에 이론상으로 이슬람 신학은 예수가 다른 이들의 짐을 대신 짊어졌다는 사실과 양립할 수 있다.

그리스도인이 선을 행해야 하는 이유는 무엇인가?

홍콩의 어린 남매가 질문했을 때 나는 어떻게 답하는 게 좋을지 잠깐 고민했다. 나는 곁에 앉으면서 아이들 엄마에게 인사를 한 뒤 아이들에게 되물었다. "너희 엄마를 사랑하지?"

조금 당황하더니 아이들은 힘주어 답했다. "물론이죠!"

나는 미소를 지으며 간단한 질문을 했다. "엄마가 너희에게 뭔가를 시키실 때, 이를테면 방 정리를 하라 하실 때, 너희가 어떻게 하면 엄마가 기쁘실까? 엄마를 사랑해서 방을 치운 경우와 엄마한테 혼날까봐 무서워서 방을 치운 경우 중, 엄마는 어떤 것을 더 기뻐하실까?"

조금도 주저하지 않고 소녀가 답했다. "엄마를 사랑해서 하는 거요." 말을 끝내자마자 뭔가 깨달은 듯한 표정이 아이의 얼굴에 보였다. 두려움 속에서 하는 순종은 참 순종이 아니라 강요다. 하나님이 참으로 원하시는 것은 두려움이 아니라 사랑에 뿌리내린 순종이다. 그것이 그리스도인의 순종이다.

나는 소녀와 그의 동생에게 우리가 복음에 응답해서 하나님의 자녀로 살아갈 때 우리 아버지께서 우리의 마음을 변화시켜서 우리로 사랑으로부터 말미암은 순종을 하게 하신다고 설명해 주었다. 이후 몇 분간 아이들은 진지한 표정으로 궁금한 것들을 더 질문했고 엄마가 아이들을 데려갈 때까지 이야기는 끝나지 않았다.

4장

진단과 구원

2009년 봄에 의과대학을 졸업할 무렵, 나는 '평화를 위한 의사회'라는 인도주의 단체에서 자원 봉사자로 프로젝트를 수행했다. 이 단체는 세계 곳곳에서 훌륭한 일을 하고 있었는데, 내가 돕는 프로젝트는 산토 도밍고의 몇몇 지역에 있는 젊은 엄마들을 교육시키는 일이었다.

도미니카 공화국의 수도를 관통해 흐르는 오싸마강 양쪽의 낮은 기슭에는 양철집 수천 채가 늘어서 있다. 매년 장마 때면 불어난 강물이 조악하게 지어진 오두막들을 덮쳐, 거주자들은 불어난 물이 빠지기까지 몇 주 동안 피난을 갔다가 오염된 집으로 돌아오곤 한다. 당시 신생아 사망률이 매우 높았는데, 젊은 엄마들은 대개 양질의 의료 서비스를 받을 형편이 안 되었기에 아기들이 죽어가는 모습을 보고 있을 수밖에 없었다. '평화를 위한 의사회'는 이들 지역에 '도우미 엄마'라 하는 핵심 여성들을 배치하여 신생아를 둔 엄마들에게 질병 예방 및 위생에 관한 교육을 실시했다. 그들의 수고 덕분에 신생아 질병률과 사망률은 현저하게 떨어졌다.

내가 합류해서 보니, 젊은 엄마들은 진단받지 못한 내면의 병을 앓고 있었다. 우울증이었다. 그들이 속한 문화에서 우울증은 불안한 여인들이 겪는 상상의 질병이라는 오명을 지고 있었다. 프로젝트를 진행하면서 나는 교육을 받는 젊은 엄마들 가운데서 중증 우울증이나 산후 우울증을 겪고 있는 이들을 찾아내도록 도우미 엄마들을 훈련시켰다. 도우미 엄마들 다수가, 특히 자신이 우울증을 겪고 있던 이들이 우울증이 진짜 질병이라는 이야기를 듣고 놀랐다. 그들이 늘 들어온 이야기에 따르면 우울증은 그들의 머릿속에만 있는 상상의 병이기에 그저 "기운을 북돋우면" 되는 것이었다. 그러나 제아무리 몰아내려고 노력해도 우울증은 사라지지 않는 실체였다.

임상 우울증은 포괄적인 질병으로서 진단을 받지 못할 경우 무척 괴로울 수 있다. 이 여성들은 백방으로 노력했지만 진짜 문제를 알지 못했기에 고통을 제거할 수 없었다. 마침내 우울증이 실재하는 것이라고 말해주었을 때 그들 다수가 눈물을 흘렸고, 자신이 정말로 아픈 것이며 도움을 받을 수 있다는 사실에 안도했다.

내가 이 이야기를 하는 것은 영적인 영역에서도 신체적 영역에서와 비슷한 일이 있다고 믿기 때문이다. 우리를 괴롭게 하는 게 무엇인지 오진할 경우 그에 따른 처방은 효과가 없을 테고 우리는 계속 고통 속에서 살아갈 것이다. 이슬람은 세계의 문제가 무지함이라 처방하고 샤리아라는 율법을 처방전으로 제시한다. 기독교는 세계의 문제가 깨어짐이라 진단하고 처방전으로는 하나님 자신을, 곧 마음의 변화를 낳는 그분과의 관계를 제시한다.

무엇이 인간을 괴롭히는 주범이며 그 치료 방법은 있는가?

내 관점에서 볼 때 복음은 현실과 부합한다. 사람들은 마음과 영혼이 깨어져 있으며, 따라서 아무리 교육 받고 자신을 성찰하더라도 규정을 따르는 것으로는 문제를 정확히 밝혀내기가 어려워 보인다. 인간의 문제는 우리의 행위보다 더 깊은 곳에, 곧 우리의 존재에 내장되어 있다. 짧은 시간이지만 다양한 중독으로 삶이 황폐해진 사람들처럼 실의에 빠지고 억눌린 사람들과 일해보았던 나는 무지함이 그들의 문제가 아니라고 생각한다. 문제는 깨어짐이다. 학대와 분노로 산산조각 난 가정들을 보고난 뒤 나는 그 해결책이 지식이나 규정을 따르는 데 있지 않고 오직 변화된 마음에 있음을 알게 되었다.

이는 두 번째 관찰로 이어진다. 즉 인류는 스스로를 구원할 능력이 없어 보인다. 우리의 타고난 자아는 파괴의 쳇바퀴를 무한 반복한다. 깨어진 마음을 가진 우리는 다른 이들의 마음을 파괴한다. 학대를 받으며 자란 우리는 학대를 되갚는다. 깨어진 가정에서 자란 우리는 그 전철을 밟아 깨어진 가정을 남긴다. 사랑하는 사람을 잃었으니 우리도 누군가를 죽이는 것으로 보복한다.

이것이 인간의 길이며, 따라서 우리에게는 다른 세상의 해결책이 필요하다. 이 쳇바퀴를 깨뜨릴 근본적인 해결책이 필요하다. 우리를 구원해줄 하나님이 필요하다.

복음은 근본적인 해결책이다. 복음은 하나님께서 우리에게 다른 세상의 은혜를 주시고 우리가 지은 죄가 무엇이든 간에 용서하신다고 가르친다. 그분의 사랑은 퍼부어주는 사랑이다. "사망이나 생명이나 천사들이나 권세자들이나 현재 일이나 장래 일이나 능력이나 높음이나 깊음이나 다른 어떤 피조물이라도 우리를 우리 주 그리스도 예수 안에 있는 하나님의 사랑에서 끊을 수 없으리라"(롬 8:38-39). 그분은 우리를 사랑하고, 우리는 용서받는다. 우리의 영혼은 우리를 사랑하시는 아버지와 품으시는 그분의 은혜 안에서 쉼을 얻을 수 있다.

우리 죄의 부패함과 하나님께 대한 반역의 깊이를 알 때 우리는 이 은혜를 도무지 이해할 수 없다. 이 용서를 받기 위해 무슨 일을 할 수 있을까? 전혀 없다! 우리는 자격이 없지만, 하나님은 자신의 무한한 사랑과 완전한 자비로 우리를 두르신다.

그 압도적인 은혜 속에서 우리 마음의 독이 풀어진다. 큰 용서를 받았으니 사소한 잘못을 저지른 동료를 어찌 용서하지 못하겠는가? 그분의 사랑 안에서 우리의 마음은 새롭게 된다. 더 이상 시기하거나 복수를 꿈꾸지 않는다. 그분이 우리 속에 가져온 회복으로 새롭게 된 우리는 학대받은 자들을 일으켜 세우고 깨어진 자를 회복시키고자 갈망한다. 그분이 우리의 마음을 변화시키시니, 우리도 주변 세상을 변화시키길 원한다.

이제 나의 마지막 요점으로 가보자. 복음은 하나님과 그분이 행하신 모든 일과 관련된 것이다. 하나님은 세상에 생명을 가져오시고 우리가 반항할 때에 우리를 구원하신다. 우리는 하나님께 죄를 짓지만 하나님은 우리의 죗값을 치르신다. 우리는 서로에게 죄를 짓지만 하나님은 회복의 은혜를 주신다. 이 메시지는 모조리 그분과 관련된 것이며 우리가 할 수 있거나 스스로의 힘으로 얻을 수 있는 것과는 아무 관련이 없다.

이 메시지는 자기 자신을 구원해야 한다는 두려움에서 우리를 자유케 할 뿐만 아니라 율법을 성공적으로 준수하여 자기 스스로 구원을 이뤘다는 자만심에서도 우리를 자유케 해준다. 근심과 교만의 짐을 벗었으니 이제 우리는 타인을 위해 자유롭게 살아간다.

이처럼 복음은 인간의 문제를 정확하게, 곧 우리 자신의 깨어진 형상이 문제라고 진단한다. 다른 세상의 은혜, 하늘의 은혜를 통해 하나님은 우리를 변화시키시고 파괴의 사슬에서 우리를 자유케 한다. 그 모든 과정에서 그분은 중심에 계셔서 우리를 교만과 불안에서 해방하시고, 자기 자신이 아닌 타인에게 초점을 두도록 도우신다. 복음은 효과적인 해답일 뿐 아니라 앞으로도 효과가 있을 유일한 해답이다.

2부

일위일체인가, 삼위일체인가?
서로 다른 신

5장

이슬람 종교재판소

    이슬람이 칼의 힘으로 전파되었다는 개념에 많은 이들이 이의를 제기하지만, 이슬람의 초기 역사에서 칼이 현저한 특징이었음은 의문의 여지없는 사실이다. 칼을 든 무슬림 군대는 무함마드 사후 몇 년 만에 북아프리카를 정벌하고 이어 페르시아를 정복했다. 무함마드의 후계자인 칼리프들은 이내 명백한 암살 위협에 시달렸다. 2대 칼리프인 우마르는 페르시아인 복수자들에 의해 살해되었다. 3대 칼리프인 우스만은 무슬림 반역자들에 포위되었다가 처참히 살해되었다. 무함마드의 조카이자 4대 칼리프인 알리도 반대파에 의해 암살되었다. 암살되기 전에 그는 무함마드의 젊은 아내인 아이샤의 군대와 전쟁을 벌였는데, 이슬람 최초의 내전 곧 '제1차 피트나'가 벌어진 그날에 만여 명의 무슬림들이 전쟁터에서 서로를 죽였다. 그들이 흘린 피와 함께 시아파와 수니파 간 불화의 첫 씨앗이 뿌려졌다. 이슬람 초기에는 손에서 칼을 내려놓는 날이 없었다.

무함마드의 동반자들이 다스리는 시대(정통 칼리프 시대)가 지나고, 우마야드 칼리프(5대)가 9년이라는 짧은 기간 동안 이슬람 제국을 다스렸으며, 이후 정변과 전쟁이 발발하여 압바시드(무함마드의 삼촌 압바스의 후손) 무슬림들이 정권을 잡고 왕조를 세워 750년간 다스렸다. 압바시드 왕조의 7대 칼리프의 통치가 전성기였는데, 그는 '미흐나' 곧 이슬람 종교재판소를 도입했다.

기원후 813년, 앞선 칼리프였던 자기 형을 참수함으로써 권력 투쟁을 종결시킨 알 마문이 칼리프로 등극했다. 처음부터 알 마문의 통치는 어수선했고 그의 편은 아주 적었다. 그는 시아파 교리를 받아들이지 않았음에도 불구하고 시아파의 환심을 사기 위해 그들의 비위를 맞추기 시작했다. 기원후 827년, 알 마문은 시아파가 자신들의 귀감이자 첫 이맘으로 여기는 무함마드의 조카 알리를 무함마드의 모든 동반자들 가운데 최고였다고 공식적으로 선언했다. 시아파를 지지한 이 조치보다 더 충격적인 것은 시아파 합리주의와 결탁한 일이다. 그는 코란이 창조된 책이라고 선언했다.

이것은 엄청난 선언이었다. 그 파급력을 이해하려면 이슬람의 현대신학 논쟁을 살펴볼 필요가 있다. 당시 무슬림 신학자들 간에 '타우히드' 교리를 두고 코란 논쟁이 벌어졌다. '타우히드'는 알라의 완벽한 유일성을 가르치는 교리다. 알라는 **완벽한** 유일자이니 속성을 배제한다는 자연스러운 결론이 일부 신학자들 사이에서 불거졌다. 속성은 알라의 절대적 유일성을 제한할 텐데, 소유와 존재는 대립하기 때문이다.

이슬람 철학의 결론은 약간의 설명을 요한다. 만일 하나님이 어떤 속성을 가지고 있다면, 그는 불변하는 분이시니 그 속성을 항상 지니고 있어야 한다. 그리고 그 속성은 영원한 것이 된다. 만일 그러한 영원한 속성이 그분의 본질의 일부, 그분의 존재의 일부가 아니라면, 시간이 시작될 때부터 하나님과는 별개로 존재한 하나님 아닌 다른 것이 존재했다는 말이 된다. 알라의 본질과 별개로 존재하는 영원한 실체, 이는 하나님의 완벽한 유일성을 뜻하는 '타우히드'에 헌신한 무슬림 신학자들에게는 모욕과 다름없었다.

이러한 철학적 논쟁이 가장 중요했던 분야는 코란이었다. 코란은 하나님의 말씀, 그분의 언어적 속성으로 이해되었다. 알라의 말씀은 영원한가? 만일 그렇다면, 알라와 구별되는 어떤 것 곧 그의 말씀이 영원한 셈이다. 그의 말씀은 알라와 나란히 영원 전 과거에 존재할 테다. 자흐미야, 무타질리처럼 '타우히드'를 옹호한 신학자들은 알라의 완벽한 유일성에 비추어볼 때 이런 논리는 신을 모독하는 것이라고 보았다. 이유는 분명한데, 그렇게 말하면 알라와 코란이라는 영원한 두 본질이 있다는 의미가 되기 때문이다.

경전에서 근거를 끌어오기 위해 합리주의자들은 코란의 내용이 역사 속에 있는 듯 보이는 코란의 구절을 끌어왔다. 코란이 바드르 전투처럼 무함마드의 생애에 있었던 사건들을 언급한다면, 어떻게 알라의 영원한 말씀일 수 있겠는가? 조금 더 설득력 있는 논거를 대기 위해 그들은 "우리는 그것을 아랍어 코란으로 만들었으니"라고 하는 코란의 구절(43:3)을 인용했다. 만일 코란이 만들어진 것이라면 어떻게 그것이 영원할 수 있는가? 이렇게 합리주의자들은 코란이 창조되었으며 코란 자체가 코란이 창조되었다는 교리를 가르친다고 주장했다. 누구든 이에 반대하는 자는 '타우히드'의 적이었다.

그래서 알 마문은 코란이 창조된 책이라 선언했고 다음과 같은 말로 자신의 선언을 정당화했다. "코란이 창조된 책이라고 고백하지 않는 자는 '타우히드'를 믿지 않는 자다." 또한 알 마문은 코란의 영원성을 믿는 이들은 "최악의 무슬림들"이며 "악마의 혀"라고 했다. 그는 그런 자들을 심문할 종교재판소를 도입했다.

세 명의 칼리프가 통치한 15년 동안 코란의 영원성을 믿는 주요 도시의 무슬림 학자들은 '타우히드'에 이의를 제기했다는 이유로 심문을 받고, 매를 맞고, 죽음의 위협을 받았다. 그중 한 사람인 아흐마드 빈 나스랄-쿠자이는 칼리프 알-와스이크 앞에 끌려가 코란에 관한 질문을 받았다. 아흐마드가 코란이 창작되었다는 데 동의하지 않고 코란의 영원성을 믿는 게 분명해지자, 칼리프는 분노하여 그의 목을 직접 베어버렸다. 아흐마드의 머리는 바그다드로 옮겨져 똑같은 실수에 빠지지 말라는 경고의 목적으로 공공장소에 내걸렸다.

비록 이러한 처형이 흔한 일은 아니었지만, '미흐나'의 희생자들 중에는 수니 사상의 주요 학파 창시자인 아흐마드 이븐 한발 같은 저명한 신학자도 있었다. 결국 압바시드 왕조의 10대 칼리프인 알-무타와킬에 와서 '미흐나'는 폐지되었다. 신학에 덜 열정적이었던 그는 코란의 본질에 대한 논쟁 자체를 금지해버렸다.

이슬람 종교재판소는 그렇게 막을 내렸지만, 코란에 관한 논쟁은 끝나지 않았다. 결국 대다수의 무슬림들은 '타우히드' 수호자들과 정반대되는 견해를 지지했다. 알-아샤리라는 이의 입장에 근거해서, 오늘날 평균적인 무슬림들은 '타우히드'와 상충하는 문제가 있기는 하지만 그럼에도 코란이 영원하다고 믿는다. 그러면 알-아샤리는 어떻게 합리주의자들의 논증에 반대했는가? 코란은 어떻게 영원한 동시에 알라의 완벽한 유일성에 이의를 제기하지 않을 수 있는가? 그의 답변은 유명하다. '빌라 카이프' 즉 "방법은 모른다." 다시 말해, 합리적인 해결책 같은 것은 없는 셈이다. 그저 코란이 영원하고 이 사실이 '타우히드'와 모순되지 않는다는 게 사실일 뿐이다. 이렇게 선언함으로써 알-아샤리는 계시와 전통을 이성과 합리성 위에 두었다. 그의 방법론은 무슬림 사상가들 사이에 지배적인 견해로 남아 있다.

시간이 흐르면서 논리적인 방어 체계가 전혀 없음에도 불구하고 알-아샤리의 견해는 표준적인 견해가 되었고 이슬람의 역사를 영원히 바꾸어놓았다. 그의 입장은 하도 견고히 자리 잡혀 있어서 역설적이게도 오늘날 알 마문의 입장에 서는 자는 박해를 피할 수 없게 되었다. 1995년 이집트에서, 나스르 아부 자이드라는 이름의 크게 존경받는 이집트 학자가 코란이 부분적으로 창조되었다는 믿음을 가졌다는 이유로 샤리아 법정으로부터 배교자로 선고받았다. 그의 결혼은 공식적으로 무효가 되었고, 그는 죽음의 위협을 받았으며, 사실상 망명을 강요받았다. 하지만 터키처럼 조금 더 관용이 허용되는 무슬림 사회에서는 '타우히드' 및 코란과 관련한 논쟁이 수그러들지 않고 계속 이어지고 있다.

이제 '미흐나'는 이슬람 역사의 기록에서 흐릿한 각주에 불과하다. 오늘날 대다수의 무슬림들은 자신들이 코란에 대해 갖고 있는 믿음이 선조들의 눈으로 볼 때는 '타우히드'를 명백히 위반하는 것이라는 사실을 알지 못한다. 하지만 옛 토론은 지금도 메아리친다. 만일 어떤 무슬림이 영원한 코란에 대한 믿음이 어떻게 '타우히드'와 충돌하지 않는지 질문을 받는다면, 그는 반드시 지난 천 년 전에 알-아샤리가 한 것처럼 대답해야만 한다. '빌라 카이프'라고. 합리적은 답변 같은 것은 없다.

'타우히드'는 확신하고, 삼위일체에는 회의하고

내가 경험한 바 경건한 무슬림들은 단성론적 신관인 '타우히드'를 아주 자랑스럽게 여긴다. 반면 그들은 삼위일체는 변호의 여지가 없고, 자가당착이며, 다신론적인 교리로 여긴다. 그것은 대부분의 그리스도인들이 삼위일체를 명확히 규정하지 못하고 삼위일체가 어떻게 유일신론인지 설명할 준비가 안 되어 있어서 그렇다. 그리스도인과 무슬림 간의 대화에서 삼위일체가 단골로 등장하는 주제 중 하나가 된 것은 이처럼 '타우히드'에 대한 확신이 상대적이기 때문이다.[1]

실제로 무슬림이었을 때 나는 '타우히드'의 양립 불가능한 여러 형태들에 대해 알지 못했고 그로 인해 무슬림 내부의 관계들이 얼마나 위태한지도 몰랐다. 나를 비롯해 내가 알고 있던 대부분의 무슬림들은 하나님에 대한 이슬람의 교리는 명확하게 정의되어 있고, 이견 없이 모두가 동의하는 바이며, 전적으로 아무런 문제가 없다고만 생각했다. 다시 말해, 우리는 '타우히드'가 일절 흔들림이 없는 교리라고 믿었다.

그러나 '미흐나'가 예시하듯, 무슬림들 사이에서 '타우히드'를 두고 중대한 의견 충돌이 있고 이슬람 안에도 다양한 견해가 존재한다. 우리는 '타우히드'와 관련해서 유혈 사태가 초래될 만큼 서로 상반된 두 견해가 '미흐나' 안에 있었음을 이미 살펴보았다. 세 번째 견해, 마찬가지로 분열을 초래하는 입장이 있으니, 많은 수피 교도들이 믿는 '와닷 알-우주드'이다. 문자적으로는 "존재의 합일"이라 옮길 수 있는 이 교리에 따르면, 온 우주가 하나님이다. 이 교리를 아주 불쾌히 여기는 일부 무슬림들은 수피 교도들을 범신론에 사로잡힌 '카피르', 이교도라 비난한다. 반면, 수피 교도들

---

1 예수의 신성, 성경과 더불어 단골로 등장한다.

은 대개 알라에 대한 자신들의 지식이 가장 친밀하고 정련된 형태의 이슬람이라고 믿는다. 이 세 가지 입장은 이슬람 역사에서 경건한 무슬림들이 '타우히드'에 관해 폭넓게 견지해온 다양한 견해 중 세 가지일 뿐이다.

평범한 무슬림들은 이러한 사실을 알지 못한다. 다른 어떤 이유보다 어쩌면 이와 같은 무지 때문에 내가 그토록 자신만만하게 삼위일체에 반대하며 비판을 제기했는지도 모른다. 나는 '삼위일체'라는 단어가 성경에 나오지 않으며 그 교리가 정리되기까지 수백 년의 세월이 걸렸음을 지적하곤 했다. 기독교 신학에서 핵심적인 교리가 형성되는 데 어떻게 그토록 길고 복잡한 역사가 필요하단 말인가? '타우히드'의 역사를 공부하지 않았던 나는 이슬람에 대해서도 정확히 똑같은 비판을 가할 수 있다는 사실을 몰랐다. 즉 '타우히드'라는 말은 코란에 나오지 않으며, 그 교리가 정리되기까지 수백 년의 세월이 걸렸던 것이다.

이 두 교리를 좀 더 자세히 살펴본다면, '타우히드'가 어떤 다른 놀라운 면에서 삼위일체와 유사한지 알게 된다. 하지만 이슬람 세계관과 기독교 세계관을 비교하는 입장에서는 양자의 차이가 중요하다. 2부의 말미에서 우리는 '타우히드' 교리가 궁극적으로 자멸적인 반면 삼위일체가 일관될 뿐 아니라 우리를 참 인간으로 만들어주는 것을 보게 될 것이다.

6장

일위일체와 삼위일체의 비교

　　내가 아직 친구 데이비드 우드를 이슬람으로 개종시키기 위해 각고의 노력을 다하고 있던 2003년 무렵, 그와 나는 토론회를 관람하기 시작했다. 우리가 관람한 수십 차례의 토론회에서 내가 가장 존경한 무슬림 논객은 샤비르 앨리(Shabir Ally)였다. 그의 말투는 부드러웠지만 무대에서의 존재감은 엄청났고 이슬람과 기독교 양쪽 모두에 정통해 보였다. 이듬해 고향에서 나는 영예롭게도 그가 거의 천 명의 무슬림과 그리스도인 청중 앞에서 토론하는 모습을 보았다. 나는 그가 세상에서 가장 탁월한 이슬람 논객이라 생각하고 있었는데 그를 실제로 볼 수 있다니 솔직히 다소 황홀했다.

　　만일 누군가 내게 먼 훗날에 내가 그와 토론하게 되리라고 말했다면, 절대 믿지 않았을 것이다!

　　2015년 봄, 나는 미시간에 있는 웨인 주립대학교에서 개최한 앨리 박사와의 토론회에 초청받았다. 나는 많은 기도와 심의 끝에 참석하기로 했고, 주제는 앨리 박사의 선택을 따르기로 했다. 그의 답신을 받았을 때 마음이 가슴이 덜컥 내려앉았다. 그가 토론하기 원했던 주제는 삼위일체였다.

그리스도인이 된 지 아홉 해가 지났고 그중 전임 사역자로 다섯 해를 살아왔지만, 나에게 삼위일체 교리는 여전히 기껏해야 그리스도인이 설명하고 방어할 수 있는 정도의 것이었지, 남을 설득할 만한 교리이거나 사람들의 관심을 끌 만한 어떤 것이 아니었다. 그러나 이미 토론회에 참석하기로 했고 앨리 박사에게 주제 선택을 맡긴 터라 이제와서 돌이킬 수는 없는 노릇이었다. 그리스도인이 가장 방어하기 어려운 주제를 두고 전 세계 최고의 무슬림 변증가와 벌이는 토론에 걸려든 것 같았다. 어떻게 해야 할까?

기도하고 최선을 다해 연구하는 수밖에 없었다! 나는 좋은 친구들 및 동료들과 함께 바닥에 무릎 꿇고 많은 시간 동안 기도했고 더 많은 시간 동안 책에 코를 박고 준비했다. 기도와 연구로 그 시간을 보내면서 나는 삼위일체가 얼마나 장엄한 진리이며 성경을 따라 그 의미를 추적하고 이해할 때 그것이 얼마나 설득력 있는 진리인지 발견했다. 삼위일체 교리를 연구할수록 하나님에 대한 나의 사랑은 어마어마하게 커졌다.

'미흐나'와 관련된 이야기를 처음 알게 된 것도 이 연구 과정에서였다. 사실을 알고 나는 충격을 받았다. '타우히드'와 관련된 이슬람 종교 재판소라니? '타우히드'에 발전의 역사가 있었다고?

나는 좀 더 자세히 '타우히드'를 연구하면서 얻게 된 통찰 덕분에 이후로 무슬림들 앞에 삼위일체를 제시할 자신감을 더 가질 수 있었다.

내가 처음 발견한 것은 '타우히드'와 삼위일체 사이의 유사성이었다. 신학적으로 볼 때, 그리스도인들 사이에서 삼위일체 논쟁이 진행된 과정과 무슬림들 사이에서 '타우히드' 논쟁이 진행된 방식은 놀라울 정도로 유사했다. 이것을 이해하기 위해서는 코란과 예수가 각각의 종교에서 등가적 역할을 한다는 점에 주목하는 게 아주 중요하다. 이슬람의 경우 하나님의 영원한 말씀은 코란이며, 기독교의 경우 하나님의 영원한 말씀은 예수다(요 1:1-14).

이는 의미론적 우연을 넘어선다. 무슬림들 입장에서는 알라가 물질계에서 자신을 보인 것이 코란이며, 그리스도인들 입장에서는 야웨가 물질계에 자신을 보인 것이 예수다. 이런 까닭에 두 종교는 각각 코란과 예수의 영원성을 가르친다. 코란과 예수는 영원하신 하나님의 표현이기 때문이다.

하지만 이 두 교리는 종교 간 토론의 모루를 거치며 꼴을 갖추게 되었다. 이미 살펴본 것처럼, 이것은 이슬람 신학에 중대한 문제를 일으켰는데, '타우히드'에 관한 전통적 가르침에 따르면, 알라 안에는 어떠한 구분도 없어야 하기 때문이다. 어떻게 코란, 그러니까 어떤 의미에서는 알라로부터 분리된 어떤 것이 알라의 영원한 표현이 될 수 있단 말인가. '빌라 카이프.'

한편 기독교 신학은 하나님의 말씀이 어떤 의미에서는 하나님으로부터 분리된 그분의 영원한 표현이라는 데 아무런 문제가 없는데, 이는 기독교가 하나님의 절대적 유일성을 가르치지 않기 때문이다. 기독교는 삼위일체의 야웨 하나님을 가르친다.

그렇다면 하나님이 삼위일체로 존재한다는 것은 무슨 의미인가? 그리스도인들이 그것을 믿는 이유를 살펴보기에 앞서 삼위일체에 대한 적절한 정의가 있는지부터 확인해보도록 하자.

삼위일체 정의하기: 모순된 개념인가?

삼위일체는 오직 한 분 하나님밖에 없다고 가르치는 다른 모든 일신교 교리와 비슷하다. 이 점을 놓치면, 전부를 놓치는 것이다! 기독교는 오직 한 분 하나님밖에 없다고 항상 가르쳐왔다. 기독교 신학이 다른 유일신 신앙들과 갈리는 지점은 신의 숫자에서가 아니라 신의 인격에 대한 개념에서다. 삼위일체 교리는 한 하나님이 세 인격으로 존재한다고 가르친다.

무슬림들은 이 점이 자기모순이라고 종종 비판하지만 전혀 그렇지 않다. 그 이유는 이러한데, 즉 **인격**과 **존재**는 같은 개념이 아니기 때문이다. 당신의 존재는 당신이 **무엇**인지를 결정하는 특성이지만, 당신의 인격은 당신이 **누구**인지를 결정하는 특성이다. 예컨대, 우리는 인간이다. 그것은 우리가 **무엇**인지를 말해준다. 그래서 우리는 인간 **존재**이다. 그러나 우리가 무엇인지와 우리가 누구인지는 같지 않다. 만일 누군가 "당신은 누구입니까?"라고 묻는데, 나는 "인간입니다!"라고 말해서는 안 된다. 그것은 내가 무엇인가에 대한 답이지, 내가 누구인가에 대한 답은 아니기 때문이다. 나는 누구인가 하면 나빌이다. 그것이 내 인격이다. 나는 무엇인가 하면 인간이다. 그것이 나의 존재다. 존재와 인격은 구분된다.

오직 한 인격만 가진 인간 존재와 달리, 하나님은 세 인격을 가졌다. 그분은 한 존재로서 야웨 하나님이지만 세 인격, 곧 성부, 성자, 성령이다. 그분은 하나님이니 그런 식으로 존재할 수 있는 것이다. 만일 우리가 하나님이 인간처럼 오직 한 인격이어야만 한다고 말한다면, 우리는 우리의 형상을 따라 하나님을 만들고 있는 것이다. 우리가 누구이기에 하나님을 제한하는가? 우리가 누구인지를 말해주는 것은 하나님의 일이다.

무슬림과 그리스도인 간에 진정한 토론이 필요한 지점이 여기에 있다. 즉 우리의 이성으로 하나님의 본성을 규정하거나 해독할 수 있는 양 "삼위일체 대 타우히드"의 개념 차원의 토론이 아니라, 계시에 관한 토론이 필요한 것이다. 각각의 전통적 가르침에 근거할 때 무슬림과 그리스도인은 하나님이 우리가 상상하는 것보다 훨씬 더 크시고 우리가 헤아리는 것보다 훨씬 복잡한 분이라는 데 생각을 같이한다. 우리 인간은 하나님의 본성의 복잡한 사항을 결정할 입장에 있지 않다. 만일 하나님이 우리에게 자신이 한 인격의 한 분이라고 알려주신다면, 우리는 그렇게 믿어야 마땅할 것이다. 만일 하나님이 우리에게 "나는 세 인격의 한 분"이라고 말해준다면, 우리가 누구이기에 하나님께 아니라고 말할 수 있겠는가? 계시를 믿는 자로서 우리는 성경에 의지해서 그분에 대해 배워야 할 것이다.

성경 속의 삼위일체

그리스도인들이 하나님을 삼위일체로 믿는 이유는 성경 때문이다. 성경은 삼위일체 교리로 가장 잘 해석된다. 코란이 '타우히드' 교리를 체계적으로 해설하지 않듯, 성경 그 어느 곳에서도 삼위일체 교리를 해설하지 않는다. 하지만 성경 본문에는 삼위일체의 눈으로 보아야만 가장 잘 해석되는, 반복적으로 등장하는 다섯 가지 요소가 있다.

1. 오직 한 분 하나님만 있다(예. 롬 3:30)
2. 성부는 하나님이시다(예. 요 6:27)
3. 예수는 하나님이시다(예. 요 20:28; 롬 9:5; 벧후 1:1)
4. 성령은 하나님이시다(예. 행 5:3-5)
5. 이 세 분은 각각의 인격이시다(예. 요 14:16-17)

따라서 구분되는 세 인격이 모두 하나님이되 오직 한 분 하나님만 있다면, 자연스럽게 삼위일체 교리로 나아가게 된다. 즉 세 인격으로 존재하는 한 하나님 말이다.

이 구분되는 세 인격의 하나 됨을 가리키는 구절이 마태복음 28:19이다. "너희는 가서 모든 민족을 제자로 삼아 아버지와 아들과 성령의 **이름**으로 세례를 베풀고." 이 구절에서 세 인격은 한 이름을 공유한다. 셋이 한 존재이기 때문이다.[1]

이제 여러분은 위의 구절들이 신약성경에 나온다는 것을 눈치챘을 것이다. 무슬림들이 흔히 던지는 질문 하나는 이것이다. "만일 하나님이 삼위일체라면, 우리가 그 사실을 알기 위해 신약까지 기다릴 이유가 무엇인가? 왜 하나님은 그전에 삼위일체에 대한 단서를 주시지 않았는가?" 나의 대답은 그들을 종종 놀라게 한다. 그분은 성경의 첫 절에서부터 이미 그 단서를 주셨다.

창세기 1:1은 다음과 같다. "태초에 하나님이 천지를 창조하시니라." 우리가 "하나님"으로 번역하고 있는 '엘로힘'이라는 단어를 좀 더 자세히 들여다보면, 그것이 복수형임을 알 수 있다. 이를 문자 그대로 번역한다면, "하나님들"로 옮겨야 할 것이다. 그러나 그렇게 번역하지 않는 이유는 문장의 동사가 단수형이기 때문이다. '엘로힘'이란 단어는 복수형이지만, 그 복수 주어를 받는 동사는 주어가 단수인 양 단수형이다. 따라서 성경 첫 절에서 우리는 하나님이 어떤 의미에서는 복수이되, 어떤 의미에서는 단수임을 본다. 이것은 삼위일체 모형과 완벽하게 맞아떨어진다. 어떤

---

1 이사야 45:23의 야웨에 관한 언급이 예수로 대체되는 빌립보서 2:10 같은 구절에서 볼 수 있듯이, 양쪽 구절 모두 야웨라는 이름을 사용하고 있다.

의미로 하나님은 인격 면에서 복수이지만, 다른 의미로 그분은 존재 면에서 단수다. 단성론적 해석으로는 이 구절이 제대로 이해할수 없다.

물론 이 한 경우에만 해당한다면 타당성이 있다 하기 어렵겠지만, 창세기 1장에서만 하나님의 복수성을 지시하는 부분을 세 군데나 찾을 수 있다. 두 번째 구절은 25절인데, 거기서 하나님은 "우리의 형상을 따라 우리의 모양대로 우리가 사람을 만들고"라고 말씀한다. 하나님이 자신을 복수로 언급한다. 하나님은 왜 자신을 "우리"라 하시는가? 어떤 사람들은 그것이 왕권의 복수형, 즉 왕이 자신을 "우리"라고 칭하는 것과 같다고, 실제로 알라도 코란에서 그렇게 말한다고 응수한다. 하지만 그러한 설명은 시대 착오다. 성경 히브리어에는 왕권을 나타내는 복수형이 없거니와 당시는 그런 문학 기법이 아직 창안되기 전이었다. 성경이 왕권의 복수형을 사용하고 있다는 주장은, 후대의 구술 및 기술 방식을 성경에 적용하는 셈이며 이는 빈약한 방법론이다. 하나님은 여기서 "왕의 복수형"으로 자신을 언급하는 것이 아니다. 하나님은 어떤 의미에서 자신이 복수임을 가리키는 것이다.

하나님을 복수형으로 언급하는 또 다른 구절은 27절이다. "하나님이 당신의 형상대로 사람을 창조하셨으니, 곧 하나님의 형상대로 **사람**(him)을 창조하셨다. 하나님이 **그들**(them)을 **남자와 여자**로 창조하셨다"(새번역). 하나님이 자기 형상대로 사람을 창조했음을 강조한 다음, 성경은 하나님이 그들을 남자와 여자로 창조했다고 말한다. 이는 하나님에게 성별이 있다는 뜻이 아니라 그분의 형상에 복수성이 있다는 뜻이다. 이는 성경이 '단수형'(him)으로 인간을 지칭했다가 이어서 '복수형'(them)으로 바꿔서 지칭하는 데서 드러난다. 인간은 어떤 의미에서는 단수이나, 어떤 의미에서는 남자와 여자로 구성된 복수인 것이다. 이것이 곧 하나님의 형상, 즉 단수이면서 동시에 복수인 하나님의 형상인 것이다.

따라서 주의 깊게 읽을 때 우리는 성경의 첫 장에서부터 하나님이 복수이자 단수임을 지시하는 단서를 세 개나 보게 된다. 삼위일체는 성경 첫 절부터 들어 있고, 첫 장에만 여러 번 등장한다.

더 나아가기 전에, 구약성경 전반에 삼위일체가 내포되어 있음을 언급할 필요가 있다. 창세기 18장에서 우리는 야웨께서 사람처럼 아브라함과 대화하며 당신께서 소돔과 고모라를 멸망시킬 것임을 아브라함에게 말해주는 모습을 본다. 그런 다음 19:24에서 성경은 이렇게 말한다. "주님(야웨)께서 하늘 곧 주님(야웨)께서 계신 곳으로부터, 소돔과 고모라에 유황과 불을 소나기처럼 퍼부으셨다"(새번역). 이 구절에서 야웨는 땅과 하늘 두 곳에 동시에 있는 것처럼 보이는데, 이 땅에 있는 분이 하늘에 있는 분에게서 유황을 소나기처럼 퍼붓는 것 같다.

이것이 창세기가 말하려는 바가 아닌 듯 보이지 않을까 싶어, 아모스 4:11은 이런 해석을 확증한다. "'나 하나님이 옛날에 소돔과 고모라를 뒤엎은 것처럼, 너희의 성읍들을 뒤엎었다.…' 주님(야웨)께서 하신 말씀이다"(새번역). 여기서 야웨는 삼인칭의 하나님을 뜻한다. 이것은 삼위일체의 눈으로 구약성경을 읽지 않는한, 일신교의 틀로는 이해가 안 되는 말이다.

마지막으로, 삼위일체의 세 위격이 모두 등장하는 구약성경 구절의 예를 이사야 48:12-16에서 볼 수 있다. 말하는 이의 주권을 강조하는 여러 진술 때문에 명료하게 드러나지는 않지만, 끼어 있는 진술들을 걸어내고 나면 이 구절은 다음과 같이 읽힌다. "'내가 바로 그다. 내가 곧 시작이요 마감이다. 내 손으로 땅의 기초를 놓았고…' 이제 주 하나님께서 나를 보내셨고 그분의 영도 함께 보내셨다"(새번역). 여기서 알파와 오메가이신 분이 말씀하기를, 자신은 주 하나님과 그분의 영이 보내서 왔다고 한다. 이어지는 구절은 이 말씀하는 이가 "주(야웨)", "속량자", "이스라엘의 거룩하신 분"이라고 밝힌다. 이 구절에서 야웨가 야웨 및 야웨의 영의 보냄을 받는데, 이는 삼위일체의 눈으로 읽지 않는 한 이해가 되지 않는다.

코란 속의 삼위일체와 '타우히드'

그리스도인들이 성경을 근거로 삼위일체를 믿는 반면, 무슬림들은 코란을 근거로 삼위일체를 부정한다. 가장 분명하게 삼위일체를 부정하는 부분은 코란 4:171이다. 예수의 신성을 부정한 다음 그 구절은 이렇게 말한다. "삼위일체설을 말하지 말라. 너희에게 복이 되리라. 실로 하나님은 단 한 분이시니 [그분에게는 아들이

있을 수 없노라].'

　하지만 좀 더 주의 깊게 코란을 연구하면 사실 코란은 삼위일
체를 부인한다기보다는 다신론을 부인하고 있음을, 예수가 하나
님과 더불어 제2격의 신임을 부인하는 듯 보인다. 예를 들어, 예
수가 하나님임을 부인한 직후 5:73은 이렇게 말한다. "'하나님이
셋 중의 하나라' 말하는 그들은 분명 불신자라. 하나님 한 분 외에
는 신이 없거늘." 코란이 삼위일체를 세 신으로 이해하고 있는 것
이라면, 첫째는 알라이고 둘째는 예수인데 그렇다면 셋째는 누구
인가? 5:116에 명백히 나타난 것을 보건대 마리아가 분명한데, 그
절에서 알라는 예수에게 이렇게 말한다. "네가 백성에게 말하여
'하나님을 제외하고(알라뿐 아니라) 나 예수와 나의 어머니를 경배
하라(신으로 여기라)' 하였느뇨."

　이처럼 코란이 부정하는 삼위일체는 실은 세 신, 곧 알라와 예
수와 마리아를 섬기는 삼신론이다. 이 지점에서 일부 그리스도인
들은 코란이 삼위일체를 오해한다고 주장하며 이는 코란이 오류
임을 입증하는 증거라고 주장한다. 이런 비판에 대해 무슬림들은
마리아와 예수와 하나님을 삼위일체로 섬긴 그리스도인들이 있었
고 코란의 이 구절은 바로 그들을 향한 것이라고 응답한다. 나는
이 토론에 끼어들기보다는, 코란이 실은 다신론 곧 삼신론을 부인
하는 것이지, 기독교가 전통적으로 가르쳐온 삼위일체 하나님 개

념을 부정하는 것이 아님을 강조하고자 한다.[2]

코란의 나머지 부분에서 알라는 반복적으로 오직 한 분 하나님밖에 없다고(예, 16:51; 47.19; 112.1) 말하지만 이는 항상 다신론을 거부하는 방식이다. **코란은 삼위로 존재하는 한 분 하나님의 가능성을 결코 부정하지 않는다.** 이 누락에 주목해야 하는 이유는 삼위일체가 무함마드와 코란이 오기 전 수백 년 동안 기독교의 정통 교리였기 때문이다.

아흔아홉 가지 이름과 알라의 초월성

코란은 다신론을 거부할 뿐 아니라 알라의 초월성을 자세히 해설하는데, 알라가 의도적으로 인류로부터 자신을 숨겼다고 말한다. 알라는 이른바 베일 뒤에 있으면서 천사를 통해서만 인간에게 이야기한다. 42:51은 이렇게 말한다. "하나님이 말씀으로 보낸 것은 인간을 통해서가 아니라 계시를 통해서 또는 가리개 뒤에서 사자를 통해 계시되었으며 이는 그분께서 뜻을 두고 허락하신 것이라. 실로 그분은 높이 계시며 지혜로운 분이시라."

---

2 이처럼 무슬림들이 보이는 일반적인 반응에 대해 언급할 내용이 있다. 다신론적 이단 신앙으로 출교된 그리스도인들이 종종 아라비아 등의 지역으로 이주했기에 이러한 가설이 타당성이 없는 것은 아니다. 하지만 특별히 무함마드와 관련된 맥락에서 그러한 그리스도인들이 살았다는 실제 증거를 나는 보지 못했다.

이 구절은 두 가지 이유에서 유익하다. 마지막 문장인 "그분은 높이 계시며 지혜로운 분이시라"에서 우리는 코란이 알라를 묘사할 때 사용하는 별칭을 보는데, 알라는 아흔아홉 가지 이름으로 불린다. 코란은 무슬림들에게 알라를 부를 때 이 여러 이름 중 어느 이름으로든 그를 부르라 명령하며(17:110), 무슬림들은 알라의 성품에 대해 더 깊이 알려면 이 이름들을 배워야 한다고 서로에게 종종 권한다.

알라의 초월성이 갖는 함의 또한 유익한데, 알라를 친밀히 아는 것은 인간의 일이 아니라는 것이다. 이는 알라의 아흔아홉 가지 이름에서도 드러나는 바, 그 이름들 가운데 알라가 인간과 친밀한 관계를 원한다는 의미를 띠는 이름은 없다. 두 가지 예외적인 경우가 있는데 바로 '알-왈리'와 '알-와두드'이다. '알-왈리'가 "그 친구"를 뜻한다고 이해하는 이들이 있으나 그 문자적 의미는 "그 후원자"이며 이는 알라의 보호를 강조하는 말이지, 그와의 관계를 강조하는 말이 아니다. 또 다른 이름인 '알-와두드'는 조금 더 가망이 있는데 이는 "그 사랑"이란 의미로서 코란 전체에서 두 번 사용된다. 하지만 이 단어를 자세히 살펴보면, "애정을 품은 자"에서처럼 관계의 개념보다는 표현의 개념인 듯 보인다. 지나치게 따지는 것처럼 보일 수 있으나 이는 중요한 구분이다. 알라의 아흔아홉 가지 이름 중 단 하나만이 그가 인간과의 친밀한 관계를 원한다는 암시를 주는데, 그 하나도 자세히 살펴보면 반드시 관계를 뜻하는 말이 아닌 것이다.

물론, 이 단어와 관련된 더 많은 맥락이 있다면 도움이 되겠지만, 코란에서 이 단어는 단 두 번 사용될 뿐이다. 그리고 이 단어는 별칭이기 때문에 그 주위의 단어들이 그 의미를 확실히 설명해 주지 않는다. 하지만 맥락을 확장해보면 보이는 게 있다. 11:90에서 알라를 묘사하는 '알-와두드'는 "너희를 죄 되게 함은 나의 반목이 아니라 너희의 불신 때문이라"는 경고 한 절 뒤에 나오고, 85:14에서는 "실로 그대 주님의 응벌은 중하니라"는 경고 두 구절 뒤에 나온다. 그중 어느 쪽도 알라가 인간과 친밀한 관계를 원한다는 확신을 주지 않는다.

참으로 코란의 다른 어느 구절에서도 알라가 인간과 관계를 갖길 원한다는 암시가 나타나지 않는다. 아버지-자녀의 관계는 더더욱 보이지 않는데, 코란은 구체적으로 알라가 아버지임을 부인하기 때문이며(112:3) 5:18에서는 하나님이 영적으로 아버지라는 개념을 비난한다. "유대인과 그리스도인들이 이르되 '우리는 하나님의 아들이요, 그분의 사랑받는 자들이라' 하니 일러 [응답하여] 가로되 '그렇다면 왜 그분께서는 너희의 죄악에 대해 벌을 내리겠느뇨?' 너희도 그분이 창조한 인간이거늘."

이 구절은 많은 것을 말해준다. 유대인들과 그리스도인들이 자신들이 하나님의 자녀라고 말하자 코란은 그들을 책망하며 그들도 하나님의 피조물에 불과한 인간임을 일깨운다. 또한 주목할 것은 이 구절에서 실제로 사용하고 있는 아랍어 '하브'는 제일가는 최고의 "사랑"을 뜻하는데 그 단어가 하나님의 사랑받는 백성을 노골적으로 부정하는 데 사용되고 있다는 점이다.

이것은 알라가 우리를 사랑한다고 배우면서 자란 나와 같은 무슬림들에게는 놀라운 소식일 수 있다. 알라가 우리를 사랑한다는 가르침은 무슬림들 사이에서는 일반적인 가르침이지만 코란의 가르침은 아닌 것이다. 알라가 우리 가까이 있음을 말해준다고 종종 인용되는 구절은 50:16인데, 이 구절은 알라가 인간의 경동맥보다 더 인간에게 가까이 있다고 말한다. 내가 배우지 않은 사실, 그리고 내가 아는 대부분의 무슬림들이 배우지 않는 사실이 있으니, 이 구절이 등장하는 앞뒤 구절을 살펴보면 그것이 위협의 맥락이라는 점이다. 즉 그 의미는, 알라가 너의 불온한 생각까지 알고 있을 만큼 너에게 아주 가까이 있으며 모든 의심하는 자들을 지옥에 던진다는 것이다.[3]

이처럼 '타우히드'를 이해함에 있어서 우리는 알라의 자기 계시에 대해 균형 잡힌 이해를 포함시켜야 한다. 알라는 사람이 자기 주인과 종의 관계를 맺기 원하지, 아버지와 자녀의 관계를 의도하지 않는다. 코란의 어느 부분도 알라가 인간과 친밀한 관계를 원한다는 뜻을 제안하지 않는다. 우리는 그분의 사랑받는 자가 아니다. 단지 그가 만든 피조물 중 하나일 뿐이다.

---

3 '위협'이라는 단어를 가볍게 쓰지 않았다. 위협을 뜻하는 아랍어 단어가 50:14과 50:20에서 문제의 구절을 에워싸고 있다.

야웨 하나님이 인간과의 관계를 원하는 반면 알라가 인간과의 관계를 원하지 않는 본질적인 이유가 있다. '타우히드'로 인해 알라는 단성체다. 알라는 본질적으로 관계적이지 않다. 반면 야웨는 세 인격이며 따라서 본질적으로 관계적이다. 이 말의 함의는 훨씬 더 지대하다. 무슬림들이 "알라후-아크바르" 즉 "하나님은 위대하시다"고 말할 때 그리스도인들은 그 말에 동의할 것이다.[4] 무슬림과 그리스도인 모두 하나님을 온 우주에서 가장 위대한 존재로 믿는다. 하지만 만일 알라가 가장 위대한 존재이며 그 본성상 따로 떨어져 있어 관계를 원하지 않는다면, 이슬람은 따로 떨어져 있어 관계를 원치 않는 존재의 특성을 찬양하는 것이다.

반면, 만일 야웨가 가장 위대한 존재인데 그의 내재적 본성이 친밀함과 사랑이라면, 기독교는 관계와 공동체를 찬양하는 것이다. 이 책의 2장에서 한 하나님이 세 인격으로 계시면서 서로를 이타적으로 사랑하시며, 따라서 사랑이 하나님의 중심 원리(요일 4:8)라고 한 점을 기억하자. 그 이타적인 사랑으로 하나님은 우주를 창조하셨고, 이제 그분은 그 우주가 당신의 형상을 반영하는 사랑으로 작동되기를 기대하신다. 그래서 성경이 다음과 같이

---

4 엄밀히 말해, '알라후-아크바르'는 비교격으로 "하나님은 더 위대하시다"로 번역된다. 보다 자세한 사항은 나의 책 *Answering Jihad: A Better Way Forward* (Grand Rapids: Zondervan, 2016)의 질문 14를 보라.

가르치는 것이다. "'네 마음을 다하고 목숨을 다하고 뜻을 다하여 주 너의 하나님을 사랑하라' 하셨으니 이것이 크고 첫째 되는 계명이요, 둘째도 그와 같으니 '네 이웃을 네 자신같이 사랑하라' 하셨으니"(마22:37-39). 하나님은 가장 위대한 존재이며 관계적이고 사랑이신 분이기에, 인간에게 주어진 가장 중요한 명령은 관계와 사랑인 것이다.

기독교의 가르침에 따르면, 하나님은 우리 아버지이시다. 그분은 완전한 아버지로서 우리를 사랑하시고, 또 언제나 그렇게 우리를 사랑하실 것이다. 하나님은 우리가 당신과 친밀한 관계를 맺고, 우리의 두려움과 실패, 우리의 꿈과 승리를 그분께 맡기기를 바라신다. 하나님은 우리가 그분을 기뻐하고 또 그분 안에서 기뻐하기를 원하신다. 이는 하나님이 삼위일체이시고 그 본성상 사랑이시기 때문이다. 이는 이슬람교에서 가르치는 알라에 대한 전통적인 교리와는 아주 다른 가르침이다.

7장

복잡성에 질문을 던지다

1920년대에 한 과학적 발견이 전 세계를 뒤집어 놓았다. 그 전까지 물리학은 과학지식 중에서도 가장 변화가 없고 이해가 용이한 분야로 간주되었다. 아이작 뉴턴의 운동법칙은 앞선 수백 년 동안 거듭, 거듭, 거듭해서 견실한 원칙으로 입증되었다. 피에르 시몬 라플라스 같은 19세기의 일부 물리학자들은 이제 과학이 과거뿐 아니라 미래의 온 우주의 모든 운동을 설명할 준비가 되었다고 장담하기까지 했다. 인간은 물질세계를 정복한 듯 보였다.

그러나 20세기로 접어들 무렵, 과학자들은 자신들의 세계 이해에 균열이 있음을 인지하기 시작했다. 특히 빛의 움직임은 뉴턴의 상자에 언제나 딱 맞지 않았다. 막스 플랑크, 알베르트 아인슈타인, 닐스 보어, 에르빈 슈뢰딩거 같은 지적 거인들의 작업을 통해 물리학자들은 숨겨져 있던 빛의 비밀을 발견하기 시작했다.

1920년대에 얻어진 통찰을 종합하여 폴 디랙(Paul Dirac)이 『양자 역학의 원리』(*Principles of Quantum Mechanics*)를 출간하자 이후의 세상은 전과 같을 수가 없었다.

디랙의 제자 중 하나였던 존 폴킹혼(John Polkinghorne)은 디랙이 그 발견을 케임브리지의 학생들에게 어떻게 설명했는지 알려 준다. "그는 분필 하나를 들어 둘로 쪼갰습니다. 한 조각은 교탁 이쪽에 두고 다른 조각은 맞은편에 둔 뒤, 디랙 교수는 이런 식으로 말했습니다. 고전적으로 말해, 분필 조각이 '여기' 있고 다른 조각은 '저기' 있는 상태가 있는데, 오직 이 두 가지 가능성만 있지요. 하지만 전자로 분필을 교체하면 양자 세계에서는 '여기'와 '저기'의 상태만 있는 것이 아니라 이 두 가능성의 혼합 상태, 즉 약간의 '여기'와 약간의 '저기'가 합쳐진 복수의 상태들이 존재합니다."[1]

다시 말해서, 이성과는 충돌하지만 어떤 것이 동시에 두 위치에 있을 수 있다는 말이다. 폴킹혼에 따르면, "양자 이론은 전통적으로 서로 배타적인 두 상태가 섞이는 것을 허용한다. 양자 세계를 고전 물리학의 일상 세계와 구별해주는 것은 이와 같이 직관에 어긋나는 혼합 가능성이다."[2] 직관에 어긋나고 명백히 자기 모순적인 진리에 대한 깨달음이 21세기 기술 발전의 문을 연 선두 주

---

1 John Polkinghorne, *Quantum Theory: A Very Short Introduction* (Oxford:Oxford Univ. Press, 2002), 21.
2 앞의 책, 21-22.

자였고 이후 인류는 전과는 다른 꿈을 꿀 수 있게 되었다. 자기공명영상법(MRI), 스마트폰, 블루레이 같은 기술들이 가능했던 것은 모두 양자 물리학 덕분이었고, 양자 컴퓨팅이나 양자 광학 같은 분야들이 희망찬 미래를 약속하고 있다.

무슬림이던 시절 나는, 삼위일체 교리가 지나치게 복잡하고 자기 모순적이어서 가능하지 않다고 어릴 때부터 배워온 터였다. 그러나 인류가 우주를 탐구하면 할수록 우주의 찬란한 복잡성을 점점 더 많이 발견하게 된다. 세계의 더 깊은 진리에 눈을 뜨면서 나는 복잡성이 삼위일체의 오류를 입증하지 않는다는 것을 받아들여야 했다. 창조주가 그분의 피조물보다 더 단순하고 더 쉽게 이해되는 분이어야 한다고 단정해야 할 이유가 무엇이란 말인가?

오히려 나는 정반대가 사실일 수밖에 없다고 제안하고 싶다. 즉 인간은 당연히 하나님을 이해할 수 없다. 하나님이 우리의 지성을 창조했다면 그분은 분명 우리의 이해보다 더 크신 분이어야 한다. 우리가 누구이기에 우리가 이해할 수 있을 정도로 그분이 단순해야 한다고 요구하는가?

하지만 이미 살펴보았듯이, 삼위일체는 모순이 아니다. 한 분 하나님이 세 인격으로 존재한다는 주장에는 아무런 모순이 없다. 무슬림들이 흔히 이의를 제기하는 내용은, 삼위일체는 비현실적이리만치 모순적이고 복잡해서 의미 있는 문젯거리조차 못 된다는 것이다. 오히려 정반대다. '미흐나' 이야기에서 이미 살펴보았듯이, 신성의 단순성에 대한 이슬람의 교리는 코란의 영원성을 설명하는 데 문제를 일으킨다. 이제 살펴보겠지만, '타우히드'의 단순성에는 또 다른 흠결이 있다.

'타우히드', 삼위일체, 그리고 하나님의 자족성

하나님은 절대적으로 한 분이라는 '타우히드'의 기본 가르침을 다시 점검해 보자. 이 교리의 의미는 모든 것을 창조하기도 전인 영원한 과거에 알라가 홀로 있었다는 뜻이다. 한 인격이, 홀로 있었다. 우주를 창조한 후에야 비로소 알라는 관계를 맺을 대상이 생겼던 것이다. 이것은 신학적으로 중대한 문제가 되는데, 왜냐하면 아흔아홉 가지의 이름과 그 밖의 별칭을 통해 이슬람이 가르치는 바 알라는 관계적 존재이기 때문이다. 하지만 그가 우주를 창조하기 전에는 관계를 맺을 대상이 아무것도 없었다면, 어떻게 그를 관계적 존재라고 할 수 있을까?

주의할 것은 내가 지금 사용하고 있는 **관계적**이라는 단어는, 친밀감의 의미가 아니라 다른 무엇과의 관계 가운데 존재한다는 의미라는 점이다. 예를 들어, 이슬람은 알라가 '아르-라흐만'이자 '아르-라힘'이라고, 곧 '은혜로운 분'이자 '자비로운 분'라고 가르친다. 모든 경건한 무슬림은 이 점을 알고 있는데, 이 이름은 알라의 여러 이름들 중 가장 흔히 일컬어지는 두 이름이기 때문이다. 하지만 이 두 가지 특징은 알라가 관계적 존재임을 암시하는데, 그가 **누군가에게** 은혜롭고, 그가 **누군가에게** 자비롭다는 뜻이다.

물론 알라가 홀로 있으면서 은혜로울 가능성도 있을 것이나, 그 은혜의 대상이 되는 무언가가 존재하지 않는 한 그가 은혜로울 수는 없다. 자비도 마찬가지다. 알라가 본질적으로 자비롭기 위해서는 그의 자비를 받을 다른 무엇이 존재해야 하는 것이다.

그러므로 알라가 실제로 은혜롭고 자비롭기 위해서는 먼저 우주를 창조해야만 한다. 다시 말해, 알라는 자기가 만든 피조물에 의존해서만 알라일 수 있는 것이다. 알라는 은혜롭고 자비로울 대상이 되는 세상을 창조하기 전까지는 '아르-라흐만'이나 '아르-라힘'일 수 없다. **알라의 탁월한 본질은 피조물에 의해 좌우된다.** 그러므로 이슬람 전통이 가르치듯 알라가 본질적으로 은혜롭다거나 자비롭다거나 다른 어떤 관계적 특성을 갖는다고 말하는 것은, 아흔아홉 가지의 이름에서 그런 특징이 발견되든 안 되든 관계없이, 이치에 맞지 않다. 만일 알라가 단자(單子, monad)라면, 관계적 존재가 되기 위해서는 자신의 피조물이 필요한 셈이다.

반면, 삼위일체 교리는 세 위격의 하나님이 이타적 사랑으로 서로를 영원토록 사랑했다고 가르친다. 하나님은 언제나 관계적인 분이었고 언제나 사랑하는 분이었다. 그의 자비와 정의는 자기 피조물에 종속되지 않는다. 왜냐하면 자비와 정의는 인간을 향한 그분의 영원한 사랑의 표현이기 때문이다. 그 사랑은 인간 존재에 의해 좌우되지 않는다.

타우히드로 인해 알라는 알라이기 위해 인간에게 종속된다. 삼위일체의 본성으로 인해 야웨는 진실로 독립적이면서 자족한다.

따라서 '타우히드'의 단순성은 두 가지 이유로 인해 정통 이슬람에 치명적 결함인 것으로 드러난다. 첫째, 코란의 영원성을 설명할 수 없으며, 둘째, 알라가 자기 피조물에 의존하는 결과를 낳는다. 삼위일체의 복잡성은 자기 모순과 거리가 멀기는커녕 하나님이 일관되고 자족하는 분임을 논리적으로 입증한다.

무슬림들이 던지는 좀 더 적절한 질문은 성경을 존중한다. 유대인들과 무슬림들은 하나님이 단자이며 세 위격이 아니라는 데 생각을 같이한다. 유대인들의 일신론 이해는 성경에서 기원했음에도 왜 삼위일체를 부인하는가?

쉐마: "주 우리 하나님은 한 분이시니"

유대교의 일신론을 살펴볼 때 가장 중요한 성경 구절은 '쉐마'다. 쉐마는 '샤하다'의 유사어로서 신명기 6:4에 나타난다. "이스라엘아! 들으라. 우리 하나님 여호와는 오직 유일한 여호와이시니." 우리는 히브리어와 그 뉘앙스에 유의해서 이 말씀을 이해해야 한다. 우선, 이 구절은 이렇게 번역될 수 있다. "이스라엘은 들으십시오. 주님은 우리의 하나님이시요, 주님은 오직 한 분뿐입니다"(새번역). 하지만 우리가 "주님은 오직 한 분뿐"이라고 번역하더라도, 히브리어는 어떤 유의 "한 분"을 의미하는 것인가? '타우히드'처럼 절대적인 하나 됨인가 혹은 우리가 창세기 1장에서 보았듯 남성과 여성이 한 인류를 이루는 식의 복합적인 하나 됨인가?

'쉐마'에 쓰인 "한 분"이라는 단어는 '에하드'이며, 이 단어는 구약에서 복합적인 하나 됨을 의미할 때 종종 사용된다. 설명을 위해, 창세기 1장을 다시 살펴보자. 5절은 밤이 되고 아침이 되니 하루가 된다고 말한다. 다시 말해, 하루는 저녁과 아침이 합쳐서 된다. 성경에서는 하나이지만 여러 요소로 구성된 어떤 것을 언급할 때 '에하드'라는 단어를 사용한다. 민수기 13:23에서 포도송이를 '에하드'라고 하는데 송이는 많은 포도알로 이뤄지기 때문이다. 에스겔 37:17에서 에스겔은 두 막대기를 하나가 되게 서로 연결시켜 붙들라는 명령을 받는다. 여기서 다시 한번 히브리어 단어 '에하드'가 여럿이 모인 하나를 일컫는다. 마지막 예로, 남자와 여자의 형상을 언급하면서 성경은 결혼을 통해 남자와 여자가 하나가 된다고 말한다. 둘이 하나가 됨을 표현하기 위해 성경이 사용한 단어는? 당연히 '에하드'다. 따라서 '쉐마'가 "주님은 '에하드'이시라"고 할 때, 성경은 그 단어를 사용하여 구체적으로 여럿이 모여 이룬 하나를 의미하는 것이다.[3]

이 장 앞부분에서 우리가 참조한 성경 구절과 이것을 연결해보면, 성경은 오직 한 하나님 야웨만이 계시다고 말한다. 신약성경은 세 위격이 모두 하나님이되 각각이 아님을 분명히 증거한다. 따라서 우리는 한 하나님이 세 위격으로 존재한다고 결론 내릴 수

---

3 명확히 하자면, 나는 '에하드'가 반드시 복합적 하나됨을 의미한다고 말하는 것은 아니나 그 단어는 그런 여지를 열어 둔다. '에하드'라는 단어는 다양한 의미를 가질 수 있다.

밖에 없다. 구약성경은 첫 페이지부터 하나님이 복수의 인격이심을 솔직하게 제시하고 있으며, 쉐마는 야웨께서 세 위격으로 계신 한 하나님임을 우리가 알기 원한다고 기대하는 듯한 어법을 사용하고 있다.

유대인과 삼위일체

내가 발견한 이 같은 내용을 이야기할 때 무슬림들이 자주 던지는 질문이 있다. 어째서 유대인들은 하나님이 세 인격 혹은 세 표현을 가진 한 하나님이라고 성경을 해석하지 않는가? 유대인들 중 일부는 그렇게 해석한다는 내 답변에 그들은 놀란다! 그 한 예는, 높이 인정받고 널리 알려진 유대 신비사상의 기초 문헌인 「조하르」다. '쉐마'의 단어 선택을 염두에 두고 보면, 그 내용은 이렇다. "이 셋은 하나다.···그러니 이것은 '주, 우리 하나님, 주'─곧 세 유형이되 하나 됨을 이루시는 분께서 정하신 삼중의 신적 표현의 신비다."[4]

하지만 야웨가 복수의 위격 혹은 표현을 가졌다는 믿음은 신비주의 랍비들을 넘어 예수의 시대로까지 넘어온다. 유대교 학자인 앨런 시걸(Alan Segal)은 1세기의 일부 유대인들이 하나님에

---

4 Zohar, Bo, 2:43b; 다음에서 볼 수 있다. *The Zohar*, ed. M. Berg (New York: Kabbalah Centre International, 2003), 121.

대해 "이위일체론"적 개념을 주창했다고 주장한다.[5] 그 자신이 정통 유대인이자 학자인 대니얼 보야린(Daniel Boyarin)은 랍비들이 기독교 신학에 대응해서만 그런 개념이 이단적이라고 선언했지, 그전에는 그러지 않았다고 주장한다.[6] 다시 말하면, 일부 주목할 만한 유대교 학자들에 따르면, 삼위일체와 같은 견해는 예수께서 이스라엘에서 가르치고 있을 때 유대인들 사이에 이미 존재하던 개념이었다. 유대인과 그리스도인이 갈라선 뒤에야 랍비들은 기독교 신학에 대한 반응으로 그런 개념이 이단적이라고 선언했던 것이다.

---

5 Alan F. Segal, *Two Powers in Heaven: Early Rabbinic Reports about Christianity and Gnosticism* (Waco, TX: Baylor Univ. Press, 2012), 150.
6 Daniel Boyarin, *Border Lines: The Partition of Judaeo-Christianity* (Philadelphia: Univ. of Pennsylvania, 2004), 89-111.

8장

무슬림과 그리스도인은 같은 신을 예배하는가?

2015년 가을, 나는 그리스도인 학생들에게 그들의 무슬림 이웃들에게 다가갈 것을 촉구할 기회가 있었다. 뉴욕 북쪽에 위치한 어느 기독 대학의 채플 시간이었는데, 대부분이 백인인 청중 한가운데 무슬림 여인들이 일상적으로 두르는 머리 가리개인 '히잡'을 둘러 눈에 띄는 이라크 여인이 앉아 있었다.

나는 대중 강연을 할 때면 필요 이상으로 사람들의 마음을 불편하게 만들지 않으면서 메시지를 전해야 한다는 교훈을 어렵게 깨달았다. 설령 사람들이 복음이 불편하다고 느끼게 되더라도 그것이 내가 복음을 제시하는 방식 때문은 아니기를 바란다. 그래서 나는 주어진 시간 동안 그녀가 내 주장과 증거에 어떤 반응을 보이는지 읽고자 주의했으나 그녀는 반응이라고 할 만한 것을 일절 내비치지 않았다. 그저 듣기만 할 뿐이었다. 최소한 그녀는 기분이 상한 것 같지는 않았다. 여기까진 괜찮았다!

강연 막바지에 이르러 청중 가운데 한 여인이 논쟁적인 질문을 던졌다. "무슬림과 그리스도인은 같은 신을 예배하나요?" 과거에 같은 질문에 내가 제시한 대답이 무슬림들의 기분을 상하게 한적이 있었기에 나는 그런 일이 다시 반복될까 염려가 되었다. 하지만 어렵게 배운 또 하나의 교훈이 있었으니 곧 질문을 받았을 때는 최대한 솔직하게 대답해야 한다는 것이었다. 그래서 나는 마음속으로 짧게 기도한 뒤 답변을 시작했다.

우선 분명한 것부터 시작했다. 그리스도인은 삼위일체인 야웨를 예배하지만, 무슬림은 단자인 알라를 예배한다. 이것이 지엽적인 차이가 아닌 것은, 이슬람은 삼위일체가 신성 모독이라고 정죄하는 데 온 노력을 기울이기 때문이다(4:171). 코란은 하나님의 관계적 측면을 거부하고, 하나님은 아버지가 아니라고 하며(5:18), 또한 아들도 아니라고 한다(112:3). 이슬람은 신론으로 삼위일체의 정반대편에 있는 '타우히드' 교리를 정립하는데, 이 교리는 이슬람교 신학의 핵심 교리로 자리 잡는다.

그리스도인과 무슬림이 같은 신을 예배한다고 말하는 이들 대부분은 이 같은 차이를 알고 있지만 그럼에도 이를 상대적으로 중요하지 않게 여긴다. 하지만 이것은 사소한 차이가 아니다. 그 함의는 중요하다. 인간은 삼위일체 하나님의 형상을 따라 지어졌기 때문에 그 본성 안에 사랑이 아로새겨져 있다. 삼위일체는 자기희생적이고 이타적인 존재의 가장 일관되고 가장 강력한 기초를 제공한다.

이것은 해설이 필요한 중요한 주장이다. 물론, 자신의 세계관과 무관하게 이타적인 사람들도 많이 있다. 신앙이 없는 인본주의자들이 보여주다시피, 진심으로 타인을 돌보기 위해 반드시 하나님을 믿어야만 하는 것은 아니다. 어떠한 도덕률을 믿지 않으면서도 사람들을 돌보고자 열망하는 사람들이 있다. 궁극적으로 그처럼 어떤 토대에 기초하지 않은 이타주의는 일종의 감정, 곧 사람이 그저 행하기 원하는 어떤 것이다. 이타주의를 위한 초월적 기초를 믿지 않는다면, 사람들을 돌보고자 하는 그의 열망은 견고한 토대 없이 부유하는 일시적 기분에 지나지 않는다. 도덕률이 부재하는 이 세계관에 따르면, 그 어느 것도 인간에게 친절의 의무를 부과하지 않는다. 심지어 누군가 이타적인 존재가 되기를 희망하다가 곧이어 다음 순간 이기적이 되기로 선택한다 할지라도, 이는 그의 세계관에 철저히 부합하는 것이리라.

어떤 이들은 도덕률이 본질적으로 진화의 산물이라고 믿는다. 사람들이 서로를 돌봐야 하는 것은 삶의 기획이 생존이기 때문이며, 따라서 우리는 우리 종의 다른 일원들에게 신경 써야만 하는 것이다. 비록 이것은 이타주의에 대한 조금은 근거가 있는 설명이지만 궁극적으로는 여전히 빈약한 토대다. 왜 내가, 사고하는 개인인 내가 삶의 기획에 순응해야 하는가? 만일 내가 인류의 생존을 바라지 않는다면? 한 걸음 더 나아가, 내가 어떤 행동을 하는 주된 목적이 내가 속한 종의 생존을 위한 것, 확장해서 나 자신을 위한 것이라면 그것을 정말로 이타적이라고 부를 수 있을까?

따라서 무신론적 이타주의는 그것이 진실하고 실행 가능할지 언정 궁극적으로는 감성적인 것이거나 공리주의적이고 이기주의적인 것일 수 있다. 이타주의의 뿌리를 튼실히 하려면 유신론적 모델을 고려하지 않을 수 없다. 이슬람교의 경우, 알라는 무슬림들에게 고아와 과부, 극빈자, 여행자, 그 밖의 사람들을 돌보라고 명령한다. 무슬림은 이기적인 목적으로, 예컨대 지옥에 가지 않고 천국에 가기 위해 순종하거나, 하나님을 기쁘게 하려는 이기적인 바람에 순종할 수 있다. 따라서 이슬람교에서 보듯이 유신론은 더 깊은 근거를 가진 이타주의의 한 형태를 제공한다.

하지만 기독교적 형태의 유신론은 보다 더 깊이 나아간다. 훨씬 깊이 말이다. 하나님의 영원한 사랑이 그분의 내재적 속성임을 기억해보자. 삼위일체의 각 위격은 서로를 이타적으로 사랑한다. 이 이타적인 사랑으로 하나님은 인간을 창조하셨다. 다시 말하면, 우리는 이타적으로 사랑하는 하나님의 형상을 따라 지음 받았고, 따라서 본질상 우리는 이타적으로 사랑하도록 만들어졌다. 우리가 이타적으로 행하기보다 이기적으로 행할 때, 우리는 자신의 본성에 어긋나게 행하는 셈이다.

기독교적 관점에서 볼 때, 사람이 서로를 이타적으로 사랑해야 하는 것은 그렇게 하는 것이 훌륭한 사상이거나, 우리 종의 생존에 유익하거나, 보상이 따르거나, 하나님을 기쁘시게 하기 때문만은 아니다. 사람들이 서로를 이타적으로 사랑해야 하는 이유는 우리가 원래 그런 존재이기 때문이다. 인간은 이타적인 하나님의 형상을 따라 지음 받았다. 따라서 타인을 사랑할 때 우리는 참 인간이 된다.

그 어떤 세계관도 서로 사랑하고 돌보라는 의무를 인간 깊은 곳에 심어주지 않는다. 이타주의의 토대로서 삼위일체를 능가하는 것은 없다.

그래서 나는 그 여인의 질문에 대해 그리스도인들은 삼위일체 하나님을 예배하는데 이것이 바로 우리 자신과 우리를 둘러싼 세계를 바라보는 방식에 결정적인 차이를 만들어낸다고 강조하는 것으로 답을 했다. 내가 대답을 마치고 조금 있다가 그 이라크 여인이 내게 다가왔다. 그녀는 아랍 억양이 잔뜩 실린 목소리로 내 강연에 감사했고, 나는 미국 억양이 잔뜩 실린 목소리로 내 이야기를 참고 들어줘서 고맙다고 답례했다. 나는 그리스도인 친구 때문일 것이라고 짐작하면서 그녀에게 어쩌다가 기독교 대학에 오게 되었는지 그 경위를 물었다. 그녀의 대답은 내 예상을 훨씬 뛰어넘었다.

그녀는 정확히 5주 전 꿈에서 예수를 보았다고 대답했다. 꿈에서 예수님이 그녀의 동네에 있는 한 교회를 구체적으로 알려주며 그곳에 가서 예수에 대한 진리를 배우라고 말씀했다는 것이다. 교회에서 한 여인이 그녀에게 인사하며 다가와 복음을 전해주었고, 그녀는 일말의 주저함도 없이 자신의 이슬람 신앙을 포기하고 예수의 좋은 소식을 받아들였다. 그날 이후로 그녀는 하나님에 관해 모든 것을 배웠고, 내가 기독교 대학에서 강연한다는 소식을 듣고서는 친구를 따라서 찾아왔던 것이다. 우리가 같은 하나님을 예배하는지 물었던 사람이 바로 그녀의 친구였던 것이다!

그러므로 청중 가운데 있던 무슬림 여인은 결국 무슬림이 아니라 새로운 그리스도인 자매였던 것이다. 호기심에 나는 그녀가 왜 아직도 히잡을 쓰고 다니는지 물었고, 그녀의 친구는 예수님에 대해 이야기하기 바빠서 그 문제에 대해서는 얘기할 생각도 못했다고 대답했다! 너무도 반가운 답변이었다. 머리 가리개는 본질적으로 아무런 문제가 안 된다. 예수님에 관한 진리를 배우는 것에 비할 때 그런 일에 집중하는 것은 시간 낭비이리라.

무슬림과 그리스도인이 같은 하나님을 예배하는가 하는 문제는 복잡한 사안이며 다뤄야 할 이야기가 많다.[1] 궁극적으로는 우리가 삼위일체를 이해한다면, 우리는 그 교리가 단지 신학적 호기심 정도가 아님을 알게 된다. 이 교리는 우리가 어떻게 살아야 하며 세상을 어떻게 바라봐야 하는지를 알려주는 폭넓은 함의를 담고 있을 뿐 아니라, 기독교의 하나님을 무슬림의 하나님과 한 범주에 담을 수 없을 만큼 서로 다르게 만들어주는 교리인 것이다. 삼위일체야말로 하나님을 관계의 하나님으로 만들어주고 하나님의 사랑을 영원한 사랑으로 만들어준다. 삼위일체야말로 어떻게

---

1   이 질문에 대한 보다 완벽한 대답을 위해서는 *Answering Jihad: A Better Way Forward*의 질문 13을 보라.

하나님이 아버지로서 우리 위에 계시면서, 우리를 위해 아들 안에서 고통 당하시고, 성령을 통해 우리와 함께 계실 수 있는지를 보여준다.

그리고 그리스도인의 하나님과 무슬림의 하나님을 가장 분명하게 구분해주는 것은 성자다. 우리는 그분에 대해 삼위일체란 조명을 통해서 배울 뿐 아니라 지상에서의 그분의 삶이라는 조명을 통해서도 배워야 한다. 하나님이 삼위로 계신다는 삼위일체 교리에 대해서 알아보았으니, 이제 그리스도인들이 삼위 중 제2위의 하나님이 예수라는 인간의 이름으로 이 땅에 오셨다고 말할 때 그 의미가 무엇인가에 대해 좀 더 알아볼 차례다.

3부

무함마드인가, 예수인가?
서로 다른 창시자

9장

니케아 공의회

첫 삼백 년 동안 정치적·군사적 힘이 없었던 교회는 밀려오는 박해 앞에서 믿음과 인내로 버텼다. 그리스도인의 순교란 손에 칼을 든 채 죽는 것이 아니라 믿음 대신 자기 생명을 내려놓는 것을 의미했다. "칼을 쓰는 사람은 모두 칼로 망한다"(마 26:52, 새번역)고 하신 예수의 말씀이 여전히 그들의 기억에 생생하게 남아 있었다. 어린 교회는 싸움 따위는 도무지 벌이지 않았다.

아이러니하게도, 교회를 없애려는 로마의 수고가 오히려 교회가 태어나도록 돕는 산파 역할을 했다. 로마의 유대 총독 본디오 빌라도는 예수에게 십자가형을 언도함으로써 의도와 달리 기독교 신앙의 토대를 놓는 데 일조했다. 수십 년 뒤 네로 황제는 가증스럽게도 자신의 범죄를 그리스도인들에게 뒤집어씌웠다. 로마의 역사가 타키투스는 네로가 "그리스도인이라 하는 이들에게 거짓으로 죄를 뒤집어씌워 가장 끔찍한 고문을 가했다"고 보도한다.[1] 이 네로 황제의 박해기에 베드로와 바울이 처형당했다. 로마 제국이 예수와 교부들을 죽인 일은 오히려 기독교의 정신에 활기를 불어넣었다. 많은 이들이 그들의 주와 사도들을 따라 하나님을 위해 고난 받는 영예를 얻기 위해 기꺼이 순교의 길을 걸어갔다. 테르툴리아누스는 이 불굴의 정신을 다음과 같이 유명한 말로 증언한 바 있다. "우리는 넘어뜨림을 당할수록 더욱 끈질기게 살아남는다. 그리스도인의 피는 [교회의] 씨앗이다."[2]

이처럼 그리스도인들은 거의 삼백 년 동안 제국이나 지역 차원의 박해를 틈틈이 받았으니, 새벽이 오기까지 어둠은 더욱 깊어 갔다. 기원후 303년 2월, 디오클레티아누스 황제는 교회와 성경의 파괴를 명령하며 제국 전역의 교회에 대해 그와 같이 시행하라는 칙령을 반포했다. 이 사태를 직접 목격했던 역사가 에우세비오스는 자신의 「교회사」에서 이렇게 전한다. "교회를 철저히 파괴하고 성경은 불태우라는 왕의 칙령이 전국에 공표되었다." 이어서 그는 박해가 그 후로 더 강화되었다고 전한다. "첫 칙령에 이어 후속 명령들이 뒤따랐으니…(로마의 신들에게 제사하기를) 거부하는 자들에게는 허다한 고문을 가해야 한다고 했다. 그때 또다시 발생한 수많은 순교자의 수를 누가 셀 수 있었으리요?" 로마 제국

---

1   Tacitus, *Annals* XV.44.
2   Tertullian, *Apologeticum* L.

의 기독교 박해가 정점에 달한 이 시기에 콘스탄티누스라는 이름의 젊은이가 황제에 올랐다.

312년 10월, 콘스탄티누스는 두 배나 더 큰 규모의 군대와 전투를 앞두고 있었다. 에우세비오스에 따르면, 전투 전날에 병사들을 이끌던 콘스탄티누스는 한 눈부신 환상을 보았다고 한다. 태양 위에 십자가가 빛나고 있고 공중에는 "이것으로 승리하리라"는 글자가 쓰여 있었다. 그날 밤, 환상의 뜻을 궁금해하던 콘스탄티누스의 꿈에 예수가 나타나 이 표식을 방패로 삼아 모든 전투에 나가라는 명령을 내렸다. 이에 콘스탄티누스는 부하들에게 명령을 내려 병사들의 방패에 기독교의 상징물을 새겨 넣도록 했다. 박해 받는 소수자의 표식을 방패에 새겨 넣으라는 명령이 마뜩잖았을 병사들의 모습이 상상이 될 텐데, 그들은 따랐다. 다음날 병사들은 큰 승리를 거두었고 콘스탄티누스는 승리한 황제가 되어 로마로 진군해 들어갔다.

초자연적 조우 이후 콘스탄티누스는 디오클레티아누스의 박해를 즉시 뒤집는 작업을 진행했다. 313년에 밀라노 칙령을 반포하여 기독교뿐 아니라 박해받던 다른 소수 종교를 포함한 모든 종교에게 예배의 자유를 허락했다. 교회사의 분수령이었다. 그리스도인이 목숨을 걸지 않고도 예배할 수 있는 자유를 얻었을 뿐만 아니라 성경과 공개적인 집회의 자유가 허락된 것이었다. 마침내, 예수가 십자가에 못 박힌 이후 처음으로 모든 기독교 지도자들이 교황의 후원 아래 징벌의 두려움 없이 공개적으로 모여 성경과 교리에 관해 토론할 수 있게 되었다.

니케아 공의회와 아리우스 논쟁

주교들과 콘스탄티누스 황제가 가장 크게 염려했던 것은 아리우스와 그가 지지하는 가르침으로 인해 교회의 분열이 심화되고 있다는 점이었다. 아리우스의 입장에 대해 논의하기 위해 콘스탄티누스는 오늘날 스페인에서 시리아에 이르는 로마 제국 각지에서 1천8백 명의 주교들을 초대해 325년 니케아에서 회의를 열었다. 황제가 교통편과 숙소를 제공했지만, 318명만이 도착할 수 있었다. 로마의 주교 같은 이들은 회의에 참석하기에는 너무 연로했고, 어떤 이들은 이전의 박해 등으로 몸에 장애가 있어 먼 길을 여행하는 게 물리적으로 불가능했다. 교회 역사가인 테오도레토스는 회의에 참석한 이들을 가리켜 "순교자들의 총회"라 했다. 그는 오늘날 터키의 주교인 네오카이사레아의 바울을 "리키니우스의 잔혹함 때문에 많은 고통을 당한" 표본으로 묘사한다. "그는 뜨거운 인두질을 당해 근육을 움직이게 하는 신경이 손상되어 양손을 사용할 수 없는 상태였다." 공의회에 참석한 이집트의 파프투티우스 같은 주교들은 눈이 뽑히거나 사지가 훼손된 상태였다. 하지만 그들은 회의에 참석하기 위해 니케아까지 먼 길을 용감히 헤쳐 왔다.

이들은 교회가 경험한 가장 참혹한 박해를 견뎌온 이들로, 믿음을 타협하기보다는 차라리 고문당하고 신체의 일부를 잃는 편을 택했다. 그런 이들이 이제 소환되어 한자리에 모인 것이다. 다음과 같은 아리우스의 논쟁적 가르침에 관해 논하기 위해 말이다. "아들은 시작이 있지만 하나님은 시작이 없다.…그는 하나님의 일부가 아니며 어떠한 토대가 될 수도 없다."

공의회는 아리우스에게 자신의 입장을 변호할 기회를 주었다. 명확히 하자면, 아리우스는 자신이 예수가 하나님임을 믿는다고 강조했다. 일전에 니코메디아의 주교에게 쓴 편지에서 말했다시피, 아리우스는 성자가 "어떤 물질에 의존해서 존재하지 않으며, 자신의 의지와 지혜로 시간보다 앞서 존재했고, 영원 전에 완전한 신으로서 유일하게 나셔서 변함이 없으시고, 태어나거나 창조되거나 의도되거나 세워지기 전에는 없으셨다. 그때 그는 아직 태어나지 않았으니 말이다"라고 믿었다.

이처럼 아리우스가 믿는 예수는 참으로 신들 중 하나이지만 하나님은 아니었다. 성부께서 시간 전에 그리고 우주를 창조하기 전에 예수를 "낳거나 창조하거나 뜻하거나 세웠다." 하나님께서 두 번째 신을 창조하신 것이다. 아리우스가 믿는 바가 분명해지자, 공의회는 그의 가르침을 다신론이라고 인정했다. 언제나 유일신론을 견지하고 가르쳐 온 교회는 아리우스를 이단으로 보았다. 316명의 주교들의 뜻을 모아 공의회는 '니케아 신조'를 반포했다. 교회사 최초의 전 교회적 결의안이었다.

대중의 기억 속 니케아

1700년이 지난 지금도 니케아 공의회는 대중의 기억 속에서 주요한 자리를 차지하고 있지만 세부사항은 종종 오해되곤 한다. 2010년 6월에 내가 만난 무슬림 청년이 보여준 것처럼 말이다. 데이비드 우드와 나는 미시건주 디어본에서 열리는 아랍 축제에 참석했는데, 20만 명 이상의 아랍인들이 이 행사에 참석한다고 들은 터라 우리는 사람들에게 예수님에 대해 이야기하기에 더없이 좋은 기회가 될 것이라 보았다. 그래서 나는 "예수님은 항상 당신을 사랑합니다"라고 쓰인 셔츠를 입고 데이비드와 함께 축제 장소를 거닐었고 사람들이 다가와 질문해주기를 기다렸다.

우리는 여러 유익한 토론을 벌이며 하루를 의욕적으로 보냈다. 축제에서 빠져나오는데 일단의 십대들이 질문이 있다는 듯 우리를 막아섰다. 당시 젊은 목회자였던 나는 믿음의 문제에 관심을 보이는 십대들과 연결되는 데 늘 힘을 얻곤 했는데, 이번에는 그 애들의 분위기에서 내 어린 시절을 생각나게 하는 어떤 기운, 곧 이슬람에 대한 뜨거운 확신과 기독교에 대한 철저한 회의주의가 느껴져 특히 더 마음이 갔다. 그래서 그들 중 한 명이 니케아 공의회와 관련된 질문을 던진 게 조금도 놀랍지 않았다. 그 십대 아이의 주장은 니케아 공의회에서 "처음으로 예수를 하나님으로 정했다"는 것이었다.

사실, 나는 그가 니케아 공의회의 주제를 정확하게 인지하고 있다는 사실에 깊은 인상을 받았다. 어릴 적 내가 다녔던 모스크들에서 내가 반복적으로 들은 얘기는 그리스도인들이 니케아 공의회에서 어떤 책은 성경에 넣고 어떤 책은 성경에서 뺐다는 정도였다. 오래전 나는 이 주장을 가지고 데이비드에게 도전한 적이 있는데, 우리는 니케아 공의회에 대해 함께 공부하고서 그것이 근거 없는 이야기임을 알게 되었다. 성경에 담긴 책들은 니케아 공의회에서 논의조차 된 적이 없다. 그 뒤로 나는 사람들이 어떤 이유에서든 자신들이 상상하는 온갖 종류의 교회에 대한 음모를 이 공의회와 결부시킨다는 것을 눈치 챘다. 그리하여 나는 십대 소년이 니케아 공의회의 주제를 바르게 알고 있다는 사실에 감명을 받았지만 그는 맥락을 완전히 잘못 짚고 있었던 것이다. 이 공의회에서 교회가 예수를 하나님이라고 최종 결정을 내린 것은 아니었다.

한편으로 간헐적인 박해를 견디며 보낸 300년의 세월 끝에 전 교회가 모여 공의회를 열 수 있게 되었을 때, 교회의 으뜸 관심사는 논란의 여지 없이 분명한 신앙의 기초를 놓는 것이었다. "예수는 누구인가?" 참석한 318명의 주교들 모두가 예수가 하나님이라는 데 뜻을 같이했다. 아무도 예수가 단지 인간일 뿐이라고 주장하지 않았다. 양쪽의 주장을 모두 들은 뒤 참석자의 99퍼센트 이상이 예수가 곧 하나님 자신이라는 데 동의했다. 그분은 인간일 뿐만 아니라, 예언자일 뿐만 아니라, 신일 뿐만 아니라, 하나님, "바로 하나님의 본체"이시다.

만장일치로 의견이 모아진 이유가 있다. 예수가 "하나님의 본체"라는 믿음은 교회가 견지한 아주 초기의 믿음 중 하나였다. 복음은 언제나 전적으로 하나님과 그분이 인간을 위해 행하신 일과 관련이 있다. 곧 그분이 인간을 창조하셨고, 인간을 사랑하셨으며, 인간 가운데 사셨고, 인간을 구하셨고, 인간을 인도하고 계시며, 그의 나라가 가까이 있다는 것이다. 이것을 이해하지 않고는 복음을 이해할 수 없다. 예수의 신성에 관한 교리는 기독교 신앙이 역사하는 방식과 예수를 따른다는 것의 의미와 관련해서 엄청난 차이를 낳는다.

예수의 신성이 기독교 신학의 토대가 되는 것과 마찬가지로, 무함마드의 예언자직은 이슬람 신학의 토대가 된다. 무슬림들이 '샤하다'를 암송할 때마다 무함마드를 예언자로 선언해야 하는 데는 이유가 있다. 무함마드가 예언자가 아니라면, 정통 이슬람교는 무너지고 만다.

사람들이 기독교와 이슬람이 똑같은 양 얼버무리며 넘어갈 때 그들이 간과하는 근본 사실이 있다. 기독교에서 예수가 차지하는 자리는 이슬람에서 무함마드가 차지하는 자리와는 전혀 다르다는 점이다. 신성과 예언자직은 완전히 다른 개념이다.

이슬람의 가르침과 기독교의 가르침을 혼합하려고 하지 않는 이상, 우리가 따라야 할 모본이라는 점 외에 실제로 예수의 위치와 무함마드의 위치 사이에는 유사점이 전혀 없다. 예수에 대한 기독교의 관점을 주의 깊게 살펴본 뒤 이를 무함마드에 대한 무슬림의 관점과 비교해보면, 그 둘이 어떻게 다르고 그 차이가 왜 중요한지 이해할 수 있을 것이다.

10장
예언자와 메시아의 비교

이슬람을 떠난 지 10년이 되었고, 그동안 친인척들과 솔직한 대화를 나눌 기회가 있었다. 추상적이고 신학적인 수많은 사안들이 있지만 나는 좀 더 본능적인 질문들에 주의를 기울이려고 노력하는데, 그런 질문들이 우리가 실제로 서 있는 지점을 확인해 주는 통찰을 제공해주기 때문이다. 그런 질문들 가운데 내가 자주 받는 질문 하나는 이것이다. "우리는 예수를 존경하는데, 왜 그리스도인들은 무함마드를 존경하지 않는가?"

이는 어떤 의미에서 정당한 질문이다. 무슬림들은 예수에 대해 부정적인 말을 거의 하지 않는데, 그리스도인들이 무함마드에 대해 매우 부정적으로 발언하는 것은 어렵지 않게 들을 수 있다. 예민한 주제를 다룰 때 그리스도인들이 주의해야 한다는 데 동의하면서도 나는 이 질문이 무슬림의 관점과 그리스도인의 관점을 부적절하게 합쳐버린 대표적인 예라고 본다. 내 경험상 일반적으로 무슬림들이 "존경한다"고 할 때 그것은 예수에 대한 이슬람의 이해를 말하는 것이지, 기독교의 이해를 말하는 것은 아니다.

예컨대, 한번은 나와 가까운 친척 한 명이 무슬림은 예수를 존경하는 데 반해 그리스도인들은 무함마드를 존경하지 않는다고 애석해한 적이 있다. 이어서 그는 예수가 십자가에서 죽었으니 "약하고 무능한 하나님"이라고 덧붙였다. 내가 그것은 예수를 존경하는 게 아니라고 반박하자 그는 내 말을 이해하지 못했다. 내 관점에서 봤을 때 그 말이 전적으로 공격적인 이유를 설명하려니 시간이 걸렸다. 하지만 그는 그 말이 공격적인 이유를 이해하기 어려워했는데, 자신의 관점에 깊이 매몰되어 있었기 때문이다.

그가 기독교적 관점을 이해하기 위해 필요했던 것은 예수가 누구인지를 처음부터 말해주는 이야기였다.

이 세상에 들어오시는 하나님

앞 장에서 살펴보았듯이, 코란은 알라가 베일 뒤에 있다고 명시적으로 밝히고 있기에 무슬림들은 하나님을 이 세상으로 들어오지 않는 존재로 생각한다. 그리스도인들은 이런 생각을 받아들이지 않는데, 왜냐하면 성경이 정반대로 가르치기 때문이다. 성경은 하나님이 자기 백성들 사이로 찾아오셨음을 반복해서 보여준다.

성경의 시작인 창세기 세 번째 장에서부터 우리는 아담과 하와와 더불어 동산을 거니시는 하나님을 본다(창 3:8). 창세기 18

장에서 하나님은 사람으로 아브라함에게 나타나 그와 더불어 이야기를 나누신다. 출애굽기 34:5-6에서 하나님은 모세와 함께 서있고 그 앞으로 걸어가신다. 출애굽기 24:9-11에서 아론과 모세와 일흔두 장로는 동시에 하나님을 뵙고 함께 식사를 했다. 조금 더 생생한 경험으로, 야곱은 창세기 32:24-28에서 하나님과 씨름했다. 출애굽기 13:21을 보면, 광야에서 히브리 민족이 인도가 필요했을 때 하나님께서 친히 낮에는 구름기둥으로, 밤에는 불기둥으로 그들을 인도하셨다. 또 다른 데 나오는 중요한 진술로서, 하나님은 히브리 민족에게 당신을 위한 장막을 짓되 "내가 그들 가운데 머물 수 있도록"(출 25:8-9, 새번역) 한 장소를 만들라고 명하셨다. 그들이 건축을 마치자, 하나님은 당신의 영광으로 장막을 채우셨다(출 40:34). 이처럼 하나님이 이 땅에 나타나시는 것을 '신현'(神現)이라 한다.

토라에 나오는 신현의 또 다른 사례인 출애굽기 3:4은 코란에 병행 구절을 가지고 있다. 그 구절에서 하나님은 불타는 떨기나무 가운데서 모세를 부르신다. 떨기나무는 하나님의 임재로 인해 불타고 있었기에 하나님은 "네가 선 곳은 거룩한 땅이니 네 발에서 신을 벗으라"고 하신다(5절). 그 자체로 거룩한 땅은 없다. 하나님의 임재가 그 땅을 거룩하게 만들었을 뿐이다. 떨기나무 가운데 나타난 하나님의 임재는 코란 27:7-14에도 나타난다. 모세가 떨기나무 가까이 다가가자, 거기서 한 음성이 외친다. "불 속에 있는 자에게 축복이 있을 것이라." 또한 코란은 알라가 불 속에서 물리적으로 임재했다고 그려 보인다. 땅이 거룩하다는 표현은 20:12에 나오는데, 거기서 하나님은 "너의 신발을 벗으라. 너는 성역인 뚜와 계곡에 와 있느니라"고 말씀한다. 성경에서처럼 계곡 자체에 본질적으로 거룩한 점은 없다. 오히려 하나님의 임재로 인해 그곳이 거룩해졌다고 하는 게 가장 타당하다.

무슬림들이 코란을 해석하는 방식과 무관하게, 전통적으로 그리스도인들은 토라의 구절들을 신현으로 해석해왔다. 야웨는 자기 백성과 친밀한 관계를 소원하는 사랑의 하나님이며 그래서 그분은 우리 가운데로 오신다.

하나님은 아이로 오시겠다고 약속하셨다

예언자 이사야의 시대에 하나님은 자기 백성에게 특별한 일을 행하겠다고 알려주셨다. 그분이 친히 아기가 되어 이 세상에 태어나겠다고 하신 것이다. 이사야 9:6에서 성경은 "한 아기가 우리를 위해 태어났다. 우리가 한 아들을 모셨다. 그는 우리의 통치자가 될 것이다. 그의 이름은 '놀라우신 조언자', '전능하신 아버지', '영존하시는 아버지', '평화의 왕'이라고 불릴 것이다"(새번역)고 말한다. 그리스도인들은 처음부터 이 구절이 예수 안에서 성취된 것으로 이해했다. 전에도 이 땅에 반복해서 오셨던 하나님께서 이제 육신을 입고 오겠다고 선언하신 것이다. 전능하신 하나님이 아이로 태어나실 것이다. 그 선언은 몇 장 앞인 이사야 7:14에 나온다. "보십시오, 처녀가 잉태하여 아들을 낳을 것이며, 그가 그의 이름을 임마누엘이라고 할 것입니다"(새번역). 이 둘을 합쳐서 그리스도인들은 예수님이 오시기 수백 년 전에 히브리인들이 하나님께서 그들 가운데 태어나시리라는 소식을 들었다고 믿는다.

말씀이 육신이 되어 우리 가운데 거하시매

마침내 하나님이 자기 백성들 가운데 거하기 위해 오셨을 때 새 시대가 시작되었다. 성경은 이 새로운 시대를 '신약'이라고 부른다. 초기 교회의 전통에 따르면, 예수의 가장 가까운 세 제자 중 하나였던 요한은 예수의 생애를 기록하여 신약성경에 요한복음으로 남겼다. 요한은 예수의 지상 사역에 대해 기술하기에 앞서 예수가 누구였는지를 상기시키는 것으로 그 기록을 시작한다. 요한복음 1:1-3은 예수에 대한 기독교적 관점을 이해하는 데 있어 어마어마하게 중요한 구절이다.

　앞 장에서 배웠듯이, 그리스도인은 한 하나님이 세 위격으로 존재하며 그 두 번째 위격이 말씀이라고 믿는다. 코란이 어떤 의미에서는 알라와 구별되지만 또 다른 의미에서는 하나님의 지식과 언어의 표현인 것처럼, 그리스도인은 말씀이 어떤 의미에서는 하나님과 구별되지만 또 다른 의미에서는 하나님의 일부라고 믿는다. 이는 정확히 요한복음 1:1이 가르치는 바다. "태초에 말씀이 계시니라. 이 말씀이 하나님과 함께 계셨으니 이 말씀은 곧 하나넘이시니라." '말씀'이 하나님과 **함께** 계셨다(어떤 의미에서 하나님과 분리되어 있다). 하지만 말씀은 곧 하나님**이었다**(다른 의미에서 하나님 자신에 대한 표현이다).

다음 구절은 필연적인 교리를 가르치는데, 곧 말씀이 영원하다는 것이다. 다시 한번, 무슬림 신학자들이 전통적으로 코란은 창조된 지식이 아니라 알라의 말이라 가르쳐왔듯이, 성경은 말씀이 하나님과 더불어 영원하다고 가르친다. "그가 태초에 하나님과 함께 계셨고"(요 1:2). 태초부터, 즉 시간 이전부터 말씀이 하나님과 함께 있었다. 그래야만 하는 것이, 말씀은 영원하신 분이신 하나님의 표현이기 때문이다.

또한 무슬림 학자들이 전통적으로 코란은 알라의 지식과 언어로 볼 때 가장 잘 이해할 수 있다고 가르쳐온 것처럼, "말씀" 곧 그리스어 '로고스'는 두 가지 개념, 이성(reason)과 언어(speech)를 구현한다. 이 두 가지 의미는 영어에서 **논리**(logic)와 **대화**(dialogue)라는 파생어에 담겨 있다. 우주를 창조하실 때 하나님은 자신의 이성과 언어를 사용하셨다. 이는 성부 하나님이 '로고스'로 세상을 창조했다는 개념 속에 형상화되어 있다. 요한복음 1:3은 이렇다. "만물이 그로 말미암아 지은 바 되었으니 지은 것이 하나도 그가 없이는 된 것이 없느니라." 이처럼 우주는 '로고스', 즉 하나님의 이성과 언어인 '말씀'으로 만들어졌다.

마지막으로, 이슬람 신학과의 유사점에서 벗어나 우리는 요한복음 1:14에서 다음 사실을 발견한다. "말씀이 육신이 되어 우리 가운데 거하시매." '로고스', 곧 하나님이신 말씀이 인간이 되어 우리 가운데 거하셨다. 제자 요한에 따르면, 이 말씀은 곧 예수 그리스도다. 예수는 영원하신 분이며, 온 우주가 그분을 통해 창조되었다.

요한복음 1장이 매혹적인 점은 토라 신학이 그 안에 충만하다는 것인데, 이는 이것이 새로운 믿음이 아니며 옛적 모세와 예언자들의 때에 하나님께서 진작 시작하셨던 일의 연속선상에 있음을 강조한다. 14절에서 요한이 사용하는 어휘가 그 한 예다. 말씀이 우리 가운데 "거하시매"라는 말을 문자 그대로 옮기면 요한은 말씀이 우리 가운데 "장막을 쳤다"고 하는 셈인데, 이는 출애굽기 40:34의 신현과 모세의 때에 하나님께서 하신 일을 유대인 독자들에게 상기시킨다. 하나님의 영광이 옛적 장막에 임했던 것처럼 지금 다시 오셔서 사람들 가운데 거하셨다. 그러나 이번에는 인간이 되어 오셨다.

예수에 대한 기독교적 관점은 이것이다. 우주를 창조하시고, 아담과 함께 동산을 거니시고, 아브라함과 함께 대화하시고, 야곱과 씨름하시고, 모세 곁에 서시고, 아론과 함께 식사하시고, 히브리 민족을 인도하신 하나님이, 바로 그 전능하신 하나님이 인간 아기로 우리에게 오겠다고 하신 예언을 성취하신 것이다. 예수님은 "우리와 함께하시는 하나님", 삼위일체의 제2격, 우주를 창조하신 영원한 말씀이시다.

참 인간이신 분

더 나아가기 전에 중요하게 강조해 둘 점은, 그리스도인들이 하나님이 참 인간이 되셨다고 믿는다는 것이다. 그분은 아기로 태어나셔서, 음식을 드시고, 지혜와 키가 자라셨고, 눈물을 흘리셨고, 고통당하셨고, 죽으셨다. 그저 인간처럼 보인 것이 아니라 실제 인간이 되셨다. 하지만 '되셨다'는 말로 그리스도인들이 하나님의 본성까지 바뀌었다고 생각하는 것은 아니다. 하나님은 토라에 현현하신 동안에도 변함이 없으셨고, 성육신하신 동안에도 변치 않으셨다. 그리스도인들은 전통적으로 하나님이 바뀌었다기보다는 신적인 본성 위에 인간의 본성을 입으셨다고 가르친다. 이 교리를 위격의 결합이라 한다. 성경에서 예수님이 "지혜와 키가 자라셨다"거나 예수께서 십자가에서 죽으셨다고 할 때, 그리스도인들은 그것이 예수의 인간적 본성과 관련된 것이지 신적 본성을 말하는 것은 아니라고 믿는다.

그리스도인들은 전통적으로 예수가 이 땅에서 행한 모든 일은 그가 인간으로서 행한 일이라고 가르쳐왔다. 예수는 인간 선생으로 가르쳤고, 인간 예언자로 예언을 말씀했고, 그가 행한 기적은 신적 권위를 부여받은 인간의 행위였다. 그래서 예수께서는 자신의 제자인 빌립에게 사람들이 예수 자신이 한 일을 할 수 있고 그보다 더 큰 일도 할 수 있다고 말씀한 것이다(요 14:12).

예수는 인간이었지만 아담의 계보를 따르지 않았다. 아담은 1

장에서 살펴보았듯이 깨어진 형상을 자기 후손에게 전수한 자다. 하지만 성령으로 이 땅에 태어나신(눅 1:35) 예수는 인간이되 본연의 인간, 곧 깨어지지 않은 분이었다. 예수께서는 사람으로서 죄를 짓지 않으셨고 또한 신의 본성을 가지신 분이었기에, 죄의 형벌을 자기 몸에 짊어지심으로써 인류의 죄를 용서할 수 있었다. 이것이 예수가 하나님이 아니라면 기독교 신학이 작동하지 못할 하나의 이유다.

또한 예수는 죄로 깨어지지 않은 분이었기에 완벽한 삶을 사심으로써 남은 우리가 어떻게 살아가야 하는지를 보여주는 모범이 되셨다. 모든 올바른 선택을 한 인물이라는 의미에서의 본이 아니라, 인간 본연의 모습이 어떠해야 하는지를 보여준 완벽한 전형이라는 의미에서 본이 되셨다.

이슬람에서 예언자: 사람이 따라야 할 본

모본의 역할을 한다는 것이 기독교의 예수와 이슬람의 무함마드 사이의 유일한 유사점일 텐데, 그 유사점마저 작동방식이 다르다. 무슬림들에게 무함마드는 완벽한 본인데 이는 그가 우리 인간 본연의 온전한 형상이기 때문이 아니라 완벽한 인간의 본, 이제껏 존재했던 가장 위대한 인물이기 때문이다. 참으로 일부 무슬림들에게 있어 무함마드의 위대함은 가히 전설적이다.

내가 열 살이 되었을 때 엄마는 버지니아주 노포크의 우리

동네에 있는 모스크에서 운영하는 주일학교 과정에 나를 등록시켰다. 그 모스크는 수니파 모스크였지만, 교사와 학생들은 이슬람 여러 분파 출신이었다. 그곳에서 나는 두 명의 선생님을 만났는데, 이슬람 총론을 가르치는 수니파 교사와 코란 암송을 가르치는 시아파 교사였다. 실제로 우리가 믿는 바는 다르지 않았고, 그래서 어머니는 나를 거기에 등록시킨 것이었다. 하지만 각자의 전통에는 분명 다른 점들이 있었고, 그래서 나는 이전에 한 번도 들어본 적이 없는 것들을 듣게 되곤 했다.

하루는 이슬람 총론 선생님이 무함마드의 본성에 대해 설명했다. 그는 "무함마드는 역할이 아주 많았단다. 예언자, 상인, 장군, 남편, 아버지, 아들 등등. 각각의 역할에서 그는 완벽함을 보여주었지" 하고 강조했다. 여기까진 괜찮았다. 그것은 내가 늘 배워온 내용이었다. 하지만 그런 다음 그는 새로운 내용을 덧붙였다. "무함마드는 정서적으로 어떤 약한 모습도 보여주지 않았단다. 그가 울었다면 그래서 그의 눈물이 땅에 떨어졌다면, 땅은 불모지가 되었을 거야!"

나의 부모님은 무함마드를 높이 숭앙했지만, 이런 것은 몇 단계 더 나아간 것이다. 모든 무슬림이 이와 같은 초인간적 무함마드를 믿는 것은 아니며, 전통적으로 무슬림들은 무함마드를 역사상 가장 위대한 인물로 여긴다. 이런 설명은 일부 무슬림들이 이슬람의 예언자에게 얼마나 지고한 지위를 부여하는지를 잘 보여주는 예다.

이슬람에서 예언자직은 단순한 역할 이상이다. 그것은 곧 지위다. 예언자는 백성을 이끌도록 알라의 지명을 받은 이로서 일반 사람보다 위대한 존재로 여겨진다. 무함마드가 최고 예언자로 간주되는 것은 참으로 상당한 주장이다. 무함마드가 자신의 권위를 세우고 이슬람을 공포한 것은 이러한 예언자적 지위에 근거한 것이었다. 알라가 그를 예언자로 세웠으니 그가 가르친 종교는 참이며 마땅히 따라야 할 진리인 것이다.

알라와 관련된 예언자들의 특별한 지위를 근거로 해서 무슬림들은 예언자에 대해 두 가지 대중적인 믿음을 가지고 있다. 모든 예언자는 죄가 없다는 것, 그리고 알라가 핍박받는 예언자의 부르짖음을 듣고 그들을 죽음에서 구원한다는 것이다. 하지만 코란의 가르침을 보면 예언자들도 죄를 짓는 것 같고(예. 28:15-16; 38:24-25; 47:19) 종종 그들도 죽임을 당한다(예. 2:61; 3:183; 5:70). 따라서 무슬림 학자들은 이런 통설에 대해 만장일치는 아닐지라도 대체로 동의하지 않는다. 그럼에도 대부분의 무슬림들은 무함마드가 죄가 없다고 믿는데 그것은 알라가 그를 따르라고 무슬림들에게 명령하기 때문이다(33:21).

예언자와 샤리아

무슬림들이 무함마드의 생애를 기록하기 위해 엄청난 노력을 기울인 한 가지 이유는 완벽한 모범으로서 무함마드가 갖고 있는 지위 때문이다. 그가 죽고 몇 백 년이 지나지 않아, 그의 생애와 관련된 50만 개 이상의 기록이 널리 유포되어 있었다. 첫 장에서 배웠다시피, 이 기록들을 일컬어 하디스라 하는데, 여기에는 무함마드의 어린 시절 일화에서부터 장군과 정치가로서 내린 결정까지 그의 생애의 구체적인 내용들이 기록되어 있다.

나의 주일학교 교사가 가르쳤듯이, 무함마드는 여러 역할을 맡아 그 모두를 완벽하게 수행했다. 그래서 무슬림들은 완벽한 남편의 본, 완벽한 정치가의 본, 완벽한 장군의 본, 완벽한 상인의 본이 필요할 때면 무함마드의 생애로 돌아가 그에게서 모범 사례를 찾는다. 하디스는 수천 가지 상황에서 무함마드가 남긴 말과 행동뿐 아니라 결과적으로 그가 무슬림들에게 명령한 내용을 기록하고 있다.

원칙과 마음의 변화에 초점을 맞춘 예수의 가르침과 달리 이슬람의 지침이 세부적 형태로 주어지는 이유가 여기 있다. 샤리아는 무함마드의 생애를 기록한 전승에 정통한 심판관과 학자들에 의해 내려진 수천 개의 판결의 형태로 무슬림들에게 찾아온다. 그 모두가 예언자의 모범적 생애로 돌아가는 것이다.

따라서 이슬람을 영접하는 데 있어 가장 주요한 기초는 무함마드가 하나님의 예언자라는 것이며 또한 그가 가져온 지침인 샤리아를 해석할 때는 주로 그의 생애에 관한 기록을 완전한 모범으로 해서 해석한다는 것이다. 이러한 이유 때문에 무함마드의 예언자직은 이슬람의 토대가 된다.

기독교의 예수 및 무슬림의 무함마드에 대한 오해

초기의 일부 동방학자들은 이슬람에서 무함마드라는 인물을 지나치게 강조하는 것을 보고는 무슬림들에게 "모하메드인들"이라는 별칭을 붙였다. 무슬림이었을 때 나는 이 호칭에 짜증이 났는데, 우리가 마치 무함마드를 숭배한다는 인상을 줬기 때문이다. 허나 이제는 그것이 다만 부주의한 추정의 결과였음을 알고 있다. 기독교 신앙의 초점은 전적으로 우리가 예배하는 분께 맞춰져 있기에 그리스도를 따르는 이들을 "그리스도인"이라고 부르는 것은 적절하다. 이슬람에서는 무함마드에게 어마어마한 주의를 기울이지만, 그는 무슬림들이 예배하는 대상이 아니며 따라서 모하메드인들이라고 불리는 것은 많은 무슬림들의 기분을 상하게 하는 일이다.

무슬림들이 그리스도인들은 사람을 예배한다고 단정할 때 비슷한 오해가 무슬림과 그리스도인의 대화 중 자주 발생한다. 그리스도인이 된 후로 나는 많은 무슬림들로부터 창조자가 아닌 피조물을 예배한다는 비난을 받았는데, 그것은 그들이 자신들의 이슬람적 견해를 기독교에 부주의하게 투사한 까닭이다. 즉 예수는 사람일 뿐이며 하나님은 이 세상 속으로 오시지 않는다는 견해 말이다.

이 점에 있어서 무슬림과 그리스도인이 서로를 이해할 수 있다면, 둘 사이의 대화는 좀 더 결실을 맺을 것이다. 이제 지금까지 배운 내용들로 해명할 수 있는 몇 가지 공통 질문들을 살펴보기로 하자.

11장
신인(神人)에 대한 물음

2012년 여름, 나는 캘리포니아주 오클랜드 미들베리 칼리지에서 아랍어를 공부하면서 여덟 주를 보냈다. 석사 학위를 위해 복음서와 코란 연구에 집중했던 듀크 대학교를 막 졸업한 뒤였다. 나는 어릴 때 어머니한테서 아랍어 암송법을 배운 적이 있지만 의사소통을 할 정도로 아랍어를 사용할 줄은 몰랐고 그래서 아랍어를 잘 알아둔다면 나중에 박사 공부를 하는 데 도움이 되리라고 생각했다. 나는 미들베리 칼리지에 입문 과정으로 들어갔는데, 입문 과정에서는 8주 내내 아랍어 외에 다른 언어로 말하는 것이 허락되지 않았다. 얼마나 진지하게 이 규칙을 준수해야 했던지, 학교에 도착한 날 서약서를 작성하기까지 했다. 영어든 뭐든, 어느 순간이든, 두 달 내내 절대 불가였다. 밤 시간도 주말도, 예외가 없었다!

그때까지 나는 언어가 스트레스를 풀어주는 데 얼마나 중요한 역할을 하는지 몰랐다. 농담도 이야기도 없었고, 친구와 어울리지도 못했다. 끊임없이 손을 바쁘게 움직이고 상급반 학생들의 수다를 경청할 뿐이었다. 비록 힘든 시간이었지만 불가불 아랍어를 빨리 익힐 수 있었다. 한 달이 못 되어 우리는 형편없는 실력의 아랍어로 서로 대화할 수 있게 되었다.

다행히도 아랍어를 배우고 있는 친구가 오클랜드 부근에 있었는데 그녀는 정기적으로 지역의 이민자들을 찾아가 만나고 있었다. 그녀는 사우디에서 온 무슬림 친구를 만나러 가는데 동행하겠는지 내게 물었고, 나는 흔쾌히 응낙했다. 친구와 함께 캠퍼스를 벗어날 수 있다면 무엇이든 좋았다! 그날 오후, 나는 사하르라는 이름의 젊고 생기발랄한 학생을 만났다. 그녀는 사우디 여성의 삶에 대해 말해주었는데, 정부는 그녀가 미국에서 공부하려면 오빠의 허가를 받아 올 것을 요구했다고 했다. 만일 오빠가 거절했으면 어떻게 되었겠느냐는 나의 질문에, 그녀는 "오빠는 '안돼!'라고 말할 정도로 어리석지는 않아요"라고 대답했다.

이윽고 종교 문제로 화제가 넘어갔다. 사하르는 자신이 철두철미한 무슬림으로서 개종을 고려하고 있지 않지만 그리스도인이 믿는 바에 대해 궁금한 점은 있다고 했다. 여러 가지 질문을 던진 끝에 그녀로서는 가장 해결하기 어려웠을 법한 질문을 던졌다. "만일 예수가 여자의 몸을 통해 태어났고 그래서 화장실에 가야 하는 사람이었다면, 어떻게 그를 하나님으로 믿을 수 있죠? 그런 일은 하나님에 못 미치는 것 아닌가요?"

매우 흔한 질문이지만, 이제 우리는 무슬림들이 왜 이런 질문을 하는지 그 이유를 알 수 있다. 야웨는 이 땅에 빈번하게 찾아왔지만, 알라는 이 세계에 들어오지 않기 때문이다. 야웨는 친밀하게 우리 가운데를 거니시지만, 알라는 베일 뒤에 있으면서 자신의 사자들을 보낸다.

야웨가 알라와 다르다는 것과 예수가 삼위일체의 제2위격임을 기억한다면, 이와 유사한 많은 질문들에 대한 대답은 한결 명백해진다.

하나님이 어떻게 죽을 수 있고, 예수가 죽었을 때는 누가 우주를 다스렸나?

이 두 질문은 무슬림이던 시절 내가 예수의 신성에 관해 데이비드에게 던졌던 첫 질문이자 지금 무슬림들이 내게 던지는 가장 흔한 질문이다. 이슬람에는 하나님의 성육신 같은 개념이 없기 때문에 이런 질문을 던지는 게 이해가 된다. 진실로 어떤 의미에서 이 질문은 그리스도인들 스스로 자문해봐야 할 것이지만, 이 장에서 배운 것을 염두에 둔다면 대답하기 어려운 것은 아니다.

누군가 내게 "어떻게 하나님이 죽을 수 있습니까?"라고 물을 때 나는 추가 설명을 요구한다. 왜냐하면 이 질문은 여러 각도에서 볼 수 있기 때문이다. 거의 예외 없이 질문자들은 다음과 같은 말을 덧붙인다. "하나님은 불멸하는 분이시니 죽을 수 없죠." 이 말에 대해 나는 역으로 이런 질문을 던진다. "무슨 말인지 알겠어요. 하지만 하나 물어볼게요. 우리가 죽으면 우리의 영혼도 존재하지 않는 걸까요?" 물론, 무슬림들은 "아니요, 우리의 영혼은 죽지 않아요"라고 대답한다. 그러면 나는 "우리 인간이 죽을 때도 죽는 건 몸이지, 우리의 전 존재가 사라지는 건 아니잖아요. 예수님도 마찬가지였어요. 이 땅에서 그분의 몸은 죽었지만, 하나님이 존재하지 않는 건 아니었습니다."

그럼에도 이따금 "어떻게 하나님이 죽으실 수 있는가?"라고 묻는 무슬림들은 본질적으로 "누가 우주를 다스리고 있었는가?"를 묻는 것이다. 이 질문에 대해 여러 가지 답변이 가능하지만, 나는 간단한 답변을 선호하거니와 그 답은 곧 성부다. 그래서 만일 무슬림들이 이런 질문에 관심을 보인다면 그리스도인들은 그들에게 삼위일체를 적절히 설명해줄 필요가 있다. 성부는 성자가 아니며, 십자가에서 죽으신 분은 성부가 아니었다.

인간의 죄를 대신해 예수가 벌 받는 것은 정의롭지 않다

이는 또 다른 질문으로 이어지는데, 박식한 무슬림들도 이런 질문을 던진다. 2015년에 열린 토론회의 마무리 발언에서 샤비르 앨리 박사는 내가 들어 본 것 중 가장 신랄한 용어를 사용하여 복음에 도전했다. 만일 성부가 성자를 보내어 세상 죄를 대신해서 죽게 했다면, 이는 "우주적 아동 학대"라고 말한 것이다. 다른 이들의 죄를 대신해서 자기 아들을 벌하는 하나님이라면 그분은 도대체 어떤 아버지란 말인가?

이 지점에서 우리는 다음과 같은 평가를 염두에 두고 문제를 볼 수 있어야 한다. 즉 그리스도인들은 하나님께서 무작위로 희생자를 벌하신다고 믿지 않는다는 것이다. 예수는 하나님이다. 심판자이신 분이 범죄자를 대신해 몸소 대가를 지불하고 있는 것이다. 앨리 박사의 희화화와 반대되는, 보다 적절한 예가 브레넌 매닝(Brennan Manning)의 『부랑아 복음』(The Ragamuffin Gospel)에 나온다.[1] 1935년, 뉴욕시의 시장 피오렐로 라구아디아는 손주들에게 먹일 빵을 훔치다 잡힌 한 노파의 소송 사건을 주재했다. 라구아디아는 선처를 베풀고 싶었지만 가게 주인은 정의를 요구했다. 라구아디아는 노파에게 유죄를 선고하고 10달러의 벌금을 부과하는 동시에 자기 지갑에서 10달러를 꺼내 그녀 대신 벌금을 납부했다. 라구아디아는 노파의 죄를 인정하면서도 그녀의 죄값을 대신 치르고 그녀를 풀어준 것이다.

이것은 자비와 정의를 보여주는 아름다운 사례다. 다만 한 가지 작은 부분만 조정하면 복음에 훨씬 더 부합하는 이야기가 될 것이다. 만일 라구아디아가 판사일 뿐 아니라 노파가 물건을 훔친 가게의 주인이기도 했다면 말이다. 우리가 죄를 지으면 그것은 하나님께 죄를 지은 것이다. 하나님은 우리의 죄를 심판하셔야 하

---

1   Brennan Manning, *The Ragamuffin Gospel* (Sisters, OR: Multnomah, 2005), 107. 『부랑아 복음』, 진흥 역간.

지만 곧 우리가 행한 일에 마땅한 값을 대신 치르신다. 이는 예수에 대한 기독교적 입장, 곧 그가 하나님이심을 기억할 때 모두 이해가 된다.

아무도 하나님을 본 사람은 없다

많은 무슬림들이 내게 묻는 질문이 있다. 성경에 "어느 때나 하나님을 본 사람이 없으되"(요일 4:12)라고 하는데 어떻게 예수가 하나님일 수 있는가? 하나님에 대한 단자적 관점인 '타우히드'의 빛 아래서 요한 서신을 해석하는 무슬림들이 이런 질문을 하는 것은 이해가 된다. 그러나 예수의 제자이자 하나님께서 성경의 이 구절을 쓰시도록 매개자가 되었던 요한은 우리를 위해 요한복음 1:18에서 이 구절을 해석해준다. "본래 하나님을 본 사람이 없으되 아버지 품속에 있는 독생하신 하나님이 나타내셨느니라." 다시 말해, 성경이 "어느 때나 하나님을 본 사람이 없으되"라고 할 때 그것은 성부 하나님을 말하는 것이다. 하지만 이제 아버지 우편에 계신 하나님이신 예수께서 자신을 나타내셨다. 그래서 예수는 제자 빌립에게 "나를 본 자는 아버지를 보았거늘"(요 14:9)이라고 말씀할 수 있는 것이다. 예수님을 보는 것은 곧 하나님을 보는 것이며 이는 아버지를 보는 것과 다름없다.

비록 아무도 하나님을 본 자가 없지만, 그럼에도 사람들은 성자 하나님을 보았다. 성경에서 누군가 하나님을 보았다고 할 때 그들은 삼위일체의 제2위격인 예수를 보고 있었던 것이다. 예수가 삼위일체 하나님의 제2위격임을 기억한다면 이 문제의 구절은 쉽게 이해가 된다.

왕의 위엄

그해 여름날 오후에 오클랜드에서 사하르가 내게 던진 질문은 많은 그리스도인들에게 교훈이 될 어떤 직감적인 정서를 담고 있었다. 즉 하나님은 온 우주의 왕이시고 상상 이상으로 거룩하신 분이신데, 그런 분이 이 더러운 세상에 태어나신다는 것은 그분의 위엄에 어울리지 않는 일이라는 것이다. 나는 그녀의 질문을 긍정하고 나서 이렇게 되물었다. "사하르, 당신한테 가장 중요한 행사에 가면서 제일 멋진 옷을 차려 입었다고 해봅시다. 정시에 도착하려는데, 당신의 딸이 수렁에 빠졌다는 것을 알았습니다. 그럼 어떻게 하겠어요? 아이가 진흙에 잠기든 말든 우아한 모습으로 모임에 가겠어요, 아니면 아이를 구하고 진흙을 뒤집어쓴 채 예식에 가겠어요?"

그녀는 특별할 것 없다는 투로 답했다. "당연히 수렁에 뛰어들어 아이를 구해야죠."

나는 질문을 약간 바꿔 물었다. "당신에게 동행이 있었다고 해봅시다. 그러면 그들을 보내 아이를 구하게 하겠어요, 아니면 직접 구하겠어요?"

잠시 생각하더니 사하르가 답했다. "내 딸이라면 어떻게 다른 사람을 시키겠어요? 그들이 엄마처럼 아이에게 신경을 쓰겠어요? 당연히 직접 해야죠."

나는 잠시 멈췄다가 말을 이었다. "인간인 당신이 자기 딸을 사랑해서 체면 따위는 내려놓고 아이를 구할 정도라면, 완벽하게 사랑하시는 아버지인 하나님은 우리를 구하기 위해 자기의 위엄쯤은 내려놓고 그보다 더한 일도 하지 않을까요?" 그녀는 이 말에 잠시 주의를 기울였고, 대화는 계속 이어졌다. 저녁식사가 끝나자 친구는 아랍어 집중과정으로 나를 다시 데려다놓았는데, 빠져 죽는다는 말이 실감 날 정도였다.

다행히도 언어과정이 유익하게 끝나 가는 오클랜드에서의 마지막 주에 나는 친구로부터 저녁식사에 초대한다는 문자 메시지를 받았다. 이번에는 무슬림에서 새로 그리스도인이 된 사람을 만나자는 것이었다. 도착해서 내가 마주친 사람은 환한 얼굴을 한 사하르였다! 하나님의 이타적 사랑의 메시지에 압도된 그녀는 더 이상 무슬림으로 남아 있을 수 없었던 것이다. 며칠 후 그녀는 예수님을 자신의 주님과 구세주로 영접했다. 이제 그녀와 함께 기뻐하고, 놀라우신 우리 하나님에 관한 이야기를 함께 나누고, 그녀 앞에 놓인 제자의 길을 일러줘야 할 일만 남았다.

12장

리비아를 사랑한 친구

2013년 12월 초, 데이비드와 나는 텍사스에 있었는데 마침 거대한 눈보라가 그 지역을 강타했다. 초현실적이라고 할 만한 광경이었다. 평소 따뜻하고 햇살이 가득 비추던 풍경이 암울하고 황막한 그림으로 바뀌고, 도로 위에 두꺼운 얼음층이 덮이면서 자동차들이 길 밖으로 미끄러져 나갔다. 하늘은 불투명한 갈색이었고, 항공기 운항이 취소되면서 혼돈이 확산되었으며, 사람들은 텍사스를 벗어날 방법을 찾으려고 정신이 없었다.

인앤아웃에서 우리는 최근 이슬람교를 떠난 젊은 파키스탄 여성을 만났는데 그녀는 가족들과 화해할 수 있는 방법에 대한 조언을 구하고 있었다. 그녀가 고투하는 모습을 보니 아직 아물지 않은 내 상처가 쓰리게 다가왔고, 호텔로 운전해 돌아오는 동안 내 영혼은 답답했고 침울함에 잠겨 있었다. 그런데 호텔 로비에 들어서서 바라본 텔레비전 화면의 헤드라인은 마음을 더욱 가라

않게 만들었다. 한 젊은 미국인 교사가 리비아에서 총격을 당해 쓰러졌다는 것이었다.

지역 방송 보도에 따르면 텍사스 출신의 로니 스미스는 아침 조깅을 나갔다가 검정색 지프를 탄 무장 세력에게 조준 사격을 당해 사망했다. 그는 텍사스 대학교에서 석사학위를 받은 후 벵가지에서 화학을 가르치고 있었다고 뉴스는 전했다. 그 말에 나는 귀를 바짝 기울였다. 벵가지는 전쟁에 짓밟힌 아주 불안정한 도시로서 중앙 정부보다 군벌들의 세력이 활개 치는 곳이었다. 그런 곳에 왜 가려고 했을까? 짐작이 되었으나, 우선 좀 더 알아보아야 했다.

먼저 인터넷 검색을 해보니, 내 예감이 맞았다. 로니 스미스는 그리스도인으로서 리비아 사람들을 섬기고 싶어 했다. 그는 오스틴에 있는 교회의 집사였고 진지한 신앙인이었다. 예수께서 당신께 죄를 범한 이들을 위해 기꺼이 죽으셨으니, 설령 원수일지라도 그들을 섬기기 위해 자기 생명을 기꺼이 내놓는 것이 그분을 따르는 것이라고 그는 믿었다. 그가 하나님께 받은 은사는 화학 교육이었기에 그는 교사가 되어 리비아 사람들을 섬기기로 했다.

그와 아내는 위험을 충분히 인지한 상태에서 리비아로 이주했다. 혁명의 여파가 채 가시지 않은 리비아는 혼란스러웠다. "샤리아의 종들"이란 이름의 단체에 의해 미국 대사인 크리스토퍼 스티븐스와 그 외 세 명이 피살된 미국 영사관 피습 사건이 벌어진 뒤에도 그들은 리비아를 떠나지 않기로 결정했다. 스미스 부부가 그곳에 남기로 한 것은 그들의 이웃과 학생들의 생명을 자신들의 안전보다 더 중요하게 여겼기 때문이었다.

학생들 중 하나인 욤나 젠타니는 로니가 자신과 다른 학생들에게 어떤 영향을 끼쳤는지 묻는 기자들의 질문에 이렇게 답했다. "리비아 사건이 벌어진 뒤 우리는 희망을 잃고 있었는데, 그때 우리를 지지하고 격려하고 우리가 공부하는 한 모든 것이 괜찮을 것이라고 말해준 유일한 분이었어요. 그분은 어둠 속 한 줄기 희망이었어요. 학생들을 위해 자기의 시간 대부분을 할애했죠. 그분은 이곳에 와서 우리를 돕고 목숨까지 내놓기로 선택한 것입니다."

로니의 동기

이 글을 쓰는 지금도 나는 흘러내리는 눈물을 주체할 수 없다. 로니 스미스처럼 위대한 인물을 생각하면 자문하지 않을 수 없다. 로니는 어떻게 이런 사람이 되었을까? 어떻게 보답을 전혀 기대할 수 없는 사람들을 섬기기 위해 위험천만한 곳으로 이주할 만큼 사랑과 희생의 사람이 될 수 있었을까? 다행히도, 궁금증이 곧 풀렸다. 죽기 수년 전 로니는 설문조사에 답한 적이 있는데 그때 존 파이퍼 목사의 "죽음도 유익이 되는 선교"라는 제목의 설교를 추천했다고 한다. 설교와 관련해 로니는 "이런 설교들을 통해 하나님은 나와 우리 가족을 미전도 종족에게로 부르셨다"고 말했다.

그 설교에서 파이퍼 목사는 예수께서 "온 세상의 모든 민족을 위해 고난 당하시고 죽으셨음"을 회중에게 강조한다. 예수님의 제자들이 참으로 그분을 따르길 원한다면 그들은 그분과 똑같이 행하도록 부름 받았다. "자신을 내어주시는 그리스도의 사랑은 선교사들을 통해 그분께서 구원하기 위해 죽으신 민족들에게 직접 제시되어야 합니다.…그분의 백성이 당하는 고통을 통해 그분의 십자가의 고통이 열방에 제시되는 것입니다." 그리스도인들이 예수와 더불어 기꺼이 고통을 감내해야 하는 것은 그들의 주님께서 십자가에서 고난 받으셨고 온 세상이 그분의 본을 따르는 그리스도인들의 영향을 받게 되기를 그분이 원하시기 때문이다.

"그런즉 우리도 그의 치욕을 짊어지고 영문 밖으로 그에게 나아가자"는 히브리서 13:13을 인용하면서 파이퍼 목사는 설교의 절반 이상을 할애하여 예수를 따르도록 부름 받은 그리스도인들이 세상을 위해 기꺼이 고난 받아야 한다고 설명한다. 그는 예수를 따라 그분의 사랑을 세상에 전하려다 순교한 이들의 이야기를 연이어 전한다. 설교를 읽어나가던 중 나는 로니의 죽음을 떠올리며 한 인물에서 숨이 멎었다. 파이퍼는 무슬림들에게 복음을 선포했다가는 순교할 수 있음을 알면서도 북아프리카까지 이주해 갔던 그리스도인인 레이먼드 룰(Raymond Lull)에 대해 말했다. 룰은 알제리에서 전도를 시작하자마자 돌에 맞아 죽었다. 이에 대해 파이퍼는 "응당 가야 할 길이었습니다!"라고 말했다.

로니 스미스의 마음을 움직여서 그로 하여금 죽음에 이르기까지 리비아 사람들을 섬긴 위대한 사람이 되게 만든 것은 바로 이 가르침이었다. 예수님은 우리가 그분의 사랑을 가지고 세상에 나아감으로써 그분을 따르기를 바라신다. 설령 그러다가 죽는 한이 있더라도 말이다. 복음의 메시지를 생각해보면 모든 조각이 제자리에 맞아 들어간다. 하나님은 희생함으로써 사랑하라고 우리에게 말만 하지 않으셨다. 우리 주님이요 모본이신 그분은 우리를 위해 먼저 그 일을 행하셨다.

우주의 창조주이신 하나님, 표현할 수 없는 영광 중에 천사들에게 둘러싸여 계신 분께서 기꺼이 자신을 낮추어 이 세상에 오셔서 사람들을 위해 고난 받으셨다. 그분이 그렇게 하신 것은 우리로 구원받고 그분의 사랑을 알게 하려는 것이었다. 그분이 그리스도인들의 모본이라면, 그들은 자신의 안락함을 내려놓고 어디든 기꺼이 갈 수 있어야 할 것이다. 그래야만 사람들이 하나님의 사랑을 알고 구원을 얻게 될 것이다.

하나님은 당신께 죄를 범한 사람들을 위해 기꺼이 고난 당하셨으나 사람들은 그분께 받은 손으로 그분을 십자가에 못 박았다. 그분은 자신을 따르는 이들에게 "너희 원수를 사랑하며 너희를 박해하는 자를 위하여 기도하라"(마 5:44)고 명령하셨을 뿐만 아니라 몸소 본을 보이셨다. 그분이 그리스도인들의 모본이라면, 그들은 자신을 희생하여 원수까지도 기꺼이 섬겨야 할 것이다. 그로 인해 죽임을 당할 수 있음을 알면서도 말이다.

그리스도인들이 예수를 따라가다가 담대히 죽음에까지 이를 수 있는 이유는 우리에게 자신의 구원을 걱정할 이유가 없기 때문이다. 복음은 하나님께서 그분의 무한한 자비와 은혜로 우리의 구원을 이미 약속하셨다는 것이다. 기독교의 가르침의 시너지가 여기 있다. 즉 그리스도인은 복음이 구원을 약속하고 가져올 뿐 아니라 죽음의 두려움을 모두 거둬 가기에 예수를 따라가며 원수를 위해서도 죽을 수 있는 것이다. 이는 우리를 자유케 하여 친구든 원수든 모두를 사랑하게 하고, 우리가 애초에 만들어진 이미지, 곧 그 본질이 사랑이신 하나님의 형상을 따라 살게 한다.

앞서 1부와 2부에서 배운 내용에 이러한 통찰을 더하여, 복음은 우리가 원래 지어진 삼위일체 하나님의 형상을 따라 살면서 사랑하고 뒤로 물러나지 말 것을 요청하며, 우리의 주님이요 완전한 본이신 예수를 따라 죽음 앞에서도 의연하게 살아갈 능력을 부여한다.

그리스도의 사랑: 세상을 향한 메가폰

이 점을 잘 알고 있었던 로니 스미스는 참 그리스도인의 본을 남기고 이 세상을 떠났다. 그의 이야기를 읽으면서 가장 슬펐던 것은 무엇이 로니로 하여금 리비아에 남아 있도록 동기를 부여했는지에 대해 어느 매스컴도 보도하지 않았다는 점이다. 여기 기독교적 사랑의 선박이 있었는데, 아무도 그 근원에 주의를 기울이지 않았다. 하지만 수일 후 그리스도의 한량없는 사랑에 조명이 비추어졌다.

로니가 죽고 한 주가 지난 뒤, 그의 아내 아니타가 남편을 죽인 사람들에게 공개편지를 썼다. 거기에는 이 세상의 것 같지 않은 매우 초월적인 메시지가 담겨 있었고, 세계를 놀라게 했다. 그녀는 에둘러 말하지 않았다.

살해범들에게. 사랑하고 용서합니다.
어찌 그러지 않을 수 있을까요? 예수께서 "원수를 사랑하라"고, 죽이거나 앙갚음하지 말라고 가르쳐주셨으니 말입니다. 예수께서는 자신을 죽인 바로 그 사람들을 사랑하셔서 자기 생명을 내어주셨고 오늘날 우리를 위해서도 그렇게 하십니다. 그분의 죽음과 부활은 하나님께로 곧장 이어진 평화와 용서의 길을 우리에게 열어주었습니다. 예수께서 하신 일 때문에 지금 로니는 예수님과 함께 천국에 있습니다. 예수께서 오신 것은 우리가 죽은 다음에 천국으로 데려가기 위해서일 뿐 아니라, 이 땅에 평화와 치유를 주시기 위해서입니다. 하나님이 여러분을 사랑하시니, 로니도 여러분을 사랑했습니다. 하나님이 로니를 사랑하시니, 그도 여러분을 사랑했습니다. 로니가 위대한 게 아니라 하나님이 위대하신 것입니다.[1]

---

1 Anita Smith, "An Open Letter from the Widow of Ronnie Smith to the Libyan People," December 12, 2013, http://www.RonnieSmithLibya.com.

아니타는 자기 남편을 죽인 사람들을 용서했다. 예수께서 우리를 용서하셨으니, 그녀도 그들을 용서했다. 예수께서 그들을 사랑하시니, 그녀도 그들을 사랑한 것이다.

그녀의 말을 다시 읽어보자. 그녀는 그들을 사랑한다고 말했다! 그녀는 자신의 가장 친한 동반자를 가차 없이 데려간 사람들을, 결혼한 지 10년 된 자기 남편을 살해한 사람들을, 자녀를 아빠 없는 아이로 만들어버린 이들을 사랑한다고 했다! 어떻게 그런 사람들을 사랑할 수 있을까? 받은 대로 보복하고 싶지 않을까? 그들을 찾아내서 그들에게 빼앗긴 그대로 되갚아주고 싶지 않을까? 그 비결은 바로 터무니없는 사랑, 곧 이 세상에서 비슷한 것을 찾을 수 없는 용서와 사랑이다. 하지만 미디어의 반응에서 드러나듯, 세상을 사로잡는 사랑이다.

예수와 무함마드는 매우 다른 삶을 살았고 자신을 따르는 사람들에게 매우 다른 길을 보여주는 모범이 되었다. 이슬람의 메시지는 무함마드가 이 땅에 살았던 가장 위대한 사람이라고 하지만, 내 생각에 이 세상에는 이 땅을 넘어서는 본이 필요한 것 같다. 하늘의 해결책, 곧 자연인의 관점으로는 이해가 되지 않지만 그것을 목격한 이들에게는 그것이야말로 해결책이라는 찬탄을 불러일으키는 어떤 것이 이 세상에 필요하다.

로니의 죽음은 그리스도의 사랑을 증언하는 순교자의 목소리였다. 그리고 아니타의 편지는 로니의 메가폰이었다. 이런 사랑만이 세상을 바꿀 수 있다.

4부

코란인가, 성경인가?
서로 다른 경전

13장

불타 버린 경전

2011년 4월의 첫날, 2만 명의 시위자들이 아프가니스탄에서 가장 안전한 도시라고 오랫동안 여겨졌던 마자르-에-샤리프의 유엔 포로수용소 문 앞에 집결했다. 군중들의 손에 들린 플래카드에는 휘갈겨 쓴 글씨로 "미국 타도", "오바마 죽어라" 같은 상투적 구호들이 적혀 있었다. 새로운 구호를 준비하기에는 주어진 시간이 부족했다. 금요 기도를 드리기 위해 예배자들이 지역 모스크에 모여든 이른 시각, 세 명의 이맘이 한 가지 목적으로 군중 가운데서 불을 밝혔다. 곧 '미국인들을 심판하기' 위해서다.

사람들은 일제히 반응했고 자신들의 불만을 드러내기 위한 장소로 유엔 포로수용소를 택했다. 시위는 이내 항의로 바뀌었고, 항의하던 무리는 순식간에 폭도로 변했다. 아프가니스탄 경찰은 군중을 통제하지 않았고 나토가 이끄는 평화유지군의 지원을 거절했다. 수용소를 지키는 일은 오로지 유엔 경비원들의 몫이었다.

군중의 수가 불어나면서 두려울 게 없어지자, 시위자들 가운데 일부 과격한 이들이 소동을 부리며 유엔 건물에 돌을 던지기 시작했다. 경비원들은 속수무책이었다. 갑자기 상황이 돌변했다. 폭동을 일으킨 자들이 경비 초소들을 장악하고 쓰러뜨렸다. 이어서 경비원들의 총을 빼앗고 그들을 구타하기 시작했으며 마침내 총을 쏘아 댔다. 그들은 네 명을 죽인 뒤 수용소에 불을 질렀고 외국인들을 뒤쫓기 시작했다. 서양인들의 머리를 베기까지 폭동은 가라앉지 않았다.

살해당한 사람들 중에는 스칸디나비아 출신이 두 명 있었다. 노르웨이 군대 역사상 최초의 여성 조종사와, 아프가니스탄에 온 지 한 달도 채 안 된 스웨덴 인권 연구가였다. 다른 희생자들 중에는 네팔의 구르카인 경비원 네 명, 정치 문제 전문가인 루마니아인 한 명, 그리고 아프가니스탄인 폭도 다섯 명이 있었다.

이 사건은 열두 명이 생명을 잃은 비극이었고, 특히 유엔이 인도주의 조직이며 거기서 일하는 이들 대부분이 타국의 어려움을 돕기 위해 왔다는 점을 고려할 때 특히 더 안타까운 일이었다. 하지만 이 사건이 비극보다 더한 비극인 것은 그 폭력의 터무니없음 때문이다. 폭도들은 미국인들에게 정의를 요구했지만 그럼에도 죄 없는 유럽인과 아시아인들이 살해되고 말았다. 그래서 어떻게 되었는가? 그들은 왜 유엔을 공격했을까?

그 전해에 플로리다 출신으로 무명의 정치 활동가이자 목사인 이가 9.11 아홉 번째 주기 추모일에 "인류에 반하는 범죄로 인해"코란을 불태우겠다는 계획을 발표했다. 그는 하룻밤 만에 전 세계의 천덕꾸러기가 되었다. 언론과 정부의 많은 이들이 코란을 불태우는 일은 해외에서 미국인 희생자를 유발할 수 있다며 그에게 계획을 재고해줄 것을 촉구했다. 백악관으로부터 압력을 받은 그 활동가는 확신이 없음에도 불구하고 그 말을 받아들여 주요 이맘들과 대화를 하겠다고 주장했다. 그렇게 9월 11일이 지나갔고, 그는 코란을 불태우지 않았다. 언론은 그를 다루지 않았고, 상황은 종료되었으며, 이 일은 더 이상 화제가 되지 않았다.

하지만 카메라 밖에서 그 대화는 실패했다. 6개월 후, 사실상 아무도 보는 이가 없는 가운데 그는 자신의 계획을 실행에 옮겼다. 그는 모의재판을 열고, 폭력과 억압의 혐의를 씌워 코란에 실형을 선고하고, 화형을 집행했다. 언론 매체들이 그 영상을 전 세계로 송출하지 않았다면, 그전에도 있었던 코란을 불태운 수십 건의 다른 영상들과 마찬가지로 그의 영상도 잊혔을 것이다. 언론에 이어 정부 관리들이 광범위하게 공개적인 비판을 가했다. 한 소식통에 따르면, 하미드 카르자이 대통령이 이 사건을 맹렬히 비난하면서 대부분의 아프가니스탄인들이 그 사실을 알게 되었다. 아프가니스탄 대통령의 뉴스에 이어 마자르-에-샤리프시의 선동적인 물라(이슬람교 율법학자)들이 난동과 학살을 조장했다.

이 일련의 사건들은 너무도 비극적이어서 그 모든 일의 부조리함은 쉽게 간과된다. 이슬람이 억압과 폭력을 조장한다는 한 활동가의 주장에 대한 응답으로, 아프가니스탄의 이맘들은 그의 침묵을 요구하며 죄 없는 자들의 죽음으로 상황을 몰아간 것이다. 그 활동가의 목숨을 건 행위를 비난하는 데 신이 난 언론들은 그에게 카메라를 들이댔고 그렇게 함으로써 동방에서 살인이란 반작용이 일어나는 데 촉매 역할을 한 셈이다. 서양인을 구별할 줄 모르는 마자르-에-샤리프의 폭도들은 무고한 유럽인들의 생명을 앗아갔다. 그들은 이슬람을 지지하는 데 있어 가장 큰 목소리를 냈을 뿐 아니라 "나는 대통령으로서 이슬람에 대한 부정적인 통념이 나타날 때면 언제든 반대해 싸우는 것이 나의 책임이라고 생각한다"고 했던 오바마 미국 대통령을 처형하라는 판에 박힌 주장을 했다. 물론 이 실패와 구르카인들과의 관계까지 언급해야 한다면 우리는 고개를 가로젓고 말 것이다.

이제 핵심 문제를 살펴보자. 일련의 사건을 거치면서, 코란을 소각하는 것이 폭동과 살인을 낳을 수 있음을 의심한 이는 아무도 없었다. 또 이와 달리 생각했던 사람은 아무도 없었다. 활동가도, 언론도, 정부도, 심지어 무슬림 지도자들도. 코란을 불태우는 일이 폭력을 낳을 수 있음을 모두가 알고 있었다.

이 사건을 시간과 거리가 유사한 다른 사건과 비교해볼 필요가 있다. 2009년에 아프가니스탄의 바그람 공군기지에서 미국 정부는 수십 권의 성경을 소각했다고 공지했다. 군 장교는 적절한 이유를 내놓았다. 쓰레기처럼 너덜너덜해진 성경책을 군대가 소각한다는 것이었다.

이는 반복해서 말할 가치가 있다. 미국 정부는 성경책이 너무

낡아서 소각한 것이라고 공식적으로 밝혔다. 내가 이 사실을 되풀이해서 말하는 이유는 어떤 감정을 불러일으키려는 게 아니라 두 경우를 비교하기 위함이다. 이 경우, 정부가 성경을 불태운다고 해서 그리스도인들이 난동을 부릴 염려는 일절 없다.

이 문제를 좀 더 명확히 하기 위해, 성경 소각 사건이 어떻게 일반 대중에게 알려지게 되었는지 살펴보자. 성경을 몰수당한 병사는 공식적으로 불만을 표하지 않았고, 성경을 보낸 교회도 격렬한 항의를 하지 않았다. 군부대가 성경을 소각하는 대신 교회로 돌려보낼 수도 있었을 테지만 말이다.

군 당국의 발표에 따르면, 그것은 아프가니스탄의 무슬림들을 자극하지 않으려는 시도였다. 최근 한 언론 매체가 예배당에 모여 예배하는 병사들의 모습을 송출한 적이 있었는데, 군 장교들은 이 일로 인해 군 부대가 복음전도를 위해 그 지역에 주둔했다는 인상을 지역 무슬림들에게 주지 않을까 걱정했다. 가상의 분노를 가라앉히기 위해 군은 성경을 소각했다고 발표한 것이다. 그들은 무슬림들의 기분을 상하게 할 의도가 전혀 없으며 행여나 교회가 성경을 다시 보내는 일이 없도록 하기 위해 성경을 반송하기보다 소각하기로 했다고 강조했다.

핵심 문제에 다시 주목해보자. 언론의 보도와 정부의 결정을 거치는 과정에서 어느 누구도 성경을 소각하는 것이 폭동이나 살인을 낳을 것이라고 생각한 사람은 없었다. 이와 다른 의견을 개진한 사람은 아무도 없었다. 병사도, 언론도, 정부도, 교회 지도자들도. 성경을 소각하는 일이 폭력을 낳지 않을 것임을 모두가 알고 있었다.

코란과 성경의 차이

그 이유는 무엇일까? 플로리다에서 무명의 활동가가 코란 한 권을 소각한 일이 지구 반 바퀴 너머에 있는 이들의 목숨을 틀림없이 위태롭게 하는 이유는 무엇인가? 반면, 정부가 수십 권의 성경을 "쓰레기"라 부르며 소각한 일이 틀림없이 어떤 종류의 반발도 일으키지 않을 것이 분명한 이유는 무엇인가?

나는 아프가니스탄의 무슬림들이 교육을 받지 못했다거나, 괴팍하다거나, 무분별한 분노를 쉽게 발한다고 말하려는 게 아니다. 또한 그리스도인들이 성경에 대해 무관심하다거나 너무 양순해서 열정이 없다는 뜻을 비치려는 것도 아니다. 두 가지 단순화 모두 소중한 통찰을 놓치고 있다.

나는 그 답이 최소한 부분적으로 다음의 사실에 기인한다고 본다. 즉 코란이 무슬림들의 마음과 생각에서 차지하는 위상은 성경이 그리스도인들의 마음과 생각에서 차지하는 위상과 다르다는 사실 말이다. 두 경전 모두 신도들로부터 분명 거룩한 경전으로 여겨지지만, 그 쓰임새가 다르고 역사가 다르며 그 본질 또한 다르게 이해된다.

14장

코란과 성경의 비교

　　코란 소각 논쟁이 정점에 달했을 때, 나와 내 사역 파트너는 이 문제에 관해 우리의 공식 입장을 내놓기로 결정했다. 우리는 분명 의사 표현의 자유를 지지하지만 그럼에도 코란을 소각한 것은 사려 깊지 못한 생각이라고 결의했다. 불필요하게 상대를 격앙시킬 것이 아니라, 코란을 소각하느니 오히려 그 가르침을 두고 토론하는 것이 의사 표현의 자유를 사용하는 보다 더 생산적인 방식이라고 생각했다.

　　그러나 내게는 그런 행동을 지지하지 않은 또 다른 이유가 있었다. 무슬림들의 마음에서 코란이 차지하는 위상은 대부분의 서구인들이 짐작하는 것 이상이며, 코란을 소각하는 행위가 갖는 의미 또한 그렇다. 무슬림들이 코란을 존중하는 만큼 그리스도인들이 존중하는 것은 이 땅에 없다. 이는 그리스도인들이 성경을 그다지 존중하지 않는다는 말이 아니다. 그리스도인들은 분명 성경을 높인다. 하지만 전통적인 무슬림들이 코란을 존중하는 것은 상상을 초월한다. 이를 이해하려면 앞선 두 장에서 살펴본 요점을 기억할 필요가 있다. 첫째, 무슬림들에게 코란은 알라 자신의 영원한 말씀이다. 이는 성육신하신 하나님에 버금간다. 반면, 그리스도인들에게 야웨의 영원한 말씀은 예수다. 이슬람에서 코란은 기독교 신앙에서 예수가 차지하는 위상을 점하고 있다. 따라서 정리하면 이렇다. 코란의 소각이 모욕이 되는 이유를 이해하고자 하는 그리스도인은 누군가 예수를 화형에 처한다고 생각해보면 이해가 될 것이다.[1]

참으로 성경을 소각하는 것은 불쾌한 행위이지만 그럼에도 도저히 못 견딜 정도로까지 불쾌한 것은 아니다. 그리스도인들은 성경을 삼위일체 하나님의 영원한 표현으로 보지 않는다. 그리스도인들은 하나님께서 인간에게 영감을 주셔서 그분이 원하시는 것을 역사 속의 구체적인 때에 기록하게 하셨다고 믿는다. 따라서 그리스도인들은 성경이 하나님의 영감으로 되었다고 믿지, 영원하다고 믿지는 않는다. 이러한 근본적 차이를 이해하기 시작할 때 우리는 훨씬 더 많은 것을 이해하게 된다.

반면, 코란이 알라의 영원한 표현이라고 믿는 무슬림들은 코란이 어떤 의미에서든 인간에 의해 쓰였다고 생각하지 않는다. 코

---

1 물론 책으로서의 코란은 다수이고 성육신하신 예수는 오직 한 분뿐임을 고려할 때 이 비유는 적실성을 잃는다. 하지만 코란을 불태운 일이 갖는 충격의 상징성을 표현하는 방법으로는 이것이 가장 근접한 비유일 것이다.

란은 가브리엘이 읽어준 것을 무함마드가 받아 적은, 천상의 돌판에 새겨진 알라의 말씀이다. 그것은 그리스도인이 이해하듯 영감된 것이 아니라 계시된 것이다. 즉 알라가 단편적으로 무함마드에게 계시해준 것, 곧 가브리엘을 통해 그에게 준 것을 받아 적은 것이다. 무함마드는 그 문서의 형성과 무관하며 단지 받아서 전달했을 뿐이다.

이런 이유로 집에서는 부모님과 우르두어로 말하고 학교에서는 친구들과 영어로 이야기하는 미국 무슬림 소년이었던 나는, 아랍어가 문자 그대로 하늘의 언어이자 최상의 언어라고 배웠다. 그래서 나의 어머니는 내게 아랍어 암송을 가르치는 데 있어서 얼마나 단호했던지, 나는 영어나 우르두어로 읽기를 배우기도 전에 다섯 살 때까지 아랍어로 코란 전체를 낭송했던 것이다. 어머니는 전통적인 이슬람의 통찰을 진지하게 받아들였다. 즉 알라의 영원한 언어가 아랍어로 쓰였다면, 아랍어는 알라가 가장 선호한 언어인 게 분명했다.

아랍어에 대한 이러한 존중심이 무슬림들의 실천의 저변에 깔려 있다. 이런 이유 때문에 무슬림들은 아랍어로 기도문을 암송한다. 비록 자신들이 암송하는 언어의 뜻은 아직 모르지만 말이다. 무슬림들이 비아랍어 코란을 "번역본"이라고 부르길 꺼리는 것도 같은 이유에서다. 번역으로는 전달할 수 없는 아랍어만의 신비한 가치와 숨겨진 의미가 있다고 믿는 것이다. 일부 무슬림들이 코란에서 신적 저술의 증거로 수학적 패턴을 찾는 것도 같은 이유에서다. 코란이 문학적으로도 지극히 탁월하기에 모방 불가하다고 무슬림들이 확신하는 것도 같은 이유에서다. 이는 알라 그분이 하늘의 언어로 낸 것이기 때문이다.

반면, 그리스도인들은 성경을 본래 쓰인 고대 히브리어와 아람어 및 그리스어에서 현대의 여러 언어로 옮기기를 주저하지 않는다. 물론, 번역문으로 전달하기 어려운 미묘한 의미를 원문의 언어가 담고 있기에 원래 쓰인 원문으로 읽는 것이 가장 좋을 것이다. 고대 그리스어처럼 어감의 차이가 미묘한 언어를 영어나 그밖의 셈족 언어처럼 덜 정확한 언어로 옮기는 경우 특히 그럴 것이다. 성경을 연구하는 학자와 학생들이 원어로 성경 읽기를 선호하는 이유도 그 때문일 것이다. 하지만 번역된 성경을 읽을 때, 그리스도인들은 번역 성경에 어떤 깊고 신비한 가치가 손실되었다고 간주하지 않는다. 주해가 필요한 의미가 있을 수 있으나 그 또한 학습용 성경과 주석을 통해 설명이 가능하다고 본다.

무슬림과 그리스도인의 눈에 비친 서로 다른 두 책의 성격을 이해함으로써 우리는 코란과 성경의 차이점을 이해하는 기초를 닦은 셈이다. 이슬람에서는 코란의 영원성을 믿으며 이는 무슬림의 마음에서 코란이 차지하는 위상에 영향을 준다. 기독교에서 그와 비슷한 것을 찾는다면 그것은 성경이 아니라 예수 그분이다.

성경의 형성

경전에 대한 각 종교의 입장은 경전이 작성된 경위와 밀접하게 관련되어 있다.

코란은 영원한 것이므로 특정한 시기에 작성되지도 않았다. 오히려 그것은 23년이란 시간에 걸쳐서 무함마드를 통해 인류에게 단편적으로 계시된 것이다. 기록에 따르면, 누군가로부터 질문을 받거나 어떤 문제에 직면했을 때 무함마드는 땀을 흘리기 시작했고 그러면 암송의 말씀이 그에게 임했다고 한다. "암송"을 뜻하는 시리아어 단어는 '코란'인데, 무함마드는 대개 절 단위의 적은 분량인 이 코란을 제자들에게 전해주곤 했다. 그 후 무슬림들은 기도 시간에 이 구절을 암송하고 암기했다. 이 모든 암송 구절들은 최종적으로 한 권의 책으로 수집되었고 114개의 수라(suras)로 정리되었다. 수라 한 편에는 여러 절이 담겨 있는데, 20년의 계시 간격을 두고 앞뒤로 연결된 절들도 있다. 현재의 모양으로 배열된 데는 수많은 이유가 있을 수 있겠으나, 명확히 드러난 것을 보건대 코란은 긴 수라를 앞쪽에 배치하고 짧은 수라를 뒤쪽에 둔 것으로 볼 수 있다. 또한 무슬림 학자들은 예언자로서 무함마드의 사역 초기에 주어진 계시를 반영하는 수라들을 '메카 본문'이라 하고 후기에 주어진 계시를 '메디나 본문'이라 하여 양자를 구분하고자 시도해왔다.

반면 그리스도인들은 전통적으로 하나님께서 역사 속의 특정한 사람들에게 영감을 주어 그분의 말씀을 기록하게 했으며, 각자의 경험과 언어를 사용하여 그분의 메시지를 전달하게 했다고 가르쳐왔다. 하나님은 자신이 선택한 사람들의 언어를 능숙하게 사용하셔서 그분이 원하시는 바를 정확히 전달하게 하셨고 수천 년이 지나는 동안 그 메시지가 보존되도록 하셨다. 그 결과물이 천오백 년에 걸쳐 마흔 명가량의 사람들이 쓴 예순여섯 권의 책 모음인 성경이다. 앞쪽 서른아홉 권의 책을 구약성경이라 하고, 뒤쪽 스물일곱 권의 책을 신약성경이라 한다. '언약'은 '계약'이라는 뜻으로, 구약은 하나님께서 모세와 맺은 계약 기간 동안 쓰인 반면 신약은 하나님이 이 땅에 오신 이후에, 곧 예레미야 31:31-33에서 예언되고 예수로 시작된 새로운 계약의 강림과 더불어 쓰였다.

경전의 내용

무슬림들이 믿는 것처럼 코란은 한 사람의 받아쓰기를 통해 계시되었기에 본질적으로 한 가지 양식과 한 가지 관점만을 가지고 있는 게 타당하다. 코란은 알라가 무함마드에게 한 말이다. 인간의 언어로 기록된 첫 번째 장처럼 중요한 예외가 있기는 하지만, 코란은 책 전반에 걸쳐 동일한 양식으로 읽힌다.

한편 오랜 세월에 걸쳐 많은 사람들에 의해 쓰인 성경은 그 안에 여러 문학 장르와 관점이 있는 게 타당하다. 구약은 종종 세

부분으로 나뉘는데, 율법서(히브리어로 '토라'), 예언서('네비임'), 성문서('케투빔')이다. 유대인들은 이 세 히브리 단어의 첫 글자를 따서 구약성경을 '타나크'라고 부르는데 이는 성경의 다양성을 주장하는 것이다. 예컨대, 예식법을 담은 긴 부분은 토라에 나타나고, 역사서 전체는 예언서에 있으며, 히브리 시편은 성문서에서 볼 수 있다. 신약성경으로 눈을 돌리면, 신약은 역사를 다룬 다섯 권의 책과 스물한 통의 편지, 그리고 묵시적 예언으로 구분할 수 있다. 코란과 달리 성경은 다양한 문학 양식과 관점을 가지고 있다.

신약을 타나크에 부가된 것으로 볼 때 그리스도인들은 무슬림들이 코란을 보는 방식을 이해하기가 쉬워진다. 코란은 전에 있던 것을 확인하는 최종 계시로서, 어떤 의미에서는 "마지막 언약"이다. 코란은 토라가 복음서와 마찬가지로 실제로 영감된 경전이라고 주장한다(5.68). 하지만 이제 코란이 인류를 인도할 최종적인 경전으로 주어졌다.

구술 양식, 기록 양식

또한 기록된 본문과 구술된 본문 사이의 차이에도 주목하는 게 중요하다. 이 점을 이해하기 위해, 편지 쓰기와 전화 통화의 녹취 간의 차이를 고려해보자. 똑같은 사람이 똑같은 생각을 전달하더라도 말할 때의 양식과 쓸 때의 양식은 매우 다르다. 그 주된 이유는, 사람들은 쓸 때 더 많은 시간을 들여 무엇을 말할지 고민하고, 읽을 때 더 많은 시간을 들여 무슨 이야기가 쓰여 있는지 고민하기 때문이다. 이런 이유로, 글로 하는 의사소통은 글에 수반되기 마련인 여러 특징과 더불어 구두로 하는 의사소통보다 좀 더 철저하고 덜 반복적이다.

무슬림들은 알라가 천사 가브리엘을 시켜 불러준 것을 무함마드가 받아 적고 이어서 무함마드가 필경사에게 구두로 전달하여 기록한 것이 코란이라고 믿기에, 코란이 일차적으로 구술 문서라는 것은 말이 된다. 코란은 사람들이 듣고 암기하도록 기도 때에 큰 소리로 낭송하듯 주로 구술의 형태로 사용될 뿐 아니라, 말로 하는 의사소통의 녹취록처럼 읽는다. 이를테면, 알라는 이야기 전체를 말해주기보다는 보통 "…하던 때를 기억하라"고 하면서 이야기 중간부터 말을 시작하는데, 이는 청자가 이미 다른 데서 그 이야기를 들어 알고 있다고 가정한다. 그게 아니라면, 알라는 처음부터 이야기를 시작하여 중간에 멈출 것이다. 경건한 무슬림들이 종종 예언자들의 이름을 언급할 수는 있지만 그들의 삶에 대해 말하지 못하는 것은 이 때문이다. 구술 양식이기 때문에 코란에는 전체 이야기가 있는 경우가 거의 없다. 단, 요셉 이야기가 주목할 만한 예외이기는 하다.

반면, 성경은 대부분이 기록된 형태의 문서로 작성되었다.[2]

---

2 소수의 학자들은 창세기와 마가복음의 몇몇 부분이 구술 방식으로 작성되었다고 주장하지만, 이는 이의 제기가 강하게 뒤따르는 주장이다. 설령 이 부분들이 구술로 작성되었다 하더라도, 성경의 대부분이 글로 쓰였다는 데는 의심의 여

따라서 이야기와 기록이 연속적이며 온전하다. 신실한 그리스도인들이 요셉뿐 아니라 십여 명의 사람들, 곧 야곱, 모세, 다윗, 솔로몬, 세례 요한, 그 누구보다 예수의 이야기를 출생에서부터 죽음까지 이야기할 수 있는 것은 그런 이유 때문이다.

폐기 및 최종 형태

코란의 구술성을 이해하면 논란이 많은 폐기 현상을 이해하는 데 도움이 된다. 살아 있는 동안 무함마드는 앞선 낭송을 취소하는 낭송을 하곤 했다. 다시 말해서, 그는 자신이 전달한 코란의 어떤 부분이 더 이상 코란의 일부로 낭송되어서는 안 된다고 제자들에게 말하곤 했다. 이것은 저항에 부딪쳤는데, 하나님의 말씀이 어떻게 취소될 수 있는지 사람들이 그에게 물었기 때문이다. 그에 대한 반응이 코란 2:106에 기록되어 있거니와, 알라는 "모든 일에 전지전능"하기에 자신의 계시도 대체할 수 있다고 주장한다.[3]

기록 본문에 익숙한 사람들은 폐기 개념이 의아할 수 있다. 어떻게 하나님이 자신의 영원한 말씀 중 일부를 없애라고 명령할 수 있는가? 하지만 코란의 폐기는 코란이 애초에 구술이었음을 떠올리면 한결 쉽게 이해가 된다. 사람들은 자신이 가지고 있던 코란

지가 없다.
3 코란 16:101 참조.

에서 몇몇 페이지를 뜯어내거나 빨간 펜을 들고 특정 구절에 줄을 그어 지워버리거나 할 필요가 없었다. 그보다는 기도 중 그 구절을 암송하지 않는 것으로 충분했고 그 구절은 그렇게 잊혔다.

무함마드의 계시는 그가 전달한 그대로 영감 어린 본문으로 간주되었고 한참 후에야 코란의 최종 형태가 확정되었지만, 성경에 담긴 책들은 교회가 그것을 성경으로 인정하기 전에 이미 완결되어 있었다. 성경은 교회의 공인을 받는 시점에서 특정 부분을 폐기할 여지가 전혀 없었다. 따라서 다른 양식과 다른 역사를 가지고 있는 성경은 폐기 과정을 일절 거치지 않았다.

성경의 충족성

하지만 폐기된 구절이 모두 코란 본문에서 떨어져 나간 것은 아니다. 무슬림 학자들은 전통적으로 다양한 유형의 폐기가 있다고 가르쳐왔는데, 그중에는 '본문이되 율법이 아닌' 폐기와 '율법이되 본문이 아닌' 폐기가 있다. 다시 말하면, 알라가 어떤 구절은 암송하되 실천은 않도록 했고 또 어떤 구절은 실천하되 암송은 않도록 뜻했다고 가르치는 것이다. 이런 이유로 인해, 무슬림 학자들은 이를 분명히 하기 위해 무함마드 생애의 기록인 하디스에 의지한다. 또한 이미 보았다시피 이슬람의 실천 대부분은 실은 하디스에서 왔지, 코란에서 기원하지 않는다.

이런 이유로 무슬림들은 이슬람의 실천을 위해 코란만으로는 충분하지 않고 권위 있는 하디스가 필요하다고 믿는다. 아주 소수의 무슬림들만이 코란의 자족성을 믿는데, "오직 코란"으로 충분하다는 무슬림들은 종종 주류 무슬림들로부터 이단적이라고 간주된다.

반면, 성경은 그 가르침을 해석하거나 기독교적 실천을 보충하기 위해 보완적인 본문을 필요로 하지 않는다. 성경은 자충족적이며 기독교 교리의 유일한 권위로서 역할을 한다.

경전의 주해

코란의 폐기, 단편적 성격, 하디스에 대한 과도한 의존도는 전통적으로 일반 무슬림들이 코란의 주해에 관여하지 않은 부분적 이유였다. 자신들이 읽고 있는 구절이 폐기되어 더 이상 적용되지 않는 것이라면 어떡하나? 앞뒤로 전혀 다른 맥락 사이에 끼어 있어 어떤 구절의 맥락이 분명치 않으면 어떡하나? 그 외에도 코란은 고전 아랍어로 쓰여 있는데, 이 언어는 어느 누구도 더 이상 모국어로 쓰지 않는 언어다. 이러저러한 이유들로 무슬림들은 일반적으로 특정 구절과 본문의 해설에 대해서는 학자와 이맘들의 해설을 따른다. 대다수의 무슬림들이 암기나 기도문 낭송 같은 전례 외에는 다른 목적으로 코란을 직접 사용하지 않는 이유가 여기에 있다.

성경은 그 기록된 양식, 자충족성, 번역 가능성 때문에 접근성이 좋아서 글을 읽을 줄 아는 일반 그리스도인들이 직접 읽고 거기서 교훈을 얻을 수 있다. 성경이 말하는 바를 해석하기 위해 학자가 될 필요는 없다. 물론 문맥을 더 잘 아는 것은 유익하며 학자들과 신학자들의 통찰력은 귀하지만, 성경 본문의 성격상 헌신적인 그리스도인들이 성경에 직접 다가가 거기서 교훈을 얻는 것이 가능하며 그리스도인들은 실제로 그렇게 하고 있다.

경전의 인식론적 목적

무슬림들은 코란이 우선적으로는 인류를 인도하는 역할을 한다고 믿지만 일반적으로 그들 스스로 코란을 해석하지 않기에, 이 역할은 평균적인 무슬림들을 위한 간접적 목적이라고 분류하는 게 옳다. 오히려 신비적 가치가 코란의 일차적인 목적 역할을 한다고 할 수 있다. 이는 헌신적인 무슬림들이 코란을 대하는 평균적인 방식에서 잘 드러난다. 무슬림들은 아랍어로 말할 줄 모르면서도 아랍어로 코란을 암송한다. 이때 무슬림들이 구하는 것은 인도가 아니라 축복이다.

전통적으로 코란의 신비적 가치를 크게 확신하는 무슬림들에게 그것은 이슬람의 진실성을 보여주는 일차적 증거 역할을 한다. 무슬림들은 코란이 완벽하기에 이슬람교가 참이라고 확신하는 것이다. 이처럼 코란의 인식론적 용도는 전통적으로 무함마드에게까지 거슬러 올라가는데, 그는 자신의 예언자직을 입증하는 근거로 코란을 들었다. "어떻게 여느 인간이 그처럼 완벽한 책을 만들 수 있단 말인가? 그 책은 하나님으로부터 온 게 분명하다." 이처럼 코란의 우선적 용도는 무슬림들이 이슬람교를 믿는 **이유**의 토대인 것이다.

반면, 이미 보았다시피 성경은 자신의 언어로 접근할 수 있고 스스로 해석할 수 있는 평균적인 그리스도인들이라면 누구에게나 이해 가능한 책이다. 물론 신비적 목적으로 성경을 사용하는 사람들이 일부 있기는 하지만, 그런 것은 성경의 전통적인 용법도, 우선적 용도도 아니다. 비슷하게, 성경 때문에 기독교의 메시지를 믿는 사람들이 일부 있는데, 그것이 사람들을 그리스도인으로 만들어 주는 일반적 이유는 아니다. 코란과 달리, 성경의 일차 용도는 그리스도인이 믿는 **내용**의 기초 역할을 하는 것이지, 그들이 믿는 **이유**가 되는 것은 아니다.

따라서 코란과 성경의 차이점을 논할 때 우리는 다시 원점으로 돌아온다. 각 경전의 일차 목적은 각 경전의 성격과 관련이 있다. 코란은 신비한 초월성으로 가치가 있는 반면, 성경은 번역 가능성과 가르침에 접근할 수 있다는 점에서 가치가 있다. 그 외에도 코란과 성경은 서로 다른 많은 지점들이 있지만, 여기서 우리가 다룬 것들이 무슬림들과 그리스도인들이 경전을 두고 벌이는 일반적인 충돌과 오해의 근원을 파악하는 데 필요한 통찰을 제시해줄 것이다.

15장

본문에 대한 물음

20세기 끝 무렵에 무슬림과 그리스도인 간의 대화를 주름잡은 이름이 있었으니, 바로 아흐메드 디다트(Ahmed Deedat, 1918-2005)다. 1918년에 인도에서 태어난 디다트는 어린 시절에 남아프리카공화국으로 이주했고, 성인이 되어서는 가구 판매원으로 근근이 생계를 이어갔다. 남아공이라는 다문화 환경에서 자신에게 복음을 진지하게 생각해보라고 촉구하는 복음주의자들과 조우한 디다트는 그에 대한 대응으로 이슬람 변증을 공부하기 시작했다. 그는 이십 대 중반에 이르러 자기 나름의 변증학을 가르쳤고, 이후 40년 동안 이슬람교의 전파, 소책자 출판, 이슬람 신학교 설립에 이르기까지 헌신적으로 활동했다. 친구들의 지지를 받고 일부 의미 있는 기부금을 거두었음에도 그의 초기 사역은 대부분 성공하지 못했다.

하지만 1980년대에 조쉬 맥도웰(Josh McDowell), 지미 스와가트(Jimmy Swaggart) 같은 유명한 그리스도인들과 토론을 벌이면서 모든 것이 바뀌었다. 그의 도전은 회의주의자나 비종교적 사람들과의 대화에 익숙한 이들에게는 낯선, 미묘한 이슬람적 시각에서 나온 것이었다. 그의 참신한 논증은 그의 예리한 수사와 어울려 종종 상대방을 이긴 것처럼 보이게 만들었다. 그의 명성은 실제로 하룻밤 만에 치솟았고, 그는 무슬림 국가들의 수장들로부터 존경을 받았으며 이슬람에 봉사했다는 이유로 보상을 받았다.

디다트의 명성과 함께 그의 선동적인 수사도 더욱 맹렬해졌다. 종교간 대화에 대해 교황이 긍정적인 입장을 보이자, 디다트는 요한 바오로 2세에게 토론을 제안했다. 교황이 거절하자, 디다트는 "무슬림들과 술래잡기를 하는 교황 폐하"라는 제목의 소책자를 출간했다. 또한 그는 성경이 포르노물이라고 주장한 것으로도 유명하다. 그는 시드니에서 성 금요일 강의를 하는 동안 더 심한 선동적인 연설을 함으로써 호주 정부로부터 처벌을 받았고, 싱가포르에는 아예 입국이 금지되기도 했다.

그의 경력의 최고 절정기였던 1996년, 디다트는 심각한 뇌졸중으로 쓰러졌다. 다른 신경이 손상되어 디다트는 더 이상 강연을 할 수 없게 되었고 침대에 누워 지내다가 2005년에 세상을 떠났다. 하나님께서 그가 한 말 때문에 그를 벌하셨다고 하는 이들이 있었고, 디다트가 죽기 직전 이슬람교를 거부했다는 소문이 돌았다. 하지만 이슬람 세계에서는 이 두 가지 암시가 단호히 배격되었다. 디다트의 명성은 사후에도 계속 커져 마침내 전설적인 위치에 오르게 되었다. 그의 공격적인 수사법은 전 세계에 걸쳐 수백만 명의 무슬림 추종자를 거느리고 있는 이슬람 변증계의 간판급 인물인 자키르 나이크(Zakir Naik)에게 채택되어 현재까지 이어지고 있다.

디다트가 완벽하게 구사했고 그의 영향을 받은 많은 무슬림들이 구사하고 있으며 현재 나이크가 차용하고 있는 논쟁법은, 성경에는 이의를 제기하면서 코란은 난공불락이라고 선언하는 식이다. 가장 일반적으로 그들은 성경에는 모순이 가득하다고 비판하는 반면 코란에는 모순이 전혀 없다고 주장한다.

경전과 모순

이 도전에 대해서는 할 이야기가 많다. 핵심적으로, 그리스도인들은 성경의 무오성과 영감성을 믿기에 성경이 그 자체로 모순이 없다는 데 동의한다. 지금까지 코란과 성경의 차이점에 관해 논했으니, 이제 무슬림과 그리스도인의 대화에서 이것이 왜 그토록 주요한 요소가 되는지가 좀 더 명확해졌을 것이다.

우선, 코란은 동일한 문체로 쓰였지만 성경은 여러 장르로 쓰였다. 단일 화법에 익숙한 이가 "하나님은 사랑이시라"는 요한1서 본문과 "하나님이 에서를 미워하시니라"는 예언서 본문을 마주쳤을 때 장르를 고려해서 읽기란 쉽지 않다.

역사부터 법, 시, 심지어 솔로몬의 사랑의 관계에 대한 기록까지 광범위하게 펼쳐져 있는 성경은 무척 다양한 책들의 모음이기에 그 모든 책을 똑같은 방식으로 읽어서는 안 된다. 각 책의 장르가 해석 방식에 영향을 주기 때문이다. 예를 들어, 시편과 로마서를 같은 방식으로 읽어서는 안 된다. 시 모음집인 시편은 정화된 마음의 표현으로 읽어야 하는 반면, 기독교 교리를 탐구하는 편지인 로마서는 조직신학의 일차 토대로 남아야 한다. 또 다른 잘못된 해석의 사례는 요한복음과 요한계시록을 같은 방식으로 읽는 것일 수 있다. 두 책이 동일 저자에 의해 쓰인 것은 맞지만, 그럼에도 전혀 다른 문학 양식으로 쓰였다. 요한복음은 역사적이고 전기적인 기록인 반면, 묵시록인 요한계시록은 예언의 언어로 이해하도록 쓰였다. 따라서 우리는 예수께서 문자 그대로 갈릴리를 걸으셨다고 확신할 수 있지만(예. 요 1:43), 똑같이 문자 그대로 용이 별들을 쏟아버린다고 읽는다면(계 12:4) 이는 엉터리 해석이 되는 것이다! 성경 해석에서 문학 양식에 대한 이해는 필수적인 부분이건만, 무슬림 변증가들이 모순이라며 제기하는 사안들은 대부분 문학 양식을 고려하지 않은 경우다.

두 번째, 코란은 무슬림들의 신앙에서 기초 역할을 한다. 코란은 이슬람 신앙의 "이유"다. 무슬림들은 코란이 이슬람교 진리의 쐐기돌이라고 이해하며 성경 또한 마찬가지일 것이라고 추정한다. 그러나 성경은 기독교 신앙의 "이유"가 아니라 "내용"이다. 기독교 신앙의 "이유"는 예수의 삶과 죽음과 부활이다. 따라서 무슬림 변증학자들은 대화의 많은 부분을 기독교의 경전을 겨냥하며 또 그렇게 하면 코란을 공격할 때와 마찬가지의 충격을 줄 수 있으리라고 가정하는데, 사실은 그렇지 않다.

무슬림 시절 나 자신도 그런 실수를 범한 적이 있다. 2002년에 나는 친구 데이비드에게 성경의 모순이라고 주장되는 의문점 수십 개를 이메일로 보냈고, 그는 반응했다. 우리는 여러 달에 걸쳐 의견을 주고받았다. 그때 결국 내가 깨달았고 지금 더욱 확신하는 것은 모순 혐의는 종종 본문보다 독자를 더 많이 반영한다는 것이었다.

본문에 나타난 명백한 불일치들을 해석하는 다양한 방법에는 양방향이 있다. 한편으로 독자는 모든 불일치를 모순으로 간주할 수 있다. 다른 한편으로 독자는 차이점들을 조화시키고 명백한 불일치로 보이는 것들을 예외로 보려고 할 수 있다. 만일 독자가 어떤 본문에 대해 우호적이라면, 그는 본문을 믿어주면서 그 내용을 조화시키려고 할 것이다. 반면 본문에 대해 적대적인 독자라면 해당 본문을 모순이라고 보며 불신할 것이다. 이것은 무슬림들과 그리스도인들이 서로에 대해 모순이라고 비판할 때마다 거의 언제나 일어나는 일이다.

그런 의미에서 그리스도인들은 종종 코란에 모순점들이 있다고 비판한다. 예를 들어, 한 웹 사이트는 코란에 120개가 넘는 모순이 있다고 비판한다.[1] 몇 가지 예를 보자. 6:163은 무함마드가

1　"Contradictions in the Qur'an," http://www.answering-islam.org/

첫 신자였다고 하는데, 7:143은 모세가 첫 신자였다 하고, 또 26:40은 바로의 마술사들이 첫 신자였다고 한다. 88:6은 지옥에서 유일한 양식은 가시뿐이라 하지만, 69:36은 피고름이라 하고, 37:66은 사탄의 우두머리 같은 열매라고 한다. 7:54, 10:3, 11:7, 25:29은 알라가 엿새 동안 세상을 창조했다고 가르치는데, 41:9-12은 여드레 동안이라고 한다. 2:29은 알라가 하늘에 앞서 땅을 창조했다고 하는데, 79:30은 땅보다 하늘을 먼저 만들었다고 한다. 96:2은 알라가 피로부터 사람을 만들었다고 하는데, 22:54는 물로부터 만들었다 하고, 15:26은 진흙으로, 30:20은 먼지로 만들었다고 한다. 109:1-6은 불신자들은 다른 신들을 예배한다고 하지만, 2:139은 유대인과 그리스도인들이 무슬림들과 똑같은 신을 예배한다고 한다. 4.48은 알라가 우상숭배를 용서하지 않는다고 하지만, 4:153은 그분이 우상숭배를 용서하는 모습을 보여준다. 4:78은 모든 행운과 불운이 알라로부터 온다고 하지만, 바로 다음 절인 4:79은 행운은 알라로부터 오고 불행은 불운을 당한 이들로 말미암은 것이라고 한다. 이런 것은 코란의 모순점이라고 말해지는 수백 가지 중 일부에 불과하다.

내가 발견한 바에 의하면, 성경의 모순점들이 기독교 논증에 대해 끼치는 영향에 비해 코란의 모순점들이 이슬람교 논증에 훨씬 더 치명적이라고 할지라도, 모순점을 강조하고 비난하는 이러

Quran/Contra.

한 주장들은 비생산적이고 공허한 논증에 지나지 않는다. 나는 모순적으로 보이는 본문마다 이를 비판적으로 읽고 상대를 비난하는 쪽보다는 상대방 본문의 난점에 대해 눈감아주고 서로의 본문이 주장하는 바의 장점을 논하는 생산적인 대화를 선호한다.

이 구절을 어떻게 해석하는가?

문학 양식 및 해석과 마찬가지로, 그리스도인들은 종종 무슬림 친구들에게 다가가 코란의 특정 구절을 어떻게 해석하는지 묻는다. 예를 들어, 서구의 무슬림들은 종종 이슬람이 평화의 종교라고 말하는데, 이에 대해 그리스도인들은 9:111 같은 구절을 무슬림들이 어떻게 다루는지 묻는다. "알라는 믿는 자 가운데서 그들의 영혼과 그들의 재산을 사시나니, 천국이 그들의 것이기 때문이라. 그들은 하나님을 위해 성전을 벌이고(slay) 투쟁하며 또 순교하리니(be slain)." 무슬림들은 종종 이 지점에서 자기들은 이 구절을 어떻게 다뤄야 할지 모르겠다고 응답할 것이다. 하지만 그렇다고 해서 이슬람이 평화의 종교라는 그들의 생각이 바뀌지는 않는다.

어느 구절의 명백한 의미를 지적했는데 아무런 효과가 없는 것을 보고 그리스도인들은 실망할 수도 있겠지만, 기억해야 할 것은 무슬림들은 일반적으로 코란을 스스로 해석하지 않는다는 점이다. 따라서 무슬림들에게 어떤 구절에 대한 해석을 요구하는 것은 그들이 전에는 해본 적이 없는 과제를 풀어보라고 요청하는 일이 되기 쉽다. 무슬림들은 그런 인도와 해석을 자신이 속한 공동체의 이맘들에게서 받는다. 따라서 "나한테 묻지 말아요, 나는 학자가 아닙니다!"라는 반박을 듣게 되더라도 그리스도인들은 놀라지 말아야 한다.

코란의 모순 구절을 무슬림 친구에게 알려주고 싶은 그리스도인이라면, 자신의 무슬림 친구가 속한 계통에서 권위 있는 학자를 확인하여 그 학자의 해석이 같은 것을 말하고 있는지 알아보는 것이 오히려 도움이 될 것이다. 만일 그렇다면, 해당 구절과 함께 그 학자의 해석을 제시하고서 거기서부터 대화를 이어갈 수 있을 것이다.

성경이 변질되었다는 견해

마지막으로, 무슬림들이 성경에 가하는 가장 일반적인 비판을 살펴보자. 곧 성경 본문이 시대를 거치면서 변조되었다는 주장이다. 무슬림들이 성경의 변조론을 주장하는 이유 또한 이제 분명해졌다. 그 이유는 코란이 성경과 코란이 같은 것을 가르친다고 말하면서 모세 오경과 복음서를 인정하기 때문이다. 하지만 성경의 가르침은 명백히 다르다. 같은 맥락에서 코란은 무함마드가 성경에 예언되어 있었다고 가르치지만, 성경에 그런 예언은 없는 것으

로 보인다.[2]

코란이 성경에 대해 말하는 바를 해석하는 일은 논쟁을 불러일으킨다. 무슬림들이 성경이 변조되었다고 주장할 때 그 근거로 취하는 코란의 몇몇 본문이 있으나, 조금 더 자세히 들여다보면 사실 그 구절들은 그리스도인과 유대인들이 오류 때문에 자신들의 가르침을 버린다고 가르친다. 그들은 성경의 말씀이 변질되었다고 가르치지 않는다. 코란의 전체적 의미는 간단해 보인다. 유대인과 그리스도인들은 무함마드의 시절에도 그들의 거룩한 문서를 가지고 있었고, 그 문서를 읽음으로써 옳은 길을 따라갈 수 있었다는 것이다. 그럼에도 무슬림들은 너무도 자주 성경에 심각한 변조가 있었다고 비난한다.

무슬림 중 한 소수집단은 이러한 비판을 가하면서 자신들이 찾은 성경의 사소한 이형 변화가 중대한 변조라고 상상한다. 이 주장을 이해하려면, 다시 한번 이슬람의 눈으로 보아야 한다. 무슬림들은 코란이 그 신비성으로 인해 글자 하나하나까지 완벽하게 보존되어 전수되었다고 믿는다. 하지만 그리스도인들에게 이형 글자는 문제가 안 된다. 그리스도인들은 성경에 담긴 의미의 보존에 관심을 기울일뿐더러 그리스어에서는 똑같은 말을 의미에 변화를 주지 않고도 다양한 방식으로 표현할 수 있기 때문이다. 예를 들어 "예수께서 베드로를 사랑하신다"는 말은 그리스어로 열

---

2 더 깊은 토론을 위해서는 34장을 보라.

여섯 가지 방식으로 표기할 수 있다. 의미에 어떠한 영향을 주지 않고도 열여섯 가지 다른 방식으로 문자 표기가 가능했던 것이다. 따라서 이런 식의 비판은 사실일 수 있으나, 기독교적 관점에서 볼 때는 무의미하다.

성경이 변질되었고 뭉텅이로 누락되었으며 신약의 가르침에 다른 내용이 덧붙여졌다고 말할 때 무슬림들은 지배 권력에 의한 의도적인 변조를 상상한다. 하지만 그런 식의 성경 본문의 변조는 일어나지 않았을뿐더러 일어날 수도 없었다.

예를 들어, 베드로전서라는 책을 살펴보자. 제자 베드로는 이 편지를 써서 수신인들에게 보냈다. 수신인들은 편지의 필사본을 여러 장 만들어 자기 도시의 다른 교회들에 보냈다. 편지를 받은 교회들은 다시 필사본을 만들어 또 다른 교회들에 전달했다. 이제 베드로가 보낸 편지를 받은 교회가 다섯 통의 필사본을 만들어 보냈고, 그 편지를 받은 각 교회들 또한 다섯 통의 필사본을 더 만들었다고 가정해보자. 이 서신서의 초기 단계에서조차 이미 서른한 통의 편지가 존재한다. 만일 누군가가 효과적으로 본문을 변조하길 원했다면, 서른한 통의 필사본을 모두 회수해야 했을 것이다. 그러나 그렇게 할 수 있는 힘을 가진 사람은 없었다. 4세기가 될 때까지, 즉 예수 사후 300년이 지나도록 기독교권에서 그런 권력을 가진 지배층은 존재하지 않았다. 그 무렵에 이미 수천 개의 성경 본문이 있었기에, 설령 막강한 권력을 가진 누군가가 있었다고 해도 그 모든 본문을 실제로 회수할 수는 없었을 것이다.

설령 모든 본문을 회수해서 편집할 역량을 가진 누군가가 있었다고 하더라도, 그처럼 대규모의 회수 사건에 관한 기록이 어떻게든 반드시 남아 있어야 할 것이다. 모든 그리스도인들이 어떠한 저항이나 불평의 흔적을 조금도 남기지 않고 거룩한 문서가 변조되도록 조용히 내주었다고 상상하기란 사실상 불가능하다.

따라서 그처럼 대규모로 변조가 가능하기 위한 유일한 방법은 기독교 역사 초기의 어떤 인물이 권위와 권력을 동원해서 모든 문서를 회수하여 파기하고 공식적인 판본을 내놓는 방법뿐인데, 이에 대한 저항과 불평이 없을 수 없다. 하지만 그런 인물이나 사건이 있었다는 기록은 전혀 존재하지 않는다. 흥미로운 점은, 그런 사람과 그런 기록이 코란의 초기 역사에는 존재한다는 점이다.

16장

제1차 코란 소각

무함마드의 3대 후계자인 칼리프 우트만은 기원후 644-655년경부터 무슬림 움마[이슬람 공동체] 전체를 자신의 통제 하에 두었다. 우트만의 통치기에 이미 암송 코란의 이형들이 무슬림들 사이에서 분열을 야기하고 있었고, 이에 그는 분쟁이 더 확대되기 전에 조처를 취하기로 결심했다.

무함마드 사후 20여 년이 지나기 전에, 이슬람 제국의 지도자는 모든 코란 사본을 취합하여 소각하고 공인 표준본을 발간했다. 이 일이 벌어졌을 때, 무함마드의 경건한 동료들은 본문의 회수에 강력히 저항했고 그들의 반대에 대한 기록이 오늘날까지 남아 있다.

기독교 초기 역사에 중심적인 통제 권력이 없었던 성경은 변조가 불가능했고, 그러했기에 회수되거나 편집되는 일 또한 없었다. 그러나 무슬림 역사 초기에는 코란을 장악할 통제 권력이 분명히 존재했고, 그것이 회수되어 편집된 정확한 시기 또한 있었다. 이슬람 역사는 모든 코란을 공식적으로 소각한 사건과 공식 표준판의 유포에 대해 숨기려 하지 않는다.

무지나 편견은 별개로 하더라도, 일관된 조사를 거치면 코란은 유죄가 되는데도 불구하고 어떻게 성경이 변조되었다고 비난하는 사람들이 계속해서 있을 수 있는지 알 수 없는 일이다. 실제로 무슬림이던 시절 내가 성경이 변조되었다고 비난하던 일을 멈추었던 요인 중 하나가 코란의 역사 때문이었다. 우트만의 코란 통제가 있었기에 코란을 비판하지 않고서는 성경에 대규모의 변조가 있었다고 비난할 근거가 없다.

성경의 다양성

사본의 역사를 보더라도 원형에 충실하다는 점뿐 아니라 성경의 다양성은 강점이기도 하다. 성경의 다양성은 하나님께서 다양성을 사랑하심을 반영한다. 어느 한 언어가 우월하지 않고, 한 민족이 우월하지 않으며, 글쓰기의 한 양식이 우월하지 않다. 오히려 하나님은 인간들이 역사책, 법, 시, 잠언, 묵시문학, 그 외의 많은 것에서 공히 배우도록 의도한다. 그분은 베드로 같은 어부를 통해, 바울 같은 신학자를 통해, 모세 같은 정치인을 통해, 에스더 같은 왕비를 통해, 그리고 그분 자신의 성육신을 통해 가르치실 수 있다. 다양성 속에는 아름다움과 힘이 있으며, 성경은 그것을 보여준다.

신뢰보다 더 중요한 것은, 코란을 받아들이려면 먼저 무함마드를 받아들여야 한다는 점인데 이는 그가 가브리엘로부터 코란의 계시를 수령한 유일한 사람이기 때문이다. 반면, 성경이 영감되었다는 점에 대해서는 공동체 전체가 증언했거니와 성경은 한 사람의 입에서 나오지 않았다.[1]

성경은 사람의 마음에 말한다

무슬림이었을 때 나는 성경을 신뢰할 만한 충분한 증거를 가지고 있었고 우트만의 코란 수정본에 대해서도 알고 있었지만, 나에게 있어 임계점은 나를 인도해달라고 하나님께 구했을 때 찾아왔다. 절망의 끝에서, 영혼이 완전히 메마르고 더 이상 흘릴 눈물마저 남지 않았을 때 나는 하나님께, 그분이 알라이든 예수이든, 그분의 성경을 통해 나를 인도해주시기를 간구했다. 그분의 위로가 절실했던 나는 그분께 향하고 있었다.

우선 코란을 펼쳤다. 개인적인 인도하심을 얻기 위해 암기한 단락을 암송하거나 이맘에게 도움을 구하는 대신 코란을 펼치기는 내 인생에서 처음 있는 일이었다. 나는 여러 페이지를 읽어

---

1 성경의 영감성을 증언하는 이들 중에는 무함마드도 있으며 코란도 여기 포함된다.

나가며 깨달았다. 거기에는 내가 괴로워 떨 때에 나를 위로해줄 말씀이 단 한 구절도 없음을 말이다. 내가 옳은 일을 하면 알라가 보상해주리라고 약속하는 구절은 분명 있었으나, 알라가 있는 모습 그대로의 나를 사랑한다고 말해주거나 나의 실패에도 불구하고 나를 위로해준다는 말씀은 전혀 없었다.

반면, 성경은 하나님의 위로와 나를 향한 사랑의 말씀으로 넘쳐났다. 하나님은 마태복음 5:4을 통해 나에게 말씀하셨다. "애통하는 자는 복이 있나니 그들이 위로를 받을 것임이요." 여기에는 어떠한 조건도, 어떠한 행함을 요하는 요구 사항도 없다. 하나님은 애통하는 자를 위로하신다. 6절은 이를 한층 증폭시킨다. "의에 주리고 목마른 자는 복이 있나니 그들이 배부를 것임이요." 의로운 자가 복이 있는 게 아니라 의에 주리고 목마른 자가 복이 있다. 나와 같은 자, 곧 상처 받고 하나님을 향해 손을 뻗는 자를 위해 쓰인 책인 듯, 성경은 하나님의 사랑을 내게 말해주었다.

성경은 **나에게** 말했다. 무함마드가 아니라, 7세기의 아랍어를 말하는 사람들이 아니라, 나 자신에게 말이다. 이것이 하나님의 말씀의 능력이다. 그 말씀은 세월을 가로질러 그분의 모든 백성의 마음에 울려 퍼진다. 하나님의 말씀, 그와 같은 말씀은 다시 없다.

5부

지하드인가, 십자군 운동인가?
-서로 다른 성전(聖戰)

17장

1차 십자군 운동

기원후 1095년 11월 27일, 교황 우르바누스 2세는 프랑스의 클레르몽에서 1차 십자군 원정을 호소하는 칙령을 공표했다. 교황은 그리스도인들에게 서유럽에서 중동으로 가라고, 450년 이상 무슬림들이 살아온 땅으로 가서 "불신자", "이방인", "하나님으로부터 완전히 유리된 저주받은 족속"과 맞서 싸우라고 부추겼다. 그는 기사뿐만 아니라 상인과 강도들까지도 "악한 족속을 이 땅에서 멸망시키는" 수고에 동참함으로써 "영원한 상급을 얻으라고" 다그쳤다.[1] 교황의 부름을 받아 무장한 많은 유럽인들이

---

1 *The First Crusade: The Chronicle of Fulcher of Chartres and Other Source Materials*, ed. Edward Peters (Philadelphia: Univ. of Pennsylvania, 1971)과 다음 책을 보라. Robert the Monk, *The Historia Iherosolimitana of Robert the Monk*, ed. D. Kempf and M. G. Bull (Woodbridge, UK: Boydell, 2013).

곧바로 십자가를 지고 동방의 전쟁터로 출발했다.

1096년 봄, 십자군 부대는 에미코 백작을 선두로 하여 라인 지방으로 진군해 들어갔다. 그곳은 유대인 고리대금업자들이 재산을 보관해 둔 곳으로 여겨지는 곳이었다. 에미코의 군대는 가는 도시마다 죄 없는 유대인들을 "그리스도의 원수"라며 학살했고 그들의 재산을 약탈해서 십자군 원정의 자금을 댔다. 그의 군대는 수천 명의 유대인을 죽였고 다른 이들에게는 개종을 강요했는데, 이를 외면할 경우 그들은 죽임을 당한 이들과 같은 운명을 마주해야 했다.

십자군이 여러 도시를 공격하면서 성지를 향해 나아감에 따라 예루살렘 도착은 지연되었고, 1099년에야 다다를 수 있었다. 며칠간의 포위 끝에 십자군은 마침내 예루살렘 성의 방어벽을 허물고 자신들의 여정을 완수할 수 있었다. 『프랑크족의 공적』(The Deeds of the Franks)이라는 당대의 기록은 한 군인의 관점에서 당시의 학살을 상술하고 있다. 기사들 중 한 명이 방어시설에 오르자마자,

성체의 수비병들 모두가 성벽을 따라서 그리고 시내를 가로질러 서둘러 도망쳤다. 우리 병사들이 솔로몬 성전까지 추적해 따라가면서 그들을 죽이고 난도질했는데, 얼마나 많은 이들을 죽였던지 적들의 피가 우리 군사들의 발목까지 차오를 정도였다.…성안으로 들어간 우리 순례자들은 솔로몬 성전까지 사라센인들을 추적

하며 죽였다. 그날에 사라센인들은 뭉쳐서 격렬히 저항했다. 그래서 성전 전체에 그들의 피가 흘렀다. 결국 이교도들은 진압되었다. 우리 군사들은 성전에서 많은 남녀를 결박했고 살리는 게 좋겠다고 생각되는 사람들은 살리고 그렇지 않은 사람들은 죽였다.…그런 다음 십자군들은 시내로 흩어져 금과 은, 말과 노새, 집 안의 온갖 물건을 노략했다. 그 후에 우리 군사들은 우리 주 예수님의 묘에 절하고 기뻐 즐거워하며 눈물을 흘렸고, 거기서 그들은 그분께 대한 채무를 청산할 수 있었다.[2]

유혈이 낭자한 정복전쟁 직후, 십자군의 영주들은 자신들의 여정에 대한 기록과 결국 무슬림들이 그들의 손에 어떻게 처리되었는지를 상세히 기술한 편지를 써서 교황에게 보냈다. "우리가 그곳에서 발견한 적들이 어떻게 되었는지 교황께서 알기를 원하신다면, 다만 이것을 아소서. 솔로몬 행각과 성전에 사라센인들의 피가 말들의 무릎까지 차올랐음을."[3]

이 모두는 역사에 남은 기록으로, 그 후로 900년의 세월이 흘

---

2 *Select Documents of European History, 800-1492*, ed. R. G. D. Laffan (New York: Henry Holt, 1929). 다음 주소에서 전자책으로도 볼 수 있다. https://archive.org/stream/selectdocumentso000965mbp/selectdocumentso000965mbp_djvu.txt.

3 "Daimbert, Godfrey and Raymond, Letter to the Pope (1099)," *Hanover College Department of History*, October 1997, https://history.hanover.edu/texts/1stcru3.html.

렀지만 그 시간조차도 무슬림의 집단 기억 속에 생생한 이미지로 남아 있는 1차 십자군 원정의 기억을 조금도 흐리게 만들지 못했다.

미국의 무슬림들, 십자군, 지하드

내가 미국의 모든 무슬림들을 대변할 수는 없겠지만, 우리 가족은 애국심이 매우 강했다. 아버지는 미 해군에서 24년간 복무했는데 선원으로 시작해서 2000년에 대위로 예편했다. 내가 코네티컷주 그로턴에 있는 해군기지를 방문했을 때 손을 가슴에 얹고 국가를 불러야 한다고 가르쳐준 이는 바로 아버지였다. 어머니와 관련해서는 많은 일들이 있지만 그중 하나를 꼽는다면 투표가 중요하다는 인상을 내게 심어준 것이다. 대통령 선거일에 나는 부모님이 야당 후보에게 투표하려고 한다는 것을 알게 되었다. 부모님의 표는 무효표가 될 테니 집에 있는 편이 낫지 않겠냐는 투로 내가 말했을 때, 어머니는 이렇게 답했다. "아들아, 투표는 우리의 의무란다."

그 시절, 휴가 때면 우리 가족은 집에서 두 시간 운전하면 갈 수 있는 뉴욕시로 종종 여행을 가곤 했다. 심정적으로 세계 시민이었던 누이동생은 뉴욕에 대한 엄청난 사랑을 키워온 터였다. 도시의 마천루를 바라볼 때 누이의 눈은 늘 동그래졌고, 웬만해선 맨해튼을 떠나려 하지 않았다. 십 대 내내 누이의 방을 수놓은 가장 눈에 띄는 장식물은 그녀의 방 벽에 걸린 뉴욕시의 마천루 사진이 담긴 큰 액자였다. 그 액자는 2001년 9월 11일에도 걸려 있었는데, 그날 우리 가족의 세계는 무너져 내렸다.

나는 세계무역센터에 가해진 테러 공격이 미국의 여느 시민들보다 애국심이 강한 미국의 무슬림들에게 더 큰 충격으로 다가왔다고 확신한다. 우리는 동료 미국인들의 죽음에 대한 소식을 듣고 남은 국민들과 함께 크게 동요했으나 동시에 정체성 위기를 겪었다. 테러리스트들은 우리가 섬기는 신의 이름으로 우리나라 사람들을 죽였다. 우리가 이처럼 상반된 현실을 어떻게 받아들여야 할지 몰라 괴로워하고 있을 때, 대부분의 미국인들은 그런 고민을 할 필요가 없었다. 그들은 이슬람교를 비난하면 그만이었다. 사람들이 이슬람교뿐 아니라 무슬림들까지 악마 대하듯 할 수 있다는 잠재적 가능성을 염두에 둘 때, 우리는 어떻게든 우리의 신앙을 옹호해야 했고 또한 이 나라를 지지해야만 했다.

감사하게도 유력한 미국인들이 나서서 무슬림들을 지켜주었다. 클린턴 전 대통령의 지원은 결코 작지 않았다. 테러 공격이 있고 두 달이 못 되어 워싱턴에서 행한 연설에서 클린턴은 "1차 십자군 원정에서 그리스도인 병사들이 예루살렘을 공격했을 때, 그들은…성전 묘소에서 무슬림 여자들과 아이들을 모두 죽이기까지 했습니다. 이 사건을 다룬 당시의 기록을 보면, 병사들은 그리스도인들에게 거룩한 곳인 성전 묘소를 밟고 다녔는데, 피가 그들의 무릎까지 차올랐다고 합니다. 확실히 말하건대, 이 이야기는 여전히 오늘날 중동에서 회자되는 이야기이며, 우리는 여전히 그 값을 치르고 있는 것입니다"라고 말했다.[4]

무슬림 공동체에서 항상 인기가 있었던 클린턴 대통령은 신의 이름으로 자행된 고의적인 폭력에 그리스도인들 또한 죄가 있었음을 청중에게 주지시키고 있었다. 클린턴의 연설은 그의 예상보다 훨씬 더 큰 공감을 무슬림들의 마음에 심어주었는데, 그의 연설에는 우리가 이슬람 공동체에서 대대로 전해들은 이야기가 담겨 있었기 때문이었다. 무함마드의 강생 이후 평화적으로 전파되던 이슬람교가 동방에서는 폭력적인 십자군으로 인해, 그리고 서방에서는 스페인 종교 재판소로 인해 저지당했다는 것이다. 그리스도인들은 공격자였고, 무슬림들은 희생자였다. 우리는 지하드가 영적 기획 혹은 방어적 사업이라고 배웠다.

클린턴의 시인과 더불어 다른 이들도 이런 시각에 동의하는 듯 보였다. 내가 알고 있던 대부분의 미국인들은 십자군 원정을 수치로 여겼다. 조지 워싱턴 대학교의 학자인 존 에스포지토(John Esposito)는 십자군을 무슬림들과 그리스도인들 사이의 적대감을 일으킨 출발점으로 본다. "정치적 사건이 발생하기 전 5세기 동안의 평화로운 공존의 시기가 지나고 나서 제국주의적 교황의 권력 놀이가 결국은 여러 세기에 걸친 이른바 거룩한 전쟁(성전)으로

---

4 Robert Louis Wilken, "Rescuers, Not Invaders," *Wall Street Journal*, March 13, 2010, http://www.wsj.com/articles/SB1000142405274870 3915204575103791369415182.

이어졌고, 이는 기독교 국가와 이슬람교로 하여금 맞붙어 싸우게 했으며 오해와 불신이라는 영구적인 유산을 남겼다." 비슷한 이해를 공유하면서 리들리 스콧(Ridley Scott)은 2005년 "킹덤 오브 헤븐"(*The Kingdom of Heaven*)이라는 영화를 개봉했는데, 영화에서 그리스도인은 평화로운 공존을 원하는 무슬림 시민들을 공격하는 압박자로 그려졌다. 당시에 나는 서구인의 시각에서도 지하드가 옹호되고 있으며 십자군의 잔학 행위를 염두에 둘 때 아무도 이슬람교를 향해 손가락질할 수 없으리라는 느낌을 받았다.

나는 신자들을 기준으로 어느 종교를 판단해서는 안 된다고 확신한다. 내가 기독교와 이슬람교의 진리에 관해 숙고할 때에 '무자헤딘'(이슬람 전사들)이 이슬람에 대한 나의 견해에 영향을 주지 않도록 하고, 십자군 원정이 기독교에 대한 내 생각에 영향을 주지 않도록 한 것은 그런 이유 때문이었다. 내 생각에, 오직 두 사람의 행실만이 중요했다. 무함마드와 예수. 나는 십자군이나 무자헤딘이 각 종교의 원래 가르침과는 무관하다고 확신했다.

하지만 나중에 발견하듯, 그것은 앞서 나간 생각이었다.

역사적 맥락 속의 십자군 원정

이슬람교를 떠나고 많은 세월이 지난 뒤, 동료들과 대화하던 중 나는 그리스도의 이름은 취하면서도 그분의 원칙에 따라 살려고는 하지 않는 그리스도인들에 대한 나의 실망을 표현한 적이 있다. 그러한 위선의 예로 십자군을 들었을 때, 나의 좋은 친구는 매우 직접적인 질문으로 도전해왔다. "나빌, 십자군의 역사에 대해 조사해본 적 있나?" 부끄럽게도 나는 조사해보지 않았다고 시인해야만 했다. 나는 그저 기독교 역사에서 십자군은 혐오스러운 사건이며 변명의 여지 없는 어두운 그림자라고 모두가 동의하리라 단정했던 것이다. 잔학 행위를 묵과하지 않으면서도 십자군에 대해 새로운 눈으로 바라볼 것을 제안한 동료 덕분에 나는 그에 대한 균형 잡힌 이해를 가질 수 있었다.

조사를 시작할 무렵, 이 전쟁에서 둘 중 어느 쪽도 죄가 없다고 할 수 없음이 이내 분명해졌다. 1268년, '이집트의 사자'로 알려진 악명 높은 무슬림이었던 술탄 바이바르스 1세는, 자리를 비웠다가 성을 점령당한 한 그리스도인 통치자를 조롱했다. 바이바르스는 보헤몬드 6세 백작이 안티오크를 떠나지 않고 있었다면 목도했을 장면을 생생히 기술하고 있다.

죽음이… 포위된 이들에게 닥쳤소, 사방에서 모든 길에서. 성을 지키고 그 입구를 방어하라고 그대가 세워 놓은 이들을 우리가 모두 죽였소. 그대의 기사들이 말발굽에 짓밟히고, 그대의 영지가 약탈당하고, 그대의 재산이 모조리 노략질 당하고, 그대 신민의 부녀들이 시장에 팔려 나가는 것을 그대가 보았다면. 제단과 십자가가 쓰러지고, 복음서가 낱낱이 찢겨 바람에 날리고, 그대 조상들의 묘가 모욕당하는 것을 그대가 보았다면. 그대의 원수인 무슬림들이 성막을 짓밟고 수도사와 사제와 부사제들을 성소에서 산 채로 불태우는 것을 그대가 보았다면. 한마디로 당신의 궁전이 화염 속에 불타고, 죽은 자들이 이 땅의 불에 전소되고, 성 바울 교회와 성 베드로 교회가 철저하고 완전하게 파괴되는 것을 보았다면, 그대는 이렇게 소리쳤으리라. "하늘이여, 내가 먼지가 되어 사라졌다면 좋았으련만!"[5]

기록에 따르면, 바이바르스는 안티오크를 불사르고 그 도시의 거주민을 모두 없애 버렸다. 1만4천 명의 그리스도인들이 죽임을 당했고, 10만 명이 노예로 끌려갔다. 이는 1차 십자군이 예루살렘에서 자행한 대학살과 대동소이한 극악무도한 행위였다. 십자군이 자행한 학살 이야기만 들었을 뿐 무슬림이 범한 학살 이야기는 들어본 적이 없었던 나로서는 전혀 예상치 못한 사실이었다. 내가 물려받은 이야기를 변호할 수 있는 유일한 방법은 이 대학살이 1099년 십자군에 의해 자행된 일에 대한 뒤늦은 보복이었다고 보는 것이란 생각이 들었고, 그래서 1차 십자군 운동을 포함하여 그 전쟁의 맥락을 살피는 연구를 시작했다. 그때 나는 내가 물려받은 이야기가 슬프게도 잘못된 정보에 근거한 것임을 발견하게 되었다.

---

5 Joseph Michaud, *History of the Crusades*, vol. 3, trans. W. Robson (London: George Routledge and Co., 1852), 17-18쪽. 현대적 표현으로 바꾸어 인용했다.

교황 우르바누스 2세가 1차 십자군을 소집하기 몇 년 전, 셀주크 투르크족은 니케아를 점령했다. 750년 전 콘스탄티누스 황제가 제1차 공의회를 개최한 바로 그 도시였다. 수니파 무슬림이었던 셀주크 투르크족이 그리스도인이었던 비잔틴 황제로부터 니케아를 빼앗을 태세였다. 이 황제가 바로 1095년 피아첸차 공의회에서 자신의 영지를 수호할 수 있도록 교황 우르바누스 2세에게 도움을 청한 이였다. 달리 말하면, 무슬림들은 적극적으로 그리스도인들을 공격해서 정복하고 있었고, 1차 십자군 원정은 방어적 노력의 결과였던 것이다.

하지만 이어서 알게 된 사실이 더 충격적이었다. 셀주크 군대에는 '맘루크'라고 하는 용사들이 있었는데, 궁극적으로 젊은 용병이 되도록 훈련된 노예 아동들이었다. 이 노예 전사들은 9세기에 무슬림 칼리프들이 처음 이용했고, 이후 천 년 동안 이슬람 땅모든 곳에 존재했다. 한 학자에 따르면, 역사상 두각을 드러낸 17개의 무슬림 왕조 중 16개 왕조가 조직적으로 노예 전사들을 이용했다.[6] 이들 노예 소년들은 이집트처럼 무슬림들에게 정복당한

---

6 유일한 예외는 우마이야 왕조인데, 그들은 노예 용병을 사용하기 위해 그들을 조직화하는 과정 중에 있었다. 다음을 보라. Daniel Pipes, "Military Slaves: A Uniquely Muslin Phenomenon" (다음의 주제에 관한 회의에서 발표한 내용, presentation, conference on "The Arming of Slaves from the Ancient World to the American Civil War," New Haven, CT, November 16-18, 2000). 전체 본문은 다음 주소에서 볼 수 있다. http://www.danielpipes.org/448/military-slaves-a-uniquely-muslim-phenomenon.

기독교 영토에서 잡혀 온 이들이었다. 즉 무슬림 통치자들은 그리스도인 소년들을 포로로 잡아다가 다른 그리스도인들에게 맞서 싸우는 노예 전사로 양성했던 것이다.[7]

기록에 따르면 이슬람 초기부터 무슬림들은 이집트의 그리스도인들을 정복한 뒤 그 자녀들을 잡아갔던 것으로 보인다. 무함마드의 동료였던 아므르 이븐 알아스는 무함마드의 사후 8년 만인 기원후 640년에 이집트 북부를 잔혹하게 휩쓸어버렸다. 나일강 삼각주 지역의 주교였던 니키우의 요한은 그 정복전쟁 중 한 장면을 기록하고 있다. "그들은 전력을 다해 성벽을 무너뜨린 뒤 곧바로 성을 장악했다. 주민 수천 명을 칼로 베어 죽였고, 어마어마한 노획물을 탈취했고, 여자와 아이들을 포로로 잡아 자기들끼리 나누어 가졌고, 성 전체를 폐허로 만들어버렸다."[8]

요한의 기록을 읽어나가다가 나는, 그것이 아므르가 펼친 정복전쟁 중 비교적 자비로운 편에 속한 것이었음을 발견했다. 무슬림 군대의 진격 앞에 수비병들이 죄다 도망하여 무방비가 되어 버린 나키우스 성의 함락에 대해 요한은 다음과 같이 기록하고 있다. 그는 무슬림 군대가 무방비 상태의 그리스도인들을 어떻게 다뤘는지를 우리에게 들려준다. "아므르와 무슬림 군대는…나키우스에 입성하여 성을 손아귀에 넣었다. 병사들이 없다는 것을

---

7   Felix Fabri는 15세기의 그리스도인 맘룩(백인 노예)에 대해 증거한다.
8   John, Bishop of Nikiu, *The Chronicle of John (c. 690 A.D.), Coptic Bishop of Nikiu* (Amsterdam: Philo, 1916), chapter CXVI.12.

알게 된 그들은 거리와 교회에서 만나는 이들마다 남녀노소 가리지 않고 모두 칼로 베어 죽였다. 한 움큼만큼의 자비도 베풀지 않았다. 이 성을 함락시킨 뒤 그들은 인근의 다른 지역으로 진군해 갔고, 마찬가지로 약탈했고, 보이는 이들을 죄다 칼로 베었다.··· 여기서 멈추자. 나키우스 성 함락 이후 무슬림들이 자행한 죄과를 일일이 기록하기란 불가능한 일이니."[9]

이것은 주교 요한이 기록한, 무함마드의 친구 아므르 이븐 알아스가 자행한 수많은 학살 중 한 가지 사례일 뿐이다. 역사는 600년대 중반부터 1095년까지, 그리고 훨씬 후대에 이르기까지 기독교 땅에서 자행된 이와 비슷한 무슬림들의 공격을 기록하고 있다. 비잔틴 황제가 교황에게 도움을 요청할 무렵에는, **기독교 세계의 3분의 2가 무슬림들에 의해 함락된 터였다.**

그런 까닭에 십자군 전문 학자인 토머스 매든(Thomas Madden)은 "십자군은 모든 면에서 **방어 전쟁**이었다. 그것은 기독교 세계의 3분의 2를 완전히 정복한 무슬림들에 대한 서구의 뒤늦은 반응이었다"고 말한다.[10] 교황 우르바누스 2세가 유럽의 그리스도인들에게 1차 십자군에 지원하라고 촉구한 호소의 전체 맥락

---

9 앞의 책., CXVIII장 4-10절.
10 Thomas F. Madden, "Crusade Propaganda: The Abuse of Christianity's Holy Wars," *National Review*, November 2, 2001, http://www.nationalreview.com/article/220747/crusade-propaganda-thomas-f-madden.

을 읽어보면, 이 점이 상당 부분 명확해진다.

동방에 살고 있는 여러분의 형제들이 여러분의 도움을 긴급하게 원하고 있으니 여러분은 그들에게 번번이 약속했던 도움의 손길을 서둘러 보내야만 합니다. 여러분 대부분이 들은 것처럼, 투르크족과 아랍족들이 우리 형제들을 공격했고…일곱 전투에서 그들을 이겼기 때문입니다. 저들은 수많은 이들을 죽이고 포로로 삼았으며, 교회를 파괴하고 제국을 황폐화시켰습니다. 저들이 벌을 받지 않고 이런 짓을 계속 하도록 허락한다면, 하나님의 신실한 성도들이 훨씬 더 광범위하게 저들의 공격을 받을 것입니다. 이런 이유로 나는, 아니, 주님께서 여러분 그리스도의 사자들에게 간청합니다. 이 사실을 모든 곳에 알리고 모든 계급의 사람들, 즉 보병이든 기사든, 가난한 자든 부자든 모든 이들을 설득하여 곧장 동방의 그리스도인들에게 도움의 손길을 내밀고 우리 친구들의 땅에서 저 악한 족속을 물리치도록 합시다.[11]

맥락을 좀 더 알면 더욱 이해가 된다. 교황은 유대인을 죽이지 말라는 명령을 내렸고, 일부 십자군들이 라인 지방에서 유대인 학살을 자행하고 있을 때 다른 그리스도인들은 이에 항의하며 유대

---

11 다음에서 볼 수 있다. Katharine J. Lualdi, *Source of the Making of the West, Volume I: To 1740: Peoples and Cultures* (Boston: Bedford/St. Martin's, 2009), 196.

인들을 보호하기 위해 할 수 있는 조처를 모두 취하고 있었다. 마인츠의 루트하르트 대주교는 에미초 백작에게 사로잡힐 때까지 자신의 주거 공간에 유대인들을 숨겨주고자 애썼다. 비슷하게 슈파이어와 보름스의 주교들도 유대인들을 보호하기 위해 할 수 있는 최선을 다했다. 유대인을 죽이는 십자군들은 자신들의 기독교 지도자와 형제들의 말을 무시하고 있었던 것이다. 그들의 행동을 기독교 세계 전체의 잘못으로 돌려서는 안 될 것이다.

다시 보는 십자군 이야기

이는 적어도 1차 십자군 원정에 동참한 모든 그리스도인들을 일률적으로 정의해서는 안 되는 한 가지 이유가 된다. 역사에 대한 이해는 조금 더 주의 깊은 접근을 요하는데, 미묘하지만 약간 다른 관점에서 십자군을 분석해보면 보다 분명해진다. 예를 들어, 우리는 십자군 원정을 단순히 "그리스도인 대 무슬림의 대결"이나 그 반대로 보아서는 안 된다. 그리스도인들과 무슬림들은 그런 획일적인 시각을 적용할 수 없을 만치 지나치게 분열되어 있었다. 그리스도인들은 자기들끼리 하나로 연합하지 못했으니, 서로마의 그리스도인들이 비잔틴의 그리스도인들을 도우러 가는 데 수백 년의 시간이 걸린 것은 그런 이유 때문이었다.

　무슬림들은 훨씬 더 하나로 연합하지 않았다. 이것이 1099년에 십자군이 예루살렘을 정복할 수 있었던 일차적 이유다. 셀주크의 술탄이 1092년에 죽자, 수많은 친인척들이 권력 투쟁을 벌이고 있었다. 이집트에 근거지를 둔 시아파 칼리프인 파티미드 왕조는 이러한 내부 분열을 이용하여 1098년에 예루살렘의 통제권을 셀주크 제국으로부터 뺏어냈다. 십자군이 도착하기 꼭 1년 전의 일이었다. 내란 중 세워진 파티미드 왕조는 1094년 칼리프와 수상의 죽음으로 여전히 혼란에 빠져 있었다. 그들의 영원한 맞수였던 압바시드 무슬림들도 1094년에 칼리프를 잃은 터였는데, 이 모든 요인들로 인해 끔찍하게 분열된 무슬림들의 땅에 대한 공격이 용이했던 것이다. 그래서 십자군을 연구하는 학자인 조너선 라일리 스미스(Jonathan Riley-Smith)는 "비록 십자군들 가운데 어느 누구도 모르고 있었지만, 그들은 활짝 열려 있는 문을 향해 진군하고 있었던 셈이다"라고 말한다.[12]

그 지역에서 권력을 쟁취하기 위해 서로 경쟁한 맞수들이 많았던 것은 분명하다. 중세 역사학자인 크리스토퍼 티어먼(Christopher Tyerman)은 "1097-1098년 1차 십자군이란 서구 군대의 출현은, 이미 외지에서 온 지배자들로 붐비는 그 지역에 또 하나의 외국 군대가 들어온 것에 지나지 않았다"고 말한다.[13] 십자군은 다수의 세력 중 하나였을 뿐, 사실 그다지 유력한 세력이 아

---

12 Jonathan Simon Christopher Riley-Smith, *The Crusades, Christianity, and Islam* (New York: Columbia Univ. Press, 2011), 69.

13 Christopher Tyerman, *The Crusades: A Very Short Introduction* (Oxford: Oxford Univ. Press, 2005), 59.

니었다. 1187년, 살라딘이 예루살렘을 재탈환했을 때 본질적으로 패배했으니 말이다.

무슬림들이 19세기 말까지 십자군을 거의 잊고 있었던 것은 그런 이유 때문일 것이다. 라일리-스미스에 따르면, "무슬림들은 무심하고 안일하게 십자군을 회고했다. 그들이 볼 때 자신들이야말로 완전한 승자였다.…아랍어로 쓰인 십자군에 관한 첫 기록은 1865년에 와서야 등장하는데 그것은 기독교의 기록이었다." 그리스도인들은 십자군에 해당하는 아랍어 단어를 만들어내야 했는데, 20세기에 접어들기까지 무슬림들은 십자군에 대해 이렇다 할 주의를 기울이지 않은 게 분명하다.[14]

역사적 현실을 고려할 때, 십자군에 대한 무슬림들의 일반적인 관점, 즉 내가 물려받은 그 관점은 현대에 와서 고안된 것이다. 평화로운 무슬림들을 공격하는 폭력적인 십자군 이야기는 리들리 스콧의 영화 "킹덤 오브 헤븐" 및 존 에스포지토(John Esposito)의 "평화 공존의 500년"과 함께, 역사보다는 다른 동기에 기초하여 만들어진 편향된 공상인 것으로 드러난다. 오히려 수백 년에 걸친 무슬림의 침공으로 인해 기독교 세계의 3분의 2가 쑥대밭이 된 상황에서 비잔틴 제국을 방어하려는 목적으로 착수된 것이 십자군이라는 게 진실이다. 이 점을 잘 알고 있던 무슬림들은 탈식민주의 담론이 유행하기 시작한 현대에 접어들기 전까지는 십자군

---

14 Riley-Smith, *The Crusades, Christianity, and Islam*, 71.

에 대해 아무런 악감정이 없었다.

지하드와 십자군의 교훈

사실을 고려할 때, 우리는 십자군이 용서받지 못할 참극을 저질렀다고 말할 수 있을까? 물론이다. '무자헤딘'이 용서받지 못할 참극을 저질렀다고 할 수 있을까? 물론이다. 어떤 경우에도 나는 이런 범죄를 저지른 이들을 변명해줄 마음이 전혀 없다. 마찬가지로, 나는 일부 추종자들을 보고 어떤 종교를 판단해서는 안된다고 생각한다. 일부 그리스도인들의 행동이 반드시 기독교에 대해 뭔가를 말해주는 것은 아니며, 일부 무슬림들의 행동이 반드시 이슬람교에 대해서 뭔가를 말해주는 것도 아니다. 내가 무슬림이던 때에 내린 결론처럼, 중요한 것은 예수의 가르침이요, 무함마드의 가르침이다.

　하지만 십자군이나 무자헤딘이 자신들이 신봉하는 종교와 전혀 관련이 없다고 말한다면 이는 지나치다. 밝혀진 바와 같이, 예수와 무함마드는 폭력에 대해 많은 이야기를 했고, 십자군과 무자헤딘은 그 가르침에 귀를 기울였다.

18장

창시자들의 전통 비교

2009년, 데이비드 우드와 나는 '북미 이슬람 협회' 연례회의에 초대를 받았다. "생명, 자유, 행복의 추구"라는 주제로, 7월 넷째 주말 동안 워싱턴 DC에서 개최된 회의였다. 우리는 메시지를 듣고 무슬림 참석자들과 어울릴 일을 기대하며 참가 신청을 했다. 우리는 코란의 역사 및 이슬람에서 여성의 지위와 관련된 몇 편의 강연을 들었고, 호평을 받고 있는 무슬림 학자들을 만났으며, 회의 주최자들 중 한 명과 인터뷰까지 할 수 있었다. 비록 잘못된 정보도 상당히 있다고 여겨졌지만, 주최측과 연사들은 매우 호의적이었고 진심으로 메시지를 전한다는 점에는 의심의 여지가 없었다.

어릴 적부터 알고 지낸 무슬림 친구들과 지인들 상당수가 이 모임에 와 있었다. 어색했지만 그럼에도 나는 다시 그들에게 다가가려고 노력했다. 그런 친구들 가운데 전에는 아흐마디아파였으나 이제는 수니파 무슬림이 된 두 친구가 회의 후 우리와 함께 저녁식사를 했다. 중국의 할랄 음식에 관한 이야기를 나누던 우리 넷은 곧 온갖 주제를 놓고 토론을 벌였는데, 배교에 관한 대화가 유독 기억에 남는다.

"이슬람교를 떠난 사람들을 처벌하는 것에 대해 어떻게 생각해?" 나는 한 친구에게 물었다. 아흐마디아파였던 그는 이슬람 분파 중 가장 평화적인 분파에서 나와 지금은 배교에 대한 형벌은 무참한 죽음이라고 보는 수니파 무슬림이 되어 있었기에, 나는 궁금했다.

"그 문제에 대해서는 두말할 필요가 없지." 그가 입을 열었다. "예언자(SAW)는 분명히 말했어. 이슬람을 떠난 배교자는 반드시 죽여야 한다고."[1] 그의 진지한 말투에서는 일말의 주저함도 느껴지지 않았다.

"나도 예언자가 그렇게 말했다는 것은 알고 있어." 데이비드가 끼어들었다. "하지만 생각해봐! 신앙을 바꿨다고 해서 정말 사람을 죽여도 된다고 믿는 건 아니지? 내 말은, 지금은 21세기, 그러니까 사람들이 종교의 자유를 믿는 시대잖아."

내 친구는 조금도 물러서지 않았다. "다른 종교를 버리는 거야

---

1 "SAW"는 무슬림들이 무함마드의 이름을 언급할 때마다 암송하는 일반 기도문으로, 그 의미는 "그에게 평화와 축복이 깃들기를"이란 뜻이다. 이 기호를 여기 넣은 이유는 내 친구가 무함마드의 이름을 언급한 뒤 곧바로 이 기도문을 말했기 때문이다.

문제없지만, 이슬람교를 버리는 사람은 죽을 수밖에 없어. 그래, 이곳 미국에는 종교의 자유가 있지. 배교자를 죽이는 것은 불법이니, 이 땅의 법에 구속받는 미국의 무슬림들은 무슬림이었다가 배교한 사람들을 죽일 수 없어. 하지만 무슬림 국가에서는 배교자를 죽일 수 있고 또한 죽이는 게 마땅해."

나는 친구가 하는 말을 믿을 수가 없었다. 그의 말이 진심인지 확인하기 위해 이의를 제기했다. "그러면 만약 우리가 지금 무슬림 국가에 있다면, 넌 나를 죽일 거야?"

사실대로 말해서, 어떤 악의나 빈정대는 투 없이 친구가 답했다. "응, 당장 죽였을 거야. 그것이 예언자(SAW)의 명령이니까."

바늘 떨어지는 소리가 들릴 만큼 식탁 위로 침묵이 흘렀고 모두가 나의 반응을 기다렸다. 나는 웃으며 말했다. "그래, 그렇다면 나는 우리가 무슬림 국가에 있지 않는 것으로 인해 하나님을 찬양하겠어! 하나님, 미국을 축복하소서!" 내 솔직한 유머에 대화는 계속 이어졌지만, 친구의 말은 칼이 되어 내 마음에 선명히 남아 있다.

평화를 사랑하는 무슬림, 배교자, 무함마드의 사례

내 친구의 견해와 그날 회의의 주제는 서로 충돌했다. 주말 내내 회의에서는 이슬람이 미국적 가치 및 서구의 자유와 양립할 수 있음을 입증하려 애쓰고 있었지만, 거기 참석한 열렬한 무슬림 청년은 미국의 법만 아니라면 신앙 때문에 타인을 죽일 수도 있다고 말하고 있었다. 이런 불균형을 어떻게 이해해야 할까?

내 친구는 무슬림들의 전통을 따랐던 것뿐이다. 즉 무함마드의 모본에서 '샤리아'를 찾은 것이다. 하디스에는 무함마드가 배교자들을 죽이고 그들을 처형하라는 명령을 내리는 수많은 사례가 담겨 있다.[2] 그러므로 무함마드를 모본으로 따르는 무슬림으로서 그의 본을 따라 배교자를 죽여야 한다고 여기는 것은 이상한일이 아니다. 이는 너무도 견고한 증거이기에, 수니파 이슬람과시아파 이슬람의 주요 학파들 모두가 구체적 상황에 대해서만 이견이 있을 뿐 배교자에 대한 처벌을 인정하는 법을 가르친다.

물론 신앙 때문에 사람을 죽이는 것은 서구인들의 도덕적 감수성에 위배되며, 이는 서구에 살고 있는 많은 무슬림들도 예외가아니다. 따라서 서구의 도덕관념에 맞추어 이슬람에 대한 이해를적용시키는 과정에서 그들은 종종 이슬람은 그런 것을 절대 가르치지 않는다고 주장한다. 안타깝게도, 사실은 정반대다. 이슬람은언제나 그런 내용을 가르쳐왔다. 역사적 관점에서 볼 때, 배교자에 대한 처단을 부인하는 것은 평화의 이슬람을 주장하는 것과 마찬가지로 현대의 현상이다.[3]

---

2 Sahih Bukhari, 84권(다른 번호 체계에 따라서는 88권)은 '변절자의 책'이다. 그 책 안에는 "누구든 이슬람 신앙을 버리는 자는 죽이라"(9.84.57) 같은 하디스가 나온다.

3 "역사를 고쳐 쓰려는 시도는 지하드를 설명하는 서구 저자들의 글 혹은 서구

코란에 배교자를 처형하라는 명령이 없다고 지적하는 무슬림들이 있는데 이는 대체로 맞는 이야기다. 그러나 이슬람은 '오직 경전'의 신앙이 아니다. 이슬람교는 항상 하디스를 이용해 코란을 보완해왔다. 하루 다섯 번의 매일기도를 드리는 사람이라면 이 사실을 인정하지 않을 수 없을 텐데, 매일기도 때 암송하는 기도문뿐 아니라 기도의 횟수도 코란에는 명시되어 있지 않다. 코란은 하루 세 번의 기도만을 언급할 뿐 기도문이나 기도의 자세에 대해서는 상술하지 않는다. 비록 "오직 코란"을 표방하는 무슬림 적자들이 있기는 하지만, 이슬람교 안에서 그들은 언제나 극단적인 소수 집단이었다. "오직 코란"의 정신에 입각해 배교자 처벌법에 반대하는 무슬림들은, 일관되게 적용될 경우 이슬람교의 실천에 근본적인 변화를 일으킬 논리를 사용하고 있는 셈이다.

비슷한 선상에서, 일부 평화적인 무슬림들은 코란 2:256의 "종교에는 강요가 없나니" 같은 구절들을 근거로 배교자 처벌법에 반대한다. 하지만 이렇게 말하려면 그들은 무함마드의 모범도 부인해야 할 것이다. 하디스에 반복해서 드러나는 그의 행동에서 볼 수 있듯이, 무함마드는 그 구절을 그런 식으로 해석하지 않았다.

의 청중을 염두에 두고 쓰는 글에서만 나타나는 현상이다.…이는 초기 무슬림의 역사를 과도하게 강조하는 이슬람 교육 과정으로 인해 아랍어나 무슬림의 주류 언어로 글을 쓰는 이들이 지하드를 군사 행동이 아닌 다른 무엇으로 제시하는 것은 의미가 없다고 생각하는 때문일지도 모른다." David Cook, *Understanding Jihad* (Berkeley: Univ. of California, 2005), 43.

그런 이유로 전통적으로 무슬림 신학자들은 2:256을 앞 장에서 논했던 폐기 구절에 포함시킨다.[4] 예를 들어, 이븐 카티르는 2:256이 무슬림들을 향해 유대인 및 그리스도인과 맞서 싸울 것을 명령하는 9:29에 의해 폐기되었다고 말한다.[5] 대중적인 무슬림 학자들은 20세기 내내 이러한 전통적 해석들을 소리 높여 옹호해왔다.

물론, 나는 평화적인 무슬림들이 국제 이슬람 공동체 내에서 다수의 목소리가 되어 이슬람교의 실천을 그들의 바람대로 흔들어놓기를 희망한다. 이슬람의 평화적 실천을 주창하는 대부분의 무슬림들은 가식과는 거리가 멀뿐더러 이슬람이 평화의 종교라고 진심으로 믿는다. 내가 다녔던 모스크에서 우리는 그렇게 배웠고 다른 이들에게도 그렇게 전했다. 하지만 평화적인 이슬람교를 따르기 위해서는 무함마드의 생애에서 기원한 전통 전체와 이슬람 율법학의 역사 전체를 사실상 무시하고 부인해야만 한다.

워싱턴에서 만난 내 친구도 전에 우리 가족이 다니던 평화로운 모스크의 일원이었고 똑같이 평화를 가르치는 이맘들에게서 배웠다. 나중에 그는 그러한 이슬람 교단을 떠나 무함마드의 참된 가르침을 따른다는 미명 아래 좀 더 과격한 교단의 품에 안겼다. 무함마드의 생애에 관한 기록을 최대한 일관되게 따라가는 무슬

---

4 13세기 어느 이맘의 주석서인 *Tafsir al-Qurtubi*는 코란 2:256에 대해 주석하면서 이 구절의 폐기와 관련된 다양한 견해를 자세히 나열하고 있다.
5 *Tafsir ibn Kathir*. 비록 내가 본 판본들에서는 이 항목이 일관성 없게 등장하고 있다. Qurtubi의 주석도 참고하라.

림들은 서구의 평화관에 미치지 못하는 이슬람교를 믿고 있는 것이다. 그런 이들이 역사 내내 무슬림의 다수를 차지했다.

무함마드와 지하드

2015년 8월 22일 자 「이코노미스트」지에 "계속되는 역사"라는 제목의 기사가 실렸다. 기사에 실린 첫 이미지는 으스스하다. 나이지리아 치복의 어느 학교에서 무장 테러단체인 보코하람에 납치된, 부르카를 걸친 십여 명의 십 대 소녀들이 언급되었다. 이어서 기사는 이슬람 국가(ISIS)에 억류된 수천 명의 야지디족 여인들에 관해 이야기한다. ISIS에서 전문적으로 발행하는 잡지인 「다비크」의 지면을 통해, ISIS는 이 여인들이 전쟁 전리품이며 성 노예는 코란이 승인하는 관습이라고 주장한다.

이슬람교는 성 노예를 허용하는가? 이런 질문에 대답하려면 워싱턴의 내 친구가 한 것처럼, 그리고 무슬림들이 항상 해온 것처럼 하디스로 돌아가야 한다. 무함마드의 생애라는 모본으로 돌아갈 때 우리는 무함마드가 성 노예를 허락했을 뿐만 아니라 새로 포로로 잡아온 여인과 성관계 맺기를 주저하는 무슬림들을 독려했다는 기사를 수없이 발견한다.[6] 하디스에 따르면, 여자 포로가

---

6 다음을 보라. Sahih Muslim 3432, 3371; Sunan Abi Dawud 11.2150; Sahih Bukhari 3.46.718.

임신할까 봐 혹은 여자의 남편이 살아 있을까 봐 성관계 맺기를 주저하는 이들에게 무함마드는 그러지 말라고 독려했다. 하디스는 코란 4:24이 계시로 주어진 이유가 바로 이 때문이며 따라서 남편이 아직 살아 있는 여자 포로와 성관계를 맺는 것을 주저할 필요가 없다고 말한다. 무함마드의 생애에 대한 이러한 기록들은 이슬람 고전 시대 내내 무슬림들에게 영향을 끼쳤고 무슬림의 전쟁 규정을 확정해주었다. ISIS는 바로 이런 구절들에 호소하는 것이다.

물론 다수의 무슬림들은 ISIS의 행태에 동의하지 않지만, 그들의 이유에는 이해가 되는 바가 있다. 140명의 무슬림 학자들이 ISIS에 보낸 공개서한에는 이런 내용이 있다. "노예제를 금지하자는 무슬림들 간의 합의가 도출된 지 백 년 만에 여러분은 그 합의를 어겼습니다. 여인들을 잡아다가 첩으로 삼았으니 말입니다."[7] 이 학자들은 노예 해방에 대해 무함마드가 호의적이었다고 주장하고 또한 그것이 사실이겠지만, 무함마드가 성 노예를 허락하지 않았다고까지 말하지는 않는다. 그 이유는 기록에 나타난 바와 다르기 때문이며, ISIS도 이를 알고 있다. 이들 140명의 무슬림 학자들과 나머지 세계로서는 안타까운 일이지만, ISIS는 100년 전 무슬림 학자들이 이루어낸 합의에는 관심이 없다. 그들은 오직 7세

---

7 "Open Letter to Al-Baghdadi," *Letter to Baghdadi*, September 14, 2014, http://www.lettertobaghdadi.com.

기에 무함마드가 보여준 본만을 따를 뿐이다.

ISIS는 여자 포로만이 아니라 소년들도 잡아간다. 최근 ISIS가 잡아간 소년들의 옷을 벗기고 음모가 있으면 처형했다는 소식에 전 세계가 몸서리를 쳤다. 하지만 이런 행태 역시 무함마드가 쿠라이자 유대인들을 처리한 방식에 근거를 두고 있었다. 무함마드는 야간 공격 때를 제외하곤 전쟁에서 아이들을 죽여서는 안 된다고 명령을 내렸다. 그래서 쿠라이자 유대인들의 경우처럼 일단의 사람들을 포로로 잡았을 때, 음모가 난 소년들을 갈라낸 뒤 처형했다.[8] ISIS는 그저 무함마드의 생애에서 이 기록을 뽑아내 자신들의 상황에 적용한 것뿐이다.

무함마드가 이런 일을 허용했음을 감안할 때, 셀주크 투르크족과 사실상 그 밖의 모든 무슬림 왕조들이 소년들을 생포해 노예 전사로 만드는 데 일말의 주저함이 없었던 이유도 설명이 된다. 무함마드 자신도 유대인 소년들을 노예로 삼았으나, 소년들의 아비들이 그날 모두 참수되었음을 고려한다면 이는 자비로운 처사였을지도 모른다.

이처럼 고전적인 관습에서나 오늘날 "이슬람주의자", "급진주의자"로 여겨지는 표현에서나 지하드는 종종 단순히 무함마드를 따르려는 시도를 말한다. 좀 더 평화적인 이슬람 실천을 주장하는 이들은 다음 세 가지 중 어느 한쪽을 따를 수밖에 없다. '오직 코

---

8   Sunan Abi Dawud 39.4390.

란' 무슬림들처럼 무함마드의 생애에 나타난 모본을 모조리 부인하든지, 140명의 무슬림 학자들처럼 무함마드의 가르침이 효력을 다했다고 선언하든지, 일반 무슬림들처럼 역사에 기록된 무함마드의 생애 중 엄선된 부분을 부인하든지.

예수와 십자군

예수를 따라가다 보면 전쟁에 대한 매우 다른 개념을 만나게 된다. 예수는 군대를 이끌지 않았을뿐더러 폭력을 인가한 적도 없다. 싸움에 대한 예수의 분명한 발언에서 그의 메시지를 놓치기란 불가능하다. "네 칼을 도로 칼집에 꽂으라. 칼을 가지는 자는 다 칼로 망하느니라"(마 26:52). 자기 방어의 경우에도 예수의 가르침은 완전히 평화적이어서 마치 다른 세계의 교훈 같다. "나는 또 너희에게 이르노니 악한 자를 대적하지 말라. 누구든지 네 오른쪽 뺨을 치거든 왼편도 돌려 대며, 또 너를 고발하여 속옷을 가지고자 하는 자에게 겉옷까지도 가지게 하며, 또 누구든지 너로 억지로 오 리를 가게 하거든 그 사람과 십 리를 동행하고"(마 5:39-41). 이것은 원수를 어떻게 대해야 하는지에 대해 예수께서 제자들에게 말해준 다른 세상의 방법과도 일맥상통한다. "너희 원수를 사랑하며 너희를 박해하는 자를 위하여 기도하라"(마 5:44).

예수의 가르침은 너무도 평화적이어서 억압자들에게 폭력으로 맞서 자신을 방어해야 한다고 생각했던 초기 그리스도인들에게 문제를 제기했다. 예수는 전쟁에 대해 일절 여지를 보이지 않았기에, 5세기에 접어들면서 아우구스티누스를 필두로 한 그리스도인들은 '정의로운 전쟁' 개념을 정교하게 개발시켰다. 아우구스티누스는 전쟁이 불가피한 상황을 상세히 묘사하면서 싸움이 하나님의 뜻 안에 있을 수 있다고 주장했지만, 전쟁은 여전히 속죄가 필요한 불가피한 악으로 남았다.

십자군을 발족하면서 그리스도인들은 아우구스티누스의 논증 및 그와 유사한 관점에 의지하여 비잔틴 제국을 수호하려는 자신들의 정당성을 확보하려 했고, 초기에는 자신들의 전쟁이 더 큰 악을 제압하기 위한 불가피한 악이라고 보았다. 하지만 거룩한 전쟁을 긍정적으로 보고 이를 죄 사함을 얻는 수단으로 여기기 시작한 것은 십자군 원정 중이었다. 이 점에서 그들은 아우구스티누스보다 훨씬 더 나아갔다.

이런 사상은 인기를 얻었으니 당대의 역사가는 이렇게 기록했다. "하나님이 **우리 시대에** 거룩한 전쟁을 제정하셨다. 그래서 기사단과 그들의 뒤를 따르는 무리들이…구원을 얻는 **새로운 길**을 발견하도록 말이다."[9] 따라서 예수께서 오시고 천 년이 지난 십자군 때에 와서 비로소 그리스도인들은 거룩한 전쟁을 속죄해야 하는 죄가 아닌 긍정적인 수고로 보게 되었고 실제로 십자군들의

---

9 Guibert of Nogent, 다음 책에서 인용함. Riley-Smith, *The Crusades: A History*, 13-14, 강조는 필자.

죄를 용서해주었다.

폭력에 대한 무함마드와 예수의 입장 비교

이와 대조적으로, 성전을 벌이는 것이 거룩하며 선하다고 가르
친 이는 무함마드 자신이었다. 하디스에 따르면, 무함마드는 무
슬림들에게 기독교 도시인 콘스탄티노플을 공격하는 것이 '무자
헤딘'(이슬람 전사)의 죄를 없애준다고 가르쳤다. "나를 따르는 자
들 중 카이사르의 도성을 맨 먼저 공격하는 군대는 죄를 용서받으
리라."[10] 지하드에 참전하는 것은 무함마드가 보기에 선한 일이었
으며 이 세상에서 그에 버금가는 다른 일은 없었다.[11] 한 남자가 무
함마드에게 지상에서 지하드에 버금가는 어떤 일이 있는지를 물
었을 때, 무함마드는 이렇게 답했다. "나는 그런 일이 있는지 알지
못하노라."[12]

　연대순으로 요약하면, 폭력에 반대하는 예수의 분명한 발언
으로 인해 300년 이상 그리스도인들 사이에 무저항이 이어졌고,
그 후 아우구스티누스의 논증으로 인해 합리화된 악이란 이름으
로 600년간 전쟁이 이어졌다. 예수로부터 1000년이 지났을 때,
그들은 거룩한 전쟁이 죄를 씻어줄 수 있다고 믿었다. 반면, 무함

10　Sahih Bukhari 4.56.2924.
11　Sahih Bukhari 4.52.50.
12　Sahih Bukhari 4.52.44.

마드는 무슬림들에게 지하드에 참전함으로써 죄를 용서받을 수 있으며 따라서 그것이야말로 지상 최고의 과업이라고 가르쳤다.

지하드와 십자군에 대해서는 토론할 것이 훨씬 많지만,[13] 재론의 여지가 없는 한 가지 사실이 있다. 역사적 예수는 폭력을 찬성한 적이 없으며 십자군 같은 것을 조금도 인정한 적이 없는 반면, 역사적 무함마드는 무슬림이 행할 수 있는 최상의 행위라며 지하드에 관여했다는 점이다. 역사적 무함마드의 생애와 가르침을 엄격히 준수한 결과는 폭력적인 지하드이지만, 역사적 예수의 생애와 가르침을 엄격히 준수한 결과는 평화주의이며 원수를 향한 희생적 사랑이다.

---

13 더 자세한 것은 *Answering Jihad: A Better Way Forward*, 질문 17을 보라. 또는 Jonathan Riley-Smith의 *The Crusades, Christianity, and Islam*을 보라.

19장

평화를 추구하는 기독교에 의문을 제기하다

북미 이슬람 협회 2009년 전국대회에 다녀오고 나서 한 주 후, 데이비드와 나는 런던으로 가서 무슬림들과 공개적인 대화와 토론을 벌였다. 내가 참여한 스무 번 남짓의 공개 토론 중 데이비드와 함께 했던, 전에 그리스도인이었다가 이슬람교로 개종한 두 사람과 나눈 대화가 가장 좋았다. 대화 주제는 '이슬람은 평화의 종교인가?'였는데, 흥미로운 주제이기도 했거니와 2대 2 토론 방식으로 인해 상호작용이 원활했고 잠시도 긴장을 놓을 수 없었다. 토론 후 청중 가운데 한 명이 "미식축구 경기보다 흥미진진한" 토론이었다고 칭찬했다. 나도 그 말에 동의하는데, 그는 미식축구가 아니라 축구를 말하려고 했으리라.

토론이 진행되는 동안 무슬림 토론자 두 명은 기독교의 특정 가르침과 견주었을 때 이슬람이 평화적이라고 주장하고 있는 게 분명해 보였다. 그들은 "내가 세상에 화평을 주러 온 줄로 생각하지 말라. 화평이 아니요 검을 주러 왔노라"(마 10:34) 같은 예수의 말씀에 초점을 맞춰 기독교가 경우에 따라 폭력을 용인하고 있으며 이는 이슬람도 마찬가지라고 주장했다. 폭력을 용인하면서도 기독교가 평화적이라고 한다면, 이슬람교 또한 평화의 종교라는 것이었다.

공정히 말해, 아우구스티누스와 그 후의 그리스도인들은 부분적으로는 그런 본문에 질문을 던짐으로써 전쟁을 합리화하는 이론을 제공했다. 하지만 아우구스티누스를 만나더라도 나는 이 무슬림 토론자들에게 한 것과 똑같이 반응했으리라. "예수가 이 구절에서 정말로 하려는 말이 무엇일까요? 우리는 그 문맥을 읽어야 합니다." 문맥 속에서 볼 때 예수는 전쟁에 대해 말하고 있는 것이 아니라 가족 사이의 불화에 대해 말하고 있는 것이 명명백백하다. "내가 세상에 화평을 주러 온 줄로 생각하지 말라. 화평이 아니요 검을 주러 왔노라. 내가 온 것은 사람이 그 아버지와, 딸이 어머니와, 며느리가 시어머니와 불화하게 하려 함이니 사람의 원수가 자기 집안 식구니라"(마 10:34-36). 전쟁에 관한 얘기는 어디에도 없다.

내가 무슬림들과 대화할 때 흔히 마주치는 오해가 이것이다. 그들은 예수의 발언을 맥락에서 떼어내어 그분의 평화의 가르침에 도전한다. 4부에서 보았듯이, 이는 코란의 해석에서 대체로 맥락을 강조하지 않는 점을 고려할 때 이해가 된다. 하지만 성경 해석에서는 해당 구절이 속한 맥락이 그 구절의 의미를 결정하는 데 있어 본질적인 요소다. 예수께서 검을 주러 왔다고 했을 때 그 의미는, 그가 오심이 가족 사이에 분열을 가져올 것이라는 뜻이다.

예수의 언어를 조금 더 자세히 연구해 보면 예수가 말한 '검'이 전쟁에서 사용하는 종류의 검인 '롬파이아'(rhomphaia)가 아니라는 게 드러난다.[1] 예수가 사용한 단어는 '마카이라'(machaira)다. 마체테 칼과 마찬가지로, '마카이라'는 고기를 자르거나 생선을 손질할 때 쓰는 다용도의 길거나 짧은 칼을 말한다. 역시 마체테 칼과 마찬가지로, 싸움터에서 '마카이라'를 사용할 수는 있으나 그게 주된 용도는 아니다. 그것의 주된 용도는 갈라 나누는 것이며, 여기서 예수의 말처럼 그분의 오심은 가족들을 가르는 '마카이라'와 같다.

이런 설명은 종종 오독되곤 하는 또 다른 구절을 이해하는 데 도움이 된다. 누가복음 22:35-38에서 예수는 제자들에게 여행길에 칼, 곧 '마카이라'를 지니라고 명령한다.[2] 정의로운 전쟁을

---

1 이 단어가 전쟁의 맥락에서 사용되는 것을 주목해 보라. "그러므로 회개하라! 그리하지 아니하면 내가 네게 속히 가서 내 입의 검[롬파이아]으로 그들과 싸우리라"(계 2:16). 요한계시록 6:8도 보라.

2 누가복음 22:35-38. "그들에게 이르시되 '내가 너희를 전대와 배낭과 신발도 없이 보내었을 때에 부족한 것이 있더냐?' 이르되 '없었나이다.' 이르시되 '이제는 전대 있는 자는 가질 것이요 배낭도 그리하고 검 없는 자는 겉옷을 팔아 살지어다.' 내가 너희에게 말하노니 기록된 바 '그는 불법자의 동류로 여김을 받았다' 한 말이 내게 이루어져야 하리니, 내게 관한 일이 이루어져 감이니라. 그들이 여짜오되 '주여, 보소서. 여기 검 둘이 있나이다.' 대답하시되 '족하다'

선호했던 고대 그리스도인들은 오늘날의 무슬림들과 똑같은 질문을 했다. "싸우기 위해서, 적어도 자기방어를 위해서가 아니라면 왜 예수께서 제자들에게 칼을 지니라고 했겠는가?" 이제 '마카이라'가 무엇인지 알았으니, 그 대답은 간단하다. 예수는 제자들에게 긴 여행을 준비하라고 하면서 여행에 적합한 도구들을 챙기라고 말씀하는 중이다. 이번에도 문맥이 도움이 된다. 예수께서는 제자들이 지녀야 할 여행 용품의 목록(전대, 가방, 신발)을 주시는데 칼은 이 목록 중에 등장한다. 이 점을 명확히 하려는 듯, 예수께서는 제자들에게 칼 두 개면 충분하다고 한다. 예수께서 전투를 생각하고 있었다면, 그 많은 이들에게 칼 두 개는 턱없이 부족했을 것이다. 그러나 여행 용품을 생각했다면 두 개면 충분하다.

문맥을 무시하면 혼란스러워지는 또 다른 구절이 누가복음 19:27에 나오는데, 여기서 예수는 "내가 왕 됨을 원하지 아니하던 저 원수들을 이리로 끌어다가 내 앞에서 죽이라"고 한다. 단락 전체를 읽어보면 이 진술의 의미는 분명해진다. 예수께서는 가상의 왕에 관한 교훈을 주기 위해 비유를 말씀하고 있다. 예수께서 실제로 자기 원수들을 끌어와 죽이라고 요구하는 게 아니라는 것이다. 누가복음 전체에서 예수는 많은 비유를 말씀하는데, 그중에는 여인의 청을 무시한 악한 재판관이 있고(눅 18장), 씨 뿌리는 농부가 있고(눅 8장), 나무를 베어버리라고 명령하는 포도원 주

하시니라."

인이 있고(눅 13장), 잃어버린 동전을 찾는 여인이 있다(눅 15장). 이 비유들은 예수 자신이 여인의 청을 무시하는 악한 재판관이라거나, 씨를 뿌리는 농부라거나, 나무를 베어버리라고 명한 포도원 주인이라거나, 동전을 찾는 여인임을 뜻하지 않는다. 비슷하게, 누가복음 19:27의 비유에서 의미하는 바는 예수 자신이 백성을 죽이려고 하는 왕이라는 뜻이 아니다. 그보다 예수께서는 이야기를 사용하여 생생히 기억에 남을 만한 설명을 하는 것이며, 누가복음 19:27의 비유는 마지막 심판 날에 하나님을 거역한 자들이 맞이하게 될 결과를 예시하는 것이다.

이런 구절들과 관련하여 마지막으로 살펴봐야 할 것은 해석의 기초 원리, 곧 언제나 명확한 구절에 근거해서 불명확한 구절을 해석하라는 것이다. 예수의 분명한 말씀과 가르침은 "원수를 사랑하라", "칼을 도로 칼집에 꽂으라"이다. 복음서에서 우리는 검을 지니신 예수를 발견할 수 없으며, 복음서에 나타난 유일한 물리적 충돌에 대해 예수는 제자들이 완력을 썼다고 책망한다.[3] 문

---

3 이에 대한 가능한 반론은 성전 정화 사건뿐이며, 따라서 주목할 필요가 있다. 네 복음서 모두 이 사건을 묘사하고 있지만(마 21:12-17; 막 11:15-19; 눅 19:45-58; 요 2:13-17), 폭력이 드러나는 것은 요한복음뿐이다. 요한복음은 예수가 소와 양과 비둘기 파는 사람들과 돈 바꾸어 주는 사람들을 보시고 노끈으로 채찍을 만들어 그들을 모두 성전에서 내쫓았다고 묘사한다. 그러나 그리스어를 주의 깊게 읽어 보면, 예수가 이 세 무리를 각각 내쫓았고 사람에게는 폭력을 행사하지 않았음을 알게 된다. 우선, 예수는 양과 소를 쳐서 "양이나 소를 다 성전에서 내쫓으"셨다. 양과 소를 몰아내자 그 파는 사람들이 따라 나갔다. 그런 다음, 예수는 돈 바꿔 주는 사람들의 상을 뒤엎어 그들을 내쫓았다.

제의 구절이 담긴 맥락과 별개로, 이는 평화를 말하는 예수의 가르침과 일관성을 이루고 있음을 보게 해준다.

구약성경에 나타난 폭력

이슬람의 관점에서 볼 때 흔히 제기되는 또 다른 반론이자, 영국에서의 공개 대화가 시작되자마자 두 토론자가 제기한 반론은 구약성경에 나타나는 폭력과 관련이 있다. 다양한 방식으로 반론을 표현할 수 있겠으나, 주된 비판은 성경에서 하나님이 폭력을 명령하고 있으니 기독교는 평화적이지 않다는 것이다. 4부에서 보았듯이, 이런 반론은 실패하기 마련인데, 그리스도인들은 모세 및 히브리인들과 맺은 언약이 아닌 새 언약 아래 있기 때문이다. 그것은 하나님이 유대인들에게 준 명령이지, 그리스도인들에게 준 명령이 아닌 것이다.

하지만 이와 관련하여 표현은 조금 다르지만 주의를 기울일 만한 반론들이 있다. 곧 구약성경에서 하나님이 폭력을 명하시는 것이다. 이런 이유 때문에 그리스도인으로서 나는 하나님이 폭력을 명령할 수 있다고 믿는다. 필연적으로 나는 폭력을 사용했다는

마지막으로, 예수는 비둘기들을 풀어 달아나게 하지 않았는데 그것은 재산상 손해를 끼치는 일이 될 터였기 때문이며 오히려 예수는 열정에 사로잡혀 그 파는 자들에게 떠나라고 명령했다. 이처럼 예수는 체계적으로 성전을 정결케 했지, 사람들을 공격하지 않았고 맹목적인 분노로 그리한 것도 아니었다.

이유만으로 이슬람에 반대할 수는 없다.

그럼에도 불구하고 구약성경과 이슬람교에 나타나는 폭력은 그 성격이 상당히 다르다. 구약성경에서 우리가 보는 것은 구체적인 시공간 속에서 하나님이 위임한 심판으로, 4백 년 동안 유예된 심판이다. 창세기 15:13-21에서 하나님은 아브라함에게 그의 자손이 가나안 땅을 유업으로 물려받을 것을 약속한다. 비록 아브라함 자신은 그 땅을 받지 못할 텐데, 이는 "아모리 족속의 죄악이 아직 가득 차지 아니"(창 15:16)했기 때문이다. 하나님은 (미래에) 히브리인과 가나안인 사이에 격렬한 전투가 있을 것을 예고하는데, 그때까지 가나안인들은 400년간의 회개의 기회를 받게 될 것이다. 이것이 우리가 구약에서 보게 되는 폭력이다. 구체적인 죄로 인해 구체적인 민족들을 향하되 최대한 유예된 심판 말이다.

반면, 무함마드가 가르친 폭력은 특정 조건을 충족하지 못하는 이슬람 땅의 모든 무슬림이 아는 사람들에게 미친다. 코란에 따르면, 다신론자에게는 세 가지 선택권이 주어진다. 이슬람교로 개종하든지, 그 땅을 떠나든지, 죽임을 당하든지(예. 코란 9:3-11)가 그것이다. 이 선택권은 한정된 장소나 사람에게만 해당하는 것이 아니라, 무슬림의 땅이라고 주장되는 모든 곳에서 이슬람을 믿지 않는 모든 이들에게 적용된다. 본문을 다시 보면, 9:5은 이렇게 말한다. "너희가 발견하는 **불신자들**(다신론자들)마다 살해하고 그들을 포로로 잡거나, 그들을 포위할 것이며, 그들에 대비하여 복병하라. 그러나 그들이 회개하고 예배를 드리며 이슬람세를 낼 때는 그들을 위해 길을 열어 주리니." 달리 말하면, 코란은 무슬림들에게 다신론을 이유로 사람들을 죽이라고 명령하되, 그들이 무슬림으로 개종하면 그냥 놔두라고 한다. 이어지는 절은 망명이라는 추가 선택지를 제시한다.

코란에서 유대인들과 그리스도인들에게는 또 하나의 선택권이 주어진다. 바로 항복하여 인두세를 내는 것이다(예. 코란 9:29). 이 경우, 폭력은 그들의 신앙에 근거하고 있다는 게 훨씬 더 분명하다. 코란은 문자 그대로 이렇게 말한다. "알라와 내세를 믿지 아니하며 알라와 예언자가 금기한 것을 지키지 아니하고 진리의 종교를 따르지 아니한 자들에게 비록 그들이 성경의 백성(즉 유대인과 그리스도인)이라 하더라도 항복하여 인두세를 지불할 때까지 성전하라. 그들은 스스로 저주스러움을 느끼리라." 달리 말하면, 이슬람교를 인정하거나 알라를 믿지 않거나 하는 유대인 및 그리스도인들과 거룩한 전쟁을 벌이라는 말이다. 이어지는 절에서 그 이유가 보다 분명히 제시된다. "유대인은 말하기를 에즈라가 하나님의 아들이라 말하고 그리스도인들은 예수가 하나님의 아들이라 하니, 이것이 그들의 입으로 주장하는 말이라. 이는 이전에 불신한 자들의 말과 유사하니 하나님이 그들을 욕되게 하사 그들은 진실에서 멀리 현혹되어 있더라.…알라여, 저들을 멸하소서." 그들의 운명은 그들의 신앙에 따라 결정되었다. 이 구절은 비록 로마가 무슬림을 공격한 적이 없음에도 무슬림이 로마를 공격하려

고 나섰던 불운한 전투였던 타북 전투를 정당화하는 구절이다.[4]

이러한 가르침을 고려할 때, '사히 무슬림'(수니파 무슬림에서 두 번째로 중요한 하디스)에 기록된 무함마드의 생애에서 그가 이렇게 말한 것은 놀랍지 않다. "내가 유대인들과 그리스도인들을 아라비아 반도에서 쫓아내어 무슬림들만 남게 하겠다."[5] 하디스와 사히에서 무함마드가 옹호하는 폭력은 구체적인 시간대의 특정 사람들에 한정되는 것으로 보이지는 않는다.

여기서 더 나아가기 전에 연대를 언급할 필요가 있다. 유대인, 그리스도인, 다신론자에 대한 폭력을 조장하는 구절들이 코란 9장에 나오는데, 이슬람 기록에 따르면 이 장은 코란에서 무함마드에게 계시된 마지막 주요 장이다.[6] **코란의 마지막 말씀과 진군 명령은 그 책에 나오는 가장 폭력적인 가르침이다.** 이는 앞선 구절들이 후대의 구절들에 의해 취소될 수 있다고 가르치는 전통 이슬람의 폐기 개념을 염두에 둘 때 특히 중요하다.

반면, 구약성경의 폭력은 유대 역사 초기에 당신의 주권을 알리려는 하나님의 전쟁의 일부였다. 폭력은 성경의 마지막 말씀하고는 거리가 멀다. 특히 그리스도인들의 경우, 마지막 진군 명령은 대위임령, 곧 하나님의 사랑과 자비의 좋은 소식을 온 세상에 전하며 예수의 제자를 배가하라는 명령이다.

---

4 Ibn Kathir, tafsir.
5 Sahih Muslim 1767a.
6 Suyuti, *Itqan fi Ulum al-Quran*을 보라.

코란의 가르침의 절정은 코란에서 가장 폭력적인 장인 반면, 성경의 가르침의 절정은 은혜와 사랑, 자비, 자기희생이다. 구약의 폭력에 주의하여 접근할 때 우리는 폭력이 기독교적 실천과 거의 관계가 없음을 보게 된다.

이러한 결론은 우리의 기본 주장을 강화해준다. 기독교가 폭력적이라는 주장을 정당화하려면 예수에게서 눈을 떼야만 한다. 예수의 가르침을 엄격히 따르는 사람이라면 폭력을 정당화하는 어떠한 근거도 허락하지 않을 것이다. 반면, 이슬람이 평화의 종교라고 주장하려면 무함마드에게서 눈을 떼야만 한다. 성전에 참전하지 않는 무슬림 또는 최소한 싸울 의사가 없는 무슬림은 위선자라고 무함마드 자신이 말하고 있기 때문이다.[7]

---

7   Sahih Muslim 1910; 33.226; 20.4696; Book on Government #47.

20장

예수 대 지하드

2009년 7월에 런던을 떠나기 전, 데이비드와 나는 하이드파크의 자유 발언대에 들렀다. 영국인들은 매주 일요일마다 몇 시간씩 공원에 모여 열띤 자유 발언을 주고받는데, 휴대용 사다리에 올라가 청중들 가운데서 자신의 메시지를 선포하곤 한다. 정치 분야에서부터 개종 반대에 이르기까지, '자유 발언대'에서 연설자는 주제에 제한받지 않고 열정을 다해 수백 명이 들을 수 있도록 발언한다. 비록 발표자에게 야유를 보내거나 구경삼아 참석하는 이들이 대다수이지만, 일부 청중들은 진지하게 대화에 임한다.

데이비드와 나는 둘 다 키가 180센티미터가 넘었으므로 사다리 없이 선 자리에서 복음을 전했다. 우리는 우리의 견해에 큰소리로 반대하는 무슬림들 의해 순식간에 둘러싸였다. 군중의 소음 속에서 그들을 상대하기란 예상보다 훨씬 어려웠고, 30분가량의 대화와 임기응변 후 나는 목이 쉬어서 더 이상 말을 할 수가 없었다. 우리는 더 이상의 노력은 그만두고 우리 주변에서 벌어진 다양한 토론에 끼어들었다.

나는 열정적인 대화자 두 명을 발견하고 그들의 대화에 끼기로 했다. 젊은 메노파 그리스도인 여성과 한 무슬림 남성이 여성의 인권에 관해 토론하고 있었다. 젊은 여성이 불순종하는 아내를 때려도 좋다고 하는 코란 4:34을 인용하자, 남성은 여성의 권리를 부정하는 고린도전서 14:34로 응수했다. 여기까지는 생산적인 대화가 이어져서 나는 토론을 가만히 지켜보았는데, 그다음에 벌어진 일은 수년 간 잊히지 않을 만큼 강한 인상을 남겼다.

젊은 여성은 고린도전서 14장의 문맥을 설명하려는 듯 손에 쥐고 있던 성경을 펼쳤다. 그녀가 페이지를 넘기는 동안 남성이 그녀의 손을 확 내리치며 소리쳤다. "나는 당신들의 성경을 믿지 않으니, 수고할 것 없소!"

생각할 겨를도 없이, 나는 그의 옷깃을 잡고 뒤로 끌어당기며 말했다. "저분에게 손만 대어보시오!"

그는 깜짝 놀랐다. 진심으로 놀란 표정이 남자의 얼굴에 스쳤다. 그가 말했다. "나빌, 당신은 그리스도인이요! 그리스도인은 평화주의자인 줄 알았는데!"

아직 다소 흥분해 있던 나는 반박했다. "나는 평화주의자가 아니오. 다시 한번 저 여자에게 손을 댔다가는 쓴맛을 보게 될 것이오!" 자신의 실수를 깨달아서인지, 아니면 내가 평화주의자가 아니라는 것을 굳이 확인하고 싶지 않아서인지, 그는 젊은 여성에게 사과한 뒤 대화를 이어갔다.

여러 해가 지난 지금도 나는 그의 놀란 표정이 생생하게 기억난다. 그는 그리스도인은 평화주의자라고 철두철미 믿고 있었던 것이다. 예수의 말씀을 곰곰이 살펴볼 때 나는 그가 옳았는지 궁금해진다. 그날 하이드파크에서 내가 취한 행동은 소우주적 의미에서 볼 때 희생자를 완력으로 보호하는 것은 아주 자연스런 반응임을 보여준다. 하지만 복음서 전체에서 예수는 그분의 나라의 가르침을 위해 우리의 자연스런 경향을 버리라고 가르친다.

희생자를 보호하는 경우에도 정녕 예수는 그리스도인들이 싸우지 않기를 바라는 것인가? 솔직히, 확신이 서지 않는다. 나는 그런 가르침이 믿기 어렵다는 것을 안다. 하지만 어떻게든 입장을 정해야 한다면, 성경에 나오는 예수의 말씀에 순복해야 할 테고, 폭력을 온전히 포기해야 하리라. 방어적 폭력까지도 말이다.

이것은 평화주의와 약자에 대한 보호 사이에 끼어 있는 그리스도인에게 분명 딜레마이지만, 신학적으로는 최적의 지점이라 볼 수 있다. 즉 방어적 폭력에 개입하고자 하는 그리스도인들은 반드시 도덕적 거부감을 느끼지 않을 수 없다. 예수의 가르침을 따르려는 이는 방어적 폭력이라고 할지라도 폭력이 원래 선할 수 있다는 개념을 편하게 받아들일 수 없다. 만일 예수께서 어떠한 종류의 폭력을 용인하셨다면 상황은 많이 달라졌을 것이다. 그랬다면 피 흘리기를 좋아하는 이들이 들어설 자리가 여지없이 마련되었을 것이다.

우리는 그런 일이 이슬람 역사에서 일어나는 것을 본다. 오늘은 ISIS이지만, 미래에도 그 같은 이슬람주의자들이 예외 없이 일어날 것이다. 이슬람이 평화의 종교라고 믿는 무슬림들도 무함마드가 특정한 상황에서 전쟁을 허락했으며 이슬람주의자들이 자신들의 테러를 정당화하기 위해 호소하는 근거가 무함마드의 생애임을 대체로 수긍한다.

무함마드가 군대를 얻은 뒤에 9년 동안 여든여섯 번의 전투를 벌이거나 참전했다면, 그를 따르는 자들이 그런 행동을 하는 것은 불가피하다고 볼 수 있다. 반면, 그리스도인의 모본인 예수 그리스도가 단 한 번도 검을 착용하라고 명하지 않았던 점은 아름다운 일이다. 이로 인해 그의 제자들은 평화주의 가운데 하나님을 의지하든지 약자를 위해 마지못해 폭력을 행사하든지 그 둘 사이 어딘가에 있게 된다. 예수를 따르는 이들에게 폭력을 환호할 수 있는 여지는 전혀 없다.

이슬람 혹은
기독교가 진리인 것을
어떻게 알 수 있는가?

내가 그리스도인으로 살아온 지난 10년은 무슬림으로 살아온 첫 22년과 대조적으로 다른 선택의 여지를 남기지 않는다. 즉 기독교는 이슬람과 매우 다르다. 기독교가 전하는 메시지는 순전한 은혜이며, 기독교가 선포하는 하나님은 객관적인 사랑이고, 기독교의 창시자는 성육신하신 하나님이며, 기독교의 성경은 공동체적이고 다양하고, 기독교는 폭력을 찬미할 수 있는 여지를 전혀 남기지 않는다. 전통적 이해로 볼 때 이슬람은 모든 면에서 중대하게 다르다.

실제로 이슬람교 안에서 보수적이고 신실하게 자란 사람이라면 기독교가 이슬람교와 마찬가지라는 환상을 가질 수 없다. 특히 파티마처럼 잃을 게 많은 사람은 더욱 그렇다. 무슬림으로 성장해 자신의 신앙을 열정적으로 변호하게 된 파티마였으나, 그녀는 이슬람교에 대한 환상에서 벗어나 자신의 신앙을 버렸다. 파티마는 이슬람의 가르침을 온전히 이해한 가운데서 예수의 메시지가 설득력이 있다는 것을 발견했다. 이처럼 파티마가 두 종교가 다르다는 것을 깨달았을 뿐만 아니라 이슬람을 떠나 기독교를 기꺼이 받아들이기로 한 사실은, 두 종교의 차이점들 속에 근본적인 차이점이 있었고 그 차이점이 어떤 위험도 감수할 만한 것이었음을 증거한다.

나 또한 이슬람교에서 기독교로 옮겨 왔지만 내가 걸어온 길은 파티마의 경우와 달랐다. 나는 처음부터 이슬람교에 환멸을 느끼지 않았고 복음의 아름다움도 알지 못했다. 나는 지금은 기독교의 메시지가 설득력이 있다는 것을 알고 있지만, 무슬림이었던 때에는 전혀 그것이 설득력이 있음을 알지 못했다. 나는 알라가 사랑이시며, 무함마드가 평화주의자이며, 코란이 아름답고, '타우히드'가 완벽한 교리이며, 샤리아를 참으로 따르면 알라 앞에서 의롭게 된다고 믿었다. 복음의 필요를 전혀 느끼지 못했고, 그것이 더 뛰어난 메시지인 것도 알지 못했다.

내가 이슬람교를 특별히 좋아했지만, 나는 각양각색의 종교적 배경을 가진 사람들을 만났는데 거기에는 부인할 수 없는 어떤 흐름이 있었다. 즉 그리스도인들은 기독교를 좋아하고, 유대인들은 유대교를, 힌두교인들은 힌두교를 좋아했으며, 다양한 배경의 사람들이 모두 그러했다. 그래서 나도 무슬림이기에 이슬람교를 선호하는 것인가?

사람들이 자신에게 주어진 세계관을 보다 편안하게 여기는 경향이 있음을 깨달은 뒤로 나는 나의 이슬람 신앙이 단지 내게 편하고 설득력이 있어서 믿는 신앙이 아니기를 바랐다. 그보다 나는 이슬람이 진리임을 믿기에 굳건한 확신을 가진 무슬림이었다.

진리의 추구

젊고 열정적인 무슬림으로서 나는 내 말에 귀를 기울이는 모든 이에게 이슬람의 교훈을 전했다. 내가 생각할 때 기독교가 참일 가능성은 털끝만큼도 없었기에 나는 기독교의 주장에 반대하는 이슬람의 주장을 개진하는 대화를 정기적으로 가졌다.

여기서 기독교와 이슬람교는 다른 많은 종교들과는 다르다. 대개의 세계관은 믿어야 할 주관적인 이유들을 제시하는 반면, 기독교와 이슬람교는 둘 다 역사 기록으로 검증할 수 있는 과거에 대해서 주장한다. 예수의 인성에 관해 두 종교의 주장은 상충되기에 둘이 동시에 사실일 수는 없다.

예를 들어, 기독교의 토대가 되는 가르침은 1세기에 예수께서 십자가에서 죽으셨다는 것이다(막 15:37; 마 27:50; 눅 23:46; 요 19:33; 행 10:39; 고전 15:3). 대조적으로 코란은 정확히 반대로 가르치는데, 예수는 죽임을 당하지 않았고 십자가에 못 박히지도 않았다(4:157). 둘 중 어느 쪽도 예수에 관한 이러한 기록을 신화로 취급하지 않기에 우리는 이처럼 상반된 입장을 은유적 의미로 해결하려 해서는 안 된다. 예수는 십자가에서 죽었거나 죽지 않았거나, 둘 중 하나다. 이슬람교가 틀리거나 기독교가 틀리거나, 둘 중 하나다.

이런 문제에 있어서 이슬람교가 옳다고 절대적으로 확신했던 나는 사람들을 이슬람교로 부르기 위해 기독교의 진리 주장에 도전할 준비가 충분히 되어 있었다. 그런 이유 때문에 나는 조사에 착수했다. 사람들을 이슬람교로 개종시키기 위해, 특히 나의 친구 데이비드를 말이다. 허나 데이비드는 내게 똑같은 조사 기준을 기독교와 이슬람교 모두에 적용하라고 도전했다. 물론, 나는 이슬람교의 진리성을 확신했던지라 그의 말에 동의했고 할 수 있는 한 객관적으로 두 종교에 관해 연구하기로 했다.

나는 4년에 걸쳐 이슬람교와 기독교의 주장을 검토하면서 이슬람교에 대한 전적인 확신에서 마지못해 복음을 끌어안는 형국으로 이동했다. 기독교를 지지하는 증거는 너무도 강력해서 다른 선택을 할 수가 없었다. 그 여정에서 내가 발견한 것을 이 책의 다음 다섯 부에서 나누고자 한다.

기독교를 지지하는 주장

데이비드와 내가 신앙 논쟁을 시작했을 때, 우리는 다소 무턱대고 막연히 시작했다. 우리 둘이 만나기 시작하고 몇 주 후, 대학 행사 동안 한 방을 쓰게 되었다. 저녁이 다가오면 데이비드는 배낭에서 성경을 꺼내 읽었다. 기독교를 논박하도록 훈련받은 젊은 무슬림이었던 나는 신약성경의 본문에 훼손된 부분이 있다며 그에게 도전했다. 그날의 도전은 보다 확장된 대화의 문을 열어주었고, 우리는 성경의 영감설부터 시작해서 예수의 신성과 삼위일체 등 그 밖의 주제로까지 대화를 이어갔다. 한 주제에서 다음 주제로 자연스럽게 넘어가며, 우리의 우정의 과정에서 드러난 모든 사안을 다루었다.

우리의 실제 삶이라는 맥락에서 이런 문제들을 토론하는 것은 분명 가치가 있었으나, 그런 토론을 1년간 하고 나서 나는 기독교에 대한 나의 지식이 원래 내가 생각했던 것보다 매우 일천함을 깨달았다. 내가 잘못 알고 있었다는 사실을 알지 못할 정도였다. 다시 말해, 나는 데이비드의 주장을 반격하지 못하고 있었다. 조금 더 주의를 기울이고 완벽을 기하기 위해 나는 이 문제들을 보다 체계적으로 검토하길 원했다. 그때 우리는 기독교와 이슬람교의 핵심을 뽑아내고자 시도했다.

기독교의 메시지가 진리이려면 최소한 무엇이 참이어야 하는가? 바꿔 말해, 이슬람교의 메시지가 진리가 되려면 무엇이 참이어야 하는가? 우리는 사소하고 산만한 것들에 주의를 빼앗기지 않으려 했고 이런 질문들은 관련성이 크지 않은 사안이나 특정 교파와 관련된 논쟁을 뒤로 할 수 있게 해주었다. 양쪽 종교에는 서로 다른 교리를 가진 여러 교단과 분파가 있지만, 데이비드와 나는 특정 분파의 세부적인 가르침이나 지엽적인 사안들에는 관심이 없었다. 기독교의 핵심을 정리해주는 것은 무엇이며, 이슬람교를 정의해주는 것은 무엇인가?

기독교에 대해서는 로마서 10:9에서 그 답을 찾았다. "네가 만일 네 입으로 예수를 주로 시인하며 또 하나님께서 그를 죽은 자 가운데서 살리신 것을 네 마음에 믿으면 구원을 받으리라." 여기서 우리는 구원받는 믿음에 필요한 최소한의 요건이 정리된 전체 복음의 메시지를 발견했다. 그것은 세 가지 요소로 되어 있다. (1) 예수께서 죽으셨다, (2) 그가 죽은 자 가운데서 살아나셨다, (3) 그가 하나님이시다.[1]

감사하게도, 이 세 가지 요소는 각각 역사적 관점에서 확인이 가능했다. 예수께서 십자가에서 죽으셨는가? 방금 보았듯이, 이 것은 역사 속에서 일어났어야 하는 기독교의 기본 진리다. 따라서 우리는 역사 기록을 펼쳐서, 그것이 예수의 죽음을 지지하는지 논박하는지 찾아보면 된다. 부활에 대해서도 마찬가지다. 비록 예수의 부활이 초자연적 사건이지만 역사 속에서 일어났어야 하며, 따라서 우리는 역사 기록이 예수가 죽은 자 가운데서 부활했다는 주장을 뒷받침하는지 확인해볼 수 있다. 마지막으로, 역사 기록은 예수가 스스로 하나님이라고 주장했다는 쪽을 지지하는가?

이 세 가지가 사실이라면, 세 요소가 합하여 설득력 있는 주장을 이루기에 우리는 기독교의 메시지를 받아들일 충분한 이유를

---

1 무슬림은 "예수가 주님이다"라는 말이 그저 "예수는 주인이다"거나 "예수는 예언자다"라는 뜻이라며 반대할 것이다. 하지만 로마서의 문맥은 그러한 해석의 가능성을 배제한다. 그런 독법은 주 되심과 예언자에 대한 이슬람의 시대착오적 이해를 본문에 부과하는 것이며, 13절은 어떤 주를 염두에 두고 있는지 분명히 밝히고 있다. 그 절은 "누구든지 주의 이름을 부르는 자는 구원을 얻으리니"라고 하는 요엘 2:32을 인용하고 있는데, 여기서 '주'는 거룩한 이름 야웨의 다른 표현이다. 그 문맥에서 로마서 10:9은 예수가 구원하시는 하나님인 주 야웨라고 말하는 것이다. 또한 이것이 정확히 "예수"라는 이름의 뜻, 곧 "하나님이 구원하신다"임을 기억하는 것은 유익하다.

갖게 된다. 부가하자면, 자신이 초자연적 권위를 가졌으며 신이라고 주장했던 이들이 많았다는 사실을 기억해야 한다. 대개 그런 주장은 병적인 과대망상이기에 광증으로 치부해도 무방하다. 그러나 자신의 주장이 옳음을 입증하기 위해 초자연적 권위를 보인 경우라면, 그 주장을 믿을 만한 충분한 이유가 주어지는 것이다.

달리 말해, 누군가가 "나는 하나님이다"라고 말한다면, 우리는 그가 제정신이 아니라고 생각할 것이다. 하지만 그가 그렇게 말한 뒤 "내가 죽은 자 가운데서 다시 살아나서 내 주장이 참인 것을 입증해 보이겠다"고 한 다음 실제로 죽은 자 가운데서 일어난다면, 우리는 그의 말을 믿을 만한 충분한 이유를 갖게 된다. 이것이 정확히 예수께서 부활에 대해 말씀한 바와 일치한다.[2] 예수의 주장에 회의적이었던 사람들이 그에게 표적을 요구했을 때, 예수께서는 자신이 보여줄 수 있는 유일한 표적은 부활이라고 말했다.

그러므로 예수 스스로 자신이 하나님이라 주장했고 그가 죽은 자 가운데서 부활했음을 역사가 증언해준다면, 우리는 기독교의 메시지를 받아들일 충분한 근거를 갖게 되는 셈이다.

기독교의 핵심 신앙과 관련하여 한 가지 중요한 문제는 이슬람교가 이 세 가지 요소를 모두 부정한다는 것이다. 코란은 예수가 스스로 하나님이라고 주장한 적이 없다고 명시적으로 부인하며(5:116), 예수의 십자가 죽음도 명시적으로 부정하고(4:157),

---

2 마태복음 12:39-40에서 이 점이 가장 분명히 드러난다.

따라서 그가 죽은 자 가운데서 부활한 사실도 넌지시 부정한다.

나의 여정을 이해하려면, 그리고 이슬람교와 기독교가 근본적으로 양립 불가능하다는 것을 이해하려면 다음의 사실을 마음에 새기는 것이 절대적으로 필요하다. 즉 **기독교의 핵심 주장에 대해 이슬람교는 명시적으로 반대한다. 이슬람 교리는 기독교의 핵심 메시지와 상반된다.** 기독교의 진리 주장을 피력하는 것은 곧 이슬람교가 틀렸음을 입증하는 것이며, 그 반대도 마찬가지다.

이미 탐색했다시피, 이슬람교와 기독교 사이에는 서로 동의하는 점들이 상당히 많다. 이를테면, 동정녀 탄생과 기적을 행하는 능력 같은 예수의 생애에 대해서도 그렇다. 하지만 이런 합의점들은 복음의 핵심 가르침이 아니다. 즉 성경은 "네가 동정녀 탄생을 믿으면 구원을 얻으리라"고 말하지 않는다. 성경이 말하는 바는 예수가 하나님이시며, 그가 죽으셨고, 죽은 자 가운데서 다시 살아나셨음을 믿어야 한다는 것이다. 이슬람교는 이런 믿음을 단호히 거부한다.

이슬람을 옹호하는 주장

데이비드와 나는 이슬람교의 핵심 주장을 어떻게 뽑아낼지 고민한 끝에 '샤하다'에서 그 해답을 찾았다. "알라 외에 다른 신은 없으며, 무함마드는 알라의 사도이다." 무슬림이라면 적어도 알라가 하나님이며 무함마드가 알라의 선택을 받은 사도임을 믿어야 한다.

하지만 이슬람교의 하나님인 알라는 한 분 참 하나님인가?[3] 그리고 무함마드는 하나님의 참 사도인가? 이것을 탐구하려면 코란과 무함마드의 생애를 담은 기록으로 돌아가야 한다. 알라의 자기 계시이며 무슬림 신앙의 "이유"가 되는 코란을 면밀히 조사해야 하는 것이다. 마찬가지로, 직접 코란을 받은 유일한 수령인이자 '샤하다'에 등장하는 무함마드 또한 비판적 검토를 통해 그가정말 하나님의 사도인지를 결정해야 할 것이다.

만일 코란이 하나님의 말씀이라고 결정할 수 있거나 무함마드가 하나님의 사자라고 결론 내릴 수 있다면, 우리는 이슬람을 수용할 충분한 근거를 갖게 되는 셈이다. 그 주장이 성립하기 위해 모든 요소가 참이어야 하는 기독교의 주장과는 달리, 무함마드의 예언자직에 대한 변호는 코란의 영감설을 옹호하고 그 반대도마찬가지다. 그러므로 이슬람교의 주장은 한 가지 주장만 잘 변호하면 되기 때문에 개념상 입증하기가 더 쉽다. 즉 무함마드의 예

---

3 여기서 "알라"는 구체적 신이 아니라 신 개념을 통칭하는 것이며, '샤하다'는 일신론을 선포할 따름이라는 반대가 나올 수 있다. 이것은 흔한 수사적 대응이다. 하지만 다음을 숙고해 보면 대답은 분명하다. 즉 무함마드의 메시지는 하나님에 대한 구체적 교리를 가르친다(예컨대, 그분은 아버지가 아니며, 아들도 아니며, 바드르 전투에서 무슬림을 도운 분이며, 무함마드를 예언자로 택한 분이며 등등). 동시에 무함마드의 메시지는 '알라'라는 단어 안에 내포된 신 개념을 구체화한다. 따라서 '샤하다'에서 "알라"는 무함마드가 전파한 신, 이슬람교의 하나님을 나타낸다.

언자직이나 코란의 영감성 하나만 변호하면 되는 것이다.

따라서 주의 깊게 고려한 끝에 데이비드와 나는 다음 다섯 가지를 연구하기로 정했다.

1. 예수의 십자가 죽음
2. 예수의 죽은 자 가운데서의 부활
3. 예수의 신성 주장
4. 무함마드의 예언자적 권위
5. 코란의 신적 영감성

전체적으로 이 다섯 가지가 기독교의 주장과 이슬람의 주장을 구성한다.

성경 영감설과 기독교의 논거

위의 목록에서 빠진 것 중 눈에 띄는 게 있다면 성경의 신적 영감설일 것이다. 데이비드와 나는 성경에 대해 조사했고 성경 영감설이 기독교 교리에서 엄청나게 중요하지만, 우리 두 사람은 그것이 기독교 신앙의 "내용"에 해당하지 "이유"는 아님을 깨달았다. 기독교 신앙의 최소 요건에 집중하기를 원했던 우리는, 아주 중요하지만 핵심 주장이 아닌 다른 많은 중요한 문제들을 제외시켜야 했는데 성경 영감설도 그중 하나였다. 이론적으로, 설령 성경이 쓰이지 않았다고 하더라도 예수는 여전히 우리 죄를 위해 십자가에서 죽으셨을 테고 죽은 자 가운데서 부활하셨을 수 있으니 기독교의 메시지는 참이 되는 셈이다. 성경 영감설은 기독교 진리 주장의 핵심은 아닌 것이다.

성경과 달리 코란은 무슬림에게 신앙의 "이유"다. 회의자들이 무함마드에게 자신의 주장을 입증할 증거를 제시하라고 도전했을 때, 그가 제시한 1차 증거는 코란의 영감설이었다.[4] 반복하지만, 최소한 다섯 번에 걸쳐 무함마드는 코란의 신적 기원을 사람들이 이슬람교를 믿어야 하는 이유로 제시한 바 있다. 대조적으로, 초기 그리스도인들이 복음을 선포할 때 그들이 제시한 제일 근거는 예수의 부활이었지 성경 본문이 아니었다.[5]

이런 이유들로 인해, 기독교의 진리 주장에서는 예수가 중심 기둥을 이루는 반면, 이슬람의 논거에서는 코란이 중심 기둥을 이룬다. 이것은 우리가 이슬람교와 기독교에 대해 이미 배운 것과 일치한다. 두 종교에서 서로 유사한 위치를 점하는 것은 코란과 예수이지, 코란과 성경이 아니다.

그렇더라도 우리는 신적 영감설과 역사적 신빙성을 혼동하지 않도록 주의해야 한다. 우리는 성경 속 여러 책들이 예수의 죽음과 부활, 신성에 대해 뭐라고 말하는지 살필 텐데, 그렇다면 그

---

4 코란 2:23; 10:37-38; 11:13; 17:88; 52:33-34.
5 사도행전 1:22; 2:24, 29-32; 3:15; 5:29-32; 10:39-41; 13:26-37; 17:30-32; 23:6; 24:15-21; 26:6-8, 23.

문제들을 다루고 있는 기록들이 역사적으로 신빙성이 있는지 당연히 고려해야 할 것이다. 하지만 성경 속 책들에서 발견되는 구체적인 주장들의 정확성을 평가하는 것과, 성경 전체가 영감된 하나님의 말씀인지 그 여부를 결정하는 것은 물론 전혀 다른 사안이다.

초기 그리스도인들은 후자의 주장이 복음을 변호하는 것이라고 주장하지 않았으며, 따라서 우리는 성경이 기독교의 진리 주장에 영향을 주는 한에서 성경의 역사적 신뢰성을 고려할 뿐 성경 영감설이란 주장 자체를 고려하지는 않을 것이다. 대조적으로, 무함마드와 초기 무슬림들에 의해 제일 증거로 제시되었던 코란의 영감설에 대해서는 살펴볼 것이다.

객관성: 변호할 것인가, 평가할 것인가

본격적인 조사에 앞서, 내가 수년에 걸쳐 겨우 이해한 것을 나누고 싶다. 즉 이런 문제를 객관적으로 연구하기란 사실상 불가능하다는 것이다. 우리 모두는 자신과 자신이 속한 사회가 오랜 세월 동안 믿어온 신앙을 변호하는 데 있어 편파적일 뿐 아니라, 우리의 믿음은 우리가 정보를 받아들이는 방식에 영향을 미치기 때문이다. 똑같은 자료일지라도 서로 다른 세계관을 가진 사람들에 의해 서로 다르게 해석될 수 있다. 우리가 신실한 신자로서 이슬람교와 기독교를 조사하고자 할 때, 그리스도인으로서 그리고 무슬림으로서 우리가 가지고 있는 전제가 증거를 해석하는 데 영향을 끼친다. 종종 우리는 우리가 보고 싶은 것을 본다.

자료 조사를 시작했을 때 나는 이슬람이 진리라는 전제를 가지고 토론 자리에 나왔고 또 그런 전제를 가지고 자료를 해석했다. 데이비드가 어떤 사실을 제시해도 나는 그것을 내 이슬람식 패러다임에 맞추거나 일축할 방법을 찾곤 했다. 자신이 이미 믿고 있는 것을 방어하기란 어렵지 않으며, 자기 생각을 거기에 고정시킨 사람은 그가 무슬림이든 그리스도인이든 그렇게 할 수 있을 것이다.

자신의 신앙의 진실을 추구하고 그것을 정직하게 평가하기란 어렵다. 이를 이루기 위해서는 자신을 성찰하고 빈번하게 자기비판적일 수 있어야 한다. 자신의 편견을 완전히 극복할 수는 없을지라도, 의도적으로 공정한 마음가짐을 유지하며 그것을 추구하는 것이야말로 우리가 취할 수 있는 가장 중요한 한 걸음이다. 자료를 점검하는 동안 우리는 스스로에게 반복해서 이렇게 물을 필요가 있다. "객관적인 관찰자가 보기에도 이 주장이 설득력이 있을까?"

이어지는 다섯 부에 걸쳐서 나는 기독교와 이슬람교의 진리 주장을 평가하면서 주기적으로 이 질문을 제기할 것이다. 이슬람교와 기독교 양쪽의 주장에 모두 영향을 주는 첫 세 개의 요점을 점검한 뒤, 이슬람의 진리 주장을 점검하는 부분으로 넘어가기에 앞서 그때까지 발견한 것을 확실히 하는 중간 정리가 있을 것이다.

　아직 무슬림이던 때에 나는 이 조사의 시작으로서 가장 좋은 질문은 의견 충돌의 주축이면서 동시에 역사적으로 탐구하기 쉬운 질문을 정하여 주관성을 최소화하는 것이라고 결론 내렸다. 그 질문은 이것이다. 예수는 정말 십자가에서 죽으셨는가?

6부

예수는
십자가에서 죽었는가?

21장

긍정적인 주장: 일치하는 기록들

2002년, 데이비드와 나는 내 아버지와 데이비드의 두 친구인 마이크 리코나, 개리 하버마스와 함께 우정어린 종교 간 대화 모임을 꾸렸다. 마이크는 무술 사범이자 보험 판매원으로서 종교학 대학원 과정을 밟고 있었고, 개리는 마이크의 교수 중 하나였다. 개리는 종교간 대화에 여러 번 참여한 바 있었고, 마이크는 서로 다른 종교적 배경을 가진 사람들을 자기 집으로 초청해 정기적인 모임을 열고 있었으며, 내 아버지는 이슬람교를 전하는 데 있어 항상 열정적이었다. 그래서 모두가 한자리에 모여 자신의 신앙에 대해 깊게 토론하는 것에 아무런 거부감을 느끼지 않았다.

나는 이전에 무슬림 지도자들과 학자들이 토론하는 것을 수십 번도 넘게 들어 그 내용을 익히 잘 알고 있던 주제를 선택했기에 큰 부담감이 없기도 했다. 그 주제는 이것이다. 예수는 십자가에서 죽었는가? 비교적 익숙한 주제라는 점 외에도, 코란은 그 문제에 대해 분명한 입장을 취했고 나는 알라의 말씀을 확신하고 있었다.

코란은 예수가 십자가에서 죽었다는 것을 분명하게 부인한다. 4:157은 이렇게 말한다. "마리아의 아들이며 하나님의 예언자인 예수 그리스도를 우리가 살해하였다라고 그들이 주장하더라. 그러나 그들은 그를 살해하지 아니하였고 십자가에 못 박지 아니했으며 그와 같은 형상을 [그와 같이 보이게] 만들었을 뿐이라. 이에 의견을 달리하는 자들은 의심하는 자이며 그들이 알지 못하고 그렇게 추측할 뿐 그를 살해하지 아니했노라"(필자 강조).

무슬림들은 이 구절을 여러 방식으로 해석한다. 내 아버지와 내가 그날 방어한 관점은 아흐메드 디다트와 샤비르 앨리가 옹호하는 관점으로, 예수는 실제로 십자가에서 죽은 게 아니라 죽은 것처럼 보이게 만든 것이라는 입장이다. 비록 이것은 저명한 무슬림 지식인들의 입장이긴 하지만 그럼에도 무슬림 전체로서는 소수의 입장이다. 다수의 무슬림들은 이슬람교의 초기 주석으로 돌아가 예수의 얼굴 모습이 그를 대신해서 십자가에 못 박힌 다른 사람의 얼굴에 덧입혀졌다고 믿는다.

내 아버지는 그날 저녁 첫 시간에 우리의 견해를 제시했고, 그 후에 마이크와 개리는 예수가 실제로 십자가에서 죽었다고 믿는 자신들의 근거를 설명하면서 우리와 생각을 나눴다.

학자들의 일치된 견해

그날 저녁 내 눈에 가장 띄었던 것, 권위의 용어로 생각하는 일에 익숙한 지성에게 가장 중요했던 것은 무슬림이 아닌 학자들 중 이슬람의 입장을 지지하는 학자가 사실상 아무도 없다는 점이었다. 예수가 십자가형을 당해 죽었다는 점은 학계에서 거의 만장일치로 받아들여지는 입장이다. 학자들의 일치된 견해 자체가 증거는 아니겠지만, 그럼에도 신경 쓰이는 입장의 확인이었다.

물론 기독교 학자들이 이 점에 대해 일치된 견해를 보인다는 점은 조금도 놀랍지 않았다. 내가 놀랐던 것은 이 문제가 논쟁이 필요하지 않을 만큼 견고하게 정립되었다고 하는 비기독교 학자들의 일관된 주장이었다.

독일 학자인 게르트 뤼데만(Gerd Lüdemann)은 성경을 의심하여 다음과 같은 악명 높은 말을 남겼다. "예수의 인격은 그 자체로 신앙의 기초가 되기에 부족하다."[1] 하지만 그조차도 예수의 죽음에 이르러서는 직접적으로 말한다. 그의 책 『정말로 예수에게 무슨 일이 있었는가』(What Really Happened to Jesus)에서 뤼데만은 예수의 생애를 다양한 각도에서 비판적으로 재검토하는데, 종종 전통적인 기독교의 입장을 전면적으로 묵살한다. 그러나 "예수

---

1   Gerd Lüdemann, "The Decline of Academic Theology at Göttingen," *Religion* 32, no. 2 (2002), 87–94.

의 죽음"이라는 제목이 붙은 부문에서 그는 단 두 문장만을 할애한다. "십자가형의 결과로서 예수의 죽음이라는 사실에 대해서는 가(假)죽음 또는 속임수 같은 가설이 이따금 제안되지만 논쟁의 여지가 없다. 이에 관해 여기서 더 논의할 필요가 없다."[2] 그런 다음 그는 이 문제를 더 궁구하는 것이 무의미하다는 양 다른 주제로 넘어간다.

기독교 신앙에 도전하는 또 다른 저명한 학자인 파울과 프레드릭슨(Paula Fredriksen)도 뤼데만과 비슷한 결론을 내린다. "예수의 생애에서 가장 확실한 한 가지 사실은 그의 죽음이다. 그는 로마 총독 빌라도에 의해, 유월절 즈음에, 특히 정치적 폭도들에게 가해지던 로마의 방식인 십자가형으로 처형당했다."[3]

어쩌면 이 문제는 전통적 기독교에 대한 비판자 하면 떠오르는 인물 중 하나인 존 도미닉 크로산에 의해 가장 간결하게 진술된 바 있다. "본디오 빌라도 치하에서 일어난 예수의 십자가 죽음에 대해서는 일말의 의심도 있을 수 없다."[4] 단호함이 부족하다는

---

2 Gerd Lüdemann, *What Really Happened to Jesus: A Historical Approach to the Resurrection*, trans. John Bowden (Louisville: Westminster John Knox, 1995), 17.

3 Paula Fredriksen, *Jesus of Nazareth: King of the Jews* (New York: Vintage, 1999).

4 John Dominic Crossan, *The Historical Jesus: The Life of a Mediterranean Jewish Peasant* (San Francisco: HarperSanFrancisco, 1991), 375. 『역사적 예수』, 한국기독교연구소 역간.

듯 그는 다른 데서도 이런 진술을 덧붙인다. "그가 십자가에 못 박혔다는 것은 역사상 어떤 사건보다 확실하다."[5]

지난 10년간 역사학을 연구하는 대학원생으로 지내면서 나는 학자들이 토론이 진행중인 거의 모든 역사적 입장에 있어서 의견 일치를 보이지 않는다는 사실을 배웠고 학자들 간의 의견 일치를 발견하기란 거의 불가능하다는 점을 알게 되었다. 하지만 오늘날 사실상 모든 신약학자들이 예수가 십자가에서 죽었다는 사실에 동의한다. 심지어 이미 보았듯이 기독교의 전통적인 신앙을 일축해버리는 학자들조차도 예수의 십자가 죽음을 "토론이 불필요"하며, "예수의 생애에서 가장 분명한 사실"이며, "어느 역사적 사실보다 분명한 사실"이라고 말한다.

여기서 나는 사실상 모든 비이슬람 학자들이 그렇게 믿으니까 예수가 십자가에서 죽은 것이 틀림없다고 주장하려는 게 아니다. 그렇다면 그것은 권위에 호소하는 것이며 논리적으로 오류가 있는 주장일 것이다. 다만 나는 그날 밤 마이크와 개리가 내게 지적하여 준 바, 만일 예수가 십자가에서 죽지 않았다고 생각한다면 우리가 얼마나 힘겨운 싸움을 하게 되었을지 했던 내 생각을 복기하는 것뿐이다. 예수의 십자가 죽음에 대한 증거는 너무도 분명해서 예수의 생애를 연구하는 사실상 모든 학자들이 믿는 바

---

5   John Dominic Crossan, *Jesus: A Revolutionary Biography* (San Francisco: HarperCollins, 1991), 145. 『예수』, 한국기독교연구소 역간.

이다.

사실, 그 증거가 얼마나 분명한지 적어도 한 명의 무슬림 학자조차 이를 인정할 정도다.[6] 『열심당』(*Zealot*)의 출간에 미디어의 관심이 쏟아지는 가운데, 저자인 레자 아슬란(Reza Aslan)은 예수가 "너무도 분명하게 십자가형을 당했다"고 아주 분명히 밝혔다.[7] 아슬란은 서구 세계에 가장 널리 알려진 무슬림 학자인데, 그 또한 역사적 증거로 인해 코란의 가르침에도 불구하고 예수가 십자가에서 죽었다고 믿는다. 예수의 십자가 죽음을 확신하기에 그는 예수의 생애에 대한 자신의 이론의 근거로 예수의 죽음을 사용한다.

그리스도인, 비그리스도인, 심지어 무슬림까지, 과연 이 모든 학자들을 설복시킨 증거는 무엇이었을까?

십자가에 관한 기록

내가 옥스퍼드의 교수들로부터 배웠듯이, 역사적으로 의미 있는 주장은 반드시 1차 문헌에 근거한 것이어야 한다. 즉 역사 기록 자체가 의미하는 바가 무엇인지 물어야 한다.

---

6 하지만 여기서 지적해둘 것이 하나 있는데, 언급한 다른 학자들과는 달리 Reza Aslan은 신약이나 역사적 예수를 연구하는 학자가 아니라 종교사회학자이며 창조적 글쓰기를 가르치는 교수다.

7 Lauren Green과의 인터뷰.

고대 역사의 모든 기준에 따를 때 예수에 관한 기록들은 매우 초기에 속하며 상당히 다양하다. 예수의 십자가 처형 이후 불과 몇 년 후부터 그리스도인, 유대인, 로마인들은 예수가 십자가에서 죽었다고 보도한다. 그들의 증언은 백 년이 넘도록 한결같다.

아마 가장 초기의 보도였을 기록이 고린도 교회에 보낸 편지에서 발견된다. 그리스도인이든 그리스도인이 아니든 가리지 않고 많은 신약학자들에 따르면, 고린도전서 15장은 예수가 십자가에서 죽은 뒤 5년 안에 공식화된 신조를 담고 있으며, 그 신조는 예수가 죽었고 장사되었다고 증언한다. "내가 받은 것을 너희에게 전하였노니, 이는 성경대로 그리스도께서 우리 죄를 위하여 죽으시고 장사 지낸 바 되셨다가…"(고전 15:-34).[8]

다음 자료의 중요성을 이해하는 게 대단히 중요한데, 즉 신약성경이 쓰이기 전에 그리스도인들은 그들 신앙의 핵심 교리를 서로에게 전해 주고 있었고 예수의 죽음은 그들의 제1관심사에 속했다. 예수의 죽음에 관한 가르침은 기독교 초기부터 있었을 뿐만 아니라 그들이 전한 교리의 핵심 요소였다. 예수의 사후 5년 안에 나타난 이러한 전승 기록이 우리 손에 있는 것은 고대사에서 거의 전대미문의 일이며, 대부분의 역사 기록과 비교할 때도 놀라울 정

---

8 사실, 일부 학자들은 이 가르침이 예수의 사후 1년이 못 되어 공식화되었다고 말한다. "이 전통은 예수 사후 수개월 안에 공식화된 전통이라고 전적으로 확신할 수 있다." James D. G. Dunn, *Jesus Remembered* (Grand Rapids: Eerdmans, 2003), 855. 『예수와 기독교의 기원』, 새물결플러스 역간.

도로 빠른 경우다.

다수의 학자들이 신약성경보다 먼저 쓰였다고 믿고 있는 또 다른 신조를 빌립보서에서 볼 수 있다. 여기서 또다시 우리는 예수의 죽음이 실재일 뿐 아니라 강조되어 있음을 본다. "[그리스도 예수께서] 자기를 낮추시고 죽기까지 복종하셨으니 곧 십자가에 죽으심이라"(빌 2:8).

예수의 생애를 기록한 초기 전기들, 곧 마가복음, 마태복음, 누가복음, 요한복음은 하나같이 예수가 십자가형을 당해 죽었음을 증언한다. 게다가 그 밖의 신약성경의 저자들과 책들도 이를 뒷받침한다.

그 의미를 주의 깊게 살펴보지 않은 일부 사람들은 이런 기록의 출처가 성경이며 따라서 선입견이 개입된 기록이기에 증거로 작용할 수 없다고 주장할 수 있다. 하지만 이런 견해에는 최소한 두 가지 문제가 있다. 우선, 모든 역사 기록에는 선입견이 개입되어 있기 마련이며, 따라서 조사 과정에서 선입견의 경중을 점검할 필요는 있겠지만, 선입견이 개입되어 있다고 해서 기록 자체를 불신할 이유는 없다는 점이다. 그렇지 않을 경우, 우리는 모든 역사를 내다 버려야 할 테고, 모든 뉴스 보도와 친구들의 개인적 이야기를 불신해야만 할 것이다. 두 번째, 이런 출처들은 다양한 배경을 가진 사람들에 의해 기록되었거니와, 일반적으로 말하면 그 기록자들이 처음부터 그리스도인은 아니었다. 비록 원래부터 그리스도인은 아니었지만, 그들은 기독교의 메시지가 종종 어마어마한 대가를 치르더라도 회심할 만큼 충분히 설득력이 있음을 발견했다. 그러므로 그들의 증언을 오히려 더욱 신뢰해도 무방할 것이다.[9]

그 외에도 초기 그리스도인들에 대한 증언은 비그리스도인들의 보도에서도 입증된다. 유대 장군이었다가 로마 황제의 친구가 되었던 요세푸스도 예수가 십자가에 못 박혀 죽었다고 1세기에 보도한다. 그를 이어 로마의 역사가인 타키투스 역시 예수의 죽음을 보도한다.

예수의 사후 백 년 안쪽으로 우리는 예수의 십자가 죽음을 보도하는 기독교, 유대교, 로마의 자료를 가지고 있으며, 그가 십자가에서 죽지 않았을 가능성을 암시하는 보도는 단 한 건도 없다.

예수의 무덤이 왜 비어 있었는지를 설명하려고 했던 이들이 있었다는 보도를 고려할 때 이 마지막 사실은 보다 설득력을 갖는다.[10] 그들은 예수가 십자가에서 죽지 않았다고 주장하는 대신, 그의 시신이 도난당했다고 주장했다. 그래서 예수가 십자가에 못

---

9 그렇지만 기독교 역사의 이 시점에서 "회심" 혹은 유대적 배경을 가진 자가 그리스도인이 된다는 것에 내포된 의미가 무엇인지에 대해서는 충분히 알려져 있지 않으며, '그리스도인'이라는 용어가 '유대인' 혹은 '비그리스도인'과 나란히 놓일 때 불가불 문제가 된다는 점을 이해할 필요가 있다. 하지만 용어의 문제를 제외할 때, 요점은 분명하다. 그들은 자신들이 이미 믿은 바를 변호하고 있지 않다는 것이다.

10 마태복음 28:12-15.

박혀 죽지 않았다고 제안할 수 있는 절호의 기회가 있었지만, 아무도 그러한 주장을 생각하지는 않았던 것으로 보인다.

그리고 그렇게 생각할 만한 충분한 이유가 있다. 사람들은 십자가의 공포에 대해 너무도 잘 알고 있었기 때문이다.

십자가의 공포

간단히 말해, 십자가는 타락한 인간이 고안해낸 가장 극악무도하고 고통스러우며 효과적인 처형 방식 중 하나였다. 십자가의 고통이 얼마나 극심했던지 그것을 묘사하는 한 단어가 만들어졌다. '고문 당하는 것 같은'(excruciating)이라는 단어는 "십자가에서 겪는" 고통을 묘사한 라틴어 단어를 번역한 표현이다.

고대 로마의 연설가였던 키케로는 십자가형에 대해 "가장 잔혹하고 역겨운 형벌"이며 "가장 극단적인 고문"이라고 표현했다. 키케로에 따르면, "십자가의 공포"를 생각하는 것만으로도 로마 시민들에게는 어마어마한 공포였다고 한다. "'십자가'라는 단어는 로마 시민의 면전에서뿐만 아니라 그의 생각과 눈과 귀에서 완전히 사라져야 한다."[11]

아들 세네카는 십자가형을 당한 이들의 절망을 이렇게 묘사

---

11 Marcus Tullius Cicero, *Pro Lege Manilia. Pro Caecina. Pro Cluentio. Pro Rabirio Perduellionos*, trans. H. Grose Hodge (Cambridge: Harvard Univ. Press, 1990), 467.

한 바 있다. "차라리 한 번에 죽을지언정 어느 누가 사지가 갈라지고 생명을 한 방울씩 빼앗겨 고통 가운데 죽어가기를 택하겠는가? 어느 누가 저주받은 나무에 역겨운 모습으로 매달려, 몸은 만신창이가 되고, 가슴과 어깨는 흉하게 부어오르고, 끊임없는 고통 중에 겨우 숨을 고르게 되기를 바라겠는가? 십자가에 매달리기 직전까지도 그는 거기 매달리지 않을 수많은 이유를 가지고 있었으리라!"[12]

십자가형은 로마가 성명을 공포하기 원할 때를 위해 준비해 둔 처형법이었다.

십자가형에 정해진 표준 절차는 없었고, 종종 형 집행관에게 마음껏 잔혹성을 표현해도 무방하다는 권한이 주어졌다. 처형되는 자는 때로 불편한 자세로 십자가에 고정되었고, 때로는 사타구니에 못이 박히기도 했고, 때로는 자기 아내에게 가해지는 폭력을 지켜봐야 했고, 때로는 가족들이 살해당하는 모습을 어쩔 수 없이 봐야 했고, 때로는 죽임 당한 아들을 목에 매고 있어야 했다.[13] 효과적인 사형 방법은 많이 있었기에 십자가형은 또 다른 처형 방법 정도가 아니었다. 십자가형의 목적은 잔인함이었고, 처형당하는 자에게 일절 호의를 베풀지 않았다.

예수의 경우에서 보듯이, 십자가에 매달기에 앞서 종종 태형

12 Seneca, *Epistles* 93-127, trans. Richard M. Gummere (Cambridge: Harvard Univ. Press, 1925), 167.
13 Josephus, *Antiquities* 12.256. (「유대 고대사」)

을 가했는데 그것만으로도 극심한 고통이 따랐다. 채찍은 피부를 터뜨리고 힘줄을 찢어, 희생자의 "피가 줄줄 흐르게" 만들도록 고안되었다.[14] 요세푸스는 희생자들이 "채찍에 맞아 뼈가 드러났고" 때로 채찍에 의해 내장이 드러나기도 했다고 말한다.[15] 이런 이유로 세네카는 십자가에 달린 희생자를 묘사하면서 "구타당해 무력한 사체"로 묘사한 것이다.[16]

십자가형의 궁극적 목표는 처형이었고, 십자가에 달린 희생자에게 숨이 붙어 있는지 쉽게 확인할 수 있었다. 그것은 아직 움직임이 있는지 보기만 하면 되었다. 움직임이 없다는 것은 더 이상 숨을 쉬지 않는다는 뜻이니 죽은 것이었다. 희생자를 십자가에 매다는 방식은 흉곽을 최대치로 팽창시켜서 폐로 숨을 내쉴 만큼 충분한 압력을 가할 수 없게끔 만들었다. 숨을 내쉬려면 못이 박힌 발로 몸을 밀어 올려야 했고 무릎을 다시 굽히면서 숨을 들이쉴 수 있었다. 출혈량이 한계치에 이르면 신체에서 힘이 빠지고, 그러면 더 이상 숨을 내쉴 수 없어 질식사하게 되었다.

그런 이유로 희생자의 죽음을 앞당기거나 확실히 하는 수단으로써 무릎 뼈를 부수는 방법이 있는데, 예수의 양 옆에 매달린 죄인들에게 행해진 대로다. 무릎이 부서지면 더 이상 숨을 내쉴

---

14 Martin Hengel, *Crucifixion in the Ancient World and the Folly of the Message of the Cross* (Philadelphia: Fortress, 1977), 31-32.
15 Josephus, *Jewish War* 6.304 and 2.612.
16 Seneca, *Epistles*, 167.

수 없고 곧 사망에 이르렀다.

로마인들에게는 죽음을 확인하는 또 다른 방법이 있었다. 여러 방법이 있지만, 희생자의 몸에 불을 붙인다든지, 희생자를 야생동물의 먹이로 준다든지, 혹은 예수의 경우처럼 창으로 심장을 찌르는 것이었다.

지금까지 십자가의 공포를 상당히 압축·요약해서 묘사해보았다. 십자가형은 로마가 볼 때 가장 무가치하고 극악무도한 범죄자들을 위해 마련된 처형법이었다. 고대 로마에서 **십자가**라는 단어가 하층 계급 사이에서 순전히 욕으로 쓰인 이유가 이제 이해가 될 것이다. "십자가에 못 박아라!"[17] 역사 기록에서 로마의 십자가형을 받고 살아남은 자가 아무도 없다는 것은 전혀 놀랍지 않다.[18]

그럼에도 놀라운 점은, 자신들의 구세주가 십자가에 못 박혔다고 하는 터무니없는 선포와 더불어 한 신앙 운동이 시작되었다는 것이다.

---

[17] Hengel, *Crucifixion in the Ancient World and the Folly of the Message of the Cross*, 9.

[18] 가능성 있는 유일한 예외가 요세푸스의 자서전에서 발견된다. 그는 십자가형을 당하고 있는 지인 세 명을 본 이야기를 전한다. 곧 황제가 될 티투스에게 요세푸스는 친구로서 눈물을 흘리며 이 사실을 말했다. 티투스는 "그들을 십자가에서 내리고 회복될 수 있도록 치료를 아끼지 말라고 명령했다." 그럼에도 세 사람 중 둘이 죽었고 한 친구만이 살아남았다. 이것이 로마 역사에서 십자가형을 당하고도 살아남은 유일한 기록이다. 부분적으로 십자가형을 받다가 형 집행이 정지되어 황제가 명령한 최고의 의료 조치를 받은 희생자 외에, 십자가형을 온전히 받고도 살아남았다는 기록은 전혀 없다. Josephus, *Life*, 420-21.

십자가의 어리석음

십자가형이 도저히 극복할 수 없는 수치임에도 불구하고 그리스도인들이 십자가에서 죽은 자신들의 구주를 이야기하는 메시지를 전파한 점은 충격적이다. 그처럼 참혹한 죽음을 죽은 예수가 어떻게 누군가를 구원할 수 있단 말인가?

그런 이유로 사람들은 그리스도인들의 신앙을 조롱했다. 예수가 십자가에 못 박힌 모습을 재현한 가장 초기의 그림은 알렉사메노스라 하는 그리스도인을 조롱하기 위해 그려진 것이었다. 그 그림에서 예수는 나귀 머리를 한 채 십자가에 달려 있고, 휘갈겨 쓴 글자는 "알렉사메노스가 자기 신을 경배한다!"라고 기록하고 있다. 십자가에 못 박히는 것은 대단히 부끄러운 일이며, 그런 자를 예배한다는 것은 더더욱 부끄러운 일이었다.

다음은 미누키우스 펠릭스가 기독교에 반대하여 기록한 논쟁의 핵심이다. "저들의 예배가 자기 죄로 죽은 사내와 십자가라는 죽음의 나무에 초점을 맞춘다고 말하는 것은 버림받은 비천한 저들에게 적합한 예배처와 저들 수준에 맞는 예배가 어떠한 것인지를 지정해준다 하겠다."[19] 다시 말하면, 그리스도인들은 십자가에 못 박힌 사내를 예배할 정도로 비루한 자들이니 그들이 십자가에

---

19 Hengel, *Crucifixion in the Ancient World and the Folly of the Message of the Cross*, 3.

못 박힌 사내를 예배하는 것도 그럴 만하다는 것이다.

로마인뿐 아니라 유대인들도 십자가를 엄청난 수치로 여겼다. 신명기 21:23은 "나무에 달린 자는 하나님께 저주를 받았음이니라"고 가르친다. 대체로 유대인들은 고난 받는 메시아를 기대하지 않았거니와 하나님의 저주를 받는 메시아는 더더욱 말할 것도 없었다.

"십자가의 도가 멸망하는 자들에게는 미련한 것이요, 구원을 받는 우리에게는 하나님의 능력이라"(고전 1:18). 이런 이유로 고린도 교회는 그 모든 외양에도 불구하고 예수의 십자가가 여전히 좋은 소식이라고 확신해야 했다. 십자가에 대한 일반적인 이해를 하고 나면, 십자가가 "어리석은" 것으로 보였다는 말이 온전히 이해가 된다. 의심의 여지 없이, "십자가에 못 박힌 그리스도"라는 메시지는 "유대인에게는 거리끼는 것이요, 이방인에게는 미련한 것"이었다(고전 1:23).

유대인과 이방인 모두에게 십자가에 못 박힌 구세주라는 메시지는 혐오스럽고 우스꽝스러운 것이었다. 다시 말해, 십자가의 메시지를 들은 모든 이들은 거부감을 느꼈다. 적어도 처음에는 그랬다. 이는 매력적인 선포가 아닌 것이 분명했다.

십자가가 그런 조롱과 혐오를 유발한다는 전제하에 우리가 반드시 고려해야 할 질문은 이것이다. 왜 그리스도인들은 그런 메시지를 전파하려고 했는가? 좀 더 매력적인, 예컨대 예수가 십자가에서 살아났다거나, 겉보기와는 달리 예수가 처음부터 십자가에 매달리지 않았다거나 하는 대안적 메시지를 왜 전하지 않았던 것일까? 아니, 기독교의 메시지에서 십자가를 완전히 빼버리고 다른 방식으로 그가 죽었다거나 또는 그가 죽지 않고 하늘로 바로 올라갔다고 왜 전하지 않았던 것일까? 이 모든 이야기는 듣는 이들에게 기독교의 메시지를 훨씬 더 매력적으로 보이게 했을 텐데 말이다.

유일하게 타당한 대답은 이것이다. 즉 예수는 실제로 십자가형을 받아 죽었고, 제자들은 진리 선포가 그들이 원하는 바였다면 마땅히 전할 수밖에 없던 것을 전하고 있었다.

옹호론을 정리하며

예수의 죽음에 대해 책 전체를 할애할 수 있을 테지만(실은 수십 권의 책이 나와 있지만), 이슬람교의 반응을 살펴보기에 앞서 옹호론을 요약해보는 것이 좋겠다.

어느 역사적 주장이든 그 기초는 반드시 일차 자료에 근거해야 하는데, 예수가 십자가에 못 박혀 죽었음을 주장하는 논거의 경우 기초 자료들에 대해 의견 일치가 이뤄지고, 다양하며, 그 시기가 이르고, 풍성하다. 예수가 죽고 나서 얼마 후 십여 명의 저자와 전승이 예수의 십자가 죽음을 기록하고 있으며, 그 기록 중에는 기독교 자료뿐 아니라 유대교와 로마의 자료도 있을뿐더러 그들의 증언이 서로 일치한다. (예수 사후) 백 년이 넘도록 예수가 십자가에서 죽지 않았다거나 십자가형을 피해 갔다는 암시를 주는 기록은 전혀 없다. 이것은 우리가 알고 있는 십자가형 관습과 일치하는데, 로마의 십자가형을 제대로 당하고도 살아남은 이는 아무도 없다. 예수가 십자가에서 죽지 않았다고 상정하는 것은 초기 그리스도인들과 이들의 메시지에 반대한 자들의 의제에는 도움이 되었겠지만, 그런 제안은 상상조차 불가능해 보인다.

학계에서 예수의 생애를 연구하는 이들로서 예수가 십자가에서 죽지 않았다고 생각하기란 오늘날 가능성의 영역을 아예 벗어나는 일로 남아 있다.

22장

이슬람의 반응: 그렇게 보이게 하셨을 뿐

개리와 마이크의 입장을 듣고 나니, 이 주제에 관한 한 나와 아버지는 힘든 싸움을 하게 될 것이 분명해졌다. 여하튼 우리는 모스크에서 배웠던 입장을 주장했고 할 말은 많았다. 여기서 나는 우리가 주장한 내용의 대부분을 상술할 것이며 예수의 죽음을 부정하는 보다 일반적인 무슬림들의 주장도 제시할 것이다.

앞의 주장에 대한 이슬람교의 반응은 4:157에 대한 두 가지 주요 해석에 따라 분류해볼 수 있다. 이 구절의 핵심 부분을 상기해보자. "그들은 그를 살해하지 아니하였고 십자가에 못 박지 아니했으며 그와 같은 형상을 만들었을(그렇게 보이게 하셨을) 뿐이라." 이에 관한 두 가지 가장 일반적인 해석은 이 구절에서 서로 다른 부분에 각각 강조점을 두고 있다. 무슬림 토론자들이 종종 주장하는 바 예수가 십자가에서 살아남았다는 견해는 앞쪽에 초점을 맞추는 반면("그들은 그를 살해하지 아니하였고"), 다수의 견해는 뒤쪽에 초점을 맞춘다("그렇게 보이게 하셨을 뿐이라").

그들은 그를 죽이지 않았다

아버지와 나는 예수가 십자가에 올려졌으나 죽지 않았다는 입장을 개진했다. 그는 기적적으로 십자가에서 살아남았고, 죽지 않은 채 내려졌으며, 무덤에 옮겨져 치료를 받았고, 로마인들의 손아귀를 벗어나 도망했다.

이것은 기독교 변증학자들이 '기절론'이라고 이름 붙인 이론과 같지 않거니와, 기절론은 비판적 무신론자인 다비트 슈트라우스(David Strauss)의 영향 아래 이미 수백 년 전에 사멸한 이론이다. 자연주의적 견해인 기절론은 예수가 **어떻게든** 십자가에서 살아남았다고 주장했다. 슈트라우스의 비판은 강력했는데, 설령 예수가 십자가에서 겨우 살아남았다고 하더라도, 그의 몸은 부서져 불구가 되었을 테고, 그는 필사적으로 치료를 받아야만 했으리라는 것이다. 그가 살아남았다는 소식에 제자들은 안심했을지 모르나 그것으로는 초기 교회의 탄생과 그들의 전도가 설명이 되지 않는다. 역사 기록에 따르면, 제자들은 예수가 영광 중에 부활하신 생명의 주님이라고 전했고, 그 믿음은 그들로 하여금 기꺼이 죽고자 할 정도로 죽음을 물리치게 해주었다. 슈트라우스에 따르면, 그것은 예수가 십자가에서 살아남았다면 있을 수 없는 일이다.

기절론에 대응했던 기독교 변증가들은 조금 다른, 좀 더 본능적인 면에 집중했다. 설령 예수가 십자가에서 죽지 않았더라도, 그의 발은 부서지고 그의 손은 마비되었으며 그의 옆구리에는 구멍이 뚫리고, 몸은 불구가 되거나 정상 생활이 불가했으리라는 것이다. 예수가 무덤에서 걸어 나가려면 기적이 필요했을 것이라고 그들은 주장했다!

하지만 무슬림인 우리는 기적이 일어났을 것을 인정했고 그것이 우리가 주장한 바였다. 나는 그것을 '유신론적 기절론'이라 불렀고, 우리는 하나님이 예수의 생명을 십자가에서 기적적으로 지켜주었다고 주장했다. 우리는 다음의 경구로 우리의 주장을 제시했다. "하나님께서 예수를 죽은 자 가운데서 다시 살리시는 어마어마한 기적을 행하실 수 있다면, 먼저 그를 죽음으로부터 지키시는 사소한 기적을 행하시지 못할 이유가 무엇이겠는가?" 사실 이것은 예수의 죽음의 불가피성을 피해가는 것이다. 십자가가 아무리 잔혹하다고 할지언정, 예수를 지키시는 하나님의 능력은 훨씬 더 크다.

또한 우리는 이러한 신의 계획이 복음서에 희미하게 그 흔적을 보인다고 주장했다. 빌라도는 하나님이 자기 아내에게 준 꿈 때문에 예수를 죽이고 싶어 하지 않았고, 예수를 풀어주려는 그의 시도는 군중들이 바라바를 요구함으로써 좌절되었고, 빌라도는 예수가 죽지 않도록 형 집행을 맡은 백부장과 한통속이 되어 일반적으로 형 집행에 필요한 시간보다 짧게 매달리도록 시킨 게 분명하고, 예수의 시신을 요구한 데서 증거가 보이듯 아리마대 요셉도 빌라도와 공모했을 수 있고, 예수의 무덤에 찾아온 여인들은 치료 목적의 향료와 몰약을 가져온 게 틀림없고, 예수는 경비병들을 따돌리기 위해 동산지기로 변장했고, 예수의 손에 난 구멍은 그가 죽은 자 가운데서 부활한 것이 아님을 나타낸다는 등등.

또 우리는 겟세마네 동산의 기도에서 분명히 드러나듯, 예수 자신도 죽고 싶어 하지 않았다고 주장했다. 예수는 십자가 때문에 너무도 초조한 나머지 핏방울 같은 땀을 흘렸다. 이에 대한 최선의 설명은 예수가 십자가를 면하게 해달라고 하나님께 간청한 것이라고 우리는 주장했다. 우리는 이러한 주장과 히브리서의 한 구절을 연결시켰다. "예수께서 육신으로 세상에 계실 때에, 자기를 죽음에서 구원하실 수 있는 분께 큰 부르짖음과 많은 눈물로써 기도와 탄원을 올리셨습니다. 하나님께서는 예수의 경외심을 보시어서, 그 간구를 들어주셨습니다"(히 5:17, 새번역).[1] 자기의 예언자들을 보호하시는 자비로운 하나님 알라는 예수의 기도를 들으시고 십자가의 죽음에서 기적적으로 그를 구하신 것이다.

알라는 예수를 구하는 것 이상의 일을 하실 수 있는 분이고 성경의 기록이 이 이론을 지지하는 증거를 담고 있음을 고려할 때, 예수는 십자가에서 죽지 않았다고 우리는 주장했다.

---

1 이 구절을 읽을 때 초기 그리스도인들이 예수의 부활을 죽음으로부터 구원받는 것으로 이해했다는 점을 아는 것은 중요하다. 사도행전 2:31-32을 보라.

하지만 그렇게 보이도록 만들어졌다

하지만 예수의 죽음에 대해 무슬림들 사이에서 통용되는 더 일반적인 입장은 종종 '대체론'이라고 하는 것이다. 이는 예수의 얼굴이 다른 이의 얼굴에 덧씌워졌다는 믿음이다. 대부분의 무슬림들은 예수를 대신해 형장까지 십자가를 지고 갔던 구레네 시몬이나 자기 예언자를 배반함으로써 형벌을 받아 마땅한 가룟 유다가 그 사람이었다고 주장한다.

이는 역사적 논증을 가지고 방어할 수 있는 입장이 아니지만 주로 성경의 보도를 비판하는 주장들로 보완된다. 예를 들어, 제3일에 여인들이 무덤을 찾아갔을 때 무슨 일이 있었는지에 대해 복음서들 간에 주장이 일치하지 않는다는 식이다. 마가복음은 흰 옷을 입은 한 청년을 말하고, 마태복음은 천사가 돌을 옮겨놓았다고 하며, 누가복음은 여인 곁에 두 사람이 나타났다 하고, 요한복음은 두 천사가 예수의 시신이 뉘었던 자리에 앉아 있었다고 전한다. 복음서 간의 불일치는 각 복음서 간의 보도에 혼돈이 있었음을 내비친다. 즉 정확히 무슨 일이 있었는지 복음서 저자들도 몰랐다는 것이다.

유신론적 기절론을 주장하는 무슬림들도 이 점을 이용해 자신들의 주장을 보완하고, "그렇게 보이게 하셨다"는 코란의 말씀 또한 자신들의 이론에 적용하지만 그 타당성은 적다. 알라는 기적을 행하여 예수의 생명을 보존했고, 예수는 죽지 않았으나 궁극적으로는 죽은 것처럼 보이게 되었다. 대체론에서 "그렇게 보이게 하셨다"는 말은 훨씬 더 적극적인 의미를 갖는다. 알라가 행하는 기적이 예수가 실은 죽지 않았음에도 불구하고 죽은 것처럼 보이게 만들고 있다는 것이니 말이다.

무슬림의 반응을 정리하며

궁극적으로 무슬림들은 어떻게 보였든지 간에 알라가 십자가에서 예수를 구했다고 반응한다. 복음서에 희미하게 암시되어 있듯, 알라는 기적을 행하여 예수의 몸을 보존하는 방식으로든, 다른 이로 예수를 대신하게 하는 방식으로든 그 일을 행했을 수 있다. 성경의 기록은 대체로 믿을 만하지 못하고 따라서 성경의 기록을 신뢰할 만한 충분한 이유도 없는 것이다.

23장

이슬람의 반응에 대한 평가: 코란과 역사적 예수

예수의 십자가 죽음에 대한 이슬람의 양대 이론은 주의 깊게 다룰 필요가 있다. 각각에 대해 자세히 살펴보는 동시에 코란에서 예수에 대해 가르치는 문맥을 검토함으로써 대체론의 믿음을 보다 깊이 탐색해보자.

유신론적 기절론에 대한 응답

이 논증에 적절히 대응하기에 앞서, 코란의 구절이 실제로 무슨 말을 하고 있는지에 주목하는 것은 가치가 있다. "그들은 그를 살해하지 아니하였고 **십자가에 못 박지 아니했으며.**" 이 구절은 예수가 십자가에 달리지도 않았다고 말하는 것으로 보이는데, 우리도, 유신론적 기절론을 주장한 다른 무슬림들도 뒷 구절만을 주목해 "그가 십자가형을 받아 죽지 않았다"는 뜻으로 받아들였다. 본질적으로 우리는 이 구절을 이렇게 해석했다. "그들은 어떤 방식으로든 그를 죽이지 않았고, 그들은 십자가형으로 그를 죽이지 않았다." 이것은 억지스런 해석이며, 코란 주석에 문제가 있다고 지적하는 것으로는 그 논증에 대한 응답이 되지 않는다.

이 이론을 검증하기 위해 우리는 요점을 따로 떼어 살펴야 한다. 그것은 예수가 자연적 상황이라면 십자가에서 죽었을 수도 있었지만, 하나님께서 기적적으로 지켜주셔서 죽지 않았다는 것이다. 당연히 이것은 기적을 요하는 설명인데, 우리는 객관적 관찰자로서 조사하기 위해 노력하고 있음을 스스로 끊임없이 상기해야 할 것이다. 객관적 관찰자로서 우리는 그런 기적이 일어났다고 결론을 내려야 할까?[1]

나는 객관적 관찰자라면 별도의 타당한 설명이 없는 한 기적이 일어났다고 결론지어서는 안 되며, 설령 기적이 일어났다고 결론 내리더라도 특정한 상황하에서라는 단서를 붙여야 한다고 주장하고 싶다.[2] 이 경우 상당한 개연성이 있는 다른 설명이 가능

---

1 나는 "객관적 관찰자"라는 사실만으로 그가 자연주의자라고 생각하지 않는다. 자연주의는 그 자체로 편견을 수반하는 판단이다. 나는 객관적 관찰자라면 하나님의 존재를 주장하지는 않더라도 그 가능성을 열어두어야 한다고 생각한다.

2 여기서 나는 이것이 기적이 실제로 일어났다고 결론 짓기에 충분한 조건이라고 주장하는 것이 아니다. 오히려 그것은 필요조건이다. 한동안 설명이 불가했던 많은 현상들이 후에 지식이 추가되면서 설명이 되곤 한다. 기적이 일어났다고 믿을 만한 이유가 더 제시되어야 한다. 더 깊은 토론을 위해서는 25장을 보라.

하다. 즉 예수가 십자가에서 죽었다는 것이다. 이 경우 객관적 관찰자가 기적이 일어났다고 결론을 내리려면, 예수의 십자가 죽음이 개연성이 없다고 믿어야만 한다. 하지만 예수의 죽음은 훨씬 개연성이 있고 명백한 설명이다.

하나님의 계획의 희미한 흔적이라고 인용되는 성경 구절들에 관해서는, 이 구절들이 네 복음서에서 예수가 자신의 죽음에 대해 반복해서 예언하고 그 예언대로 죽었다는 문맥 속에 등장함을 지적할 필요가 있다. 문맥에서 구절을 떼어내어 그 구절이 문맥과 정반대의 주장을 한다고 주장하려면 상당한 이유가 있어야지, 그렇지 않으면 본문을 어설프게 다루는 셈이다.

이 경우에는 그렇게 해야 할 타당한 이유가 없을 뿐만 아니라 그렇게 해서는 안 되는 충분한 이유가 있다. 즉 예수의 죽음을 예언하고 선포하는 구절들은 풍성하고 분명한 반면, "희미한 흔적들"은 대개 드물고 개연성 없는 해석을 요한다는 것이다. 올바른 해석의 기본 법칙 중 하나는, 코란이든 성경이든 여타의 다른 문헌을 다루든 간에, 불명확한 진술은 명확한 진술의 빛 아래서 해석해야지 그 반대로 해서는 안 된다는 것이다. 예수의 죽음이라는 분명한 진술을 무시한 채 다른 구절들을 하나님께서 예수를 구했다는 암시라고 지적하는 것은 매우 서툰 조사 방법이 아닐 수 없다.

어떤 이들은 빈 무덤을 묘사하는 장면처럼 복음서에서 서로 차이가 나는 진술들이 복음서의 증언을 내버려야 하는 이유라고 지적할지 모르나, 그것은 논리적인 결론이 아니다. 보수적인 그리스도인이라면 그 구절들을 조화시키는 것이 가능하다고 응답할 것이다. 실상 그 장면에 청년처럼 보이는 천사 둘이 있었다고 말이다. 이러한 이해를 따를 경우, 네 복음서의 진술이 어느 하나 명확하지는 않지만 모두 양립 가능하다. 그러나 빈 무덤에 대한 서로 다른 진술들이 양립할 수 없다는 데 동의할지 모를 덜 보수적인 연구자들도 이것이 예수의 십자가 죽음이라는 일관된 증언을 어떻게든 무효화한다고 결론지을 필요는 없다. 그것은 논리적인 결론이 아니니 말이다.

그뿐 아니라 유신론적 기절론은 중요한 역사적 사실과도 맞지 않는다. 예를 들어, 기절론은 빌라도를 유대인들과 결탁해 죄 없는 사람을 구하려고 하는, 하나님을 경외하는 인물로 그린다. 역사를 보면, 오히려 그 반대가 사실처럼 보인다. 빌라도는 무자비한 인물이었고 로마의 질서와 통치를 유지하기 위해서라면 거리낌 없이 유대인들을 죽였다. 요세푸스가 기록했다시피, 빌라도는 죄 없는 사마리아인들을 죽이는 데 주저함이 없었고[3] 성전 창고의 기물을 빼내다가 이에 저항하는 자들을 쳐서 죽인 것이[4] 역사적 사실이다. 복음서에도 보면, 빌라도는 예수에게 죄가 있다고 생각하지는 않았지만 그럼에도 폭동의 위협에 직면했을 때 십

---

3   Josephus, *Antiquities* 18.85-88.
4   Josephus, *Jewish War* 2.175-177.

자가형을 예수께 언도한 것이 사실이다.

　마지막으로, 사려 깊은 역사학도에게 가장 문제가 되는 것은 유신론적 기절론은 기독교회의 탄생에 대해 아무런 설명을 제시하지 못한다는 점이다. 만일 초기 그리스도인들이 한통속이 되어 예수를 구한 것이라면, 그들로 하여금 예수가 십자가에 못 박혀 죽었다가 부활했다고 전파하도록 한 동력은 무엇이었는가? 그들이 거짓말쟁이라면, 우리는 다른 영역의 증거를 모두 버려야 할뿐더러 십자가에 못 박혔다가 부활하신 메시아를 그들이 전파하지 않았다고 주장해야만 하지 않겠는가? 궁극적으로, 이 이론은 조사자들에게 예수의 죽음과 관계된 모든 증거를 버릴 뿐만 아니라 수십 개의 자료를 근거로 형성된 초기 기독교에 관한 모든 이해까지 버릴 것을 요구한다. 이것은 8부 후에 중간 정리에서 다시 다룰 중요한 문제다.

대체론에 대한 응답: 예수의 생애에 관한 자료로서의 코란

대체론은 유신론적 기절론보다도 역사적 개연성이 더 낮은 논증으로, 객관적 관찰자의 경우 명백한 설명이 가능한데도 하나님이 기적을 행했다는 결론으로 치달을 수는 없다는 점을 기억해야 할 것이다. 예수께서 죽지 않았으며 하나님께서 예수의 얼굴을 다른 사람의 얼굴에 씌워놓았다고 주장해야 할 이유는 무엇인가? 이 경우 의심할 여지가 거의 없는데, 이슬람교가 이렇게 믿는 근거는 코란이 그렇게 주장하기 때문이다.

공정을 기하기 위해, 우리는 코란이 옳을 수 있다는 가능성을 검토해야 할 것이다. 예수에 대해 신약성경이 놓치고 있는 무언가를 코란이 알고 있다고 믿을 만한 충분한 이유가 있는가? 물론 우리는 객관적 관찰자로서 조사에 임하고 있음을 스스로 끊임없이 상기해야 할 텐데, 그러려면 우리는 코란이 하나님의 영감으로 된 책이라는 가정에서 시작할 수는 없다.

코란이 예수에 대해 가르치는 바의 근거를 비교적 초기까지 추적할 수 없다면, 우리는 그 가르침이 600년 후 600마일 넘게 떨어진 곳에서 나온 증언이며 따라서 복음서에 비해 정확한 어떤 것도 우리에게 말해줄 가능성이 없다고 결론 내릴 수밖에 없다. 복음서의 기록은 예수의 증인들이 살아 있는 동안에 예수가 속해 있던 공동체 주변에서 나왔으니 말이다.

하지만 코란이 예수에 대해 가르치는 바도 비교적 초기까지 추적이 **가능하다.** 코란이 가르치는 대부분이 이전에 있던 가르침이었다. 예를 들어 5:110을 살펴보자. "마리아의 아들 예수야, 내가 내린 나의 은총을 기억하라. 내가 너를 성령으로 보호하여 **네가 요람에서** 그리고 성숙하여 **사람들에게 말을 하였노라.** 내가 너에게 말씀과 지혜를 그리고 구약과 신약을 가르쳤노라. 너는 **흙으로 나의 뜻에 따라 새의 모양을 빚어 그것에 숨을 불어넣으니 나의 뜻에 따라 새가 되었노라.** 또한 장님과 문둥병을 치료하였으니 나의 뜻이었고 또한 죽은 자를 살게 하니 이도 나의 뜻이었노라. 또 내가 그들에게 기적을 행하며 이스라엘 자손들이 너를 음모하여 살해하려 하니 내가 이를 제지하였노라."

강조체로 쓰인 두 가르침에 집중해볼 텐데, 먼저 후자부터 시작해보자. 코란은 예수가 흙으로 만든 새에 생명을 부여하는 기적을 행했다고 가르친다. 우리는 이 기적 이야기가 나오는 문맥을 코란에서 찾을 수 없는데, 그 이유는 이 이야기가 알라가 예수에게 공급해준 것들을 나열한 목록에만 나오기 때문이다.[5] 그러나 위경(僞經)에 대해 알고 있는 이들은 이 이야기의 문맥을 이미 파악했을 것이다. 유명한 이야기이니 말이다.

2세기 중반 사람들은 예수에 관한 이야기를 지어내기 시작했다. 말하자면, 일종의 "팬 픽션"(팬들이 창작한 이야기)인데, 예수의 감추어진 유년 시절에 자신들의 이야기를 끼워 넣거나 기적을 행하는 예수의 능력에 초점을 맞춘 이야기들이다. 이들 허구의 복음을 일컬어 유년(기) 복음서라고 한다. 흥미로운 예 중 하나가 '도마 유년기 복음서'다.

이 유년(기) 복음서에서 예수는 다섯 살짜리 아이로 소개되며 특히 짓궂고 초자연적 능력으로 종종 동년배 소년들을 골탕 먹인다. 한번은 예수가 산골짜기 시냇물 가에서 웅덩이를 만들고 있는데 다른 아이가 와서 웅덩이의 물을 빼버렸다. 예수가 그를 저주하자 그 즉시 소년은 말라죽었다. 후에 다른 아이가 달려오다가

예수와 어깨를 부딪혔는데, 어린 예수가 그를 저주하자 그도 즉시 죽었다. 이 아이들의 부모들이 요셉에게 찾아와 자식을 잘 가르치라고 말하자, 예수는 그들을 장님으로 만들어버렸다. 예수의 가정교사가 어른에 대한 존중심을 가르치려 하자, 다섯 살짜리 예수가 교사를 꾸짖고 도리어 그에게 가르친다! 모두가 예수가 어떤 아이인지를 보고 깜짝 놀랐다.

좌절한 가정교사가 예수는 천사이거나 하나님 자신일 수밖에 없다며 찬탄하자, 예수는 웃음으로 긍정하며 자신이 저주했던 모든 이들을 고쳐준다. 그렇게 이야기는 계속된다. 소년 예수는 기적의 능력을 사용해 어떤 사람들을 저주하고, 다른 이들을 고쳐주고, 자신의 옷 안에 물을 담고, 가구를 고치기까지 한다. 그의 장난은 사람들이 그가 하나님이나 하나님의 천사가 틀림없다고 경탄할 때마다 잦아든다. 이야기에 현실감을 불어넣기 위해 저자는, 예수가 열두 살 때에 성전에서 그 지식으로 장로들을 놀라게 했던 누가복음의 이야기에 (도마 유년기 복음에서처럼) 자신의 이야기를 이어 붙임으로써 끝을 맺는다.

예수가 흙으로 만든 새에 생명을 부여했다는 코란의 가르침에 문맥을 부여해주는 것은 이 허구의 흥미로운 이야기다. 이야기 초반에 어떤 유대인이 예수가 안식일에 진흙으로 새 만드는 것을 보고, 요셉을 찾아가서 예수가 거룩한 날에 해서는 안 되는 일을 하고 있다고 고발한다. 안식일에 진흙으로 된 새를 만드는 것은 율법에 어긋나지만 살아 있는 새를 가지고 노는 것은 그렇지 않다는 것을 알고 있던 짓궂은 어린 예수는, 진흙 새에 생기를 불어넣음으로써 자신의 무분별한 행동에서 벗어난다. 코란은 문맥을 제시하지 않은 채 5:110에서 이 유명한 기록을 역사적 사실인 양 가정하며 언급한다.

같은 구절에서 코란은 예수가 요람에 있을 때에 사람들에게 말을 했다고 전한다. 마리아의 이름을 딴 코란의 수라 19장은 좀 더 구체적인 정보를 준다. 23절에서 마리아는 극심한 출산의 고통 가운데 종려나무에 기대어 애를 쓴다. 고통 중에 마리아는 이렇게 말한다. "이전에 죽어버렸다면 조용히 잊어버릴 수 있는 일인데!" 이에 대해 그녀가 출산 중인 예수는 이렇게 응답한다. "슬퍼하지 말라. 네 주님께서 네 밑에 흐르는 냇물을 두셨노라." 얼마 후 사람들이 그녀에게 부정한 관계를 가졌는지 묻자, 마리아는 직접 물어보라는 의미로 예수를 가리켰다. 그들은 "요람 안에 있는 아기와 어떻게 말을 하란 말이뇨"라고 말한다. 그러자 아기 예수는 이렇게 응답한다. "나는 하나님의 종으로서 그분께서 내게 성경을 주시고 나를 예언자로 택하셨습니다."

이 이야기는 또 다른 유년기 복음서인 '구주의 유년기에 관한 아랍어 복음서' 혹은 '아랍어 유년기 복음서'의 이야기와 놀라울 정도로 유사하다. 그 서문에서 요셉과 가야바와 관련된 역사적 실수를 몇 가지 언급한 후에 이렇게 말한다. "예수가 말했으니, 참으로 그가 요람에 누워 있을 때 자기 어머니인 마리아에게 말했다. 나는 천사 가브리엘이 그대에게 고지한 대로 그대가 낳은 예수이자 하나님의 아들이며 말씀이라."[6] 코란에 나타난 아기 예수의 선포는 '아랍어 유년기 복음서'에 나타난 아기 예수의 선언을 이슬람교식으로 변형한 것으로서 서로 아주 유사하다.

대체론에 대한 응답: 영지주의가 4:157에 끼친 영향

코란의 다른 많은 가르침들도 비교적 앞선 허구의 기록으로서 그 기원을 추적해 볼 수 있지만, 지금 중요한 것은 4:157의 메시지이다. "그러나 그들은 그를 살해하지 아니하였고 십자가에 못 박지 아니했으며 그와 같은 형상을 만들었을 뿐이라(그렇게 보이게 하셨을 뿐이라)." 이 가르침이 코란보다 오래되었을 뿐 아니라 복음서의 기록보다 더 신뢰할 만하다고 믿을 만한 이유가 있는가?

실은, 마찬가지로 유명한 2세기의 또 다른 자료에서 정확히 이와 똑같은 가르침을 찾아볼 수 있다. '바실리데스의 복음'[7]을 쓴

---

6 Alexander Roberts, James Donaldson, and A. Cleveland Coxe, eds., "The Arabic Gospel of the Infancy of the Saviour," in *The Ante-Nicene Fathers: Fathers of the Third and Fourth Centuries; The Twelve Patriarchs, Excerpts and Epistles, the Clementina, Apocrypha, Decretals, Memoirs of Edessa and Syriac Documents, Remains of the First Ages*, trans. Alexander Walker, vol. 8 (Buffalo: Christian Literature Company, 1886), 405.

7 Thus K. Aland, W. Bauer, W. Foerster, G. May, E. Procter, and A. Gregory; 이 책을 '복음서'라 불러야 할지에 대한 보다 자세한 토론은 다음을 보라. J. A. Kelhoffer, "Basilides's Gospel and 'Exegetica (Treatises)'" *Vigiliae Christianae* 59, no. 2 (2005), 115-34.

바실리데스는 영지주의 교사였고, 그의 학파는 그의 사후 4세기까지 존속했다. '영지주의'라는 말은 비밀 지식을 뜻하는데, 영지주의자들이 본질적으로 악한 물질세계로부터 자유로워지기 위해서는 비밀스런 지식이 필요하다고 믿은 까닭이다.

이레나이우스의 기록에 따르면, 바실리데스는 예수의 십자가 죽음에 대해 이렇게 가르쳤다. "그(그리스도)가 직접 고난을 당하신 것이 아니라 구레네 사람 시몬이 강제로 그를 대신해서 십자가를 졌다. 이 나중의 인물이 예수의 모습으로 변화되었고 무지와 실수로 인해 십자가에 못 박힌 예수로 여겨졌으나, 예수 자신은 시몬의 모습을 받아 그 곁에 서서 그들을 비웃었다."[8] 따라서 예수는 죽지 않았고 십자가에 못 박히지도 않았으며, 그와 구레네 시몬의 얼굴이 서로 바뀌어 다만 그렇게 보였을 뿐이라는 것이다. 이것은 절대 다수의 코란 해석인 대체론과 정확히 관련성이 있다. 하지만 바실리데스는 왜 이것을 가르쳤을까? 그가 어떤 역사적 진실에 접근했기 때문인가? 만일 그렇다면, 코란은 신약성경이 모르는 뭔가를 알고 있는 것이다.

영지주의자들의 믿음은 다양했지만, 가장 일반적 형태는 태어나지 않은 신(神)인 성부로부터 많은 신들이 나왔다는 것이다.

---

8 Irenaeus of Lyons, "Irenæus against Heresies," in *The Ante-Nicene Fathers: The Apostolic Fathers with Justin Martyr and Irenaeus*, ed. Alexander Roberts, James Donaldson, and A. Cleveland Coxe, vol. 1, (Buffalo: Christian Literature Company, 1885), 349.

바실리데스는 이 믿음에 동의했고, 성부로부터 나온 첫 유출물이 성부의 지성인 '누스'(nous)라고 가르쳤다. 그것이 예수, 곧 처음 태어난 신이다. 그 후로 보다 낮은 수준의 신들이 발출되었고, 물질세계를 창조한 신은 가장 낮은 수준의 신이었다. 바실리데스에 따르면, 그 신이 곧 유대인의 하나님과 그의 천사들이다. 성부는 예수를 보내어 유대인의 하나님, 곧 이 악한 세상의 창조주로부터 영지주의자들을 구원하도록 했다.

바실리데스는 물질세계가 악하기 때문에 예수가 물질로 된 몸을 가질 수 없다고 가르쳤고 따라서 예수는 십자가에 못 박힐 수도 없었다. 다음 단락에서 그런 진술을 볼 수 있다.

무형의 권능이자 태어나지 않은 성부의 '누스'인 그는 자신이 기뻐하는 대로 자신을 변모시켰고, 그리하여 자신을 보내신 그분께 승천하여, 그가 붙잡아둘 수 없는 분이며 모두에게 안 보이는 만큼 저들을 조롱했다. 그 후 이 일을 아는 이들은 세상을 이루는 공국들로부터 자유롭게 되었다. 이는 우리로 그를 십자가에 못 박힌 분으로 고백할 것이 아니라 **인간의 모습으로 오셔서 십자가에 못 박힌 것으로 여겨지시고** 예수라 일컫고 아버지에 의해 보내진 분으로 고백하도록 하려 함이며, 이런 섭리에 따라 그로 하여금 이 세상의 창조자들의 작품을 파괴하게 하려 함이다.[9]

---

9 앞의 책, 강조는 필자.

이처럼 "그들은 그를 살해하지 아니하였고 십자가에 못 박지 아니했으며 그와 같은 형상을 만들었을 뿐이라(그렇게 보이게 하셨을 뿐이라)"는 예수에 대한 코란의 가르침은 2세기 영지주의 문헌으로 그 기원을 추적해볼 수 있을 것이다. 이 후대의 허구의 복음서는 자신의 다신론적 세계관을 지지하기 위한 "비밀 지식"을 전파할 뿐, 예수의 생애에 대한 역사적 정보는 제공하지 않는다. 우리는 코란 4:157의 기록이 객관적 탐구자가 신빙성 있는 역사적 증거로 간주할 만한 것이 못 된다고 확신해도 좋으며, 따라서 대체론은 기각되어야 한다.

대체론에 대한 반응: 문맥과 관련된 첨언

무슬림 탐구자라면 코란의 해당 구절들이 허구의 문헌에서 나온 게 아니라 알라로부터 온 것이며, 아무튼 역사적으로도 견실하다고 반응하고픈 유혹이 들 것이다. 나 역시 그랬다. 하지만 전과 마찬가지로, 나는 내가 객관적 관찰자로서 조사하고 있음을 끊임없이 상기해야 했고 코란이 신의 영감으로 된 것이라 가정하지 않고는 그런 결론을 내릴 수 없었다. 허구의 복음서들이 (코란에 비해) 연대적으로 앞선 것은 명백하며 그 기록들이 역사적으로 견실하지 않다는 점 또한 분명하다.

그러나 대체론에 이의를 제기하는 훨씬 더 강력한 이유가 있다. 이 세 단락에 담긴 정보는 허구의 복음서들에서는 문맥상 훌륭한 의미를 전달하지만 코란에서는 거의 혹은 전혀 문맥상 의미를 구성하지 못한다. 도마 유년기 복음서에서 예수는 장난으로 기적을 일으키는 자로서 진흙으로 된 새에 생명을 불어넣거니와 이는 문맥에 완벽하게 부합한다. 아랍어 유년기 복음서에서 예수는 영원한 하나님의 말씀이기에 출생과 동시에 말을 했다. 바실리데스 복음서에서 예수는 죽지도 않고 십자가에 못 박히지도 않는데, 이는 그가 신이며 물질로 된 몸을 갖고 있지 않기 때문이다.

그러나 코란에서 예수는 왜 진흙 새에 생명을 불어넣는가? 여기서는 아무런 이유나 문맥이 제시되지 않는다. 코란은 그저 유명한 기록을 언급할 뿐이다. 왜 아기 예수가 출생하자마자 말을 하는가? 다시 한번 이유가 제시되지 않으며 그저 말을 할 뿐이다. 왜 예수는 십자가에 못 박히지 않았고, 왜 다른 누군가가 예수의 모습을 하게 되었는가? 마찬가지로 코란은 어떠한 이유도 제안하지 않고, 다만 이 비밀 지식이 사실이라고 주장할 뿐이다.

이 세 가지 기록은 허구의 복음서들의 맥락에서는 훨씬 더 잘 어울리며, 코란이 그 문서들보다 후대의 문헌임을 감안할 때, 우리는 코란이 보여주는 예수에 대한 개념이 역사적으로는 신빙성이 없고 신학적으로는 이슬람교에 반대되는 후대의 허구적 문헌에서 기원했다고 결론 내려야 마땅하다.

24장
결론: 예수는 십자가에서 죽었다

    그날 밤 마이크의 집을 나서면서 나는 예수의 죽음에 대한 나의 생각을 바꾸지 않았다. 평생에 걸쳐 지켜온 신념을 하룻밤 사이에 뒤집기란 어려운 일이다. 그러나 한 가지만은 점점 분명해졌다. 예수가 십자가에서 죽지 않았다는 내 신념은 이슬람 신앙에 기초한 것이었지, 역사적 사실에 기초한 것은 아니었다. 역사적으로 말하면, 예수의 죽음에 관한 증거는 단정적으로 기독교와 일치하고 이슬람교와는 반대된다.

    물론, 이슬람은 여전히 진리일 수 있었다. 코란의 영감성에 대한 일반 무슬림들의 주장처럼 코란을 믿을 만한 다른 충분한 논증이 있는 한, 그리고 그런 논증들이 예수의 죽음에 대한 역사적 증거보다 더 중요하다면, 코란과 이슬람교에 대한 나의 신앙을 당당히 주장할 수 있을 터였다. 그런 이유로 개인적 신앙의 측면에서 나의 이슬람 신앙은 흔들리지 않았다. 마음속으로 나는 코란을 곧 옹호할 수 있으리라고 믿었다.

그러나 이 사안에 관한 조사와 관련해서 나는 내가 객관성을 고수하기로 했던 점을 상기했고 나 자신에 대해 스스로 정직해야만 했다. 객관적 관찰자라면 예수가 십자가형을 받아 죽었다고 결론내릴까? 물론이다. 무신론 학자들과 영지주의 학자들이 우리를 대신해 이 질문에 우렁찬 목소리로 대답해주었다. 반드시 그럴 것이라고 말이다. 그 이유는 압도적이다. 예수의 죽음에 관한 기록은 아주 이른 시기에 나타나는데, 첫 백 년 동안 그리스도인, 유대인, 로마인의 목소리를 빌린 수십 개의 기록이 중층적으로 나타난다. 로마의 십자가형을 받고도 살아남은 사람은 아무도 없었거니와, 만일 예수가 십자가형을 받고도 살아남았다면 그것이야말로 십자가에 못 박힌 구주라는 걸림돌보다 초기 교회가 선포할 수 있는 훨씬 더 매력적인 메시지였을 것이다.[1]

대체론과 기절론이라는 이슬람 측의 반응은 훨씬 명백하고 타당한 설명이 있음에도 불구하고 기적을 제안한다는 이유로, 그리고 초기 기독교의 역사적 실체에 대한 전면적인 재조사를 요구한다는 점에서 타당성이 없다. 이에 대해서는 잠시 후 자세히 살펴볼 것이다. 그뿐 아니라, 예수의 생애에 관한 역사적 자료로서 코란을 신뢰할 만한 이유가 거의 없는데, 코란은 예수 사후 600년

---

1   물론, 이 메시지에 대한 옹호와는 별개로 이것은 사실이다. 비록 일부 독자들이 보기에는 부활을 믿지 못하는 것이 그 메시지가 호소력 없게끔 보이는 본질적인 이유겠지만 말이다.

도 더 지난 후에, 그리고 예수가 살던 곳에서 600마일 이상 떨어진 곳에서 쓰였으니 말이다. 비록 이른 시기의 자료가 코란에 있기는 하지만, 그런 자료들조차 후대에 작성된 허구의 복음서들에 근거하기 때문에 역사적 신빙성이 떨어진다.

결론적으로, 우리는 게르트 뤼데만(Gerd Lüdemann)의 말에 동의하지 않을 수 없다. "십자가형을 당해 예수가 죽었다는 사실은 논쟁이 필요 없는 사실이다."

7부

예수는
죽은 자들 가운데서
부활했는가?

25장

옹호론: 사실에 부합하는 최선의 설명

예수의 십자가 죽음이 기독교 메시지의 끝이 아니다. 예수가 죽은 자들 가운데서 부활했다는 것이 복음이다. 다른 모든 생명은 죽음으로 끝났지만, 예수의 죽음은 생명으로 끝을 맺었다. 모든 기독교적 확신의 기초에는 예수의 부활이 있다. 죽음은 두려워할 게 못 된다. 예수께서 죽음을 이기셨고, 우리는 예수 안에 있으니 말이다.

예수의 부활은 교회의 태동기부터 기독교적 확신의 근원이었다. 사도행전에서 누가는 기독교 최초의 설교를 기록하고 있는데, 거기서 베드로는 부활을 선포하는 것으로 결론을 맺는다. "이 예수를 하나님께서 살리셨습니다. 우리는 모두 이 일의 증인입니다"(행 2:32, 새번역). 누가가 기록한 두 번째 설교에서 베드로는 또 이렇게 말한다. "그래서 여러분은 생명의 근원이 되시는 주님을 죽였습니다. 그러나 하나님께서는 그를 죽은 사람들 가운데서

살리셨습니다. 우리는 이 일의 증인입니다"(행 3:15, 새번역).[1] 사도
행전의 열한 곳이나 되는 단락에서 초기 교회는 예수의 부활을 선
포하고 있다. 예수께서 죽은 자들 가운데서 부활하셨다, 초기 교
회를 든든히 세운 메시지는 바로 이것이었다.

그러나 부활의 중요성을 가장 분명히 진술한 이는 바울이
리라. 고린도전서 15:14에서 그는 이렇게 말한다. "그리스도께서
만일 다시 살아나지 못하셨다면 우리가 전파하는 것도 헛것이요,
또 너희 믿음도 헛것이며." 예수께서 죽음에서 다시 살아나지 않
았다면, 기독교의 선포와 기독교 신앙은 소용이 없다. 예수께서
죽음을 이기지 않았다면, 우리도 마찬가지일 것이다.

예수께서 죽은 자들 가운데서 부활하셨는가? 우리는 그리스
도의 부활을 믿을 만한 충분한 이유를 가지고 있는가? 예수가 부
활했다면, 그것은 기독교 신앙의 견고한 토대다. 부활하지 않았다
면, 그리스도인들은 모든 사람 가운데서 가장 불쌍한 이들이다.[2]

아빠와 내가 마이크의 집 거실에서 토론을 하고 나서 1년쯤
후, 마이크는 다시 이 주장을 펼쳤는데, 이번에는 7백 명의 청중이
듣고 있는 앞에서였다. 2004년, 마이크 리코나는 저명한 무슬림
논객 샤비르 앨리와 토론을 벌였다. 주제는 이것이었다. "예수는

---

1   사도행전 1:22; 2:24, 29-32; 3:15; 5:29-32; 10:39-41; 13:26-37;
     17:30-31; 23:6; 24:15-21; 26:6-8, 23.
2   고린도전서 15:19.

죽은 자들 가운데서 부활했는가?"[3]

최소 사실에 기초한 접근

그날 밤, 마이크는 친구 개리가 개척한 '최소 사실 접근법'이라는 논증을 전개하고 있었다. 이 논증의 장점은 강력하고 이해하기 쉽고 간단해서 다음의 한 문장으로 진술할 수 있다. 예수의 십자가형을 둘러싼 역사적 사실은 사실상 모든 역사학자들이 동의하는 바이며, 이런 사실들에 관한 최선의 설명은 예수가 죽은 자들 가운데서 부활했다는 것이다.

배경을 조금 설명하자면, 개리는 역사적 예수를 연구하는 학자들, 곧 불가지론, 무신론, 유대교, 기독교, 그리고 그 밖의 어떤 세계관을 가지고 있든, 그들의 입장을 분류하고 정리하는 데 이미 서른 해를 보낸 터였다. 그는 역사적 예수에 관해 프랑스어, 영어, 독일어로 출간된 학술지와 학술논문을 모두 읽었다. 그는 어떤 사안들에 대해서는 90퍼센트 이상의 학자들이 의견 일치를 보인다는 점을 알아챘다.[4] 그런 사실들을 살펴보던 중 그는 그런 사실들

---

3 이 토론은 온라인에서 시청할 수 있다. ThomisticTheist (YouTube user), "Did Jesus Rise from the Dead? Michael Licona vs. Shabir Ally," YouTube.com, uploaded August 19, 2013, https://www.youtube.com/watch?v=FTyqQIBGX_4.

4 물론 중요한 것은 학자들의 의견이 일치한다는 사실보다 의견 일치에 이르게 된 이유다. 그 증거는 너무도 강력해서 사실상 그 문제를 연구한 모든 이들이

이 예수의 부활로써 가장 잘 설명된다는 점을 깨달았다. 다른 모든 설명은 예수의 죽음을 둘러싼 역사적 사실들을 무시하거나 왜곡했다.

참으로 역사학자의 과제를 고려할 때 분명히 해야 할 것이 있다면, 역사 기록을 최대한 말이 되게끔 설명해주는 이야기 모델을 제시해야 한다는 것이다. 이 경우, 여러 사실에 실제로 부합하는 유일한 모델은 예수가 죽은 자들 가운데서 부활했다는 것이다.

마이크는 개리에게서 사실 목록을 받아서 세 가지로 추렸다. 그것이 이제 우리가 간략히 살펴보려는 바다.

1. 예수는 십자가에서 죽었다.
2. 예수의 제자들은 부활한 예수가 자신들 앞에 나타났다고 참으로 믿었다.
3. 예수를 따르지 않았던 사람들도 부활한 예수가 자신들 앞에 나타났다고 참으로 믿었다.

사실 1: 예수는 십자가에서 죽었다. 앞 장에서 우리는 예수의 십자가 죽음을 자세히 살펴보았다. 예수와 관련된 그 어떤 사안보다 역사학자들은 예수의 죽음이 역사적 사실임을 확신하고 있다.

사실 2: 예수의 제자들은 부활한 예수가 자신들 앞에 나타났다고

같은 의견을 낸다.

참으로 믿었다. 또한 역사학자들은 예수의 제자들이 부활한 예수를 자기 눈으로 보았다고 믿게 되었다고 확신한다. 그 이유는 다층적이다.

첫째, 그러한 선포가 교회 역사에서 상당히 이른 시기에 나타난다. 예수가 십자가에서 죽고 난 뒤 몇 년 안에 예수의 죽음을 보도한 "뉴스 속보" 격 기독교 신조인 고린도전서 15:3-7에도 부활한 예수를 만난 사람들의 공식적 진술이 담겨 있다. "그것은 곧, 그리스도께서 성경대로 우리 죄를 위하여 죽으셨다는 것과, 무덤에 묻히셨다는 것과, 성경대로 사흗날에 살아나셨다는 것과, **게바에게 나타나시고 다음에 열두 제자에게 나타나셨다고 하는 것입니다. 그 후에 그리스도께서는 한 번에 오백 명이 넘는 형제자매들에게 나타나셨는데, 그 가운데 더러는 세상을 떠났지만, 대다수는 지금도 살아 있습니다. 다음에 야고보에게 나타나시고, 그다음에 모든 사도들에게 나타나셨습니다**"(새번역).

존경받는 학자인 제임스 던(James Dunn)에 따르면, "우리가 전적으로 신뢰할 수 있는 이 전통은 예수 사후 몇 개월 안에 공식화되어 전통으로 편입되었다."[5] 첫 그리스도인들이 자신들의 신조 안에 공식화된 언어로 담아 서로에게 전달한 가르침에는 부활한 예수가 모습을 보여준 사람들의 명단이 포함되어 있다. 본질적으

---

5   James D. G. Dunn, *Jesus Remembered* (Grand Rapids: Eerdmans, 2003), 855.

로 이 선포와 자신의 권위를 연결시킨 베드로가 이 목록의 맨 처음에 나올 뿐 아니라 예수가 한 번에 오백 명의 사람들에게 나타났다는 진술도 그 목록에 나온다.

둘째, 예수가 부활했다는 선포는 목격자들의 증언을 불러온다. 이를테면, 바울은 예수 사후 20년경에 위의 신조를 보도하면서 500명의 목격자들 대부분이 아직 살아 있다고 하는데, 마치 "부활한 예수를 목격한 사람들과 이야기하고 싶다면, 적어도 250명 이상을 골라서 만날 수 있다!"고 말하는 듯하다.

이는 사도행전 10:40-41의 보도에서 보이는 양식을 따른 것으로, 여기서 베드로는 그들이 목격자임을 강조한다. "하나님께서 그를 사흗날에 살리시고, 나타나 보이게 해주셨습니다. 그를 모든 사람에게 나타나게 하신 것이 아니라, 하나님께서 미리 택하여 주신 증인인 우리에게 나타나게 하셨습니다. 그가 죽은 사람들 가운데서 살아나신 뒤에, 우리는 그와 함께 먹기도 하고 마시기도 하였습니다"(새번역).[6] 물론 누가도 부활한 예수를 목격한 이들이 있음을 강조하는 또 다른 기록들을 보도하는데, 앞서 언급했던 사도행전 2:32에 나타난 첫 복음 선포의 경우가 그것이다. "이 예수를 하나님이 살리신지라. **우리가 다 이 일에 증인이로다.**" 바울과 베드로, 누가에 이어 부활한 예수의 목격자임을 강조하는 요한복음

---

6 베드로의 장광설이 고린도전서 15:3-8에 나오는 신조와 매우 유사한 방식으로 시작된다는 점은 놀랍다.

21:24을 추가할 수 있다.

셋째, 제자들은 부활한 예수가 자신들에게 나타났다는 믿음을 위해 기꺼이 자기 목숨을 내놓으려 했다. 물론, 어떤 신념을 위해 죽을 수 있다는 것이 곧 그 신념이 사실이라는 것을 의미하지는 않지만, 그 진실함은 보증해준다. 사람들은 자신이 거짓이라고 생각하는 것을 위해 목숨을 내놓으려고 하지는 않는다. 이 경우, 제자들은 자신들이 직접 보았다고 주장하는 것, 곧 부활하신 예수를 위해 기꺼이 목숨을 내놓으려 했다. 수많은 목격자들의 순교가 역사에 기록되어 있는데, 그 시작은 스데반의 순교이며(행 7:60) 여기에는 요한의 형제인 야고보(행 12:2)나 베드로(클레멘스 1서 5:2-7)처럼 이목을 끄는 제자들도 포함된다. 죽음을 정복한 예수를 보았던 그들은 겟세마네 동산 때와는 다르게 더 이상 죽음을 두려워하지 않았다. 그들은 예수의 부활을 참으로 믿었던 것이다.

이 세 가지 그리고 더 많은 이유들로 인해, 대다수의 학자들은 예수의 제자들이 예수가 죽은 자들 가운데서 부활했다고 참으로 믿었다고 확신하고 있다. A. J. M. 웨더번(Wedderburn)은 이렇게 말했다. "어느 순간, 어떤 방법으로든 제자들이 부활한 예수를 자신들이 보았다고 믿게 된 것은 의심의 여지가 없는 역사적 자료다."[7]

---

7 A. J. M. Wedderburn, *Beyond Resurrection* (Peabody, MA: Hendrickson, 1999), 13.

사실 3: 예수의 제자가 아니었던 사람들도 부활한 예수가 그들에게 나타났음을 참으로 믿었다. 마지막으로, 예수를 따르지 않았던 사람들 중에도 예수가 죽은 자들 가운데서 부활한 후 그들에게 나타났다고 참으로 믿은 이들이 있었다. 그런 이들 중 첫 번째이자 가장 중요한 인물이 바울이란 이름으로도 알려진 다소의 사울이다. 예수가 살아 있는 동안 바울은, 구전 토라를 가르쳤던 역사 속 가장 영향력 있는 현자들('타나임')의 일원인 랍비 가말리엘의 문하생이었다. 전승에 따르면, 가말리엘은 위대한 유대 교사인 힐렐의 손자였는데, 그는 동명의 이름인 힐렐 학파로 알려진 유대사상 학파의 창립자였다. 그처럼 고귀한 유대적 내력을 가지고 있던 바울은 그리스도인들을 박해하기 시작했으니, 누구 못지않은 열심과 자신에게 주어진 권한을 활용하여 그리스도인들을 체포했고 때로 그들에 대한 처형을 주관하기도 했다.

하지만 그런 바울에게 어떤 사건이 벌어졌고, 그로 인해 바울은 자신이 박해하던 무리에 합류하게 되었다. 자신의 유대 계급과 지위를 포기하면서까지 말이다. 바울에 따르면, 부활한 예수가 그에게 나타나셨다. 사도행전에서 누가는 바울이 세 번에 걸쳐 자신의 증언을 고백하는 장면을 기록하고 있는데, 거기서 바울은 자신이 부활한 예수를 보았기에 회심했다고 분명히 밝힌다. 고린도전서 15장에서는 바울 자신이 그 이유를 증언한다. 예수가 죽은 자들 가운데서 부활했음을 선포하기 위해 그는 다섯 번이나 매를 맞았고, 세 번이나 채찍으로 맞았으며, 돌에 맞아 죽었다고 여겨졌고, 결국에는 참수당했다.[8] 바울에게는 생각을 바꾸거나 변절할 기회가 여러 번 있었지만, 그는 자신의 생명을 포함한 모든 것을 버리고 부활하신 예수를 개인적으로 만났다고 증언했다.

예수의 생애 동안에는 그를 부인했으나 예수가 십자가에서 죽은 후 그를 따른 또 한 명의 주요 인물로는 예수의 형제인 야고보가 있다. 마가복음에서 우리는 예수의 형제들이 그를 "미쳤다"고 생각해서 붙잡으러 오는 장면을 본다. 또한 요한복음에서는 예수의 형제들이 그를 얼마나 빈정댔는지 "예수의 형제들까지도 예수를 믿지 않았다"고 전한다(7:3-5). 예수가 십자가에 못 박힐 때에도 그의 형제들은 그를 지지하지 않았기에 그들의 모친인 마리아의 봉양은 요한의 몫이 되었다(요 19:26-27). 그러나 예수가 십자가에서 돌아가신 후 그의 형제들이 믿는 이들의 무리 중에 있는 것을 볼 수 있다(행 1:14). 고린도전서 15장의 신조는 그 이유를 말해 주는데, 부활하신 예수께서 야고보에게 나타나셨기 때문이며(7절), 훗날 그는 예루살렘 교회의 지도자가 되었고(갈 1:19) 나중에는 아나누스 벤 아나누스에 의해 처형되었다. 유대 역사가인 요세푸스를 포함한 네 개의 고대 문헌이 예수의 형제인 야고보의 죽음을 보도한다.[9]

---

8 고린도후서 11:24-26과 사도행전 14:19을 보라. 바울의 처형에 관한 기록은 그의 사후 수년 뒤 쓰인 클레멘스1서 5장에 나온다. 바울이 처형된 방식에 대해서는 에우세비오스의 *Historia Ecclesiastica* 2.25.5에 기록되어 있다.

9 네 개의 고대 문헌은 요세푸스, 성 헤게시푸스, 알렉산드리아의 클레멘스, 에

이처럼 제자들뿐 아니라 예수의 생전에 그를 따르지 않았던 바울과 야고보도 부활한 예수를 본 까닭에 목숨을 바쳤다.[10] 자신을 "자유주의적이고 현대적이며 세속화된"[11] 학자라 부르는 E. P. 샌더스(Sanders)는 "예수의 제자들이, 그리고 후기의 바울이, 부활 경험을 했다는 것은 내가 판단할 때 **하나의 사실**"이라고 말한다.[12] 엑스터 대학의 명예교수인 데이비드 캐치폴(David Cathcpole)은 이렇게 덧붙인다. "야고보에게 나타난 사건은… 원래부터 있었던

우세비오스다. 안타깝게도, 클레멘스와 헤게시푸스의 기록은 에우세비오스의 「교회사」(Ecclesiastical History)에만 남아 있다. 클레멘스는 2.1.3-5와 2.23.3에 나오고, 헤게시푸스는 2.23.3-19에 나온다. 곧바로 이어지는 2.23.20-25에는 요세푸스에 대한 에우세비오스의 기록이 나오는데, 그의 기록과 요세푸스의 원고 Antiquities 20.200부터 시작되는 기록 사이에 약간 일치하지 않는 부분이 있다.

10 야고보가 부활한 예수를 보았다는 기록이 고린도전서 15장의 보고 외에는 없기 때문에, 야고보가 회심한 이유에 대해서는 학자들 간의 합의가 비교적 덜 되어 있다. 그럼에도 Habermas는 비판적 학자들 대다수가 고린도전서 15장의 보고대로 부활한 예수로 인해 야고보가 회심했다는 데 의견일치를 보인다고 우리에게 말해준다. Habermas와 Licona는 이런 견해를 견지하고 있는 학자들의 이름을 나열한다. Allison, Betz, Byrskog, Conzelmann, Craig, Davis, Derret, Ehrman, Funk, Hoover, Kee, Koester, Ladd, Lorenzen, Ludemann, Meier, Oden, Osborne, Pannenberg, Sanders, Spong, Stuhlmacher, Wedderburn and Wright. M. Licona, The Resurrection of Jesus: A New Historiographical Approach (Downers Grove, IL: InterVarsity Press, 2010), 460-61.

11 E. P. Sanders, Jesus and Judaism (Philadelphia: Fortress, 1985), 334.

12 "그리고 후기의 바울이"라는 표현이 원문에서는 괄호 속에 등장함에 유의하라. 이 본문을 명확히 하기 위해 나는 쉼표 사이에 이 표현을 배치했다. E. P. Sanders, The Historical Figure of Jesus (London: Penguin, 1993), 280. 강조는 필자.

공감과 헌신에서 발생할 수 있는 사건이 아니었다. 이 점에서 그것은 후기의 바울에게 일어난 일과 다르지 않다."[13] 이에 대해 신학자인 솅크스(Shanks)와 위더링턴(Witherington)은 이렇게 덧붙인다. "야고보는 바울과 마찬가지로 어느 한 시점에 부활한 예수를 보았기에 예수 운동에 투신하게 된 것 같다. 부활 이전의 어떤 것도 그가 예수의 제자, 더군다나 제자들의 지도자가 되었다는 사실을 설명해 주지 못하기 때문이다."[14]

사실에서 논거로

이제 최소 사실을 정리해보자. 예수의 생애를 고려할 때, 우리는 다음 세 가지 결론을 확신할 수 있다. 예수는 십자가에서 죽었고, 예수의 제자들은 예수가 자신들 앞에 모습을 드러냈다고 참으로 믿었으며, 예수의 제자가 아니었던 사람들도 부활한 예수가 자신들 앞에 모습을 드러냈다고 참으로 믿었다.

역사가의 임무가 역사 기록을 가장 잘 설명해주는 이야기 모델을 제공하는 것임을 감안할 때, 예수의 생애에 관한 가장 역사

---

13 David R. Catchpole, *Resurrection People* (Macon, GA: Smyth and Helwys, 2002), 158.

14 Hershel Shanks and Ben Witherington, *The Brother of Jesus: The Dramatic Story and Meaning of the First Archaeological Link to Jesus and His Family* (London: Continuum, 2003), 107-9.

적인 결론은 무엇인가? 최소 사실 접근법에 따르면, 예수가 실제로 죽은 자들 가운데서 부활했다는 것이 사실에 관한 최선의 설명이다. 그 밖의 모든 설명은 과도하게 사실을 무시하거나 왜곡함으로써 그 타당성을 잃는다.

예컨대, 가장 일반적인 대안 가설 중 하나는 제자들이 부활한 예수의 환상을 보았다는 것이다. 최근에 사랑하는 이를 잃은 사람들이 떠나간 이가 곁에 있다는 환상을 볼 수도 있다는 것은 잘 알려진 의학적 현상이다. 그렇다면 수년간 예수를 좇았고 그분이 메시아이심을 마음 깊이 믿었던 제자들이 예수 보기를 너무나 간절히 바란 나머지 그가 돌아온 환상을 보았던 것인가?

예수의 십자가 죽음(사실 1)은 분명 이 가설에 들어맞지만, 예수의 제자들이 부활한 예수가 자기들 앞에 나타났다고 참으로 믿었다는 사실(사실 2)도 들어맞는가? 예수가 처음에 베드로에게 모습을 드러내고 나중에 열두 제자에게, 그리고 500명의 사람들에게, 그 후 야고보에게 나타났음을 고려할 때, 이 모든 출현이 사별로 인한 환상이라고 설명하기는 곤란하다. 500명이 동시에 사별의 환상을 보았다는 의학적 현상은 분명 없다. 이 이유만으로도, 이 가설은 개연성이 아주 낮다. 설령 유래 없이 사별의 환상을 본 500명의 사람들이 있다 해도, 그들 모두가 한 순간의 꿈이 아닌 예수 자신을 보았다고 확신할 가능성은 거의 없어 보인다.

하지만 논의의 편의를 위해, 환상 가설이 사실 2에 대한 설명이 된다고 가정해보자. 즉 제자들이 예수의 부활을 목격했다고 참으로 믿었지만 그들이 본 것은 실상은 환상이었다고 말이다. 이 가설을 믿어 준다고 할지라도, 사실 3, 즉 예수를 따르지 않았던 사람들도 부활한 예수가 자기들 앞에 나타났다고 믿었다는 점에 대해서는 아무런 설명을 해주지 못한다. 심리학적으로 보더라도 바울은 부활한 예수에 대한 환상에 빠질 만한 인물에 부합하지 않는다. 바울은 예수에 대한 감정적 애착이 없었고 예수에 대한 희망 같은 것도 갖고 있지 않았다. 바울에게는 온통 잃을 것뿐이었다. 그런데 왜 바울이 부활한 예수에 대한 환상에 빠지겠는가? 어울리지 않는다.

따라서 환상 가설은 사실 2를 왜곡할뿐더러 사실 3과도 부합하지 않는다. 이는 가능성이 낮은 가설이다.

또 다른 이론이 있다. 제자들이 예수의 시신을 도둑질한 뒤 비방 받은 메시아를 옹호하기 위해 거짓으로 예수가 부활했다는 소식을 널리 알렸다는 가설이다. 이는 예수의 죽음이라는 사실 1과는 부합하나, 제자들이 예수의 부활을 목격했다고 참으로 믿었다는 사실 2와는 부합하지 않는다. 베드로와 야고보와 스데반 그리고 그 밖의 사람들이 거짓을 위해 죽었으며 그것도 기꺼이 그랬다는 설명은 개연성이 낮다. 사실 3에 대해서도 똑같이 말할 수있다. 예수의 생전에 그를 따르지 않았던 바울과 야고보가 이런 거짓을 일삼을 이유는 없었을 것이다.

시신 도난설은 사실 2와도, 사실 3과도 부합하지 않는다. 이는 개연성이 낮은 가설이다.

앞 장에서 보았듯이, 예수가 십자가에서 죽지 않았다는 것이 무슬림들의 일반적인 반응이다. 그 이론은 사실 2와 사실 3을 설명할지는 모르나, 예수가 십자가에서 죽었다는 사실 1과는 직접적으로 모순된다. 이런 가설을 상정하는 것은 다시 한번 사실과 반대로 가는 것이다.

기절론은 사실 1과 부합하지 않는다. 이는 가능성이 낮은 가설이다.

모든 사실에 부합할뿐더러 그것도 아주 잘 부합하는 가설은 제자들과 제자가 아니었던 사람들 모두가 선포한 내용과 일치한다. 즉 예수가 죽은 자들 가운데서 부활했다는 것이다. 이는 퍼즐 조각을 모조리 맞추어주는 유일한 설명이다.

부활 가설은 사실 1, 2, 3을 모두 설명한다. 이것만이 역사적 사실을 외면하거나 왜곡하지 않고 잘 설명해주는 유일한 가설이다. 객관적 관찰자라면 예수의 부활이 역사 자료를 가장 잘 설명해주는 설명이라는 결론에 이를 수밖에 없다.

기적과 객관적 관찰자

이 지점에서 역사적 예수를 연구하는 대부분의 비기독인 학자들은 샌들러의 다음 말을 따른다. "그 경험들을 일으킨 것이 어떤 실체였는지 나는 모른다."[15] 개연성 있는 설명이 없기에, 자연주의자들은 어떠한 제안도 내놓지 않는다. 자연주의자에게 편견—우리는 기적이 일어났다고 결론 내릴 수 없다—을 부과한다는 것만 빼고는, 그것도 나름 책임감 있는 처신이다. 나는 객관적 관찰자라면 그러한 편견에 빠져서는 안 된다고 주장하고 싶다. 우리는 그런 생각에도 마음을 열어두되 무척 신중해야 한다. 기적을 설명하는 것으로 쉽게 넘어가서는 안 된다.

내가 앞 장에서 "객관적 관찰자라면 다른 타당한 설명이 있는 한 기적이 일어났다고 결론 내려서는 안 되며, 설령 기적이 일어났다고 하더라도 특정한 상황에 국한시켜야 한다"고 한 말에 주목할 필요가 있다. 예수의 부활 사건의 경우, 대체론이나 기절론과 다르게, 개연성 있는 설명이 없다. 다른 모든 결론은 믿기가 어렵다. 그렇더라도 객관적 관찰자로서 기적이 일어났다고 결론 내리기에는 **여전히** 충분치 못한 부분이 있다. 특별한 상황이 필요하다. 구체적으로, 초자연적 기대가 가득한 상황이 필요하다.

예를 들어, 한 눈먼 사람이 머리 위의 찬장을 뒤지다가 실수로 병을 쓰러뜨려 그 내용물이 흘러나왔다고 해보자. 기름이 그의 머리로 쏟아진다. 기름을 닦아내자, 그는 자신이 다시 볼 수 있게 되었음을 발견한다. 그는 기적이 일어났다고 결론 내려야 할까? 나는 그래서는 안 된다고 본다. 기이하고 설명이 불가한 일이 일어

---

15 E. P. Sanders, *The Historical Figure of Jesus*, 280.

난 것은 맞지만, 기이하고 설명이 불가한 사건이 모두 기적이라고 자동적으로 단정해서는 안 된다.

이제 똑같이 눈먼 사람이 시력이 회복되기를 수년 동안 신실하게 기도해왔다고 해보자. 하루는 기도하던 중 하나님께서 자기를 낯선 사람의 집으로 인도하신다는 확신이 든다. 전에 하나님의 음성을 들어본 적이 없었던 그는 자신을 설득한다. 그는 어차피 잃을 것도 없으니 가기로 마음을 정하고 그 집을 찾아가 문을 두드린다. 집 주인이 문 앞으로 다가온다. 어떻게 설명해야 할지 몰라 머뭇거리는 그에게 주인이 말한다. "당신이 누군지 말하지 않아도 됩니다. 저는 우리 가족과 함께 기도하고 있었는데, 하나님께서 눈먼 사람을 우리에게 보내어 치료하게 하실 것이며, 우리는 그의 치료를 위해 그의 머리에 기름을 붓고 기도해야 한다는 느낌을 강하게 받았습니다." 눈먼 사람이 자리에 앉자, 그 가족은 그의 시력이 회복되기를 기도하고 치료를 위해 그에게 기름을 붓는다. 기름이 그의 머리 위로 쏟아진다. 흐르는 기름을 닦아내자, 그는 자신이 다시 볼 수 있게 되었음을 발견한다.

후자의 이야기에서 눈먼 사람은 기적이 일어났다고 결론을 내려야 할까? 이 경우에 그는 기적이 일어났다고 결론을 내려도 무방할 것이다. 비록 양쪽 이야기에서 물리적 행동은 똑같지만—머리 위로 기름이 부어졌지만—후자의 경우에는 초자연적 기대가 담겨 있었다. 그러한 문맥으로 인해 그가 기적을 경험했다고 결론을 내려도 불합리하지 않다.

한 걸음 더 나아가, 그 상황이 조사자에 의해 확인될 수 있다면, 그 조사자는 또한 기적이 일어났다고 결론을 내려야 할 것이다. 그 남자가 기도하고 하나님과 논쟁하는 모습, 그 가족이 기도하고 기름을 붓는 장면, 그리고 그 결과로 눈먼 사람이 보게 되는 장면이 감시 카메라에 잡혔다고 해보자. 객관적 조사자는 기적이 일어났다고 책임감 있게 결론 내릴 수 있을 뿐 아니라 **그렇게 하는 것이 그의 의무다.** 그렇지 않으면, 그는 객관적이지 않은 것이 아니라 자연주의자로서의 편견을 개입시키고 있는 것이다.

마찬가지로, 만일 기이하고 설명이 불가한 어떤 일이 역사 속에서 발생했고 그 기이한 사건에 초자연적 기대가 가득 차 있으며, 개연성 있는 다른 설명이 불가능한 그 사건을 둘러싼 역사적으로 견고한 사실들이 있다면, 역사가는 기적이 정말로 일어났다고 합리적으로 결론 내릴 수 있다.

결론

마이크의 토론을 지켜본 무슬림으로서 나는, 만일 예수가 정말로 십자가에서 죽었다면 그가 죽은 자들 가운데서 부활했음을 믿을 만한 충분한 이유가 있음을 인정하지 않을 수 없었다. 역사적으로 말해서, 다음 세 가지 사실은 반박이 필요 없을 정도다. 예수가 십자가에서 죽었고, 그의 제자들이 부활한 예수를 보았다고 믿었으며, 예수의 제자가 아니었던 사람들조차 부활한 예수를 보았다고 믿었다. 부활 가설이 아니고서는 어떠한 설명도 이러한 사실을 설명하지 못하며, 영적으로 충만한 맥락은 객관적 관찰자인 우리로 하여금 기적이 일어났다고 결론 내리게 한다. 초기 교회와 더불어 역사는 예수가 죽은 자들 가운데서 부활했음을 증거한다.

그러나 역사가 지시하는 바에도 불구하고 나는 예수가 실제로 십자가에서 죽었다고 확신할 수 없었다. 나와 나를 둘러싼 무슬림 세계가 볼 때 문제가 있을 뿐 아니라 지극히 공격적이라고 여겨지는 다른 한 가지 사안이 남아 있었던 것이다.

26장

이슬람의 반응: 모두가 바울의 잘못

마이크가 예수의 부활을 지지하는 최소 사실을 발표한 뒤, 샤비르 앨리는 무대에 서서 이슬람의 입장을 변호했다. 그의 대응은 주로 사실 1에 이의를 제기하는 것으로, 예수의 십자가 죽음을 확신할 수 없다는 것이었다. 이는 코란 4:157의 기록에 따른 당연한 대응일 뿐 아니라 실은 예상했던 반응이었다. 무슬림들은 보통 부활의 초자연적 함의에는 별로 관심이 없고 그보다는 예수의 육체적 죽음에 우선적인 관심을 기울인다.

부분적 이유로는, 대부분의 무슬림들이 그리스도인들과 마찬가지로 예수의 승천을 믿기 때문이다. 예수의 십자가 죽음을 부정하는 구절에 이어 코란은 4:158에서 이렇게 말한다. "알라께서 그를 [그분에게로] 오르게 하셨으니." 이 믿음으로 인해 평균적인 무슬림들은 즉각적으로 부활을 문제로 인식하지 않으며 대개 이를 예수가 십자가에서 죽었다는 그리스도인의 오해에 따른 당연한 귀결로 간주한다. 평균적인 무슬림들은 예수가 하늘로 올려진 것은 긍정하나 그전에 십자가에서 죽었다는 것은 부정한다. 부활이 아니라 승천일 뿐이다.

이런 이유들로 인해, 내가 처음에는 무슬림으로 나중에는 그리스도인으로 참관하고 참여했던 수백 번의 무슬림-그리스도인 간의 대화를 돌아보건대, 무슬림들은 예수의 죽음에 이의를 제기하기 위해서는 부단한 노력을 기울이지만 부활 논증에는 대체로 관여하지 않는다. 22장에서 논의한 내용과는 별도로, 부활을 지지하는 논증에 대해서는 일반적인 답변이 전무하다고 할 수 있다. 한 가지 유의미한 예외만 빼고 말이다.

무슬림과 바울

코란은 예수가 예언자였으며 그의 제자들은 의로운 자들이었다고 가르치기에 우리는 예수의 제자들을 매우 존경했다. 3:52에 따르면 제자들은 알라를 똑바로 따르라는 예수의 부름에 응답했고, 3:55에 따르면 알라는 예수를 따르는 자들을 부활의 날까지 다른 이들 위에 있게 하겠다고 약속한다.[1]

그렇기는 하지만, 오늘날 무슬림들은 기독교의 가르침이 이슬람의 교리에 완전히 반대되는 것으로 인식하고 있다. 기독교는

---

1 코란 5:111과 61:14도 보라.

하나님이 인간이 되셔서 우리 죄를 위해 십자가에서 죽으셨다고 가르친다. 이는 무슬림들이 볼 때에 상상조차 할 수 없는 신성 모독의 교리다. 따라서 우리 무슬림 공동체의 관점에서 볼 때, 기독교의 가르침은 변질된 것이었다.

그러나 기독교의 가르침은 언제 변질되었는가? 이 믿음을 추적해 보면 그것이 **가장 초기** 교회의 믿음임을 알게 된다. 따라서 무슬림들은 제자들이 활동하던 시기에 초기 교회에 잘못된 메시지가 침투해서 교회의 메시지를 타락시켰다고 믿는 수밖에 달리 방법이 없다. 이는 어떤 권력자, 곧 제자들이 아닌 누군가의 작품이어야만 했다고 말이다.

이런 설명에 부합하는 분명한 한 인물이 있다. 바울이다.

이런 이유 때문에 바울의 동기와 성격, 권위에 의문이 제기된다. 예수가 가르친 종교를 예수에 관한 종교로 바꾸어버린 이가 바울이다. 마이크와의 토론에서 샤비르 앨리는 주류 기독교를 바울의 고안물로 묘사했다. "후기 기독교는 바울의 사상을 따랐습니다." 앨리는 주장한다. "바울과 원래 예수의 제자들 및 예수의 가족들 사이에는 긴장 관계가 있었는데, 이렇게 바울은 명성을 얻고 예수의 가족과 제자들은 폄하되었습니다." 앨리는 바울과 베드로 및 야고보 사이의 의견 충돌이 초기 기독교가 분열된 증거라 보았고 이후 바울의 기독교가 주류가 되어 궁극적 승리를 거두었다고 암시한다.

두 번째로 일반적이고 중요한 주장은, 예수는 제자들에게 율법을 따르라고 했지만 바울은 율법이 폐기되었다고 가르쳤다는 것이다. 이 입장의 증거는 마태복음 5:17을 강조하는 데서 발견된다. 거기서 예수는 "내가 율법이나 선지자를 폐하러 온 줄로 생각하지 말라. 폐하러 온 것이 아니요 완전하게 하려 함이라." 이 구절은 예수가 율법을 옹호하기 위해 왔다는 인상을 주지만, 바울은 로마서 3:28에서 "그러므로 사람이 의롭다 하심을 얻는 것은 율법의 행위에 있지 않고 믿음으로 되는 줄 우리가 인정하노라"고 말한다. 그러므로 무슬림들은 바울과 예수가 서로 상충된다고 말한다.

이 밖에도 무슬림들이 바울에 대해 공통적으로 제기하는 도전이 많이 있지만, 그중에서 이제 우리가 여기서 다룰 세 번째이자 마지막 도전이 가장 의미가 있다. 무슬림들은 종종 바울이 예수를 보지 못했다고 주장할 뿐 아니라 바울이 자신의 편지에서 역사 속 예수에 대해 거의 논하지 않는다고 주장한다. 그러므로 바울은 예수가 실제 어떤 분이었는지에는 관심이 없고 그보다는 예수를 하나님의 아들, 심지어 하나님 자신으로 바꾸어버리는 데 관심이 있었던 게 틀림없다는 것이다.

이런 주장은 무슬림들이 바울을 불신하고 그가 참 기독교를 타락시켰을 뿐 아니라 사람을 예배하고 하나님의 율법을 무시하는 신성 모독의 종교, 곧 오늘날의 주류 기독교를 창설한 원흉이라고 보는 이유 속에 빠르게 침투해 들어가 현재까지 남아 있다. 이러한 견해는 무슬림 변증학자들과 세계 곳곳의 이맘들의 옹호를 받으며 나에게 그랬던 것처럼 평균적인 무슬림들의 머릿속에 가감 없이 침투해 들어간다. 사실, 내가 들었던 초기 기독교에 관한 무슬림과 그리스도인 간의 모든 대화는 바울이라는 인물에 이르러 교착 상태에 이른다. 무슬림들이 얼마나 바울을 불신하는지, 현대 기독교를 형성한 책임을 그에게 얼마나 돌리는지는 아무리 과장해서 말해도 지나치지 않을 정도다.

부활에 대한 이슬람의 반응의 결론

무슬림들은 예수가 실제로 십자가에서 죽었다는 사실을 거부할 뿐 아니라, 예수의 제자였던 적도 없고 예수를 본 적도 없는 한 사람이 초기 교회에 성공적으로 침투하여 교회를 장악했다고 보기 때문에 기독교의 토대 전체를 의문시한다. 예수가 가르친 종교가 예수에 관한 종교로 변질되었고, 하나님의 율법을 따르고 하나님만 예배하던 종교가 율법을 무시하고 하나님과 사람을 동시에 예배하는 종교로 바뀌어버린 것이다. 원래의 기독교는 이슬람교와 상당히 닮은 모양이었는데, 바울 때문에 영원히 길을 잃고 만 것이다.

27장

이슬람의 반응에 대한 평가
: 바울과 제자들 제대로 보기

공정하게 말해서, 바울에 대한 무슬림의 이의 제기가 전적으로 정당하지는 않다. 바울은 초기 교회에서 상당히 놀라운 인물이며 마찬가지로 놀라울 정도로 영향력이 있었다. 우리는 정말 바울을 신뢰할 수 있는가? 만일 바울이 십자가형 이전에 예수를 만난 적이 없다면, 그가 어떻게 예수가 가르친 종교를 정확히 전달할 수 있었단 말인가? 오늘날의 기독교는 바울의 작품이 아닐까?

이런 질문은 1980년대 학계에서 유행이 되었고, 서구의 몇몇 학자들은 이를 수긍하는 답변을 내놓기도 했다. 그런 대답 중아마 가장 주목할 만한 반응은 유대교 학자이자 극작가인 하이엄 매코비(Hyam Maccoby)가 1986년에 쓴 『신화 창조자』(*The Mythmaker: Paul and the Invention of Christianity*)일 것이다. 매코비는 바울이 기독교의 창시자라고까지 말한다.[1] 그와 유사한 주장이 마찬가지로 특출한 캐런 암스트롱(Karen Armstrong)에 의해 대중화되었다. 무슬림 변증학자들이 특별히 좋아하는 인물인 그녀는 이렇게 말했다. "바울은 기독교에 중요한 영향만을 끼친 것이 아니라…실제적 의미에서 그는 기독교의 창시자였다. 그는 '첫 그리스도인'이라고 불릴 수 있다."[2]

이들과 같은 자들의 노력에 힘입어 이러한 견해는 대학 토론장에서 뜨거운 주제가 되었지만, 소동은 이내 가라앉고 승패는 분명해졌다. 즉 바울은 기독교의 창시자가 아니라 그리스도의 제자로 남았다. 이후로 학자들의 합의는 변함이 없었다.[3]

이 모든 것을 염두에 둘 때, 이 질문은 지금 우리가 다루는 것보다 더 많은 지면을 할애해서 다룰 가치가 있는 좋은 질문이며, 따라서 우리는 바울 문제에 대해 폭넓고 간단히 답할 것이다. 그 후에 우리는 바울에 대한 이러한 문제 제기가 이슬람에서 예수의 제자들을 바라보는 입장에 대해 야기하는 특정한 문제를 짚어본

---

1 Hyam Maccoby, *The Mythmaker: Paul and the Invention of Christianity* (New York: Harper and Row, 1986).

2 Karen Armstrong, *The First Christian: Saint Paul's Impact on Christianity* (London: Pan, 1983), 12.

3 이 주제를 다룬 탁월한 작품으로는 David Wenham, *Paul: Follower of Jesus or Founder of Christianity?* (Grand Rapids: Eerdmans, 1995)를 보라. 또한 E. P. Sanders, *Paul and Palestinian Judaism: A Comparison of Patterns of Religion* (Philadelphia: Fortress, 1977, 『바울과 팔레스타인 유대교』, 알맹e 역간)도 보라.

후 마지막으로 예수의 부활과 관련된 토론에 다시 집중할 것이다.

바울 돌아보기

오늘날 대부분의 학자들이 바울에 대한 무슬림들의 일반적인 정의에 거의 동의하지 않는 부분적 이유는, 저들의 견해가 바울을 찬탈하는 사기꾼으로 그리고 있기 때문이다. 내 기억에 우리 모스크에 있던 한 이맘은 바울이 예수 사후에 제자들 가운데 권력 공백이 있음을 보고 교회로 잠입한 뒤 중심부로 진입하여 주도권을 잡았다고 가르쳤다. 이런 묘사가 갖고 있는 문제점은 바울의 배경을 알고 있는 이들에게는 명백하다. 즉 바울은 박해받는 교회에 속하게 되었을 때보다 힐렐 학파의 가말리엘 문하에 있을 때 훨씬 더 확고한 권력을 가지고 있었다는 것이다. 그는 이미 이단자들을 체포하고 처형식을 주관할 권한을 갖고 있었고, 그의 권한은 계속 확장될 일만 남아 있었다. 그런 그가 생활비를 벌기 위해 노동하며 핍박을 받는 유순한 삶을 선택한 것이다(행 18:3).

바울을 사기꾼으로 그리는 이슬람의 견해가 의심스러운 또 하나의 이유는, 바울은 자신이 믿는 바를 위해 목숨을 버릴 만큼 진실한 사람이었기 때문이다. 그가 참수당한 후 수년 뒤에 나온 그의 순교에 관한 기록에 대해 학자들은 의심하지 않는다.[4] 앞

---

4 Thomas J. Herron은 *Clement and the Early Church of Rome: On the Dating*

서 탐구했듯이, 자신의 믿음을 위해 목숨까지 내놓은 사람들이 잘못 판단하고 그런 선택을 할 수도 있지만, 대부분이 진실한 것만은 분명하다. 기록에 의하면, 바울은 다섯 번이나 채찍에 맞았고, 세 번 태형에 처해졌으며, 돌에 맞아 죽었다라고 여겨졌고, 결국에는 처형되었다(고후 11:24-25). 만일 그가 단순히 사람들을 속이려고 했다면, 자신의 생명을 위협하는 처벌들을 받기 전에 회개할 기회가 열 번은 있었을 것이다. 그렇다면 그는 위장을 벗어버리지 않았겠는가? 곧 목숨을 잃을 판인데 사람들을 속여서 그가 얻는 게 무엇이란 말인가? 실제로 바울은 권력과 명예와 개인적 안위와 자기 목숨까지 버렸다. 예수를 따름으로써 그가 얻은 물질적 유익은 아무것도 없었다.

바울, 유대 율법, 그리고 제자들의 권위

갈라디아서 2:11-14에 기록되었다시피, 바울이 베드로와 논쟁을 벌인 것은 사실이지만 그 문맥을 읽을 필요가 있다. 바울은 자신이 회심한 직후 베드로를 찾아가 그와 15일 동안 함께 지냈다는 정보를 준다. 베드로에게, 때로는 예수의 형제인 야고보에게 배

---

of Clement's First Epistle to the Corinthians에서 클레멘스1서의 연대를 기원후 70년으로 추정하는 강력한 논거를 제시하지만, 이에 반대하며 기원후 90년 경으로 추정하는 이들도 있다. 늦은 연대도 바울을 알고 있던 이들이 생존했던 기간 안에 들지만, 역사적 기준에 따르면 이른 연대가 거의 즉각적이다.

운 뒤 바울은 도시를 전전하며 14년간 복음을 전했다. 그 후에 그는 자신이 여전히 제자들의 가르침에 따라 전하고 있는지 확인하려고 예루살렘으로 돌아가 **자신이 전하는 내용을 제자들에게 제시했다.** 바울의 말을 들은 베드로와 야고보와 요한은 그의 메시지를 승인하고 안디옥으로 다시 그를 보내면서, 자신들은 예루살렘의 유대인들에게 전도할 테니 그는 이방인들에게 전도하라고 했다. 바울은 시종일관 제자들을 교회의 "기둥들"이며 "유력한" 이들이라고 칭했다(갈 2:6, 9).

논쟁은 베드로가 새로운 상황에 처해 어떤 이들의 기분을 상하게 하지 않고자 이중 기준에 따라 처신했을 때 일어난다. 베드로는 자신이 유대인들의 설교자로 있었고 유대적 배경을 가진 신자들로 가득 차 있던 예루살렘 교회를 떠나 "이방 기독교의 전초기지"인 시리아의 안디옥에 도착했다.[5] 유대인의 율법은 이방인과 함께 식사하는 것을 금하지만, 베드로는 율법을 더 이상 구속이라고 여기지 않았기에 이방인들과 함께 식사하기를 주저하지 않았다(갈 2:12; 참조. 행 10장; 15:10-11). 그러나 예루살렘으로부터 온 유대적 배경을 가진 신자들이 안디옥에 이르자,[6] 베드로는

---

5 F. F. Bruce, *The New International Greek Testament Commentary: The Epistle to the Galatians* (Exeter: Paternoster, 1982), 117.

6 갈라디아서 2:12은 "야고보에게서 온 어떤 이들"이라고 말한다. 어떤 이들은 이 구절의 의미가 이들이 행한 모든 일이 야고보의 재가를 받은 것이라고 보고, 바울이 그들에 대해 문제를 제기함으로써 야고보 자신에게 문제를 제기하고 있다고 받아들인다. 하지만 그런 주장 중 어느 것도 본문 자체에 나오지 않

그들의 기분을 상하게 하고 싶지 않았고 그래서 이방인들과 식사하던 중간에 자리를 피했다. 이것은 당연히 안디옥 교회에 문제를 일으켰고, 바울은 베드로의 이중 기준을 교정해 주었다.[7]

실제로 이 기록들 중 어느 것도 무슬림의 바울 묘사와 부합하지 않는다. 먼저 베드로를 찾아가서 베드로 및 야고보와 머문 이는 바울이었다. 후에 바울은 자신이 가르치는 바를 제자들에게 제시했고 제자들의 승인을 받은 후 계속해서 복음을 전했다. 여기에 교회를 뒤엎으려는 누군가의 조치 같은 것은 없었고, 제자들의 권위 아래에 자신을 낮춘 한 사내의 행동만이 있었다.

유대 율법과 관련해서는, 바울이 이방인 사역을 하도록 인정해 준 이는 베드로였고, 율법 아래에 있는 그리스도인들을 고려하지 않고 이방인과 함께 식사한 이도 베드로였다. 바울이 베드로와 논쟁하며 끌어다 쓴 기준은 베드로 자신이었다. 즉 베드로는 한순간 이방인과 기꺼이 식사를 하다가 다음 순간 식사 자리를 피했다. 바울은 베드로에 대해 어떤 권위도 행사하려 하지 않았고 오히려 베드로 자신의 기준을 제시하며 질문했다. "당신은 유대 사람인데도 유대 사람처럼 살지 않고 이방 사람처럼 살면서, 어찌

는다. 본문에는 야고보가 그들의 행동을 재가했다거나 바울이 야고보와 논쟁을 벌였다는 어떠한 암시도 보이지 않는다.

7 또한 1세기 당시 예루살렘 인구의 15배에 달하는 인구가 안디옥에 있었음을 주목하는 것은 유익할 것이다. 따라서 여기서 교회의 분열은 위험할 수 있었다. 제자들의 앞선 결정을 베드로에게 상기시키는 것은 바울의 임무였다.

하여 이방 사람더러 유대 사람이 되라고 강요합니까?"(갈 2:14)

사도행전에 따르면, 이방인을 대상으로 한 복음 전도를 시작한 이는 베드로였다. 사도행전 10장은 베드로가 이방인에게 전도하라는 비전을 받고 하나님의 인도에 따라 가이사랴로 가서 그대로 행한 이야기를 전한다. 고넬료 및 그와 함께한 이들에게 말씀을 전하는 동안 베드로는 "유대 사람으로서 이방 사람과 사귀거나 가까이 하는 일이 불법이라는 것은 여러분도 아십니다. 그런데 하나님께서는 나에게, '사람을 속되다거나 부정하다거나 하지 말라'고 지시하셨습니다"라고 한다(행 10:28). 이 만남에서 베드로는 사도행전 15:7-11에 나오는 바 이방인은 율법에 구속되지 않음을 시사했다.[8]

따라서 바울은 베드로와 야고보에게 반기를 드는 것이 아니다. 오히려 그들의 권위에 순응한다. 베드로를 바로잡아야만 했을 때 바울은 자신의 권위를 내세우기보다는 베드로 자신의 기준

---

8   사도행전 15:7-11은 이렇게 말한다. "많은 논쟁을 한 뒤에, 베드로가 일어나서 그들에게 말하였다. '형제 여러분, 여러분이 아시는 대로, 하나님께서 일찍이 여러분 가운데서 나를 택하셔서, 이방 사람들도 내가 전하는 복음의 말씀을 듣고 믿게 하셨습니다. 그리고 사람의 마음속을 아시는 하나님께서 우리에게 주신 것과 같이 그들에게도 성령을 주셔서, 그들을 인정해주셨습니다. 하나님께서는 그들의 믿음을 보셔서, 그들의 마음을 깨끗하게 하시고, 우리와 그들 사이에 아무런 차별을 두지 않으셨습니다. 그런데 지금 여러분은 왜 우리 조상들이나 우리가 다 감당할 수 없던 멍에를 제자들의 목에 메워서 하나님을 시험하는 것입니까? 우리가 주 예수의 은혜로 구원을 얻고, 그들도 꼭 마찬가지로 주 예수의 은혜로 구원을 얻는다고 우리는 믿습니다.'"

을 일깨운다. 결국 이방인들에게 율법을 따를 의무를 면제해준 이는 바울이 아니라 이방인 전도 시대의 문을 열어젖혔던 제자 베드로다.

율법을 완성하러 오신 예수

이처럼 베드로와 바울이 사람들이 율법에 얽매여서는 안 된다는데에 뜻을 같이했다면, 마태복음 5:17에서 예수가 "내가 율법이나 예언자들의 말을 폐하러 온 줄로 생각하지 말아라. 폐하러 온 것이 아니라 완성하러 왔다" 하신 말씀은 어떻게 이해해야 하는가? 예수께서 율법을 따르기 위해 오셨고 제자들도 똑같이 하기를 기대했다는 말인가?

먼저 예수가 자신이 온 것은 율법과 예언자들을 "완성하러" 왔다고 한 말씀에 주목해보자. 여기 사용된 그리스어 '플레로'(pleroo)는 영어의 '완성하다'와 마찬가지로 '충만'과 '종결'의 의미를 가지고 있다. 누군가가 무언가를 이루었다면, 종결되어 더 이상 거기에 얽매이지 않는다는 뜻이다. 예를 들어, 은행 융자를 받을 경우 우리는 정기적으로 상환을 해야 할 의무를 진다. 하지만 일단 융자금 상환을 완성하면 상환 의무도 끝난다. 마찬가지로, 예수는 지금 "나는 율법과 예언자를 폐하지 않는다. 나는 그것을 완성하러, 즉 그것을 성취하고 끝내려 한다"고 말하는 것이다. 율법과 예언자를 "완성"한다는 것이 곧 유대 율법을 "따르는" 것이라고 말한다면, 그것은 마태복음 5:17의 장광설을 오해하고 그 의미를 놓친 것이다.

둘째, 유대인들이 율법과 예언자를 이런 식으로 언급할 때는 구약성경의 책들을 말하는 것이지, 유대 율법의 명령을 말하는 것이 아니다. 히브리 성경은 율법과 예언서와 성문서로 이루어져 있음을 기억하자. 따라서 여기서 예수는 자신이 구약성경을 완성하러 온 것이지, 율법의 명령을 따르러 온 것이 아니라 말하는 것이다.

이런 이해들을 종합하면, 우리는 해당 구절을 좀 더 바르게 이해할 수 있다. 즉 예수는 자신 안에서 구약성경이 완성될 것이라고 말하는 것이다. 예수는 구약을 폐기하는 것이 아니라 완성하고 있는 것이다. 구약성경은 예수께서 오심으로써 완성되고 있다.

이 풍성한 구절들에 대해 조금 더 언급할 내용이 있거니와, 특히 마태복음 5:17 이후에 나오는 구절들은 종종 예수께서 사람들이 유대 율법을 따르기를 원했다는 개념을 강요하는 것으로 여겨지기 때문이다. 하지만 본문을 주의해서 읽으면 그것이 사실이 아님을 알 수 있다.[9] 또한 산상설교에서 예수가 유대 율법에 반대되

---

9 어떤 이들은 율법이 항상 적용되어야 한다는 것이 마태복음 5:18의 의미라고 추정한다. 다시 말하지만, 여기서 율법은 모세 오경을 말하며, 그럼에도 이 구절은 분명히 "다 이루어질 것이다"라고 말하는데, 이는 끝이 있을 것이라는 의미이며, 그 끝이 곧 십자가라고 생각할 만한 충분한 이유가 있다. 어떤 이들은 19절이 사람들이 구원을 받으려면 율법을 좇아야 한다고 말하는 것이라고 지적하는데, 그것이 예수의 의도일 수 없는 것은 그 구절은 명백하게 계명을 버리

는 윤리를 가르치는 점도, 예컨대 서원하지 말라고 한 점에도 유의해야 한다.[10] 마태복음의 또 다른 곳에서 예수는 몇 번씩이나 자신이 새로운 것을 가지고 왔지, 옛것을 따르려고 오지 않았다고 말씀한다(마 9:16-17; 13:52).

이처럼 사람들이 율법에 매이지 않는다는 바울의 가르침은 바울이 이방인들에게 지속적으로 적용한 가르침이자 예수의 메시지와 전적으로 양립 가능한 가르침이다.

바울과 역사적 예수

우리가 다룰 바울과 관련해서 제기되는 마지막 도전은 다음의 주장이다. 한 번도 예수를 본 적이 없는 바울은 역사 속 예수에게는 관심이 적었고 오히려 예수를 하나님의 아들, 심지어 신 자체로 바꾸어버렸다는 것이다.

예수의 지상 사역 동안 바울이 예수를 본 적이 없다고 일반적으로 간주되지만 그럼에도 확실하지는 않은데, 이는 주로 침묵에 근거한 결론이기 때문이다.[11] 바울이 신약성경의 역사적 예수

고 다른 이들에게 그같이 가르치는 이들도 여전히 하나님 나라에 있을 것이라고 말하고 있기 때문이다.

10 유대인들은 의식법의 일부로서 특정한 서약을 하도록 요구받았다. 예수는 제자들에게 그렇게 하지 말 것을 명령함으로써 유대 율법을 깨라고 명령한 것이다.

11 Stanley Porter가 자신의 최근 저서 *When Paul Met Jesus: How an Idea Got Lost in History* (New York: Cambridge University Press, 2016)에서 제기

에 대해 많은 말을 하지 않는 것은 사실이다. 그러나 그렇다고 해서 그가 예수의 생애에 관심이 없었다는 뜻은 아니다. 부활하신 예수를 본 뒤로 바울은 15일 동안 베드로를 방문했다(갈 1:18). 그 두 주 동안 바울과 베드로는 무엇을 했으리라고 예상해볼 수 있는가? 신학자 C. H. 도드(Dodd)가 언급한 유명한 표현처럼, "그들이 그 시간을 날씨 이야기나 하면서 보내지는 않았으리라고 짐작할 수 있다."[12] 바울은 베드로의 권위를 인정하며 그의 말에 귀 기울여 역사적 예수에 대해 배웠다. 사실, 바울은 베드로와의 만남을 표현할 때 '히스토레오'(historeo)라는 단어를 사용하는데, 이는 영어의 '역사'(history)라는 단어의 기원이 되는 그리스어 단어다. 바울은 역사적 예수에 대해 예리한 관심을 기울였다.

그렇다면 우리는 왜 바울의 서신에서 예수의 생애에 대해 더 많은 이야기를 찾지 못하는가? 사실, 바울은 역사적 예수에 대해 말하는데, 특히 고린도전서에서 바울은 총 여섯 번에 걸쳐 예수의 말을 환언해서 말하거나 예수의 생애를 논한다.[13] 게다가 예수의 생애에 대해 바울이 전달한 기록 일부는 그가 자신의 편지에서 말한 것보다 훨씬 더 많은 것을 알고 있음을 암시한다. 예컨대, "곧 주 예수께서 잡히시던 밤에"(고전 11:23) 같은 표현이 그렇다. 바

하는 가정이다.

12 C. H. Dodd, *The Apostolic Preaching and Its Developments* (London: Hodder and Stoughton, 1944), 16.

13 고린도전서 4:11-13; 7:10-11; 9:14; 11:23-25; 13:2-3; 15:3-5.

울이 예수께서 배반당하시던 밤에 실제로 일어난 일을 모른 채 이 단어들을 사용했다고 생각하기란 어렵다. 하지만 바울은 자기 편지들에서 세세한 내용을 실제로 말하지는 않는다.

두 번째이자 좀 더 중요한 점으로, 편지는 포괄적인 의도로 쓰이지 않으며 특히 가까운 관계일 경우 더욱 그렇다. 나는 아내에게 열 번이 안 되게 편지를 썼지만, 만일 그 편지들에 내가 아내에게 하고픈 말이 모두 담겨 있다 가정하고서 누군가 그 편지를 읽는다면 몹시 실망할 것이다. 나와 아내는 긴밀한 관계이며 매일 여러 시간씩 이야기를 나눈다. 직접 말로 나눈 이야기는 글로 하는 소통에서 다시 말하지 않는다. 대부분의 진행된 일은 이미 얼굴을 보고 이야기했기에 편지에서는 대개 새로 발생한 일만 언급한다. 마찬가지로, 바울은 자기 서신의 수신자들을 개인적으로 알고 있었고, 그들과 몇 주 때로는 몇 년을 함께 보냈다. 바울의 서신에서 전혀 다른 뭔가를 기대한다면 비현실적인 기대를 그들에게 지우는 것이다.[14]

따라서 우리는 바울이 신학적 예수뿐 아니라 예수의 실제 생애에도 관심이 아주 많았다고 결론 지을 수 있다. 바울이 예수를 하나님의 아들로, 심지어 하나님 자신으로 바꾸었는지는 다음 장에서 보다 충분히 탐구해보겠다.

---

14 물론 로마서는 예외적으로 이러한 규칙을 입증하는 경우다. 로마서는 바울이 가 본 적이 없는 곳에 있는 회중들에게 쓰인 유일한 편지이며, 자신의 신학을 가장 조직적이고 주의 깊게 설명하는 유일한 편지다.

바울에 대한 정리

바울의 진정성을 의심할 이유는 거의 없다. 그는 베드로에게 가르침을 받았고, 베드로의 권위에 순복했다. 그는 이방인들이 율법을 따를 필요가 없다는 베드로의 가르침을 따랐고, 이는 마태복음 5:17에 암시된 예수의 가르침의 필연적 결과였다. 비록 바울이 예수의 사역 기간 동안 예수를 몰랐다고 해도, 우리는 바울이 베드로에게서 역사적 예수에 관해 배웠고, 자신의 서신에서 자주 언급하지 않더라도 역사적 예수에 대해 많이 알고 있었으리라고 확신할 수 있다. 바울이 기독교를 강탈해서 자신의 가르침을 주입하고 참 종교를 타락시켰다는 무슬림들의 흔한 주장은 성경 기록과 배치될 뿐 아니라 극소수 학자들의 지지를 받는, 곧 역사적 관점으로도 지지받지 못하는 견해다.

그러나 이를 넘어서, 바울이 기독교를 타락시켰다고 주장하는 무슬림들의 신학적 문제가 있다.

이슬람적 바울관의 문제점

무슬림들이 가진 일반적 바울관은 이슬람의 관점에서 보더라도 중대한 문제가 있다. 우선, 제자들에게 무슨 일이 벌어진 것인가? 제자들이 바울의 속임수에 감쪽같이 속아서 그를 추종했다거나, 아니면 그들의 반대 의견이 기록에 전혀 남지 않을 만큼 제자들의 목소리가 완전히 잠재워졌다니, 어떻게 그들이 그렇게 손쉽게 바울에게 당할 수 있단 말인가? 이 외부인이 예수보다 엄청나게 큰 힘을 갖고 있어서 예수의 사역과 가르침을 모두 무효로 만들어버릴 수 있었단 말인가? 무슬림으로서 나는 그런 일이 어떻게 일어날 수 있었는지 그 방법을 제시하지 못했으며, 이슬람교를 떠난 뒤에도 그 방법을 들어보지 못했다.

코란에서 (알라가) 예수께 약속을 하는 구절 중 하나로 다시 돌아가 보면 문제는 훨씬 날카로워진다. "내가 너(예수)를 불신자들로부터 깨끗게 하며 너를 따르는 자들을 부활의 그날까지 불신자들 위에 있게 하리라"(3:55).[15] 알라는 제자들을 불신자들 위에 있게 해주고 예수에게는 불신자들로부터 자유롭게 해주겠다고 약속한다. 바울이 제자들을 이기고 예수의 메시지를 강탈했다고 보는 무슬림들의 바울관은 제자들을 향한 코란의 약속을 무시하는 듯 보인다.

코란에 바울에 관한 이야기가 있다면 도움이 되겠지만, 코란에는 그에 관해 아무런 언급이 없을뿐더러 그의 이름조차도 언급되지 않는다. 바울이 기독교를 타락시키는 데 결정적인 역할을

---

15 참조. 코란 61:14: "믿는 사람들이여, 알라의 길에서 돕는 자가 되라. 마리아의 아들 예수가 그의 제자들에게 '알라의 길에서 누가 나를 돕겠느뇨'라고 했을 때 '저희가 알라의 길에서 돕는 자가 되겠습니다'라고 제자들은 대답했노라. 그리하여 이스라엘 자손의 무리는 믿음을 가졌고 다른 무리는 불신하였더라. **그래서 하나님은 그들의 적에 대항하여 믿음을 가진 자들을 도왔으니 그들이 승리자가 되었노라.**"

했다고 보는 무슬림들을 고려할 때, 이러한 침묵은 충격적이다. 왜 코란은 바울을 언급하지 않는가? 이는 이슬람의 초기 고전 시기에 타바리(Tabari)나 쿠르투비(Qurtubi) 같은 무슬림들이 바울을 예수의 제자로 보았다는 사실을 코란이 누락하고 있기 때문은 아닐까?[16]

세계 다른 지역에서와 마찬가지로, 미국의 형사법은 범죄 용의자를 유죄로 확정하기 전에 세 가지 요건이 확증될 것을 요구한다. 곧 범죄의 수단, 동기, 기회다. 바울이 기독교를 강탈했다는 이슬람의 견해는 이 세 가지 중 어느 것도 확실하게 제공하지 못한다. 바울은 범죄의 수단이 없었다. 알라가 제자들을 우위에 있게 해주겠다고 약속했으니 말이다. 바울이 교회를 속일 실행 가능한 동기가 없는 이유는, 그의 노력은 그에게 박해와 죽음의 형벌만을 벌어다주었기 때문이다. 그리고 바울이 어떻게 모든 제자들을 물리치고 교회를 강탈할 기회를 얻게 되었는지를 설명해주는 어떠한 사례도 제시되어 있지 않다. 유죄가 입증되기까지 바울은 당연히 무죄 추정을 받아야 할 것이다. 간단히 말해, 이 조사에 관한 한 그를 유죄로 확정할 증거는 없다.

---

16 Tafsir al-Qurtubi 61.14과 Tabari의 *History*를 보라.

다시 부활을 중심으로

끝으로, 우리의 첫 질문으로 돌아가보자. 예수는 죽은 자들 가운데서 부활했는가? 진실은, 설령 바울을 전적으로 무시하더라도, 예수가 죽은 자들 가운데서 부활했다고 생각할 만한 충분한 이유가 여전히 있다는 것이다. 사도행전에 따르면 제자들은 예수의 부활을 무수히 전파했으며, 겟세마네 동산의 겁쟁이 추종자들을 로마인들과 다른 이들 앞에 선 담대한 순교자로 변모시킨 동인을 설명해주는 것으로서 예수가 죽은 자들 가운데서 부활했다는 그들의 확신만큼 적절한 설명이 없다. 예수께서 죽음을 이기셨기에 그들은 더 이상 죽음을 두려워하지 않았다. 예수의 동생이지만 그럼에도 예수를 믿지 않았던 야고보의 경우도 마찬가지인데, 그는 부활한 예수를 만난 뒤로 궁극적 대가를 기꺼이 치르는 사람이 되었다. 그러한 기록들이 네 복음서와 사도행전, 요한 서신, 베드로전서, 히브리서, 클레멘스 1서, 요세푸스의 기록 등 여러 곳에서 발견된다. 이슬람의 관점에 의거해 부활을 효과적으로 반박하려면 바울의 기록을 불신하는 것 이상의 무언가를 해야만 할 것이다.

예수의 부활은 제자들을 아울렀다. 예수의 부활은 그들의 첫 촉매제였고, 그들의 핵심 메시지였으며, 그들을 추동한 확신이었고, 그들의 궁극적 소망이었다. 예수와 제자들을 하나님의 사람이라고 존중하는 이슬람의 관점에 따라 이를 부인하는 것은, 교회의 태동과 관련해서 우리가 알고 있는 모든 것을 간과하는 셈이다.

28장

결론
: 예수는 죽은 자들 가운데서 부활했다

    토론이 마무리될 즈음, 데이비드와 나는 부활 및 이슬람 측의 비평에 관한 기독교 측의 변호에 대한 우리의 생각을 나눴다. 결국 우리는 주차장에 차를 세우고 데이비드의 차에 앉아서 몇 시간을 토론하며 생각을 정리하고 논지를 숙고했다. 샤비르 앨리가 더 세련된 강사이고 더 나은 토론자이며 청중을 훨씬 더 잘 설득했다는 내 생각에는 의심의 여지가 없었다.

    하지만 그 논거들을 신중히 검토할 때, 나는 무슬림임에도 불구하고 마이크의 최소 사실 접근법이 샤비르의 비평보다 훨씬 더 설득력이 있다는 결론을 내릴 수밖에 없었다. 역사는 확실히 예수가 십자가에서 죽었고, 이후 그의 제자들이 부활한 예수를 목격했다고 정직하게 믿었으며, 제자가 아니었던 이들조차 자신들이 부활한 예수를 보았다고 솔직히 믿었음을 증거하는 것으로 보였다. 마이크는 예수가 죽은 자들 가운데서 부활했다는 것만이 이러한 역사적 사실들에 부합하는 최선의 설명이라고 제시했다.

샤비르는 더 나은 대안적 설명을 제시하지 않았다. 오히려 그는 예수의 죽음이나 바울의 신뢰성 등 이슬람의 관점에 부합하지 않는 자료를 무시하려고 했다. 바울의 증언을 불신하기 위해 무슬림들이 흔히 사용하는 논거들을 살펴볼 때, 우리는 그 논거들에 문제가 많음을 보게 된다. 바울의 신의를 불신할 이유가 없고, 바울이 제자들의 권위에 순복했음을 의미하는 증거가 있으며, 새로운 그리스도인들이 율법에 구속받지 않아도 된다고 한 이는 베드로였고, 이방인 사역을 바울에게 맡긴 이도 베드로와 야고보와 요한이었다. 바울을 기독교를 강탈한 인물로 묘사하는 이슬람의 일반적 관점은 코란에 나타난 알라의 약속을 무시하는 처사일 뿐 아니라, 바울이 교회를 타락시켰을 법한 적절한 동기와 수단을 제공해주지 못한다. 게다가 바울을 그렇게 보려면, 초기 교회사의 모든 기록을 통째로 무시해야만 한다.

따라서 내가 애초에 마련했던 질문 곧 "객관적 관찰자로서 예수가 죽은 자들 가운데서 부활했다고 결론 내릴 수 있는가?"에 답할 때, 나는 예수의 부활이 역사적 사실에 부합하는 최선의 설명임을 인정해야만 했다. 마이크의 증거에 대한 설명이 샤비르의 증거에 대한 선택적 거부보다 훨씬 더 설득력이 있었다.

하지만 예수의 죽음을 조사했을 때와 마찬가지로, 나의 결론이 나로 하여금 이슬람을 떠나도록 만들지는 못했다. 나는 나의 이슬람 신앙이 다른 방법으로 옹호될 수 있고, 기독교 신앙은 여전히 적어도 한 가지 치명적 오류가 있다고 생각했다. 바로 예수 스스로 자신이 신이라고 주장한 적이 없다는 것이다.

나로서는 이것이 치명적인 지점이었다. 예수의 죽음과 부활은 내가 조사해야 하는 중대한 문제였지만, 예수가 자신이 하나님이라고 주장했는지 여부야말로 판도를 좌우할 요소였다. 나는 나의 신앙을 지키고 예수가 그런 주장을 하지 않았음을 입증하기 위해 최선의 노력을 기울일 준비가 되어 있었다.

8부

예수는 자신이
하나님이라고 주장했는가?

29장

옹호하는 입장: 예수는 언제나 하나님이었다

예수의 인격에 관한 입장보다 기독교 신학과 이슬람 신학의 대분열을 가져오는 지점도 없다. 무슬림들에게 그리스도가 하나님이라는 교리는 저주이며, 코란에는 그런 교리를 신봉하는 자는 지옥의 불 속에서 자신의 거처를 찾게 될 것이라고 한다(5:72). 그리스도인들에게 그리스도의 주 되심에 대한 믿음은 구원의 필수 사항이다(롬 10:9). 이보다 더 심한 의견 차이가 있을 수 있을까?

서구의 무슬림이었던 나는 나 자신이 예수를 적절히 존중하는 참 유일신론자라고 생각하면서 스스로를 자랑스럽게 생각했다. 반면, 내 주위의 그리스도인들은 예수를 신격화함으로써 부지불식간에 한 분이신 참 하나님을 모독하고 예수를 모욕했다. 무슬림과 그리스도인 사이의 다른 모든 차이들은 가장 중요한 이 사안에 비해 한참 덜 중요한 두 번째 문제였다. 사실, 나는 그리스도인들을 향해 이 문제로 인해 이슬람교가 기독교보다 훨씬 더 우월하다고 당당히 말하기조차 했다. "이슬람이야말로 참된 유일신교입니다." 이는 내가 모스크에서 듣던 구호였다.

코란은 무슬림들에게 예수가 스스로를 가리켜 신이라고 말한 적이 없다고 알려준다. 오히려 예수가 이 땅을 떠난 뒤 사람들이 그렇게 믿기 시작한 것이라고 전한다(5:116-117). 그래서 우리는 참 기독교를 타락시킨 책임이 후대 그리스도인들에게 있다고 믿었다. 우리 모스크의 학식 있는 분들이 말하기를, 로마의 이교 신앙이 기독교 사상에 영향을 끼쳤는데, 로마의 신들은 반신반인의 자식을 갖는 경우가 많기 때문이었다. 다른 무슬림들은 예수의 신격화에 대한 책임이 니케아 공의회에 있다라고 했고, 또 다른 이들은 이러한 신성 모독의 책임이 바울에게 있다면서 그를 비난했다. 어떤 이론을 따르든 간에, 우리 대부분은 성경이 예수를 하나님으로 묘사조차 하지 않는다고 믿었고 따라서 예수가 스스로를 하나님이라고 주장할 리는 없다고 믿었다.

그러나 예수는 정말 (자신의) 신성을 주장했는가? 우리의 이슬람 신앙을 제쳐두고 객관적 관찰자로서 이 질문을 던질 경우, 예수가 스스로를 하나님이라고 주장했다는 결론에 이르게 될까? 내 경험을 바탕으로 말하자면, 그 대답은 불가역적일 정도로 분명하게 '그렇다'이다. 어느 무엇보다, 이 질문에 천착하는 중에 내 인생이 영원히 바뀌었다.

대답을 찾아가는 과정에서 내가 맞닥뜨린 가장 큰 적수는 나 자신의 의지였다. 나는 역사 기록에서 예수의 신성을 긍정하는 주장을 보고 싶지 않았다. 그래서 점점 분명해져가는 것을 회피하기 위해 끊임없이 뒤로 물러서면서 내 입장을 변경했다. 이 내면의 싸움에서 모든 요점을 추적한 후 각 논점에 대한 결론을 제시하겠다.

신약성경은 예수가 하나님이라고 가르치는가?

시작 단계에서 나는 신약성경에 예수를 하나님이라고 말하는 부분이 있는지 확신이 없었다. 성경 어디에도 그런 주장은 없다고 무슬림 연사인 하므자 압둘 말릭이 말하는 것을 본 기억이 난다. 하지만 그 후 말릭과 기독교 토론자인 제임스 화이트 간의 토론을 보았고, 이후로 그 문제는 완벽하게 정리가 되었다. 모호할 수 있는 부분을 제외한다면, 베드로후서 1:1은 디도서 2:13과 마찬가지로 예수를 "하나님이시며 구세주이신" 분으로 부른다.[1]

---

1   두 단어 모두 예수를 가리킨다는 것이 그랜빌 샤프의 법칙(Granville Sharp Rule)에 의해 견고히 확립되었다. 다음을 보라. Daniel Wallace, *Sharp Redevivus? A Reexamination of the Granville Sharp Rule*, https://bible.org/article/sharp-redivivus-reexamination-granville-sharp-rule.

복음서는 예수가 하나님이라고 가르치는가: 요한복음의 경우

물론, 무슬림들은 성경 전반에 충성할 의무가 없으며 이는 신약성경에 대해서도 마찬가지다. 코란은 '인질'(Injil, 이슬람에서 신약성경을 이르는 말)이 하나님의 말씀, 곧 복음으로 계시되었다고 한다. 나는 성경의 다른 책에서 무어라고 하든, 복음서는 예수가 하나님이라고 말하지 않는다는 주장을 내세웠다. 바로 그때 데이비드가 내게 요한복음을 지적해주었다.

이 복음서가 예수를 가리켜 신성을 가지는 분으로 소개한다는 데는 의심의 여지가 없다. 시작부터 요한은 예수가 하나님이며, 그가 항상 계셨고, 만물이 그분을 통해 창조되었음을 힘주어 선언한다(1:1-3). 이처럼 요한복음의 첫 세 구절은 예수를 가리켜 "하나님이요, 이 영원한 분으로 말미암아 온 우주가 창조되었다"고 소개한다. 요한은 예수를 "독생하신 하나님"(1:18)이라고 부르며 서문의 결론을 맺는다.

기독론 또한 요한복음의 진행에 맞춰 전개되며 정교해진다. 예수는 아버지가 공경받듯 공경받아야 하는 분이며(5:23), 사람들에게 하나님을 믿듯 자신을 믿으라 요구하고(14:1), 자기가 원하는 사람들을 살리고(5:21), 이 땅에서 하나님을 보여 주는 분이라고(14:8) 주장하며, 이 세상에 속하지 않은 나라의 왕이요(18:36-37), 만물의 통치권을 가졌고(3:35), 자기가 떠난 뒤 사람들이 그의 이름으로 구하는 모든 것을 이루어줄 능력이 있음을 주장함으로써 자신의 전지함과 전능함과 편재함을 암시한다(14:3). 그뿐 아니라, 예수는 반대자들을 책망하면서 그분이 누구인지를 아는 것이 구원의 핵심이고(8:24) 아브라함이 태어나기 전부터 자신이 영원토록 있었다고 하는데(8:58), 양쪽 경우 모두에서 구약성경에 나오는 하나님의 이름인 '야웨' 곧 "내가 있다"(I Am)는 표현을 사용한다.[2] 일부는 이 복음서의 절정이라고 보는 단락에서 한 제자가 예수의 정체를 깨닫고 감탄하며 "나의 주님, 나의 하나님!" 이라고 고백했을 때,[3] 예수는 "너는 나를 보았기 때문에 믿느냐? 나를 보지 않고도 믿는 사람은 복이 있다"고 대답한다(20:28-29). 요한복음의 정점에서, 한 제자는 예수가 하나님이라고 선언하며 예수는 그의 선언을 칭찬한다. 시작부터 끝까지 요한복음은 예수의 하나님 되심을 확인하고 있다.[4]

---

2 "요한복음에서 예수는 '아브라함이 나기 전부터 내가 있느니라'고 말합니다. '내가 있다'(I Am)는 출애굽기에서 하나님의 이름입니다.…예수의 청자들은 그가 무슨 말을 하고 있는지 충분히 알고 있습니다. 그래서 돌을 들어 그를 치려고 합니다. 그들 생각에 예수는 신성을 모독하여 자신이 하나님이라고 주장한 것이기 때문입니다." Bart Ehrman, "The Earliest Gospels" (다음의 강의에서, "History of the Bible: The Making of the New Testament Canon," the Great Courses).

3 이는 그리스어 구약성경 시편 35:23에서 하나님을 정확히 지칭하는 그 표현이다.

4 보다 자세한 논의는 Richard J. Bauckham, "Monotheism and Christology in the Gospel of John" in Contours of Christology in the New Testament, ed. R. N. Longenecker (Grand Rapids: Eerdmans, 2005), 148-66를 보라.

이 발견은 나의 이슬람에 대한 확신에 충격을 주었다. 예수 스스로가 정말로 하나님이라고 주장했다면, 예수에 대한 코란의 해설은 오류이며 이는 곧 이슬람이 오류임을 뜻하는 셈이었다. 나는 이 점을 수긍할 수 없었고 해결책을 찾아야만 했다.

복음서는 예수가 하나님이라고 가르치는가: 마가복음의 시작

조사를 진행하면서 나는 바트 어만(Bart Ehrman)이라는 유명한 학자가 있음을 알게 되었다. 그는 기독교에 대해 비판적이고 요한복음이 신빙성이 없다고 주장하는 이였다. 어만은 "예수는 의심할 여지 없이 요한복음에서는 신으로 그려진다"고 말하면서,[5] 그렇지만 요한복음은 예수 사후 60년 후에 쓰였기에 정확할 필요는 없다고 한다.[6] 예수가 하나님이라는 믿음은 예수 사후, 그러니까 예수와 요한복음의 기록 사이의 수십 년간에 고안되었다. 그런 이유로 다른 복음서들에서는 그러한 주장이 발견되지 않는 것이다.

---

5 Ehrman, "The Earliest Gospels."
6 요한복음의 연대는 기원후 90년경으로 의견이 모아진다. 비록 이 연대가 이제는 용도 폐기된(예컨대, 요한이 공관복음에 의지한다는) 학문적 가정에 의지했기에 도전을 받아왔지만 말이다. 요한복음의 연대를 기원후 50년대에서 60년대 사이로 추정하는 A. T. Robinson과 비교해 보라. 다음을 보라. Robinson, *Redating the New Testament* (Eugene, OR: Wipf and Stock, 2000), 307. 그 정확성과 무관하게, 내가 요한복음을 제쳐둔 이유는 그것이 예수 사후 60년 후에 쓰였기 때문이었다.

만일 예수 자신이 스스로를 가리켜 하나님이라고 주장했다면, 네 번째 복음서가 나오기까지 기다렸다가 그 소식을 들었어야 했겠는가?

예수가 사후에 신으로 승격되었다는 것은 우리 무슬림들이 믿는 바인데, 나는 이슬람 웹사이트 여러 곳에서 어만이 주기적으로 인용되고 있음을 발견했다. 나는 그의 접근법을 차용하기로 했다. 만일 예수 스스로가 정말 하나님이라고 주장했다면, 네 복음서 중 맨 먼저 기록된 마가복음에서 예수의 신성에 대한 가르침을 발견할 수 있어야 할 것이다.[7] 그래서 나는 마가가 예수를 한 인

---

7 마가복음의 연대에 대한 일치된 견해는 기원후 65-70년이지만, 이 연대는 요한복음의 경우와 마찬가지로, 진부한 가정에 의지하고 있다. Maurice Casey는 자신의 저서 *Aramaic Sources of Mark's Gospel*에서 기원후 40년까지 연대를 추정해간다. 이유는 다르지만 비슷한 결과를 말하는 James Crossley는 *The Date of Mark's Gospel*이라는 자신의 논문에서 마가복음이 35년에서 45년 사이 어느 때에 쓰였다고 제시했다. 현재로서 나는 40년대 초반이 다른 대안들보다 설득력이 있다고 본다. 그렇게 추정하는 나의 근거가 Casey나 Crossley 어느 쪽과도 정확히 같지는 않지만 말이다. 정도와 유상성에 차이가 있지만, 다음은 가능하다. 즉 마가는 자신의 청자들이 빌라도, 가야바, 바디매오, 루포, 알렉산더를 알고 있다고 전제했고, 신분 보장을 위한 익명성을 목적으로 자신의 청자들이 벗은 몸으로 도망하는 청년이나 대제사장의 종을 쳐서 그 귀를 떨어뜨린 사도가 누구인지 알기를 원치 않았으며, 그의 기록은 율법에 관한 초기 교회의 논쟁보다 앞서고, 성전에 서 있는 칼리굴라 황제의 임박한 처지를 염려했고, 베드로가 예루살렘에서 출발함으로써 복음에 박차가 가해졌고, 부활한 예수를 직접 만난 이들을 위한 예수의 사역에 관한 표준 본문을 제공할 만치 충분히 이른 시기에 쓰였다. 종합하면, 이런 특징들은 기원후 40-41년 어간의 연대를 지시한다. 구체적인 연대는 내 입장이지만, 마가복음이 네 복음서 중 가장 먼저 쓰였다는 것은 의견이 일치되는 사항이다.

간으로 제시하지 하나님이라고 말하지 않음을 데이비드에게 보여주고자 조사를 시작했다. 나는 마가복음에 몰입했다.

마가복음에 대해 알아 갈수록 나는 이 복음서가 구약성경을 염두에 두고 쓰인 매우 유대적인 책이라는 것을 깨달았다. 마가복음은 70여 차례에 걸쳐 유대 문헌을 언급하고, 이사야서를 특히 선호하며, 한 번이라도 그리스-로마 문헌을 명시적으로 인용하는 경우는 없다.[8] 히브리 성경의 눈으로 마가복음을 읽자, 나는 어만이 끔찍한 실수를 저질렀음을 깨달았다. 마가는 예수를 하나님으로 제시하는 정도가 아니라 예수가 곧 야웨라는 것이 마가복음의 정수였다.

마가는 구약성경의 한 구절인 이사야 40:3-5을 인용하면서 시작한다. "외치는 자의 소리여, 이르되 '너희는 광야에서 여호와의 길을 예비하라. 사막에서 우리 하나님의 대로를 평탄하게 하라!…여호와의 영광이 나타나[리라.]'" 이렇게 이사야는 야웨, 곧 이스라엘의 하나님이 나타날 것이며 광야에서 한 목소리가 그분의 오심을 선포할 것이라고 예언한다. 마가는 1:4에서 세례 요한이 그 목소리이며, 요한이 오시리라고 선포한 분이 바로 예수라고 말해준다. 달리 말하면, 마가는 우리 하나님 야웨의 오심을 선포해 줄 한 사람을 우리가 기다려왔다고 말함으로써 야웨와 예수

---

8 Rikk Watts, "Mark," in *Commentary on the New Testament Use of the Old Testament*, ed. G. K. Beale and D. A. Carson (Grand Rapids: Baker Academic, 2007).

를 동일시한다. 세례 요한이 바로 그 사람이며, 그는 예수의 오심을 선포했다.

사실, 마가는 구약을 인용하면서 이사야 40:3-5과 말라기 3:1을 함께 묶는데, 후자의 본문은 주님이 친히 자신의 성전에 오시기 전에 먼저 사자(세례 요한)가 올 것임을 명시적으로 말한다.[9] 이사야의 인용에서와 마찬가지로, 이 본문 또한 주님과 예수를 동일시한다. 말라기서는 여기 인용된 구절보다 몇 구절 뒤에서 만일 이스라엘 백성이 하나님의 사자를 영접하지 않으면 하나님이 직접 오시리라고 말하면서 점층적으로 끝을 맺는다.[10]

이처럼 마가는 복음서의 첫 시작에서부터 구약을 다중 인용함으로써 야웨와 예수를 동일시한다. 주의 깊은 유대인 독자라면 마가의 서론이 요한과 무척 유사한 역할을 하고 있음을 볼 수 있다. 즉 마가복음은 예수가 곧 하나님이라고 선언하는 것이다.

계속해서 마가는 2:3-10에서 예수가 중풍병자의 죄를 용서했다고 전한다. 그 자리에 있던 서기관들은 속으로 "이 사람이… 하나님을 모독하는구나. 하나님 한 분밖에, 누가 죄를 용서할 수 있는가?"라고 생각했다. 유대인들에게 하나님을 모독한다는 것은

---

9 여기서 "주님"을 뜻하는 단어는 '아도나이'로서, 주로 야웨 하나님에 대해 사용되나 사람에 대해서도 사용 가능하다. 하지만 문맥상 이 단어는 성전에 계신 주님, 곧 야웨 하나님을 뜻한다.

10 말라기 4:6은 하나님이 "와서 저주로 그 땅을 칠까 하노라"고 말한다. 물론, 그리스도인들은 이 예언의 뒷부분이 예수의 재림과 관계있다고 이해한다.

곧 누군가가 하나님께 마땅히 돌려야 할 존경을 드리지 않는 것에 대한 고발인데, 대개의 경우 '야웨'라는 이름을 발하거나 자신이 신적 존재임을 주장하는 것으로 표현되었다.[11] 분명히 예수는 여기서 하나님을 모독하지도 않았고 하나님의 이름을 언급하지도 않았다. 그럼에도 신성 모독이라는 서기관들의 비난은 예수가 죄 용서라는 하나님의 권한이 자신에게 있다고 주장함으로써 자신이 하나님이라고 생각한 데 있다.[12]

그들의 생각에 대한 응답으로 예수는 자신이 하나님임을 부정하기는커녕 중풍병자를 고침으로써 죄를 사하는 권세를 보여준다. 이것은 영적 권세를 드러내 보여주는 것일 뿐 아니라 히브리 성경을 잘 알고 있는 서기관들에게 시편 103:2-3을 일깨우는 일이었다. "내 영혼아, 여호와를 송축하며 그의 모든 은택을 잊지 말지어다. **그가 네 모든 죄악을 사하시며 네 모든 병을 고치시며.**"[13] 서기관들이 예수가 신성을 주장했다면서 그를 고발할 때, 그분은 그들의 고발을 부정하는 대신 한 걸음 더 나아가 중풍병자를 고치심으로써 시편에서 오직 야웨만이 할 수 있다고 한 일을 행한 것이다.

같은 장 후반부에서 예수는 자신을 언급하면서 "인자는 안식일에도 주인이니라"고 한다(막 2:28). 구약을 잘 알지 못할 경우 십

---

11 참고. Philo, *On the Embassy to Gaius 368 and On Dreams* 2.131.
12 요한복음 10:33에도 그러한 비난이 보인다.
13 "그가"에서 드러나듯, 이 현재분사의 선행사는 야웨 하나님이다.

계명의 제4계명이 안식일 규정임을 놓치기 쉽다(출 20:8). 예수께서 자신이 안식일의 주인이라고 할 때, 그것은 자신이 십계명의 주인임을 주장하고 있는 것이다. 그런 분은 오직 단 한 분, 곧 주님 야웨뿐이다.

마가복은 4:35-41에서 우리는 어려움에 처한 제자들, 곧 그들이 바다에서 폭풍을 만나 파도가 높게 쳐 배 안으로 덮쳐 들어온 상황을 본다. 역경 속에서 그들은 예수께 부르짖는다. 예수는 바람을 꾸짖고 파도에게 명령한다. "잠잠하라! 고요하라!" 이 말에 바다는 고요해지고 파도는 잠잠해진다(39절). 제자들은 놀라서 서로 말한다. "그가 누구이기에 바람과 바다도 순종하는가?"(41절) 여기서 우리는, 마가가 이 수사적 질문에 대해 우리가 구약에 의지해서 답하기를 기대한다는 것을 깨달아야 한다. 시편 107:25-30에서 사람들은 폭풍우 치는 위험한 바다에서 용기를 잃고 어찌할 바를 모르고 있다. "이에 그들이 그들의 고통 때문에 여호와께 부르짖으매 그가 그들의 고통에서 그들을 인도하여 내시고 광풍을 고요하게 하사 물결도 잔잔하게 하시는도다"(28-29절).

이처럼 구약성경에서 사람들은 바다에서 폭풍을 만나 생사의 기로에 처했을 때 **야웨**께 부르짖는다. 그는 광풍을 고요하게 하고 물결도 잔잔하게 하신다. 마가복음에서 제자들은 바다에서 폭풍을 만나 생사의 기로에 처했을 때 **예수**께 부르짖는다. 그는 광풍을 고요하게 하고 물결도 잔잔하게 하신다. 다시 한번, 마가는 예수와 야웨를 동일시하는 것이다.

항해를 다룬 또 다른 본문인 마가복음 6:45-52에서 제자들은 바람을 거슬러 힘겹게 노를 젓고 있다. 그때 폭풍우 치는 파도 사이로 예수께서 물 위를 걸어 그들에게 오신다. 구약성경을 아는 이들에게 그 암시는 분명하다. 욥기 9:8에서 욥은 야웨에 대해 말하면서 "그가 홀로 하늘을 펴시며 바다 물결을 밟으시며"라고 한다. 욥이 야웨에 대해 말한 것을 예수가 행하고 있음을 마가는 보여주는 것이다.

마가복음 1-6장의 주요 부분을 토론한 뒤, 우리는 마가가 시도하는 바가 분명함을 알게 된다. 그는 예수를 야웨로 그리고 있는 것이다. 그러나 그 명징함과 다중의 암시와는 별개로, 나는 아직 확신이 서지 않았다. 마가가 예수를 야웨로 그리고 있다는 확신을 결정적으로 내게 가져다준 것은 복음의 정점, 곧 예수가 받은 재판이었다.

복음서는 예수가 하나님이라고 가르치는가: 마가복음의 정점

마가복음 14:55-64에서 예수는 대제사장과 유대 의회 앞에 선다. 예수를 재판에 회부한 이들은 그의 사역 초기부터 그를 잡을 방법을 모색해왔다(3:6). 그들은 예수가 성전에 반대했다고 죄를 뒤집어씌우려 했으나, 증인이 충분치 않고 고소의 내용도 일관되지 않아 재판은 엇나갔다(14:55-59). 그때 대제사장이 일어나 예수에게 자신이 누구인지를 사람들에게 말하라고 요구한다. 대제사장은 예수에게 자기 정체를 밝히게 함으로써 그를 죄인으로 만들 수 있기를 바랐던 듯 보인다. 이에 예수가 답했을 때, 그 대답은 유대 의회가 바라던 것 이상이었다.

예수는 이렇게 말했다. "내가 그니라. 인자가 권능자의 우편에 앉은 것과 하늘 구름을 타고 오는 것을 너희가 보리라." 예수가 한 말의 뜻은 구약을 모르면 명확하지 않겠지만, 유대 의회에게는 너무도 명확했기에 그들은 신성 모독으로 예수를 정죄한 것이다. 예수는 정확히 뭐라고 말한 것인가?

마가복음 14:62에서 예수는 이중으로 구약을 언급하는데, 그는 야웨의 권한과 위치를 자신에게 돌린다. 첫 언급은 다니엘서이다. 예수는 예언자 다니엘의 종말론적 비전이 담긴 다니엘 7:13-14을 인용하는데 그 구절은 이렇다. "내가 또 밤 환상 중에 보니 인자 같은 이가 하늘 구름을 타고 와서 옛적부터 항상 계신 이에게 나아가 그 앞으로 인도되매, 그에게 권세와 영광과 나라를 주고 모든 백성과 나라들과 다른 언어를 말하는 모든 자들이 그를 섬기게 하였으니, 그의 권세는 소멸되지 아니하는 영원한 권세요, 그의 나라는 멸망하지 아니할 것이니라."

다니엘서의 이 구절에서 사람(인자 같은 이)처럼 보이는 존재가 하나님께 다가간다. 그는 사람처럼 보이지만 구름을 타고 들어가는데, 이는 구약에서 야웨를 위해 예비된 입장 장면이다.[14] 그

---

14 신명기 33:26; 시편 104:3, 이사야 19:1.

런 다음 인자 같은 이가 영원한 권세와 영광과 나라를 받는다. 오직 하나님만이 권세와 영광과 영원한 나라를 받으시는데 말이다. 마지막으로, 이 단락은 모든 사람들이 인자를 섬길 것이라고 말한다. 그런데 이 '섬긴다'는 단어는 아람어에서든 그리스어에서든 언제나 하나님께 대한 섬김을 나타낸다.

이처럼 다니엘 7장은 오직 야웨만이 탈 수 있는 구름을 타는 인자를 소개한다. 그런 다음 그는 오직 야웨만이 가질 수 있는 영원한 권세와 영광과 나라를 받는다. 거기서 모든 사람이 하나님을 섬기듯 오직 야웨만이 받아 합당한 섬김으로써 그를 섬길 것이다. 다니엘 7장의 인자는 하나님이신 인자다. 2:10을 필두로 마가복음 내내 예수는 자신을 "인자"라 부른다. 그 단어의 의미를 분명하게 정의해 풀어 주지는 않지만 말이다. 마가복음의 정점인 14:62에서, 예수는 마침내 다니엘 7:13-14을 인용함으로써 자신이 누구인지를 모두에게 드러낸다. 그는 다니엘 7장의 인자인 것이다. 예수는 곧 야웨 하나님이다.[15]

그러나 "인자"라는 칭호를 주장한 것이 그가 유대 공회 앞에서 범한 유일한 신성 모독적 행동은 아니었다. 모든 의심을 일소하려는 듯, 예수는 또한 하나님의 보좌 우편에 앉을 권세가 자신에게 있다고 말한다. 사람들이 인자가 "권능자의 우편에 앉은

---

15 구약에서 야웨 하나님이 두 인격으로 혹은 동시에 서로 다른 두 곳에 있는 것으로 그려지는 것이 여기가 처음이 아님을 기억할 필요가 있다. 6장을 참조하라.

것"을 보게 될 것이라고 말할 때 그는 시편 110:1을 언급하는 것이다. "여호와께서 내 주에게 말씀하시기를 '내가 네 원수들로 네 발판이 되게 하기까지 너는 내 오른쪽에 앉아 있으라' 하셨도다."

하나님의 우편에 앉는다는 것은 지금 이 시점 곧 제2성전기 유대 역사에서 감히 누구도 주장한 적이 없는 권리이자 누군가에게 있다고 지정할 수도 없는 권리였다.[16] 그것은 하나님의 보좌에 앉는 것을 뜻하는 것으로, 하나님의 상속자 곧 하나님의 통치를 공유할 자임을 주장하는 것과 마찬가지였다. 시편을 연구한 어느 학자에 따르면, "'하나님 우편에 앉는다는 것'은…그 의미가 아주 분명하다. 즉 '왕이 세워져 준(準)통치권을 갖게 되었고, 하나님의 권력 구조에서 이 영광의 자리에 앉은 그는 전쟁과 승리에서 야웨의 능력을 함께하는 자가 된다.'"[17]

이 모든 것을 알게 된 후 나는 유대 공회가 왜 예수를 신성 모독을 이유로 십자가에 못 박으려고 했는지 이해할 수 있었다. 예수가 스스로를 가리켜 다니엘 7장의 인자이자 시편 110편의 다윗

---

16 가능성 있는 예외는 헬라화된 유대 드라마인 「에스겔의 엑사고게」(*Exagoge of Ezekiel*)일 것이다. 거기서 모세는 환상 가운데 시내산 보좌를 보게 되는데, 존귀한 자가 그 보좌에 앉아 모세에게 오른손으로 손짓하기를 와서 보좌에 앉으라 하고 모세에게 자기 왕관과 왼손에 있던 홀을 건네 준다. 그 존귀한 자는 하나님일 수 있고, 모세는 실제로 보좌에 앉을 수 있었는데, 어느 쪽도 명시적으로 말해지지는 않는다. *Exagoge*, 68-76줄.

17 Hans-Joachim Kraus, *Psalms: A Commentary*, trans. Hilton C. Oswald (Minneapolis: Augsburg, 1988-89), 2.348-49.

의 주님임을 주장했을 때, "그 두 주장은 신적 직위와 권세와 권능을 의미한다."[18] "네가 누구냐?"라는 질문에 대한 예수의 응답은 본질적으로 이런 의미인 셈이다. "나는 내 나라에서 모든 인류로부터 영원한 경배를 받기에 합당한 자이다. 그 나라에서 나는 하나님의 보좌에 앉을 것이다. 나는 야웨다."

유대 성서의 눈으로 마가복음을 읽은 뒤 나는 더 이상 명백한 사실을 회피할 수 없었다. 서론에서 정점까지, 마가복음은 예수의 신성에 대한 한 편의 해설서였다. 예수의 첫 전기는 예수가 곧 야웨임을 가르치기 위해 쓰인 셈이었다.

복음서 이전에도 예수는 하나님이었는가?

나는 가장 초기의 복음서에서부터 예수의 신성을 발견하고 충격에 빠졌지만, 그것은 내가 무슬림 입장에서 그 교리를 탐구했기 때문이다. 또한 무슬림들은 복음서에 집중하는 경향이 있기 때문이기도 하다. 만일 신약성경의 연대에 조금 더 관심을 기울였다면 그렇게 놀라지 않았을 것이다. 대다수의 학자들이 믿기로는, 그리스도인들은 마가복음이 등장하기 훨씬 이전부터 기독교 아주 초기의 저작들에서, 곧 바울 서신에서부터 예수의 신성을 가르

---

18 Adela Yarbro Collins, "The Charge of Blasphemy in Mark 14:64," *Journal for the Study of the New Testament* 26, no. 4 (2004): 379.

쳤다.[19] 고린도전서 8:6에서 바울은 유대의 '쉐마'를 두 부분으로 구분한다. 유대인들의 한 하나님 선포는 두 인격을 제시하는데, 곧 아버지 하나님과 주 예수다. 또한 로마서 9:5에서 바울은 예수가 "만물 위에 계셔서 세세에 찬양을 받으실 하나님이시니라"고 말한다.

그러나 가장 흥미로운 부분은 확실히 빌립보서 2장이다.

너희 안에 이 마음을 품으라. 곧 그리스도 예수의 마음이니 그는 근본 하나님의 본체시나 하나님과 동등됨을 취할 것으로 여기지 아니하시고 오히려 자기를 비워 종의 형체를 가지사 사람들과 같이 되셨고 사람의 모양으로 나타나사 자기를 낮추시고 죽기까지 복종하셨으니 곧 십자가에 죽으심이라. 이러므로 하나님이 그를 지극히 높여 모든 이름 위에 뛰어난 이름을 주사 하늘에 있는 자들과 땅에 있는 자들과 땅 아래에 있는 자들로 모든 무릎을 예수의 이름에 꿇게 하시고 모든 입으로 예수 그리스도를 주라 시인하여 하나님 아버지께 영광을 돌리게 하셨느니라(5-11절, 강조는 필자).

이 단락을 '카르멘 크리스티' 곧 "그리스도 찬송시"라 하는데 이는 어디서도 볼 수 없는 최고의 기독론이다. 이 단락의 시작에

---

19 앞선 주에서 진술한 것처럼, 나는 마가복음의 연대를 이른 40년대로 보는 쪽을 선호한다. 따라서 나는 바울 서신이 마가보다 먼저 기록되었다고 생각하지 않는다. 그러니 나는 거대한 소수에 속한다.

서부터 전제하는 바 예수는 하나님의 형상으로 이전부터 계셨으며, 능력으로 결정하고 성육신 전에 행동하셨으며, 이 땅에 태어나는 데도 역할을 수행했다. 이처럼 카르멘 크리스티의 시작부터 예수가 성육신하신 하나님임을 분명히 한다.

그런 다음 찬송시는 모든 자들이 무릎을 꿇고 모든 입이 예수의 주 되심을 고백하는 미래를 그린다. 예수께 속한 주 되심은 바로 야웨께 속한 주 되심이다. 여기서 사용된 단어들이 구약성경에서 유일신 됨을 강력히 드러내는 구절에서 야웨 하나님이 자신을 묘사할 때 사용되는 표현이기 때문이다. "나는 하나님이라. 다른 이가 없느니라.…내게 모든 무릎이 꿇겠고 모든 혀가 맹세하리라"(사 45:22-23). 다시 한번, 가장 초기의 신약성경의 단락에서 예수를 야웨로 대체하는 것을 보게 된다.

그러나 이 단락은 얼마나 이른 시기의 것이며, 바울이 정말로 그 저자인가? 이 단락은 바울이 직접 쓴 것이 아니라 인용한 것이라는 게 학계의 일치된 견해다. 주로 에른스트 로마이어(Ernst Lohmeyer)의 1928년 작품을 시작으로 해서, 학자들은 이 단락이 비(非)바울적 어휘와 문법 구조를 차용하고 있는 찬송시임을 주장해왔다.[20] 이 찬송시의 어떤 지점에서 사용된 어휘는 너무 생경하여 신약성경 다른 곳에서는 거의 발견되지 않는다. 한 단어는 다

---

20 Ernst Lohmeyer, *Kyrios Jesus: Eine Untersuchung zu Phil 2, 5-11* (Heidelberg: Winter, Universitätsverlag, 1961), 4.

른 그리스어 문헌에서 발견조차 되지 않는다.[21] 로마이어는 이 찬송이 바울이 아닌 셈어를 모국어로 하는 다른 사람에 의해 그리스어로 쓰였다고 결론 내렸다.[22] 그 후로 다른 학자들도 그 의견에 동의했고, 어떤 이들은 심지어 이 찬송시가 원래는 아람어로 쓰인 다음 후에 그리스어로 옮겨진 것이라고 주장하기도 했다.[23] 이런 저런 이유들을 종합하여 학자들은 이 찬송이 기원후 30년대 후반에 작성되었다고 결론지었다.[24] 따라서 단지 바울뿐 아니라 신약성경 이전의 교회도, 어쩌면 아람어를 사용하는 초기 교회 때부터 예수께 야웨의 정체성을 돌렸던 것이다.

예수의 신성을 옹호하는 입장에 관한 결론

예수의 신성에 관한 조사를 마칠 무렵, 나는 기독교 가르침의 모든 층위가 예수를 하나님으로 그리고 있다는 것을 깨달았다. 예수의 신성이 후대에 고안된 것이라는 기독론적 진화를 주장하기란

---

21 Colin Brown, "Ernst Lohmeyer's *Kyrios Jesus*," in *Where Christology Began: Essays on Philippians* 2, eds. Ralph P. Martin and Brian J. Dodd (Louisville: Westminster John Knox, 1998), 10.

22 Lohmeyer, *Kyrios Jesus*, 8.

23 J. M. Furness, "The Authorship of Philippians ii.6-11," *Expository Times* 70 (1958), 240-43.

24 Ralph P. Martin, "*Carmen Christi* Revisited," in *Where Christology Began: Essays on Philippians 2*, eds. Ralph P. Martin and Brian J. Dodd (Louisville: Westminster John Knox, 1998), 2.

불가능하다. 요한복음만 예수를 하나님으로 제시하는 게 아니라, 마가복음과 바울의 서신들도 예수를 야웨로 제시한다. 존재하는 가장 초기의, 아마도 예수의 십자가 죽음 이후 10년 안의 증거도 예수를 야웨와 동일시한다.

가장 초기의 그리스도인들에게 예수는 예언자, 메시아, 신적 존재를 넘어서는 분이었다. 그분은 야웨 하나님인 것이다.

30장

이슬람의 반응: 예수는 정말로 자신이 하나님이라고 했는가?

구약의 빛 아래서 신약을 읽는 법을 배웠을 때 나는 여러 페이지에서 예수의 신성을 볼 수 있게 되었지만, 무슬림으로서 그 지점에 도달하기까지 많은 세월이 필요했다. 코란은 토라와 '인질' 모두를 영감된 책으로 인정하지만, 무슬림들은 두 권 중 어느 쪽이든 자세히 알도록 장려받지 않기에 성경을 그 자체로 읽기보다는 코란의 눈과 이슬람의 가르침을 통해 읽는다.

그래서 나는 가능한 한 오랫동안 그리스도의 신성을 부정했다. 그것은 그 교리에 반대하는 것으로 보이는 구절들에 밑줄을 긋는 등 거기에 반대하는 성향이 내게 있기도 했지만, 예수가 정말로 하나님이라면 특정한 내용을 특정한 방식으로 말하리라고 기대한 탓도 있었다. 다음 두 개의 도전이 내가 그리스도인들에 맞서 제시한 주요 논거였다. 곧 성경에 예수의 신성을 부인하는 듯 보이는 구절들이 많이 있다는 점과, 예수가 한 번도 분명하게 "내가 하나님이다"라고 말하지 않았다는 점이다. 이 두 가지는 내가 예수의 하나님 되심을 의심하는 가장 설득력 있는 이유였고, 오늘날 내가 대부분의 무슬림들에게서 발견하는 똑같은 주장이다.

예수의 신성을 부인하는 구절들

아흐메드 디다트의 작품과 무슬림 변증학자들 덕분에, 무슬림들이 예수는 자신의 신적 지위를 부정한 것이 분명하다고 주장할 때 필요한, 복음서에서 가져온 많은 구절들이 준비되어 있다.

내가 가장 애용한 구절은 요한복음 17:3인데 그 이유는 그 선포가 매우 이슬람답게 보였기 때문이다. "영생은 곧 유일하신 참 하나님과 그가 보내신 자 예수 그리스도를 아는 것이니이다." '샤하다'에서처럼, 이 구절은 유일하신 한 분 하나님과 그가 보내신 사자의 존재를 선언한다. 확실히 보냄 받은 자는 보낸 자보다 열등하고 보낸 자와 분리되어 있다. 나에게 이 구절은 예수의 가르침이 이슬람의 가르침과 매우 유사함을 보여줄 뿐 아니라 아버지를 "유일하신 한 분 하나님"이라고 말함으로써 예수 자신이 하나님이 아님을 드러내는 것으로 보였다.

그 담담함과 명징함 때문에 내가 애용하던 또 다른 구절은 요한복음 14:28이다. "아버지는 나보다 크심이라." 아버지가 예수보다 크다면 어떻게 예수가 하나님일 수 있겠는가? 이 구절은 예수가 하나님으로부터 떨어져 있고 하나님보다 열등함을 동시에 보여준다. 비슷한 충격을 주는 또 다른 구절은 마가복음 10:18이다. "네가 어찌하여 나를 선하다 일컫느냐? 하나님 한 분 외에는 선한 이가 없느니라." 예수는 다시 한번 자신과 하나님을 구분하며 자신이 열등함을 분명하게 표현한다.

무슬림으로서 우리가 기대하듯, 복음서에는 예수가 하나님께 기도하고(막 1:35) 사람이 하나님만을 예배해야 한다고(마 1:35) 말하는 본문들이 있다. 마가복음 14:36은 예수가 아버지께 절박하게 기도하는 모습을 보여준 것처럼 보인다. "아버지께는 모든 것이 가능하오니 이 잔을 내게서 옮기시옵소서." 예수는 하나님께 기도할 뿐 아니라, 자신이 아니라 아버지만이 모든 것이 가능하므로 그분께 전적으로 의존하는 것을 강조하는 것처럼 보인다.

이 의존과 관련해서 예수는 자신이 하나님을 떠나서는 아무것도 할 수 없다고 말한다. "아들이 아버지께서 하시는 일을 보지 않고는 아무것도 스스로 할 수 없나니 아버지께서 행하시는 그것을 아들도 그와 같이 행하느니라." 스스로는 아무것도 하지 못하는 그의 무능은 마가복음 6:5에서 다시 분명히 드러나는데, 나사렛으로 돌아간 예수는 "거기서는 아무 권능도 행하실 수 없"었다. 참으로 예수는 하나님의 개입이 없으면 예언조차 할 수 없다. 그의 말처럼, "그날과 그때는 아무도 모르나니 하늘에 있는 천사들도, 아들도 모르고 아버지만 아시느니라"(막 13:32).

너무도 자주 우리는 예수가 인간으로 묘사되어 있고 "인자"라는 단어는 신적 지위를 뜻하지 않는다고 주장했다. 아담(눅 3:38) 외에도 다윗(시 2:7), 솔로몬(왕상 28:6), 그리고 이름 없는 낯선 이들(창 6:2)이 "하나님의 아들"이라고 불렸다. 사실, 성경은 우리도 하나님의 자녀가 될 수 있다고 가르친다(롬 8:14; 갈 3:26). 그러므로 이와 같은 의미에서, 그리고 인간적 의미에서 예수는 "하나님의 아들"이었다.

마지막으로, 예수가 인간일 수밖에 없는 이유로 그는 음식을 먹었고(요 21:12), 눈물을 흘렸고(요 11:35), 잠을 잤고(막 4:38), 굶주렸고(마 4:2), 목말랐고(요 4:7), 심지어 피곤해했다(요 4:6). 어떻게 하나님이 배고프고, 목마르고, 피곤할 수 있는가? 당연히 하나님은 그러실 수 없고, 따라서 예수는 하나님이 아니다. 또한 예수는 자기 자신을 "예언자"(눅 4:24; 개역개정은 "선지자")라고 불렀지, 하나님이라고 하지 않았다. 이 문제는 예수 자신이 선호했던 "인자"라는 표현을 숙고할 때 해결된다. 이 칭호를 사용함으로써 예수는 자신이 하나님이 아니라 인간일 뿐임을 강조한 셈이다.

예수는 "내가 하나님이다"라고 분명히 말하지 않았다

예수의 신성을 부인하고 그의 인성을 입증하는 것처럼 보이는 구절들을 지적하는 것 외에도, 나는 종종 예수가 실제로 "내가 하나님이다"라고 말하지 않았음을 지적하며 그리스도인들에게 도전했다. 만일 예수가 하나님이라면, 왜 그 사실을 드러내놓고 말하지 않았는가? 다음 구절에서 보듯이, 구약성경에서 하나님은 분명 자신의 신성을 당당히 선포한다. "나는 여호와라. 나 외에 다른 이가 없나니 나밖에 신이 없느니라"(사 45:5). 그리스도인들은 예수가 바로 그 하나님, 이사야 45장에서 자신을 당당히 선언하는 그분이라고 주장한다. 그런데 왜 예수는 자신에 대해 다른 이야기를 하고 자신이 하나님이라고 분명히 말하지 않는가?

사실, 일부 유대인들이 볼 때에 예수가 자신이 하나님이라고 주장한다고 해석되는 구체적인 상황이 있는 듯한데, 예수는 이러한 오해를 분명하게 정리한다(요 10:33-36). 유대인들은 "네가 사람이 되어 자칭 하나님이라 함이로라"고 말하자 이에 예수는 "너희 율법에 기록된 바 '내가 너희를 "신"이라 하였노라' 하지 아니하였느냐? …내가 하나님의 아들이라 하는 것으로 너희가 어찌 신성모독이라 하느냐?"고 응답한다. 사람들은 예수가 스스로 하나님을 사칭한다고 생각할 때에 예수는 상황을 정리해준다. 즉 구약에서 많은 사람들이 "신"이라 불렸고 따라서 예수가 자칭 "하나님의 아들"이라고 해도 아무 문제가 없다는 설명이다.

만일 예수가 정녕 하나님이라면, 왜 그 즉시 "그렇다, 내가 하나님이다"라고 말하지 않았는가? 왜 예수는 그와 비슷한 말을 전혀 하지 않았을까? 확실히, 그는 스스로를 하나님이라고 주장하지 않았다.

신성 주장과 역사적 예수

여기까지가 예수의 신성에 반대하는 근거로 내가 초기에 제시한 주장들이다. 이는 내가 무슬림 공동체에서 배웠던 것으로, 나는 이 주장들이 아주 설득력 있다고 확신했다. 나중에 이런 주장들에 대한 반응을 이해하게 되면서 나는 미묘한 차이가 있지만 조금 더 세련된 다른 이의를 제기하게 되었다. 즉 복음서에 예수가 자신이 하나님이라고 주장하는 모습이 나온다고 하더라도, 그 주장이 실제 예수의 말이라고 생각할 이유가 무엇인가?

달리 말하면, 요한이 예수를 신으로 묘사한다고 해도, 이를 가리켜 예수가 실제로 자신이 하나님이라고 말했다고 생각해도 되는 것인가? 같은 질문을 신약성경의 초기 문서인 마가복음이나 바울 서신에 적용해볼 수 있다. 그 문서들이 예수가 자칭 하나님이라고 했음을 보여준다 하더라도, 혹 이것이 그들이 고안해낸 내용이라면?

가까이 있는 증거와 이 개념 자체를 고려할 때, 예수가 자칭 하나님이라고 했다고 믿는 것은 가당찮은 일이 아닐 수 없다.

무슬림의 반응에 관한 결론

무슬림으로서 이 분야는 우리가 아주 자신 있게 주장할 수 있는 영역이다. 즉 예수는 절대 자신이 하나님이라고 말한 적이 없다.

예수는 그런 주장을 한 적이 없을뿐더러, 그가 오직 한 분 하나님만이 계시다면서 자신의 신성을 부인하는 구절들은 많이 있다. 하나님 한 분 외에 다른 신은 없다. 그리고 예수는 그분의 사자일 뿐이다.

31장

이슬람의 반응에 대한 평가
: 문맥을 따라가며 읽으라

따로 떼어놓고 보면, 제시된 어떤 구절들은 예수의 신성에 이의를 제기하는 것처럼 보이지만, 여기에는 문제가 있다. 따로 떼어놓아서는 안 되는 구절들이 있는 것이다. 코란의 해석보다 훨씬 더 많이, 성경 구절을 제대로 해석하려면 문맥에 의존해야 한다. 해당 구절이 자리한 문맥을 고려하고 예수의 신성에 관한 교리를 좀 더 자세히 들여다보면, 무슬림들이 제기하는 대부분의 도전들이 해결된다. 그들의 반응을 전체적으로 다루기 위해, '마가의 메시아 비밀'과 예수의 신성 주장이 예수의 인성으로까지 소급될 가능성을 살펴볼 것이다.

문맥 고려하기

무슬림 시절에 나는 요한복음에 나오는 "아버지는 나보다 크심이라", "아들이…아무것도 스스로 할 수 없나니" 같은 구절들을 사용하여 예수의 신성에 이의를 제기했다. 그런데 복음서에 대해 알아가면서 나는 중대한 문제를 보게 되었다. 30장에서 논의한 바와 같이, 요한은 예수를 하나님으로 소개하면서 자신의 복음을 시작하고 예수를 하나님으로 고백하는 한 제자의 극적 선언으로(요 20:28) 자신의 복음을 끝맺는다는 점이다. 그 중간의 많은 구절들이 예수를 높이고 하나님께만 합당한 영광을 예수께 돌린다. 이런 이유로 인해 바트 어만처럼 회의적인 학자들조차 요한복음에서 예수는 신으로 그려지고 있다고 말하는 것이다.

그렇다면 복음서 전반에 걸쳐 예수를 하나님이라고 분명히 선언하고 있는 마당에 어떻게 내가 요한복음의 몇몇 구절을 인용하여 예수의 신성을 부인할 수 있는가? 특정 구절이 실제로 말하는 바를 듣기보다는 문맥에서 끄집어내어 내 목적에 맞추는 것은 표리부동한 일일 터였다.

이것을 깨닫고 나니 성경을 대하는 나의 태도에 변화가 생겼다. 나는 이슬람교의 입장을 지지하는 구절을 찾는 대신 각 구절이 전달하고자 하는 의미에 주의하며 성경을 읽기 시작했다. 그것은 성경구절을 다른 구절과 관련지어 이해하고 흩어진 퍼즐을 맞추는 일이었다. 어떻게 요한복음은 예수를 주와 하나님으로 지칭하고(요 20:28) 만물이 그를 통해 창조되었다고 말하며(요 1:3), 그러면서도 동시에 예수보다 "아버지가 크다"라고 하고(요 14:28) 예수가 아버지를 떠나서는 아무것도 할 수 없다고 하는가?(요 5:19) 요한복음에 대한 제대로 된 이해는 이 모든 구절을 설명할 수 있어야만 한다. 부분만이 아니라 말이다.

그 구절들을 설명하는 방법, 곧 니케아 공의회와 칼케돈 공의회의 그리스도인들이 그것을 설명한 방법은 예수가 하나님이며, 아버지가 하나님이며, 그 둘이 서로 다른 인격이되 하나님은 오직 한 분임을 이해하는 것이다. 달리 말해, 요한복음의 가르침에 대한 유일한 설명은 유일신 모델과 복수의 인격을 통한 방법뿐이다. 즉 삼위일체 모델을 통해서다.[1] 이 모델에서 아버지는 예수보다 크고 예수는 아버지를 떠나서는 아무것도 할 수 없지만, 아버지와 예수는 둘 다 하나님이다.

무슬림들이 종종 던지는 "아버지가 예수보다 크다면 어떻게 예수가 하나님일 수 있는가?"라는 질문은 적절하다. 하지만 이는 쉽게 답할 수 있는 질문이다. 만일 내가 미국의 대통령과 나를 견준다면, 나는 그가 나보다 크다고 주저 없이 말할 것이다. 그는 나라 전체를 책임지고 있고 전 세계에서 가장 힘 있는 사람 중 하나이지만, 나는 평범한 일개 시민이다. 따라서 대통령은 나보다 크며, 그것도 아주 크다. 하지만 대통령이나 나나 둘 다 똑같이 인

---

1   혹은 최소한 한 하나님 되심 안에 다수의 인격을 설명하는 신학이 필요하다.

간이다. 본질상 대통령도 인간일 뿐이고 나도 마찬가지이며, 그런 의미에서 우리는 같다. 따라서 내가 "대통령은 나보다 크다"고 말할 때 나는 그의 직책을 말하는 것이지 본질을 뜻하는 것은 아니다. 직책상 그는 나보다 크지만, 본질상 우리는 똑같다. 비슷하게, 예수가 "아버지가 나보다 크다"고 할 때 그것은 예수가 하나님이 아니라는 의미가 아니다. 아버지는 다른 역할을 갖고 있고 그 역할은 예수보다 높은 역할이지만, 그것이 본질상 아버지가 더 위대하다는 뜻은 아니다. 두 분 모두 본질상 같다. 두 분 모두 하나님이다.

예수의 신성 및 삼위일체 교리 재검토하기

예수의 신성에 관한 교리를 제대로 이해할 때 이슬람교의 주장 다수가, 심지어 마태와 마가 및 누가의 본문을 들어 제기하는 이의들까지 대부분 해결된다. 예수가 굶주리고 목말랐다는 사실이 예수의 신성과 모순되지 않는 것은, 우리 그리스도인들은 10장에서 논한 위격적 결합, 곧 예수가 신성과 인성을 동시에 가졌다고 믿기 때문이며, 따라서 참 인간이셨던 예수가 허기와 갈증을 느낀 것은 당연하다. 같은 이유로, 하나님은 예언자가 될 수 있었다. 유대-기독교의 가르침에 따르면, 하나님은 세상에 들어오실 수 있는 분이시기에, 인성을 입으실 수 있고 동시에 하나님이자 인간이실 수 있다. 그분의 인성과 신성은 서로를 배제하지 않는다.

무슬림 시절 내가 처음으로 이 주장에 맞닥뜨렸을 때 저항했던 기억이 난다. 분명, 하나님은 제한받지 않는 분이고 인간은 제한된 존재다. 그런데 어떻게 제한을 받는 동시에 제한을 받지 않을 수 있단 말인가? 예컨대, 하나님은 모든 것을 아시지만, 예수는 모든 것을 알지 못했다(막 13:32). 그런데 어떻게 예수가 하나님일 수 있는가?

빌립보서 2장에서 찾을 수 있는 기독교의 응답은, 하나님이 인간이 되실 때 자원하여 자기 신성의 표현을 제한했다는 것이다. 그렇다, 이론적으로 예수는 지상에 있는 동안 모든 것을 알고 있어야 하겠지만 그러지 않기로 선택했으니, "그는 근본 하나님의 본체시나 하나님과 동등됨을 취할 것으로 여기지 아니하시고 오히려 자기를 비워 종의 형체를 가지사 사람들과 같이 되셨"기 때문이다(빌 2:5-6). 예수는 자원해서 스스로를 제한하여 인간이 되셨고 그렇게 함으로써 인간으로서 인간의 죄를 대속할 수 있었다.

이런 이유로 예수는 참 인간이었다. 예수는 이 땅에 태어났다. 그는 지혜와 키가 자랐다. 그는 아버지께 기도함으로써 아버지께 의지했다. 일부 사람이 주장하듯 이것이 "하나님이 자기 자신에게 기도하는" 것이 아닌 것은, 아들이 곧 아버지는 아니기 때문이다. 여기에는 두 인격, 두 자아가 있는 것이다.

내가 무슬림으로서 예수의 신성에 이의를 제기하기 위해 사용한 여러 구절이 있지만, 이 두 가지 설명을 이해하는 것으로 거의 대부분이 해결되었다. 문맥 속에서 각 구절을 보는 것과 위격적 연합을 이해하는 것으로 말이다.

왜 예수는 자신이 하나님이라고 명시적으로 말하지 않았나? 메시아 비밀의 이해

무슬림들은 왜 예수가 당당히 공개적으로 자신의 신성을 선포하지 않았는지 타당한 질문을 던지지만, 이에 관한 훌륭한 대답이 이미 준비되어 있다. 예수는 자신의 신성을 즉시 알리고 싶지 않았다는 것이다. 이것은 마가복음 시작 부분에 분명히 진술되어 있다. 예수께서 귀신들을 쫓아낼 때, "귀신이 자기를 알므로 그 말하는 것을 허락하지 아니하시니라"(막 1:34). 마가는 예수가 자신의 정체를 한동안 비밀로 하기 원했음을 분명히 한다.[2]

여기에는 많은 이유가 있었다. 사람들이 예수에 관해 알기 위해 찾아왔을 때, 큰 무리가 그를 둘러싸서 예수는 더 이상 성 안으로 들어갈 수 없었다(막 1:45). 또한 바리새인들과 헤롯의 사람들이 예수가 하는 일과 주장을 보고서 그를 죽일 음모를 꾸미기 시작했고(막 3:6), 예수는 자신의 때가 되기 전에 죽기를 바라지 않

---

2 몇 절 뒤 예수는 자신의 권위로 문둥병자를 깨끗게 했다. 이것은 구약의 어느 예언자도 행한 적이 없는 기적이며 그분의 정체에 대한 단서를 보여주는 기적이다. 따라서 예수께서 "곧 보내시며 엄히 경고하사 이르시되 '삼가 아무에게 아무 말도 하지 말고…' 하셨더라"(막 1:43-44).

왔다.[3] 예수와 제자들이 이 문제를 두고 얘기할 때, 그는 제자들을 향해 자신의 정체를 비밀로 하라고 당부했다. 그것은 "인자가 많은 고난을 받고 장로들과 대제사장들과 서기관들에게 버린 바 되어 죽임을 당하고 사흘 만에 살아나야" 하기 때문이었다(막 8:31).[4]

그래서 예수는 공개적으로 자신의 정체를 선언하지 않았다. 이것이 학자들 사이에서 "메시아 비밀"로 알려진 바다. 죽음과 승천의 날이 다가오자 예수는 곧장 예루살렘으로 향했다(눅 9:51). 거기서 예수는 체포되어 유대 공회로 넘겨져 비로소 자신의 정체를 드러낸다.

무슬림인 나는 놀라운 사실을 깨닫기 전까지 이 점을 수긍하지 않았다. 무슬림들과 그리스도인들 모두 예수가 메시아임을 인정하지만, 복음서에서 예수는 딱 한 번 공적으로 자신이 메시아라고 선언했다.[5] 그 한 번의 장소는 유대 공회의 재판정이었고, 바로

---

3 요한복음 7:30.
4 마태복음 16:16-20, 누가복음 9:21.
5 마가복음 8:30과 9:41은 예수가 메시아임을 암시하지만, 어느 구절도 무슬림들이 종종 찾는 유의 신성 주장과 같은 입장을 보여주지는 않는다. 또한 두 구절 모두 공적 선포가 아닌 사적 대화다. 마태복음 16:16-20은 예외적으로 그러한 사실을 입증한다. 즉 여기서 예수는 사적으로 자신이 그리스도임을 인정하지만, 자신이 제자들에게 그렇게 말하지는 않으며 또한 제자들이 아무에게도 그것을 전하기를 원하지도 않는다(병행 본문인 누가복음 9:21에는 명백한 인정도 없다). 요한복음에 대해서도 똑같이 말할 수 있다. 가장 명백한 인정은 요한복음 4:26인데, 거기서 예수는 자신이 메시아임을 인정하지만 이 또한 사적인 대화다. 공적으로는, 예수가 자신이 누구인지를 명백히 밝히지 않는 것에 많은 이들이 계속해서 분개한다(요한복음 10:24을 보라). 또한 만일 요한복음

그 단락에서 예수는 자신이 하나님이라고 주장한다.

다시 말하거니와, **복음서에서 단 한 번 예수가 자신이 메시아임을 공개적으로 선언한 순간에 그는 자신이 하나님임을 공개적으로 주장했다.** 예수가 단 한 번 공개적으로 자신이 메시아라고 선언했음에도, 그를 메시아로 믿는 무슬림들은 그가 자신의 신성을 더 자주 혹은 더 당당하게 주장해야 했다고 요구할 수 없다. 자신의 정체를 거듭해서 선언하는 것이 그의 본업은 아니었다. 그는 자신의 때가 오기를 기다리기로 했던 것이다.

또한 예수가 자신의 정체성을 공개적으로 자주 선언하지는 않았지만, 복음서는 본문의 서술을 통해 독자들에게 그의 정체성에 관한 정보를 준다. 예컨대, 마가복음 1:1은 예수를 하나님의 아들과 동일시한다.[6] 마가복음 1:11에서는 하나님이 친히 예수가 자기 아들이라고 선포하는 장면을 보여주며, 3:11에서는 귀신이 예수를 가리켜 하나님의 아들이라고 외친다. 이처럼 영적 존재들이 예수의 하나님 아들 됨을 선포하는 장면을 보여줌으로써 마가는 예수가 단지 인간이 아님을 독자들에게 알려줄 수 있고 재판정에서 예수가 공적으로 자신의 정체를 선포하기에 앞서 그 비밀을 독자들에게 누설할 수 있다.

마가는 또 다른 방법을 사용하여 예민한 독자에게 우리가 앞

4:26이 메시아 선언으로 충분하다면, 요한복음 20:29도 신성을 주장한 것으로 보기에 충분하다고 해야 할 것이다.

6 이 구절의 원래 형태를 두고 본문 논쟁이 있다.

장에서 살펴보았듯이 예수가 인간 이상이라는 정보를 준다. 그는 예수가 중풍병자의 죄를 공개적으로 사해준 논쟁을 이용하고 (2:5), 자신이 십계명의 주인이라고 한 예수의 주권 선포를 이용하며(2:28), 바다를 잠잠하게 하고(4:38-39) 물 위를 걷는(6:48) 등 오직 하나님만이 할 수 있는 기적을 행하는 모습을 보여준다.

자신의 복음서에서 마가는 시종일관 메시아 비밀이 계시될 순간, 곧 예수가 자신이 누구인지를 모두에게 말할 순간을 독자에게 준비시키는 방식으로 예수의 모든 말과 행동을 엮는다. 마가의 이 작업은 14:62에서 신성을 계시하면서 정점에 이르는데, 더욱 강렬하고 중요하게 이해가 된다. 거기서 예수는 자신이 다니엘 7장에 나오는 인자이자 시편 110:1에 나오는 하나님의 보좌에 앉은 자임을 주장한다.

예수가 자신의 신성을 강력하게 선포하는 복음서의 이 두 주장은, 예수가 실제로 이 두 표현을 사용했다는 우리의 확신의 근거이기도 하다.

역사적 정확성에 대한 평가

역사적으로 볼 때 유대 공회 앞에서 행한 예수의 주장이 설득력 있는 것은 그 주장이 역사적 정확성이라는 학문적으로 가장 엄정한 기준을 통과하기 때문이다. "인자"라는 호칭은 네 복음서에서 대부분 예수 자신에 의해 수많은 배경에서 여든 번 이상 사용된다.[7] 학자들은 예수가 실제로 자신을 지칭할 때 이 용어를 사용했으리라고 확신하는데, 그 이유는 당시 메시아가 '인자'일 것이라는 폭넓은 기대가 존재하지 않았기 때문이다. 또한 초기 교회의 그리스도인들은 실제로 예수를 인자라고 부르지 않았다. 아무도 메시아가 그런 식으로 말할 것을 기대하지 않았고 후대에도 그런 이름으로 예수를 부르지 않았는데, 왜 네 복음서는 하나같이 예수가 자신을 인자라고 부르는 모습을 보여주는가? 가장 타당성 있는 설명은 예수가 실제로 그 호칭을 자기 자신에게 사용했다는 것이다. 이처럼 그 호칭은 역사 연구에서 가장 엄격한 기준인 비유사성의 기준을 통과한다.[8] 예수가 자신을 인자라고 불렀음은 사실상 확실하다.

마찬가지로, 예수가 기독교 역사의 아주 이른 시점에 하나님의 보좌에 앉은 다윗의 주님으로 여겨졌다는 점 또한 의심의 여지가 거의 없는 사실이다. 이는 신약성경에서 가장 흔히 인용되는

---

7 이 호칭은 교훈적, 묵시적, 역사적 배경에서 사용된다.

8 비유사성의 기준은 역사적 자료가 역사에 임의로 부여된 것이 아님을 확신하기 위해서는 그 자료가 역사적 맥락과 충분히 상이해야 한다고 제안한다. 당면한 사안의 경우, 유대인들은 메시아가 인자일 것이라고 기대하고 있지 않았고, 따라서 그런 주장이 예수께 부여되리라고 기대하지 않을 것이다. 그리고 보다 중요할 수 있는 점은, 초기 교회는 사실상 그 호칭을 사용하지 않는데, 따라서 복음서 저자들이 그 호칭을 소급 적용하여 예수께 투사했을 가능성은 거의 없게 된다. 그들이 이 호칭을 종종 사용하고 있는 예수를 묘사하는 유일하게 있을 법한 이유는, 예수가 자기 자신에 대해 실제로 그 표현을 사용했기 때문이라는 것이다.

구약성경의 단락으로, 신약성경이 쓰이기 한참 전부터 그리스도인들의 양심 깊숙이 배어 있던 것이다.[9] 시편 110:1을 두고 초기부터 그리스도인들 사이에서 의견 일치가 이뤄진 사실에 대한 최선의 설명은, 권능의 보좌 우편에 앉아 계셔서 아버지와 함께 우주를 다스리기 합당한 분이 곧 자신이라고 예수 자신이 가르치고 선포했다고 보는 것이다.

이처럼 우리는 예수의 담대한 자기 주장, 곧 자신이 메시아이며 하나님이라는 단 한 번 있었던 그의 공개적 선언이 실제로 예수 자신이 선포한 말임을 확신할 수 있다.

무슬림의 반응에 대한 평가를 정리하며

진실은 요한복음뿐 아니라 모든 복음서가 예수를 하나님이라고 가르친다는 것이다. 비록 예수의 신성에 도전하는 것처럼 보이는 일부 구절들이 복음서에 보이기는 하지만, 문맥 속에서 그 구절들을 이해하고 예수의 신성이라는 기독교 교리를 이해하고 나면 이 문제는 해결된다. 무슬림들 사이에서 인기가 있는 회의적인 학자인 어만조차도 이제 생각을 바꿔 이렇게 말한다. "예수가 하나님이라는 생각은 당연히 근대의 고안물이 아니다. 내 논의에서 보여

---

9 대략 스물두 번이다. Richard Bauckham, *God Crucified: Monotheism and Christology in the New Testament* (Grand Rapids: Eerdmans, 1999), 29.

주겠지만, 그것은 예수가 죽은 직후 **가장 초기의 그리스도인들이 갖고 있던 견해였다.**"[10] 예수가 하나님이라는 신앙이 이처럼 곧바로 나타난 것에 대한 최선의 설명은, 증거가 보여주듯, 예수 자신이 하나님이라고 주장했다는 것이다.

---

10 Bart D. Ehrman, *How Jesus Became God: The Exaltation of a Jewish Preacher from Galilee* (New York: HarperOne, 2014), 3. Kindle ebook. 강조는 필자. 『예수는 어떻게 신이 되었나』, 갈라파고스 역간.

32장

결론
: 예수는 자신이 하나님이라고 주장했다

아주 초기의 기독교 문헌들은 예수가 하나님이라는 데 의견 일치를 보인다. 네 개의 복음서 모두 예수가 하나님이라고 가르치며, 복음서가 기록되기 전부터 그리스도인들은 성육신하신 하나님이 그들 신앙의 핵심이라고 확고하게 정해두었다. 이것은 오랜 시간에 걸쳐 발전해온 가르침이 아니라 교회의 태동기 때부터 있었던, 예수의 선언에 그 뿌리를 둔 가르침이다. 이는 인간을 찾아오시는 구약의 야웨 하나님에 대한 기록과, 그 하나님이 다시 오시리라는 기대를 포함한 1세기 유대교의 눈으로 예수의 생애를 연구하면 이해가 되는 내용이다. 이슬람의 일반적 대응은 예수의 신성에 대한 가르침에 위배되는 구절들이 있다는 것인데, 이는 보통 해당 구절들이 들어 있는 문맥을 고려하지 않거나 위격적 연합이라는 메시아 비밀의 교리를 오해한 결과다.

나는 무슬림으로서 복음서를 공부하면서 이 사실을 발견하고 큰 충격에 빠졌다. 예수의 신성에 관한 교리가 예수 사후 수백 년은 아니더라도 수십 년 후에 고안된 것이라고 믿고 있던 나로서는, 기독교 신앙에 대한 이슬람의 설명이 유효하지 않음을 깨달았다. 제자들을 포함하여 첫 그리스도인들은 예수가 하나님이라고 믿었다. 일신론과 하나님만을 예배할 것을 강조하는 유대적 배경을 염두에 둘 때, 제자들은 어떻게 이런 결론에 이르게 되었을까?

최선의 결론은 예수 자신이 하나님임을 주장했다는 것이다. 복음서들은 진리를 말하고 있었다. 무슬림으로서 나의 머리는 이 사실에 저항했지만, 객관적 조사자의 관점에서 볼 때 나는 그것만이 증거에 관한 최선의 설명임을 인정해야 했다. 그 외 다른 어떤 것도 교회의 기원을 무리 없이 설명해주지 못한다.

기독교를 지지하는 요소들을 종합해볼 때, 나는 무슬림이었지만 거기에 반대할 여지가 별로 없었다. 역사적 증거는 이슬람교의 가르침과 정반대였다. 내가 버티고 서 있을 터전이 없었다.

기독교 옹호론 및 기독교의 기원에 관한 이슬람의 반응에 대한 평가

기독교 신앙의 역사적 기원을 연구한 후 나는 다음의 결론을 얻었다. 예수의 십자가 죽음은 역사적으로 더없이 분명한 사실이고, 예수가 죽은 자들 가운데서 부활했다는 것은 그의 죽음을 둘러싼 사건들에 대한 최선의 설명이며, 예수가 스스로 자신이 하나님이라고 주장한 것은 예수 사후에 그를 하나님이라고 선포한 그리스도인들에 대한 최선의 설명이라는 것이다.

이 모두를 종합해보면, 기독교에 대한 역사적 증거는 매우 강력하다. 예수는 스스로를 하나님이라 주장했고, 죽은 자들 가운데서 부활함으로써 그것을 입증했다. 기독교의 주장은 설득력이 있다.

나는 이슬람교를 뜨겁게 믿고자 했지만 역사가 기독교의 주장을 지지한다는 사실을 인정해야만 했다. 또한 원치 않았지만, 기독교의 주장이 이슬람의 가르침에 이의를 제기하고 있음을 인정해야 했다. 예수가 스스로 하나님이라고 주장하지 않았다고 말하는 코란을 믿으려면, 초기 기독교 신앙에 대한 최선의 설명을 무시해야만 한다. 또한 예수의 죽음에 대한 코란의 가르침을 믿으려면, 역사적 증거를 모두 무시해야 할 것이다. 이처럼 기독교의 기원에 관한 기록들은 이슬람교에 불리한 증언을 하고 있다.

하지만 그 증거는 처음에 보였던 것보다 실제로는 훨씬 더 심각한 문제를 이슬람에 제기한다. 훨씬 더 심각한 문제다. 예수에 관한 이슬람의 가르침은 역사와 전적으로 상충한다.

전적으로 양립 불가능한 이슬람과 예수의 정체

이슬람의 가르침이 사실이려면, 예수가 자신의 신성을 부인하는 것만으로는 충분하지 않으며 자신이 인간 예언자에 불과하다고 선언해야 한다. 그러나 가장 이른 기록도 이러한 이슬람의 주장과 확실하게 배치된다.

복음서를 슬쩍 보기만 해도 우리는 예수가 자신을 한 인간보다 훨씬 더 위대한 존재로 보았음을 알 수 있다. 물론 이미 살펴본 것처럼, 예수는 자신에게 죄를 사하는 권세가 있고, 경배를 받아 마땅하고, 자기 권세로 사람들을 고치며, 하나님께 합당한 영광을 요구하고, 기도를 듣고 응답하며, 자신의 죽음으로 인류를 대속하고, 아브라함이 태어나기 전부터 있었다고 본다. 그러나 또한 예수는 자신을 하나님이라고 부른 사람들을 칭찬했고(요 20:28), 자기가 다른 세상의 왕이라고 했으며(요 18:36-37), 하늘에서 내려왔고(요 3:13), 심판 날의 심판자라고 주장했다(요 5:22-23). 이런 가르침들은 요한복음에서만 발견되는 게 아니다. 공관복음서도 예수가 영원한 나라의 왕이며(마 25:34), 그가 인류를 심판할 분이며(눅 23:43), 하늘나라에 갈 선택된 백성이 있으며(막 13:27), 그가 다시 올 때는 마치 주인이 자기 집에 돌아오는 것과 같다고(막 13:35) 동의한다. 물론, 이 모든 것은 예수가 시편 110편에 나오는 하나님의 보좌에 앉아 계신 그분의 상속자이며, 자신의 영원한 나라에서 모든 인류의 경배를 받는 다니엘 7장의 인자라는 문맥 속에 있다.

이런 것들이 예수의 제자들이 살아 있는 동안 생산된, 예수의 생애를 기록한 가장 이른 전기인 복음서의 가르침이다. 단지 인간 예수에 관해 기록한 초기 기독교의 기록은 아예 없다. 모든 증거가 지시하는 바 예수의 제자들은 한결같이 그가 하나님이라고, 의심할 여지 없이 한 인간을 넘어서는 분이라고 믿었다.

이슬람 모델은 이것을 어떻게 설명할 수 있는가? 예수의 제자들은 왜 초인적인 예수, 실상은 하나님을 전했는가? 역사를 무시하지 않고는 달리 가능한 설명이 없다. 이슬람은 예수가 교사와 예언자로서 능력이 부족하여 지극히 간단한 사실, 곧 그가 순전히 한 인간이었다는 사실조차 제자들의 생각 속에 주입시키지 못했다며 이것을 믿으라고 요구한다. 이슬람이 선포하는 핵심 메시지가 '타우히드'임을 염두에 둔다면 예수는 절망적인 실패자라는 뜻이 된다. 사실, 그는 전적인 실패자에도 못 미치는데, 왜냐하면 그가 제자들에게 '타우히드'의 정반대를 믿게끔 만들었으니 말이다.

메시아가 정말 그토록 비참할 정도로 무능하다고 결론 지을 수 있을까? 물론 그렇지 않다. 하지만 그것이 바로 이슬람이 우리에게 믿기를 요구하는 내용이다. 예수의 정체성에 관한 기록과 이슬람의 가르침은 살짝 빗나가는 정도가 아니다. 예수의 정체성에 관한 기록과 이슬람은 양립하기 어려울 정도다. 만일 예수가 참으로 '타우히드'를 가르쳤다면, 그는 전적으로 무능한 메시아이자 가련한 실패자만도 못한 인물인 셈이다.

이슬람과 초기 기독교의 선포의 양립 불가능성

마찬가지로 이슬람은 제자들이 경건한 사람들이었다고 가르치지만, 총체적 증거는 초기 교회가 선포한 내용은 예수의 죽음과 부활이었음을 증언한다. 이는 이슬람이 부인하는 내용이다. 무슬림으로서 나는 이 불일치를 어떻게 설명해야 하는가?

역사적 증거를 설명할 수 있는 유일한 방법은 제자들이 단순히 사실을 오해했다고 보는 것뿐이었다. 하지만 생각할수록 이 입장은 나의 이슬람 신앙에 심각한 문제를 제기했다. 대부분의 무슬림들이 믿는 것처럼 알라가 예수를 십자가에서 죽은 것처럼 보이게 하면서 그를 십자가에서 구했다면, 제자들이 예수의 죽음과 부활을 선포한 책임은 알라에게 있게 된다. 따라서 알라가 기독교를 출발시킨 셈이다. 수십억의 사람들을 이슬람에서 이탈하게 한 잘못된 종교를 말이다. 설상가상으로, 그리스도인들은 예수의 부활을 믿기 때문에 예수가 하나님이라고 믿으나, 코란은 예수가 하나님이라고 믿는 이들은 지옥에 갈 것이라고 한다(5:72). 그렇다면 알라가 고작 예수를 십자가에서 구하기 위해 제자들을 속였고 제자들이 예수를 부활한 주님으로 선포하게 하여 결국은 수십억의 사람들을 지옥으로 보냈다고 믿어야 하는 것인가?

다시 말해, 제자들이 예수의 죽음과 부활 외에 다른 것을 전파했다는 기록은 전혀 없다. 왜 알라는 예수가 십자가에서 죽지 않았으며 죽은 자들 가운데서 부활하지도 않았다고 제자들에게 충분히 말해주지 않았을까? 알라라면 제자들이 예수의 죽음과 부활을 전하지 않도록 어렵지 않게 막을 수 있었을 텐데 말이다. 하지만 역사는 논쟁이 불필요할 정도로 분명하게, 제자들이 전한 메시지의 토대는 다름 아닌 예수의 부활에 대한 선포였다고 증거한다. 그러므로 알라가 십자가에서 예수를 구한 것이 사실이라면, 기독교회가 세워지고 이후 수십억의 사람들이 용서받지 못할 죄인 '쉬르크'를 범하게 된 책임이 알라의 기만에 있게 된다.

알라가 그런 엄청난 실수를 저질렀다고 결론 내려도 되는 걸까? 당연히 그러면 안 된다. 하지만 우리가 역사적 증거를 진지하게 받아들이고자 할 때 이슬람은 우리에게 그러한 내용을 믿으라고 요구한다. 초기 기독교의 선포에 관한 기록과 이슬람의 가르침은 살짝 빗나가는 게 아니다. **초기 기독교의 선포에 관한 기록과 이슬람은 근본적으로 양립할 수 없다.** 만일 알라가 예수를 십자가에서 구원하고도 제자들에게는 알려주지 않았다면, 알라는 기만의 신이며, 수십억 인류를 저주에 빠지게 한 책임이 그에게 있다.

이러한 이유들로 인해, 만일 우리가 무슬림인 동시에 기독교의 기원과 관련된 역사적 증거를 진지하게 수용하고자 한다면, 그 때 내릴 수 있는 결론은 예수는 무능한 메시아이며 또한 알라는 기만적인 신이라는 것밖에 없다.

이슬람의 역사 부정

물론 그렇게 믿는 무슬림은 없으며 나 역시 그렇게 믿지 않았다. 나는 남아 있는 유일한 대안을 택했다. 기독교의 기원과 관련된 역사적 증거가 아무리 많고 광범위하며 견고하다고 하더라도, 그 모든 역사적 증거를 거부하기로 한 것이다. 관련된 역사 기록은 수십 명의 저자들―그리스도인, 유대인, 그리스-로마인―이 쓴 수십 개의 문헌을 포함하여 믿기 힘들 정도로 방대하다. 나는 정말 나의 이슬람 신앙을 유지하기 위해 그 모든 증거에 대해 눈을 감고 모든 것을 무시해야 하는 걸까?

또한 나는 더 이상 간과할 수 없는 사실을 알게 되었는데, 예수가 십자가에서 죽었고 초기 교회가 예수의 부활을 믿었으며 가장 초기의 그리스도인들이 예수의 초월성 곧 신성을 믿었다는 데에 실제로 학자들이 만장일치로 의견을 같이한다는 것이었다. 그리스도인 학자만이 아니라 신을 믿지 않는 학자들까지도 실제로 이 문제에 있어서 모두 같은 쪽에, 곧 이슬람의 가르침과 반대되는 편에 서 있었다. 무슬림으로서 나는 학자들을 무척 존경했지만, 이제 나는 그들의 결론이 내 신앙과 대립한다는 것을 알았다. 이 문제를 연구하며 평생을 보낸 사람들의 견해가 이슬람교와 일치하지 않았던 것이다.

이 모든 것을 궁리하는 내내 내 생각은 처음에 스스로에게 던졌던 질문으로 계속 돌아갔다. "객관적 조사자라면 이 모든 증거를 내버릴까? 객관적 조사자라면 이 문제에서 이슬람 편에 설까?" 대답은 분명했다. 당연히, 아니다. 기독교의 기원에 대한 역사와 관련해서 이슬람을 믿는 것은 모든 증거를 즉시 외면하는 것이다. 객관적 조사자라면 그렇게 하지 않을 것이다.

잠정적 결론

무슬림으로서 3년 동안 기독교에 관한 조사를 마친 후, 나는 그리스도인들이 자신의 신앙을 믿을 만한 역사적 이유를 충분히 갖고 있다고 잠정적인 결론을 내렸다. 이것은 내 머릿속에서 일어난 인식의 대전환이었고, 무슬림으로서 내가 받아온 교육과는 전적으로 배치되는 것이었다. 그러나 외면할 수 없는 사실이었다.

그리고 그 증거는 나의 이슬람 신앙에 이의를 제기했기에, 나는 그 모든 것을 무시하든지(이는 내 지성이 용납할 수 없는 일이었다), 그리스도인이 되든지(상상조차 할 수 없는 일이었다), 또는 기독교의 증거가 아무리 설득력이 있다고 해도 이슬람을 지지하는 증거가 훨씬 더 설득력 있다고 믿든지 하는 수밖에 없었다.

두 번째 질문에 대한 중간 정리: 기독교 옹호론 및 기독교의 기원에 관한 이슬람의 반응에 대한 평가 마지막 남은 선택이 나로서는 유일하게 가능한 선택지였고, 그래서 나는 이슬람 옹호론이 기독교 옹호론보다 훨씬 더 설득력이 있을 수밖에 없다고 생각해버리는 나 자신을 발견했다. 그러나 나의 친구 데이비드는 내가 그처럼 증거 없는 가정 위에서 움직이도록 가만 두지 않았다.

　　그래서 나는 이슬람에 대해 깊이 조사하기로 했다. 이슬람 옹호론이 기독교 옹호론보다 훨씬 더 강력하다는 것을 입증하기 위해서 말이다. 나의 첫 작업은 무함마드가 하나님의 예언자라는 증거를 모으는 것이었다. 일정 시간의 준비가 끝났을 때, 데이비드는 마이크 리코나(Mike Licona)의 집에서 모이는 토론 모임에 나를 초대해 내 입장을 개진할 수 있게끔 해주었다. 그 모임은 다양한 종교적 배경을 가진 사람들이 매월 모이는 토론회였다. 모임에서 나는 무함마드가 하나님의 예언자임을 주장하는 내 입장을 제시했다.

9부

무함마드는
하나님의 예언자인가?

33장

옹호론
: 미리 예언된 귀감

"나는 무함마드가 알라의 사도임을 증거한다." 이
것은 매일의 기도 시간을 알리는 뾰족탑에서 하루에도 여러 번씩
울려 퍼지고, 기도드리는 모든 무슬림들의 가슴에서 암송되는 경
건한 무슬림의 선서다. "알라 외에 다른 신은 없으며, 무함마드는
알라의 사도입니다"를 선언하는 사람은 이슬람의 동류로 받아들
이기에 충분하다. 하나님의 사도라는 무함마드의 지위에는 의심
의 여지가 있을 수 없으며, 그의 예언자 직분은 이슬람 신앙의 중
심 기둥이다.

무슬림으로 자라난 우리에게 무함마드의 예언자직은 처음부
터 주어진, 우리 세계의 필수불가결한 부분이었고, 이슬람을 공유
한다는 것은 곧 무함마드를 향한 강렬한 마음을 나누는 것을 의미
했다. 그런 이유로 내 친구 데이비드가 내게 방 안을 채운 비무슬

림들에게 이슬람에 관해 이야기해달라고 했을 때, 나는 무함마드의 예언자직을 제시하고 변호하기로 했다.

마이크 리코나의 거실에 앉아 그리스도인들과 불교인들, 무신론자들과 불가지론자들을 상대로 이야기하면서, 나는 무함마드의 예언자직을 지지하는 나의 입장을 펼쳤다. 나는 세 가지 논지를 제시했다. 첫째, 무함마드의 생애와 인격이 그의 예언자 됨을 증거한다. 둘째, 무함마드는 성경에 예언되어 있다. 셋째, 무함마드는 하나님께 받은 깊은 과학적 혜안을 가지고 있었다.

무함마드의 생애와 인격

선대를 통해 나에게까지 전해 내려온 무함마드의 생애의 초상을 제시하면서 나는 먼저 그가 매우 온화하고 소박한 어린 시절을 보냈음을 모두에게 이야기했다. 무함마드의 아버지는 그가 태어나기도 전에 죽었고 그의 어머니는 그가 출생한 직후 죽었기에, 그는 어린 시절의 대부분을 고아로 지내야 했다. 그는 자라서 신뢰와 존경을 받는 젊은 상인이 되었고, 결국은 젊은 처녀 대신 자기보다 열다섯 살이나 더 많은 과부와 결혼했다. 이처럼 무함마드는 예언자로 부름 받기 전에도 세속의 매력에 마음을 두지 않는 고귀한 젊은이였다.

그는 마지못해 예언자직을 수용했다. 메카의 이교적 환경 안에서 무함마드는 대담하게 유일신론을 선언하며 개인적 안위 따위는 일절 신경 쓰지 않았다. 과부와 고아와 빈자의 곤경을 알고 있던 그는 그들의 권리를 위해 싸웠다.

그가 설파한 평화의 메시지에도 불구하고 그의 유일신 주장은 메카인들의 분노를 샀고 결국은 박해로 이어졌다. 무함마드는 삼촌의 보호를 받기는 했지만 조롱과 위협을 당했고, 엎드려 기도하고 있는 그에게 사람들이 낙타의 창자를 던지는 일도 있었다. 지켜줄 사람이 없는 그의 추종자들은 더 심각한 상황에 처하기도 했고, 일부는 순교하기까지 했다. 해를 더할수록 박해가 심해지더니 급기야는 메카인들이 무슬림들을 배척하기에 이르렀고, 결국 무함마드의 삼촌과 아내가 죽게 되는 험악한 상황으로까지 치달았다. 자신을 암살하려는 음모가 진행되자 무함마드는 메디나로 탈출했고, 결국 그곳에서 박해를 피해 도망쳐 온 무슬림들을 보호할 수 있는 충분한 지원을 얻을 수 있었다.

이때부터 무함마드는 아라비아의 여러 부족들에게 이슬람교를 받아들이도록 권유했고 그의 메시지의 아름다움에 공감한 많은 이들이 무슬림의 편이 되었다. 그런 와중에도 메카 사람들은 메디나를 공격해 무슬림들을 없애려고 했으나, 알라는 기적적으로 그들을 지켜주었다. 10년에 걸친 방어전 끝에 무함마드는 메카 사람들과 조약을 맺었는데, 그 결과 그는 메카에 갈 수 있게 되었고 또한 거룩한 모스크인 카바 순례를 할 수 있게 되었다. 하지만 유감스럽게도, 메카인들은 조약을 파기했고, 그래서 무함마드는 만 명의 추종자들을 이끌고 메카로 진군했다. 메카인들은 무슬림 군대를 이겨내지 못하고 결국 항복했다.

비록 메카인들은 무슬림들을 박해하고 죽인 자들이었지만—무함마드의 사랑하는 삼촌과 첫 번째 아내를 죽음으로 몰고 가고, 무슬림들을 몇 번이고 전쟁터로 끌고가 허다한 생명을 앗아간 이들이었지만—무함마드는 그들에게 관용을 베풀었고 그 모든 죄를 용서해주었다. 무함마드의 명성은 아라비아 반도 전역으로 퍼져나갔고, 무함마드가 죽고 난 지 2년 후에는 아라비아 반도 전체가 이슬람교를 받아들였다.

무함마드의 인격이 그러했다. 그는 여인과 고아들의 수호자일 뿐 아니라 유일신론의 부단한 주창자였으며 위대한 지도자였고 자비로운 정복자였다. 그의 생애와 인격은 그가 하나님의 예언자임을 보여주는 증거다.

성경 속의 무함마드

무함마드의 감화력 있는 인격보다 무슬림들에게 보다 친숙한 주장이 있으니 곧 그가 성경에 예언되어 있다는 것이다.

코란은 토라와 복음서에 무함마드가 예언되어 있다고 가르친다. "그들은 예언자이며 무학자 선지자를 따르는 이들이라. 그들은 그들의 기록서인 토라와 복음서에서 그를 발견하리라"

(7:157).[1] 이런 이유로 무슬림들은 성경 구절을 기꺼이 이용하여 무함마드의 예언자직을 옹호한다. 우리가 특히 자주 흠정역(KJV)에서 인용하는 성경의 단락이 두 개 있는데, 신명기 18:17-19과 요한복음 16:12-14이다.

신명기 18장

신명기 18:18-19에서 하나님은 이렇게 말씀한다. "내가 그들의 형제 중에서 너와 같은 선지자 하나를 그들을 위하여 일으키고 내 말을 그 입에 두리니, 내가 그에게 명령하는 것을 그가 무리에게 다 말하리라. 누구든지 내 이름으로 전하는 내 말을 듣지 아니하는 자는 내게 벌을 받을 것이요." 이 단락에서 하나님은 모세와 같은 한 예언자가 올 것인데, 그가 유대인 형제들 중에서 와서 하나님의 이름으로 말할 것이라고 모세에게 말씀한다.

　그리스도인들은 이 단락이 예수를 말하는 것이라고 믿지만, 무슬림들은 그것이 무함마드를 말하는 것이라고 주장한다. 예수와 무함마드 중 누가 더 모세와 "비슷한가"? 모세는 자연적으로 태어나서, 율법을 가져왔고, 오랜 세월 동안 백성을 이끌었고, 예언자이자 정치가였으며, 자기 백성을 핍박에서 인도해야 했으며, 결혼하고 아이를 낳았고, 결국에는 자연사했다. 즉 이 가운데 어

1　코란 61:6.

느 것도 예수에게 해당되지 않지만, 무함마드에게는 해당한다. 의심의 여지 없이, 예수보다는 무함마드가 모세와 더 비슷하다.

게다가 예언은 그 예언자가 "그들의 형제 중에서" 나온다고 하니, 그는 유대인의 형제인 것이다. 유대인은 이스라엘 민족이며, 그들의 형제는 이스마엘의 후손이다. 따라서 신명기의 예언이 말하는 모세와 같은 예언자는 이스마엘의 족보에서 나오는 자다. 그러므로 무함마드가 틀림없다.

마지막으로, 이 단락에서는 그 예언자가 "내 이름으로 전하는 내 말"을 계시할 것이라고 한다. 코란의 모든 장은 "알라의 이름으로" 시작한다. 어느 누구보다 무함마드는 알라의 이름으로 말했고, 코란의 모든 장이 이를 증거한다.

이처럼 나는 하나님이 구약성경의 모세를 통해 무함마드가 올 것을 예언해주었다는 친숙한 주장을 제시했다.

요한복음 16장

나는 요한복음 16장도 장차 올 예언자에 대해 이야기한다고 주장했다. 본문은 이렇다. "내가 아직도 너희에게 이를 것이 많으나 지금은 너희가 감당하리 못하리라. 그러나 진리의 성령이 오시면 그가 너희를 모든 진리 가운데로 인도하시리니, 그가 스스로 말하지 않고 오직 들은 것을 말하며 장래 일을 너희에게 알리시리라. 그가 내 영광을 나타내리니 내 것을 가지고 너희에게 알리시겠음이라"(12-14절).

여기서 예수는 한 예언자, 곧 진리의 영(13절)에 대해 말하는데, 그가 와서 예수의 메시지를 완수할 것이다. 예수 뒤에 와서 주요한 신앙을 계시한 유일한 예언자인 무함마드 외에 다른 누가 그 예언자일 수 있는가? 신명기의 예언처럼, 이 본문도 자기 자신에 대해 말하지 않고 자신이 들은 것에 대해 말해줄 이를 묘사하고 있다. 코란은 무함마드에게 주어진 계시이지 그가 지어낸 것이 아니며, 따라서 그는 예언이 말한 그대로 자신이 들은 것만을 말해 주었다.

또한 요한복음 16장은 진리의 영이 예수를 영화롭게 할 것이라고 한다. 예수가 사생아였다고 한 유대인들과 달리, 무함마드는 예수가 참으로 동정녀에게서 태어났다고 선포했으며, 그렇게 함으로써 다른 이들은 못했으나 그는 예수를 영화롭게 했고 예언을 성취했다.

그뿐 아니라, 요한복음 16:7은 '파라클레토스'(*parakletos*)라는 그리스어 단어를 사용하여 "진리의 영"을 묘사한다. 이 단어는 그리스어 단어 '페리클루토스'와 아주 유사한데, 그 의미는 "찬양받을 이"다. 아랍어에서 '무함마드'는 "찬양받을 이"라는 뜻이다. 이처럼 예수는 무함마드를 뜻하는 그리스어 단어를 사용하여 진리의 영이 올 것을 예언한 것이다.

이 모든 이유들로 인해, 우리는 하나님께서 예수를 통해 신약성경에 무함마드가 오리라고 예언해두었음을 확신할 수 있었다.

그날 밤 나는 무슬림들이 무함마드의 권위와 그의 예언자직을 확고히 하기 위해 흔히 사용하는 십여 가지의 예언들 중 두 가지만을 골라 제시했다.

경이로운 과학 지식

모임의 참석자들에게 내가 제시한 마지막 논점은 무함마드의 경이로운 과학 지식이었다. 이는 일반적으로 코란을 방어할 때 제시되는 논거인데, 나뿐 아니라 다른 많은 무슬림들은 무함마드의 예언자직을 변호할 때에도 이 논점을 끌어다 사용했다. 무함마드는 코란을 전달할 때뿐 아니라 하디스에 기록된 여러 질문에 대답하는 과정에서 7세기에 살았던 사람으로서는 알기가 거의 불가능한 깊은 과학적 통찰을 보여주었다. 이는 하나님이 무함마드에게 초자연적 지혜를 주지 않았다면 불가능했을 일이며, 따라서 그는 하나님의 예언자인 것이 틀림없다.

예를 들어, 코란 23:12-14은 배아의 발달 단계를 묘사한다. 접합배아의 발달 과정을 수정에서 분화까지 묘사하고 있는 코란은, 무함마드의 시대에는 알려져 있지 않았던 과학 영역에 대해 잘 알고 있는 것처럼 보인다. 인류는 근대 의학의 발전 이후에야 비로소 코란에 이미 계시되어 있던 내용을 발견하고 있는 셈이다.

또 한 가지 우리가 흔히 사용한 논거는, 코란이 산맥에 관해 경이로운 지질학적 진리를 전달하고 있다는 것이었다. 코란

78:6-7은 산을 "기둥"(말뚝)으로 묘사하는데, 이는 땅 표면 아래로 깊숙이 박힌 뿌리가 있음을 시사한다. 근대에 들어서 과학은 그러한 뿌리가 실제로 존재함을 발견하게 되었다. 게다가 코란은 이런 산의 뿌리가 땅을 안정시킨다고 가르치는데, 이는 최근에야 판구조론으로 확립된 가르침이다.

이처럼 경이로운 과학 지식을 받은 무함마드는 하나님의 예언자임이 틀림없다.

무함마드의 예언자직을 지지하는 주장에 관한 결론

45분에 걸쳐 나의 논점을 토론 모임에서 전달한 뒤 나는 내가 무함마드의 예언자직을 아주 설득력 있게 주장했다고 확신했다. 그의 생애와 메시지는 그가 하나님의 예언자임을 보여주는 내재적 증거다. 즉 그보다 앞서서 모세와 예수 같은 예언자들은 무함마드가 올 것을 예언했고, 그를 통해 계시된 선진 과학 지식은 그가 하나님의 예언자임을 증명한다. 종합하면, 이 두 가지 논거는 무함마드가 예언자임을, 그리고 이슬람교가 하나님이 보내신 진리임을 믿게 하는 강력한 이유인 것이다.

그러나 그때 무함마드의 예언자직에 이의를 제기하는, 내가 모르고 있던 사안과 질문이 터져 나왔다.

34장

반응
: 반대 증거를 기억하라

  내가 역사적 무함마드에 관한 발표를 마쳤을 때 마이크가 첫 질문을 던졌다. 그는 샤비르와의 토론을 위해 이슬람을 연구했던 터라 내 발표에 구멍이 있음을 알아챘다. 내가 무함마드가 평화를 사랑한다는 결론을 내리면서 그 근거를 제시하지 않았던 것이다. "나빌, 코란에 다른 구절들도 있어요. '어디서 만나든 불신자를 죽이라' 같은 경우죠. 당신이 인용한 내용이 이 구절보다 우선한다는 것을 우리가 어떻게 알 수 있을까요?"

  사람들이 무함마드의 인격에 의문을 제기할 때면 나는 너무 자주 상처를 받았지만, 그들의 질문은 정당했다. 내가 무함마드의 고매한 인격을 그가 하나님의 예언자라는 증거로 제시하고자 한다면, 무함마드의 인격이 하나님의 예언자로서의 인격에 못 미친다는 결론에 이르게 할 반대 증거 또한 용납해야 할 것이다. 똑같은 기준이 무함마드에 대한 예언 및 그의 과학 지식과 관련된 예언에도 해당된다. 우리는 가능한 반대 사례도 중요하게 다뤄야 한다. 전체 증거를 고려하더라도 무함마드의 예언자직이 여전히 최선의 결론일까?

무함마드의 인격에 대한 비판적 고찰

무함마드의 생애에 대해 읽을 때 그가 많은 선한 것들을 가르쳤다는 점은 의심의 여지가 없다. 그의 가르침은 유일신론을 설파하고 하나님께 순복하라고 선포한 정도가 아니다. 무함마드는 가난한 자들을 먹이고,[1] 하나님을 위해 이웃을 사랑하고,[2] 절도와 간음 및 유아살해를 삼가고,[3] 노예를 풀어주고 약자를 돕고 자기 힘으로 일할 수 없는 이들을 위해 봉사하라고 했을 뿐 아니라[4] 이외에도 많은 것을 가르쳤다. 무함마드의 생애를 다룬 역사 기록을 살펴볼 때, 그가 매우 도덕적이고 고귀한 가르침을 많이 남겼다고 결론을 내리지 않을 수 없다.

하지만 그가 하나님의 예언자라고 결론 내리기에 앞서 반대 증거도 고려해야 할 텐데, 우리는 대부분의 무슬림들이 가장 신

---

1 Sahih Bukhari 1.2.12.
2 Sahih Bukhari 1.2.16.
3 Sahih Bukhari 1.2.18.
4 Sahih Bukhari 3.46.694.

뢰할 만하다고 여기는 문헌, 곧 코란과 하디스 중 '사히 부카리'와 '사히 무슬림'에 나타난 증거만을 살펴볼 것이다.

출발점에서부터 시작해보자. 자신의 첫 계시를 받을 때 무함마드는 매우 이상한 반응을 보였다. 자살 직전에까지 갔던 것이다. "그는 높은 산 위에서 몇 번이나 몸을 던지려는 마음을 먹었고 몸을 던지려고 산 정상에 올랐을 때마다" 한 천사가 그에게 나타나 자살하지 못하게 설득했다.[5] 이것이 예언자다운 행실인가? 구약성경과 신약성경의 예언자들 중 천사를 만난 뒤 자살 충동을 느낀 사람은 아무도 없다.

무함마드와 영적 존재의 첫 만남은 천사와의 조우 같지 않다. 같은 하디스에 보면, 이 영적 존재는 '나무스'라고 한다.[6] 나무스가 무함마드를 움켜잡고 얼마나 세게 압박했던지, 그는 견딜 수가 없었다.[7] 나무스는 세 번에 걸쳐 무함마드를 참을 수 없을 정도로 강하게 압박했고, 결국 무함마드는 그의 명령에 따를 수밖에 없었다. 객관적 관찰자에게 이것은 천사와의 만남은커녕 폭력적인 일화 같다. 사역자로서 무함마드의 경력의 출발점은 예언자의 출발점 같지 않다.

무함마드가 평화의 사람이었는지를 검토할 때 우리는, 비록

---

5 Sahih Bukhari 9.87.111.
6 이 영적 존재는 나중에 가브리엘로 밝혀진다.
7 이것은 고전 아랍어의 표준 영어 어휘집인 *Lane's Lexicon*(Vol II, 2269)에 제시된 '가트'(ghatt)라는 단어의 번역이다.

그의 사역이 전투로 점철되어 있지만 그렇다고 해서 그것이 신의 위임에 반대되는 증거라고 보아서는 안 된다. 여호수아를 비롯한 구약성경의 많은 이들이 출전 명령을 받았다.

그럼에도 충격적인 것은, 무함마드가 얼마나 열정적으로 그 전쟁을 받아들였는가 하는 점이다. 그는 전쟁이야말로 문자 그대로 세상 최고의 일이라고 말했다.[8] 무슬림에게 '지하드'에 참전하는 것보다 더 나은 보상을 가져다주는 일은 없으며, 부단한 기도와 금식보다 훨씬 더 나은 게 성전이다.[9] 무함마드는 전쟁에서 죽는 것은 위대한 일이며 그것만이 사람으로 하여금 천국에 가고 싶게 만든다고 가르쳤다.[10]

그가 적들을 대한 방식까지 가보자. 때로 무함마드는 적들에게 저주를 퍼부었고,[11] 부하들에게 비방과 모욕의 시를 쓰도록 부추겼다.[12] 한번은 사람들이 무슬림들의 매일기도를 지연시켰다는 이유만으로 그들의 가옥들에 불을 내려 달라고 기도하기도 했다.[13] 어떤 때에는 암살자들을 보내어 자고 있는 적들을 죽이기도 했고,[14] 암살을 성공시키기 위해 적들을 속이거나 그들의 신뢰를 악

---

8 Sahih Bukhari 4.52.50.
9 Sahih Bukhari 4.52.44.
10 Sahih Bukhari 4.52.72.
11 Sahih Bukhari 5.59.297.
12 Sahih Bukhari 5.59.449.
13 Sahih Bukhari 4.52.182.
14 예컨대, Sahih Bukhari 5.59.370.

용하기도 했다.[15] 일부 적들에 대해서는 수족을 절단하고, 뜨겁게 달군 다리미로 눈 위에 낙인을 찍었으며, 죽을 때까지 흙을 핥아 먹는 처벌을 내렸다.[16] 비무장한 도시들을 상대로 한 전투를 주도했고,[17] 야간 공격 중 여성과 아이들이 죽는 것을 허락했다.[18] 한 번 이상 여러 부족을 대량 학살했는데, 부족의 모든 남자와 십 대 소년들을 죽였고 여성과 아이들은 노예로 분배해주었다.[19] 이는 어쩔 수 없는 방어전만 벌였다는 무함마드의 이미지와는 상반되는 내용이다.

또한 무함마드는 자신을 공격한 이들만 공격했던 것 같지도 않다. 무함마드는 이렇게 말했다. "나는 알라만이 예배를 받을 분이시며 무함마드는 알라의 사도라고 고백할 때까지 사람들과 맞서 싸우라는 명령을 받았다.…그렇게 고백한 후에야 그들은 나로부터 생명과 재산을 보전할 수 있을 것이다."[20] 무함마드는 또 다른 하디스에서 이렇게 그 이유를 설명한다. "나는 아라비아 반도에서 유대인과 그리스도인을 몰아낼 것이며 오직 무슬림만 있게

---

15 Sahih Bukhari 5.59.369.
16 Sahih Bukhari 7.71.589.
17 Sahih Bukhari 1.11.584.
18 Sahih Bukhari 4.52.256.
19 예컨대, Banu Quraiza에 관해서는 Sahih Bukhari 5.59.362을, Khaibar 주민들에 관해서는 Sahih Bukhari 5.59.512를 보라.
20 Sahih Bukhari 1.2.25.

할 것이다."[21]

이런 기록을 볼 때, 무함마드가 사람들과 싸우면서 신앙 때문에 그들을 아라비아에서 몰아내려고 했다는 것은 부인할 수 없는 사실이다. 사람들은 무슬림이 된 후에야 무함마드로부터 "자신의 생명과 재산을 보전"할 수 있었다. 그런데 어떻게 우리는 무함마드가 평화를 사랑하며 그것이 그의 예언자직을 입증해준다고 주장할 수 있을까?

무함마드의 인격을 평가하면서 우리는 두 가지 문제, 곧 그의 사역의 출발점과 전쟁에 관한 그의 가르침을 살펴보았다. 그것만으로도 무함마드의 인격과 예언자직에 대해서 의문을 제기하기에 충분하다. 하지만 필요하다면 논의의 장에 가져올 수 있는 훨씬 더 많은 회의적 사안들이 있다. 그의 영적 자질, 여성에 대한 가르침, 문제의 소지가 있는 신학적 가르침, 유대교와 기독교에 대한 잘못된 이해, 실현 안 된 예언, 우상숭배 예식을 명령한 점, 자기 자신에 대해 특별히 관대한 점 등등. 그중 처음 두 가지만 간략히 짚어보자.[22]

몇 번에 걸친 자살 시도 사건은 논외로 하고 무함마드의 영적

---

21 Sahih Muslim 1767.

22 더 많은 내용은 David Wood, "50 Reasons Muhammad Was Not a Prophet," AnsweringMuslims.com, April 6, 2014, http://www.answeringmuslims.com/2014/04/50-reasons-muhammad-was-not-prophet.html을 보라.

자질과 권위를 살펴보자. 그는 자신이 흑마술의 희생자라고 말한 바 있고,[23] 자신이 하지 않은 일을 했다고 생각하는 망상에 사로잡히기도 했으며,[24] 악마의 영감과 하나님의 영감을 혼동하기도 했는데 사탄이 코란의 몇몇 구절을 그의 마음에 넣어주어서 훗날 그는 그 구절을 기도 중 사용했다.[25]

또한 여성에 대한 태도와 처우를 살펴보자. 무함마드는 임시 결혼이라는 제도를 통해 매춘을 허용했고,[26] 쉰두 살에 그는 아직 인형을 가지고 노는 아홉 살짜리 신부 아이샤와 결혼해 첫날밤을 치렀고,[27] 부하들이 여성 포로 및 노예들과 성관계를 맺는 것을 허락했고,[28] 여성이 남성에 비해 정신적으로 열등하다고 선언했고,[29] 여성들이 남편의 은혜를 모르기 때문에 지옥에 가는 이들 중 대다수가 여성일 것이라고 말했다.[30]

---

23 Sahih Bukhari 7.71.661.

24 Sahih Bukhari 4.53.400.

25 사탄의 구절과 관련해서는 Sahih Bukhari 2.19.177에서 슬쩍 언급하고 있다. 거기서 무함마드는 수라 나짐(Sura Najm)을 암송하여 정령(jinn)과 이교도들을 엎드리게 한다. 이 구절은 초기의 서른일곱 개의 기록에서 발견되는 보다 큰 이야기의 일부이다. 프린스턴 대학교를 졸업하고 하버드 대학교에서 가르친 무슬림 학자 샤하브 아흐메드(Shahab Ahmed)는 이 주제에 관해 1999년 제출한 자신의 박사 논문에서, 무함마드가 실제로 그 사탄의 구절을 선언했다고 주장했다.

26 Sahih Bukhari 6.60.139; Sahih Muslim 3248.

27 Sahih Muslim 3481; 다음도 보라. Sahih Bukhari 7.62.64.

28 코란 23:1-6; Sahih Bukhari 5.59.459; Sahih Muslim 3371과 3384.

29 Sahih Bukhari 3.48.826.

30 Sahih Bukhari 2.18.161.

지금까지 다룬 이슈만으로도 충분하리라. 무함마드는 여러 선한 것들을 가르쳤고 때로 자비로운 사람이었지만, 방대한 반대 증거를 고려할 때 우리는 그의 인품이 그가 하나님의 예언자임을 입증할 만큼 탁월하다고 결론 지을 수 없다.

성경 속 무함마드 자세히 살펴보기

성경 속에 무함마드에 관한 예언이 많이 있지만, 우리는 그 가운데 신명기 18장과 요한복음 16장의 구절들을 가장 강력한 증거라고 보며 가장 자주 사람들에게 제시한다. 하지만 이 단락들을 다룰 때 흔히 만나게 되는 문제점이 있었는데, 우리가 자신의 기대에 맞추어 본문을 이해하려고 했다는 점이다. 우리는 말씀이 뜻하는 바와 본문이 전달하려고 하는 내용을 이해하려고 하기보다는, 이를 무함마드에 대한 예언으로만 읽으려고 했다.

예컨대, 신명기 18장을 읽을 때 우리는 구약성경에서 말하는 예언자 개념이 무엇인지를 알려고 하지 않고 오직 이슬람에서 말하는 예언자 개념을 그 속에 들이밀었다. 구약성경에서 예언자는 야웨 하나님의 영이 임하여 그로 인해 예언하는 자를 말한다. 구약은 여예언자들(삿 4:4), 예언자 무리(삼상 10:5)를 언급하기도 하는데, 이 두 경우 모두 무슬림의 예언자 개념과 맞지 않는다.

우리의 말씀 해석이 진짜 문제가 되는 경우가 신명기 18장, 그중에서도 "그들의 형제 중에서"를 해석하는 방식에서 등장한다.

이 구절은 '이스마엘의 후손 중에서'라는 의미로 해석될 수가 없다. 성경에서 이 관용구를 이용할 때 그 의미는 "동포"이며, 항상 가까운 친족이나 일족을 의미한다. 아주 먼 조상으로만 연결된, 아예 다른 민족처럼 먼 관계를 의미하는 경우는 없다.

이런 결론을 내리기 위해 성경에서 이 용어가 어떻게 쓰였는지 알아야만 하는 것은 아니다. 왜냐하면 바로 앞 장에서 그 용어의 의미를 확정해주고 있기 때문이다. 신명기 17:15에서 성경은 "반드시 네 하나님 여호와께서 택하신 자를 네 위에 왕으로 세울 것이며, 네 위에 왕을 세우려면 네 형제 중에서 한 사람을 할 것이요, 네 형제 아닌 타국인을 네 위에 세우지 말 것이며"라고 말한다. 따라서 본문은 그 단어가 지시하는 바를 우리에게 분명히 알려 준다. 즉 히브리인 중에서 한 형제는 히브리인을 뜻한다. 그는 타국인이어서는 안 되는데, 이스마엘의 후손은 타국인이었다. 이 본문은 무함마드에 관한 것일 수가 없다.

비슷하게 요한복음 16장을 읽으면서 우리는 무함마드를 본문에 대입해서 읽었고 거기에 맞지 않는 반대 증거는 무시했다. 그리스어 '파라클레토스'(parakletos)는 우리가 아무리 예수가 무함마드를 뜻하는 그리스어를 사용하였기를 원한다고 할지라도 '페리클루토스'(periklutos)가 아니다. '형제'라는 단어의 의미가 신명기 본문의 선행 장에서 정의되었듯, '파라클레토스'의 의미 역시 같은 단락의 선행 본문에 정의되어 있다. 14:26에서 본문은 '파라클레토스'가 성령임을 말해준다. 다르게 추론할 여지가 전혀 없다.

이 예언은 그리스도인들 안에 내주하는 성령에 관한 것이었다. 예언자는 말할 것도 없고, 다른 어떤 사람이 올 것에 관한 예언이 아니었다.

그래서 이 본문이 진리의 영에 관해 말하는 본문인 것이다. "세상은 능히 그를 받지 못하나니 이는 그를 보지도 못하고 알지도 못함이라. 그러나 너희는 그를 아나니 그는 너희와 함께 거하심이요 또 너희 속에 계시겠음이라"(요 14:17). 제자들은 이미 진리의 영을 알고 있었거니와, 이는 성령이 그들과 함께 있었고 그들 속에 계실 것이기 때문이다. 이것이 어떻게 무함마드를 가리키는 것일 수 있는가? 무함마드는 이미 그들과 함께 있지 않았고, 그들 속에 있을 가능성도 없었다. 문맥을 따르면, 요한복음 14-16장에 나오는 진리의 영이 무함마드라는 결론을 내리기란 불가능하다.

이른바 "성경 속의 무함마드" 예언들을 살펴볼 때에도 똑같은 사실이 적용된다. 무함마드 예언 본문이라고 하는 대부분의 구절에서, 성경은 누군가가 올 것이라는 예언 자체를 하고 있지 않다. 나머지의 경우에도, 전체 문맥을 보면 무함마드에 관한 이야기라고 결론을 내릴 수 없도록 만드는 반대 증거가 나온다. 성경 속에 무함마드에 관한 예언이 나온다고 말할 수 있을 만큼 설득력 있는 내용은 없다.

무함마드와 과학

무함마드의 예언자 직분을 제안하는 논거에 문제가 있다는 것이 반대 증거와 문맥을 통해 드러났다면, 그의 경이로운 과학 지식에 근거한 주장, 곧 무함마드는 선진 과학 지식을 알고 있었으며 그 지식은 하나님으로부터 온 게 분명하다는 주장을 검토할 때도 역시 같은 문제가 발생한다.

예컨대, 코란 속 발생학을 살펴보자. 코란의 본문을 보기에 앞서, 인류가 이미 발견한 지식의 내용을 살펴본 후에야 경이로운 지식이 무엇인지 제대로 정의할 수 있을 것이다. 무함마드보다 천 년 전에, 아리스토텔레스는 발생학에 관한 논문인 「동물 발생론」 (On the Generation of Animals)을 책으로 펴냈다. 이 책은 무함마드가 제시한 내용보다 훨씬 더 과학적이고 구체적인 내용을 담고 있는, 발생학에 관한 포괄적 저서다. 734a편에서 아리스토텔레스는 발생의 과정을 단계별로 명쾌하게 논한다.[31] 745b편에서 그는 배아가 배꼽을 통해 자궁에 착상된다고 언급한다.[32] 아리스

---

31 "그렇다면 다른 부분들은 어떻게 형성되는가? 심장, 폐, 눈, 그리고 나머지 기관 모두가 동시적으로 형성되는가, 아니면 순차적으로 형성되는가?…부분들의 동시 형성에 관해서는 그런 일은 일어나지 않는다고 우리의 감각이 분명히 말해준다." Aristotle, Generation of Animals, trans. A. L. Peck (Cambridge: Harvard Univ. Press, 1979), 147.

32 "배아는 배꼽 부착을 통해 성장한다. 영혼의 영양 공급 기관은 다른 기관과 마찬가지로 동물 안에 있어서 배꼽을, 마치 뿌리처럼, 곧바로 자궁으로 보낸다."

토텔레스가 죽은 지 500년 뒤, 곧 무함마드가 출생하기 500년 전에 살았던 그리스의 과학자 갈레노스도 「자연적 기능에 관하여」(*On the Natural Faculties*)라는 발생학에 관한 논문을 썼다. 단계별로 발생이 일어남을 인정하면서 그는 "이제 자연은 뼈, 연골, 신경, 막, 인대, 정맥 등을 구성하고, 동물 발생의 첫 단계에서 일반적인 용어로 발생 기능과 대사 기능이라고 하는 기능을 수행한다"고 말한다.[33] 아리스토텔레스와 갈레노스 둘 다 용어와 개념을 세밀하게 정의했고, 발생학적 단계의 과정을 대단히 구체적으로 상정했다.

이제 코란으로 돌아와 문제의 단락을 인용해보자. 바로 23:12-14이다. "실로 하나님은 인간을 흙으로 빚은 다음, 그를 한 방울의 정액으로써 안정된 곳에 두었으며, 그런 다음 그 정액을 응혈시키고 그 응혈로써 살을 만들고 그 살로써 뼈를 만들었으며 살로써 그 뼈를 감싸게 한 후 다른 것을 만들었나니, 가장 훌륭하신 알라께 축복이 있으소서."

우선, 여기에 경이로운 일이 있을 가능성은 없다는 결론을 내려야 한다. 이미 천 년 전에 아리스토텔레스가, 그리고 500년 전에 갈레노스가 온전한 책을 써놓은 마당에 무함마드가 발생학에 관해서 구체적인 사실을 모르고 있었다고 주장할 수는 없는 노릇

_____

Galen, *On the Natural Faculties*, trans. Arthur John Brock (London: W. Heinemann, 1916), 239.

33 앞의 책, 21.

이다. 게다가 코란이 용어와 개념을 설명할 때 사용하는 어휘는 너무도 빈약하여 갈레노스의 과학적 정밀함 근처에도 가까이 가지 못한다. 이 단락에 대한 많은 무슬림들의 해설은 "응혈"과 "살"이 구체적으로 발생학적 의미가 있다고 추정하는데, 만일 코란이 경이로운 과학 지식을 담고 있다고 **이미 믿고 있다면** 그런 추정을 할 수도 있겠지만, 코란이 그런 지식을 담고 있는지 **입증하려고 한다면** 그런 추정을 할 수는 없다. 그런 추론은 순환 논리가 되고 만다. 정제되지 않은 언어는 이 단락을 해독 불가능하게 만들고 경이롭지 않게 만든다.

이 섬세하지 않은 단어 선택을 가지고 주장할 수 있는 것은 발전 단계의 개념 정도일 텐데, 그나마도 경이롭지 않은 것은 그것이 무함마드의 시대에 이미 널리 알려진 지식이었기 때문이다. 비슷하게, 아리스토텔레스는 이미 탯줄을 통해 배아가 자궁에 착상(즉 응혈)하는 것을 묘사한 바 있다. 살과 관련해서는, 아라비아에서 여인들은 오늘날의 여인들처럼 유산을 경험했는데, 그때 사산되어 나온 태아를 코란에서 묘사하듯 보았을 것이다.

구체적인 내용과 관련해서 우리는 그 단락에 포함된 부분이 무엇을 의미하는지 추측해볼 수 있을 뿐이다. 본문의 정확한 이해와 관련하여 이 코란 단락에서 명백한 주장을 펴고 있는 유일한 부분은 뼈가 먼저 생성되고 그 후에 살이 입혀진다는 정도다. 하지만 안타깝게도, 이는 사실이 아니다. 근대 과학은 단 하나의 발생학적 막, 곧 중배엽이 동시에 뼈와 살로 분화한다고 가르친다.

이처럼 이 단락에서 명확히 진술되고 있는 유일한 부분조차도 과학적으로 정확하지 않으며, 전체 단락은 그보다 천 년 전에 쓰인 문서들보다 정교하지 못하다. 간단히 말해, 이는 어떤 의미로도 경이롭지 않은 구절이다.

땅을 안정시키고 뿌리가 있다며 산들에 대해 경이로운 통찰을 담고 있다고 주장되는 단락에 대해서도 많은 이야기를 할 수 있겠으나, 그 패턴을 지적하는 것만으로도 충분할 것이다. 여기서 다시 한번, 과학적 주장은 오류다. 산은 지각에 안정성을 주지 않을뿐더러 오히려 지질 구조상 불안정성의 소산이다. 비록 산이 지표 아래쪽으로 뿌리를 가지고 있다는 주장이 어떤 의미에서는 맞다고 하더라도, 코란이 이런 개념을 상정한 첫 책이 아닌 것만은 분명하다. 우리는 성경에서 그런 주장을 최소한 세 번은 본다. 욥기 28:9, 시편 18:7, 요나 2:6이 그것이다.

무슬림으로서 나는 코란의 경이로운 과학 지식을 보여주는 사례가 수십 개가 있다고 믿었으나, 조사를 시작해보니 그 모든 사례가 다음 세 가지 비판 중 최소한 하나에 걸려 넘어진다는 것을 발견했다. 곧 해당 구절이 실제 말하고 있는 내용과 다른 것을 말하고 있다고 주장하거나("성경 속 무함마드" 예언처럼), 무함마드의 시대 이전에 이미 널리 알려진 지식이었거나(배아의 발달 단계처럼), 과학적 오류였다(뼈가 근육보다 먼저 조성된다는 주장처럼).

세 번째 기준에 해당하는 예는 많은데, 이는 경이로운 과학 지식을 주장하는 논거에 실제로 결정타를 날린다. 잘못된 진술은 코란과 하디스 양쪽 모두에서 발견된다. 예를 들어 발생학 분야의 경우, 코란은 정자 형성에 관해 틀린 주장을 펴는데, 코란은 정자가 남자의 척추와 갈비뼈 사이에서 생성된다고 한다(86:7). 하디스에서 우리는 아주 강력한 사례를 보게 되는데, 한 남자가 무함마드에게 그의 예언자 직분을 입증하라며 제대로 답을 해보라고 요구했다.[34] 그가 던진 질문 중 하나는 왜 아이는 부모 중 어느 한쪽을 더 닮는가였다. 무함마드는 가브리엘이 자신에게 그 질문에 대한 답을 이미 알려주었다고 대답했다. 바로 성관계 중 먼저 사정하는 쪽의 외모를 아이가 닮는다는 것이었다.

이것이 과학적으로 틀리다는 것은 두말할 필요도 없다. 아이의 외모를 결정하는 것은 유전이기 때문이다. 우리는 7세기의 사람이 멘델의 유전 법칙을 모른다고 해서 비판해서는 안 되지만, 이 경우 무함마드는 자신의 과학적 혜안을 통해 자신이 하나님의 예언자임을 입증하려고 했으니 그는 아주 잘못한 것이었다. 이런 엄연한 사실은 무슬림인 나로 하여금 잠시 멈추어서 생각하게끔 하기에 충분했다.

과학에 대해 무함마드가 정확하지 않은 경우는 훨씬 많으니, 하디스뿐 아니라 코란에서도 그 예를 찾을 수 있다. 예를 들어, 우리가 이미 살펴본 것 외에도 코란은 태양이 서쪽에 있는 진흙탕

---

34 Sahih Bukhari 4.55.546; 5.58.275.

늪으로 진다고 하고(18:86),[35] 별들이 운석과 같은 것이라고 추정한다(67:5). 하디스에서 우리가 이미 살펴본 것을 제외하고도, 무함마드는 파리가 한쪽 날개로 병을 옮기고 반대쪽 날개로 해독제를 옮긴다고 가르치고,[36] 쿠민(미나리과의 식물)이 만병통치약이라 하며,[37] 낙타의 오줌이 위통을 낫게 한다고 한다.[38] 이것은 무함마드의 부정확한 과학 지식을 보여주는 여러 사례 중 일부에 불과하다.

무함마드의 예언자직을 옹호하는 주장에 관한 결론

지금까지 우리는 무함마드의 예언자 자격을 **부정**하려고 하지 않았다는 사실을 기억할 필요가 있다. 다만 우리는 무함마드가 예언자임을 입증하기 위해 사용되는 주장들을 검토해보았고, 그 주장들에 상당한 문제가 있다는 결론에 이르렀다.

비록 다른 무슬림들이나 내가 종종 말했다시피 무함마드는

---

35 무슬림으로서 나는 코란이 이렇게 말하리라고는 믿을 수 없었지만, 이는 다음의 하디스에서도 확인되는 바다. Sunan Abi Dawud 4002: "나는 해 질 무렵 나귀를 타고 있는 알라의 사자 뒤에 앉아 있었다. 그가 물었다. 이게 어디로 지는지 아는가? 나는 답했다. 알라와 그분의 사도가 잘 아십니다. 그가 말했다. 뜨거운 물의 샘으로 지느니라."

36 Sahih Bukhari 7.71.673.

37 Sahih Bukhari 7.71.592.

38 Sahih Bukhari 7.71.590.

그의 탁월한 인품으로 인해 추앙을 받아 마땅하지만, 반대되는 증거 앞에서 나는 그 주장을 견지할 수 없었다. 무함마드가 수많은 도덕적 가르침을 베풀었고 자비롭고 평화로운 품성을 이따금 보여주었다고 할지라도, 무함마드의 잔인함과 전쟁 찬미, 영적 결점, 그리고 무엇보다 여성에 대한 수용하기 힘든 대우 등 그에 대한 또 다른 많은 이야기들이 있는 것이다.

그리고 성경에 무함마드에 관한 예언은 없다. 제시된 단락을 전체 문맥 속에서 읽고 단어의 의미에 주의하여 살펴보면 이들 단락 중 어느 것도 그에 대한 예언이 아니라는 것이 드러난다.

마찬가지로, 코란과 하디스에서 경이로운 과학 지식을 찾을 수는 없다. 오히려 역사적 흐름과 본문의 문맥은 모든 사례가 오류임을 보여준다. 그뿐 아니라, 잘못된 과학 지식을 보여주는 수많은 반대 사례를 코란과 하디스에서 찾을 수 있다. 이것이 코란에 경이로운 과학 지식이 담겼다고 결론을 내리기 어려운 이유다.

35장

응답에 대한 평가: 하디스 대 역사

       무슬림들이 무함마드를 예언자로 받아들여야 할 이유로 흔히 제시하는 세 가지 이유―그의 인품, 성경 속 예언들, 경이로운 과학적 통찰―에는 모두 문제가 있다. 결과적으로, 무함마드가 하나님이 보낸 예언자라고 믿을 이유가 하나도 남지 않는다.

    무함마드가 예언자임을 옹호하는 주장들을 제시하고 각 주장을 주의 깊게 살펴보는 것만으로도 우리는 대부분의 무슬림들이 절대 하지 않는 일을 한 셈이다. 일반적으로 말해서, 무슬림들은 대부분 어린 시절에 부모와 교사들로부터 무함마드에 대한 과도한 인상을 물려받고 이후로는 그들이 항상 들어온 그 이야기들이 사실이라고 당연하게 여긴다. 나도 그랬다. 그 주장들을 이성적으로 숙고해본 적이 없었기에 반대 주장들에 대해 합리적으로 대처하지 못했다. 비록 그 문제를 함께 연구하자고 내가 친구 데이비드를 불러들인 것이지만, 무함마드에 관해 토론하는 동안 우리는 종종 열띤 논쟁을 벌였다. 나는 그가 "우리의 예언자를 진흙탕 속으로 끌고 간다"고 몇 번이나 공격했지만, 사실 마음으로는 내가 무함마드에 관해 알게 된 사실들을 어떻게 다루어야 할지 알지 못한다는 것을 알았다.

진실은 대부분의 무슬림들이 무함마드의 생애를 담은 일차 문헌을 읽는 대신 훨씬 더 문제가 많은 기록으로 걸러진 대강의 이야기를 듣기만 한다는 것이다. 따라서 이런 이야기들을 처음 들을 때 그들은 어떻게 반응해야 할지 모른다. 내 눈으로 이런 기록들을 읽기 시작하면서 나는 각각의 이야기를 개별적으로 해결해 보려고 했다. 나는 내가 알고 있던 평화롭고 고귀한 무함마드의 이미지를 불편하게 하는 이야기는 무시하거나 그에 대한 납득할 만한 설명을 찾으려고 했다.

하지만 문제가 있는 개별 기록들은 순식간에 수십 개의 이야기가 되었고, 몇 달 안에 나는 사실이라고 믿을 수 없는 무함마드의 생애를 다룬 백 개가 넘는 전승에 대해 해명을 하려고 애쓰고 있었다. 이때 나는 무함마드의 생애에 보다 조직적으로 접근하기 시작했다. 무함마드의 생애를 다룬 기록들 중 신빙성이 있는 것과 없는 것을 어떻게 구분할 수 있을까?

하디스학과 역사적 방법

무슬림인 우리는 무함마드의 생애에 관해 어떤 기본적인 기록들이 쓰인 게 그가 죽고 나서 한참 후라는 것을 알고 있었지만, 무함마드에 관한 사람들의 이야기는 끊임없이 이어졌다. 2백 년이 넘도록 이슬람의 예언자에 대한 이야기들이 입에서 입으로 전해졌고, 진실한 이야기들 가운데 변조된 이야기들이 많이 확산되었다. 그 이야기들을 분류하려는 조직적인 노력이 시작될 무렵에는 무함마드의 생애에 관한 50만 건 이상의 기록이 활발히 유포되고 있었고, 그 기록들 중 상당수가 거짓으로 추정되었다.

무함마드의 생애에 관해 어떤 기록이 신빙성이 있는지를 어떻게 알 수 있을까?

처음에 나는 하디스의 진정성을 평가하는 이슬람의 고전적 방법을 사용했다. "무함마드 어록학"이라고 번역되는 '울룸 알-하디스' 분야의 무슬림 학자들은 무함마드의 생애를 다룬 개별 기록들에 등급을 매기는데, 이는 그 기록과 그것을 전달한 사람이 당대에 얼마나 저명했는가 하는 기준을 기초로 한다. 가장 신뢰할 만한 하디스에는 "참" 또는 "정본"이라는 뜻의 '사히' 등급을 매기고, 신뢰도가 가장 낮은 하디스에는 '다이프'("약한") 또는 '마우두'("위조본") 딱지를 붙인다.

이맘 부카리와 그의 제자인 이맘 무슬림은 무함마드 사후 3세기가 지나기 전까지 가장 존경받는 두 학자였는데, 그들은 자신들이 보기에 '사히'로 볼 수 있는, 논쟁의 여지가 없는 하디스만을 수집했다. 대부분의 무슬림들은 이들의 모음집이 흠 잡을 데가 없다고 본다. 나는 이들이 인정한 하디스만을 사용하면서 내가 항상 배웠던 고귀하고 평화로운 사람 무함마드를 보게 되기를, 또한 그의 생애에 대한 기록에 문제가 없음을 보게 되기를 희망했다.

그러나 그런 일은 일어나지 않았다. 문제가 있는 기록들이 존재했고, 심지어 '사히' 모음집 중에도 문제의 기록들이 있었다. 사실, 앞 장에서 살펴본 기록들은 모두 코란 및 이맘 부카리와 이맘 무슬림이 편집한 사히에서 나온 것이다.

나는 사히에서 발견되는 문제의 기록들을 해결하기 위해 이맘들에게 묻기 시작했고, 여러 비판들에 대해 다른 무슬림들은 어떻게 반응하는지 알아보기 위해 온라인을 검색했다. 그래서 알게 된 것이 있다. '사히' 모음집조차도 위조된 기록을 담고 있다고 비난하는 이들이 많이 있었는데, 그들은 고대의 위대한 무슬림 학자들이 정본으로 간주한 기록들조차 간단히 무시해버렸다.

그때 나는 그들이 위험한 놀이를 하고 있음을 깨달았다. **기본적으로 그들은 고대의 기록에서 어떤 기록이 믿을 만하고 어떤 기록이 믿을 수 없는지를 골라내는 방법을 찾아내어 자신들이 편안하게 느낄 수 있는 무함마드를 만들어내고 있었다.**

나는 그렇게 하고 싶지 않았다. 나는 무함마드가 실제로 누구였는지 알고 또한 그를 나의 예언자로 따라야 하는지를 알고 싶었던 것이지, 머릿속에서 그를 흠모할 만한 인물로 만들어내는 것은 내 관심사가 아니었다. 나는 '울룸 알-하디스'를 사용하는 대신에 역사적 방법을 활용하여 내 접근법을 재고하고 무함마드를 연구하기로 결심했다. 무함마드에 관해 쓰인 가장 이른 시기의 기록은 무엇이며, 그 기록은 얼마나 이른 시기에 쓰였는가?

그즈음에 나는 초기 이슬람에 대해 다소 충격적인 사실을 발견했다. 우선, 무함마드가 생존해 있는 동안 사람들은 아랍어로 된 책을 쓰고 있지 않았다. **아랍어로 쓰인 첫 책은 코란이었고, 그나마도 무함마드 사후에 비로소 책으로 옮겨졌다.** 아랍어 문헌 같은 것은 없었고 오직 구전 자료뿐이었다. 둘째, 그 이유는 **사람들이 아직 아랍어로 쓰는 법을 고민하고 있었기 때문이다.** 아랍어 문자는 표준화는커녕 무함마드의 시대보다 한두 세기 전에 만들어졌기 때문이다. 그 외에도 셋째로, **무함마드가 죽고 140년이 지나도록 아무도 무함마드의 생애를 기록한 문헌을 남기지 않았다.** 그즈음에는 무함마드의 생애를 직접 목격한 사람이 분명 남아 있지 않았고, 사람들은 자신들이 다루는 사건들로부터 여러 세대 떨어져 있었다. 그런데도 그런 기록이 여과 없이 무함마드를 그려 내는 정확한 묘사라고 믿을 수 있을까?

첫 전기인 『시랏 라술 알라』(Sirat Rasul Allah)는 이븐 이샤크(Ibn Ishaq)라는 이가 썼는데, 그 책은 이제는 사라져 구할 수가 없다. 이븐 이샤크는 알-바카이(al-Bakkai)라는 제자를 두었는데, 그가 스승 이븐 이샤크의 책의 편집본을 만들었다. 알-바카이는 이븐 히샴이라는 제자를 두었는데, 그가 스승 알-바카이의 편집본을 만들었으니 이것이 오늘날 우리가 가지고 있는 판본이다. 왜 이들은 자신의 편집본을 만들었을까? 이븐 히샴은 자신의 편집본 서문에서 이렇게 말한다. "논의하기 불미스러운 일들, 특정 사람들을 곤란하게 만들 만한 문제들, 그리고 신뢰하기 어렵다고 알-바카이가 내게 말해 준 보고들—나는 이 모든 것을 빼버렸다."[1] 다른 말로 하면, 무함마드의 생애에 관한 가장 이른 시기의 전기조차도 가공된 이야기, 불미스러운 자료, 난처한 사실들을 담고 있다고 평판이 나 있었던 것이다.[2] 따라서 오늘날 우리가 가지고 있는 판본은 가공된 이야기와 불편한 진실 때문에 여러 번에 걸쳐 여과된 편집본인 셈이다.

이런 의도적 편집이 있었기 때문에 역사학자들은 다른 조건들이 모두 같다면 나중 기록이 처음 기록만큼 신빙성이 있다고 보지 않는다. 이른 시기의 기록들은 여과되지 않았기에 조금 더 진실에 가까울 것이다. 또한 시간이 흐르면 사람들은 정보를, 특히 전반적인 이야기와 잘 맞지 않는 정보를 잊기 쉽다. 무함마드의 생애의 기록에 관한 한, 초기의 또는 여과되지 않은 자료는 없다. 오히려 여러 시대를 거치면서 모든 것이 여과되었다.

가장 초기의 전기조차 여러 번의 여과 과정을 거쳤는데도 불구하고 여전히 충격적인 내용을 담고 있다. 무함마드는 하루에 9백 명의 남자들을 참수하고는 참수 후 시체를 매장할 공동묘지로

---

1 이븐 히샴(Ibn Hisham)의 기록에 나온다. *The Life of Muhammad: A Translation of Ibn Ishaq's Sirat Rasul Allah*, trans. Alfred Guillaume (Oxford: Oxford Univ. Press, 2002), 691.

2 불미스러운 자료와 당황스런 사실들이 무함마드와 관련된 것이라고 확신해도 된다. 왜냐하면 히샴은 앞서 자신이 누락시킨 자료 목록에서 무함마드와 관련되지 않는 자료의 삭제에 대해 이미 논했기 때문이다.

쓰기 위해 시장에 참호를 파는 일을 직접 감독했다.[3] 자신에 대한 불평을 담은 시를 지은 노인에 대해서는 암살 명령을 내렸다.[4] 노인의 죽음을 시로 애도한 여인에 대해서도 암살을 지시했고, 그녀의 젖을 빨던 아이들 위로 그녀의 피가 흘렀다.[5] 돈 있는 곳을 알아내기 위해 어느 도시의 재무관을 고문하도록 명령했으며, 그의 부하들은 부싯돌과 철로 불을 붙여 재무관의 가슴에 그가 죽기 직전까지 갖다 대었고 결국에는 그를 참수했다.[6] 형 집행을 앞둔 남자가 "내 아이들은 누가 돌보란 말입니까?"라며 간청했을 때 무함마드는 "지옥!"이라고 답했다.[7] 가장 이른 시기의 전기를 훑어보기만 해도 무함마드에 관한 골치 아픈 기록을 많이 보게 된다.

　이맘 부카리와 이맘 무슬림 같은 이들의 감독 하에 하디스가 쓰일 즈음에는 무함마드의 전기에서 이런 많은 기록들이 걸러진 뒤였다. 이븐 히샴과 알-바카이가 자신들이 받은 기록을 걸

3　*The Life of Muhammad*, 494.

4　앞의 책, 675.

5　앞의 책, 675-76에 Ibn Sa'd가 전하는 추가적 세부사항이 나온다. "우마이르 이븐 아디(Umayr Ibn Adi)가 밤에 그녀를 찾아가 그 집으로 들어갔다. 그녀 곁에는 아이들이 잠들어 있었다. 한 아이만이 엄마의 젖을 빨고 있었다. 앞을 볼 수 없던 그는 손을 더듬어 그녀를 찾았고, 아이를 그녀에게서 떼어놓았다. 그는 칼로 그녀의 가슴을 찔렀고 칼은 등 뒤로 삐져나왔다. 그런 다음 그는 예언자와 함께 아침기도를 올렸다." Muhammad Ibn Sa'd, *Kitab al-Tabaqat al-Kabir*, trans. S. Moinul Haq, vol. 2 (Karachi: Pakistan Historical Society, 1972), 30-31.

6　*The Life of Muhammad*, 515.

7　앞의 책, 308.

러 냈듯이 말이다. 이처럼 선택적 여과 과정을 거쳤기에 하디스 전체는 태생적으로 결함이 있다. 그것들은 초기 무슬림들이 여러 세대를 거치면서 남기기로 취사선택한 기록들만을 담고 있다. 그리고 이미 보았듯이, 그렇게 보존된 기록조차도 종종 오류가 있고 가공되었다.

무함마드에 대해 정말로 알 수 있는 것

이런 이유로, 초기 이슬람을 연구하는 비무슬림 학자들은 무함마드의 생애에 관한 정보를 신뢰하는 데 상당히 유보적인 자세를 취한다. 하디스 비평학을 있는 그대로 수용하는 학자는 거의 없으며, 대다수의 학자들은 하디스에서 역사적 진리의 알맹이를 뽑아낼 수 있기를 희망할 뿐이다. 일부 학자들은 크게 거둘 것이 있으리라는 희망을 포기한 채 사실상 무함마드에 대해 알 수 있는 것이 하나도 없다고 말한다. 그런 학자들은 신앙의 유무와 관계 없이 다양한 배경에 걸쳐 있다. 한 무슬림 학자는 증거의 본질을 고려할 때 무함마드는 존재하지 않았을 수도 있다고 결론 내렸다.

무함마드 스벤 칼리시(Muhammad Sven Kalisch)는 1997년 이슬람 법학으로 박사학위를 마치고 독일 최초로 이슬람 신학 교수가 되었다. 2004년 그가 뮌스터 대학교에 도착했을 때, 샤리아에 대해 열정적이었던 그는 일부에게 너무 보수적이라는 인상을 주었다. 「월스트리트 저널」지에 따르면, 당시 칼리시는 "기독교나 유대교에 비견되는 지적 엄밀성을 이슬람에도 적용하고 싶어 했다."[8] 처음에 그는 활자 속 무함마드의 역사성을 변호했으나, 연구를 하면 할수록 기록에 중대한 문제가 있음을 깨달았다. 코란에 '무함마드'라는 단어는 단 네 번 나타나는데, 그마저도 그것이 이름인지 직책인지가 명확하지 않다. 코란 61:6은 그 예언자의 이름이 무함마드가 아니라 아흐마드라고 말하는 것 같다.[9] 8세기가 되어 그의 이름이 새겨진 동전이 발행되기까지 무함마드의 존재를 입증하는 다른 증거는 없다. "읽으면 읽을수록, 모든 것의 뿌리에 있는 이 역사적 인물은 점점 더 개연성이 낮아졌다"고 무함마드 칼리시는 말한다.

다른 학자들은 역사 기록들의 구멍 때문에 비슷한 결론에 이른다. 그들의 관심은 침묵 논증을 넘어선다. 즉 만일 전승에 따른 이슬람 이해가 사실이라면, 가장 이른 시기의 역사적 자료에서 무함마드에 관해 더 많은 내용을 찾을 수 없다는 것은 참으로 심각한 문제다. 무함마드가 아랍족의 예언자였고 그의 가르침이 그들에게 힘을 주고 동기를 부여했다면, 중동과 북아프리카와 페르시아에 이르는 아랍족의 정복 역사에서 그의 이름은 왜 전혀 언급되

---

8 Andrew Higgins, "Professor Hired for Outreach to Muslims Delivers a Jolt," *Wall Street Journal*, November 15, 2008, http://www.wsj.com/articles/SB122669909279629451.

9 아흐마드가 무함마드에게 주어진 칭호라는 데 반대하는 이들이 있을 수 있으나, 이는 논점을 회피하려는 것일 뿐이다.

지 않는가? 이 정복 전쟁들은 7세기 중엽에 있었고, 그때는 무함마드가 죽은 직후인데, 당대의 기록 중 어느 것도 무함마드를 언급하고 있지 않다. 사실, 거룩한 책이나 '무슬림'이라는 단어를 언급한 기록도 전혀 없다. 그렇다고 해서 당시의 기록이 존재하지 않는 게 아니다. 정복자들 간에 오간 편지나 피정복민들의 문헌을 고려해보면 상당한 기록들이 남아 있지만, 그것들 중 어디에도 무함마드의 이름은 언급되지 않고, 거룩한 책에 대한 논의는 없으며, 정복자들도 무슬림이라고 불리지 않는다.

또 다른 증거도 역사학자들을 곤혹스럽게 한다. 메카가 무역의 중심지로 유명하다지만 8세기가 되기까지 어느 무역로에도 메카가 등장하지 않으며, 가장 초기의 어느 모스크도 메카를 향하지 않았으며(8세기가 되기까지 모든 모스크는 예루살렘이나 페트라를 향해 있었다), 메카는 코란에 단 한 번 언급될 뿐이며, 코란에 묘사된 그 땅은 메카보다는 오히려 아라비아 북단 같다. 이런 목록은 끝이 없다.

이런 이유들로, 무슬림 학자 한 사람뿐 아니라 많은 학자들이 이슬람의 전승적 기원을 의심하며 심지어 무함마드가 과연 실존 인물인가에 대해서도 의구심을 표한다. 초기 이슬람 기록이 그를 묘사하는 한에서는 그렇다. 그들에 따르면, 이슬람의 기원에 관한 진실은 안타깝게도 베일에 가려져 있다. 역사적 무함마드에 관해

확실하게 알 수 있는 것은 거의 없다.[10]

---

10 초기 이슬람교 연구에 관한 서구 학자들의 접근 방법에 대해 더 알고 싶다면 다음을 보라. F. M. Donner, *Narratives of Islamic Origins: The Beginnings of Islamic Historical Writing* (Princeton: Darwin Press, 1998). 보다 대중적이고 흥미로운 독서를 위해서는 다음을 보라. Tom Holland, *In the Shadow of the Sword: The Birth of Islam and the Rise of the Global Arab Empire* (New York: Random House, 2012).

36장

결론: 역사적 무함마드라는 난점

무슬림이었던 시절에도 그리고 그로부터 10년이 흐른 지금도, 나는 무함마드가 존재하지 않았다고 결론짓지 않는다. 이야기와 기록의 분량뿐 아니라 그 안의 상대적 일관성까지 고려할 때, 무함마드가 존재했다는 것이 내게는 좀 더 개연성이 있어 보인다. 하지만 무함마드에 관해 확실히 말할 수 있는 게 많지 않다는 비무슬림 학계의 공통된 의견에는 동의하지 않을 수 없다.

물론, 대안이 없는 것은 아니다. 무함마드의 생애와 하디스 및 '시라'에 관한 이슬람의 기록들을 그냥 믿으면 된다. 하지만 '울룸 알-하디스'의 기준으로 그 기록들의 정확성을 검토한다면, 우리는 여전히 하나님의 예언자로서 설득력이 없는 무함마드를 만나게 된다. 어쩌면 그는 7세기의 위대한 장군이며 당대의 문화적 기준에 충실했던 사람이었는지 모른다. 하지만 그는 만대에 걸친 위대한 도덕적 모본이거나 내가 충성해야 할 인물은 분명 아니다.

만일 우리가 '울룸 알-하디스'를 버리고 역사적 방법론을 사용해서 가장 초기의 전기와 무함마드의 생애 기록을 평가한다면, 우리는 더욱 잔혹하고 문제 많은 무함마드의 초상을 발견하게 된다.

이것은 내가 무슬림으로서 직면한 딜레마였다. **무함마드의 생애에 관한 역사 자료를 그대로 믿고 내가 예언자로 따르고 싶지 않은 인물을 만나든지, 혹은 그 자료에 의구심을 제기하며 그를 예언자로 볼 이유를 찾지 못하든지 둘 중 하나뿐이었다.** 어느 쪽이든 나는 증거에 근거해서 볼 때 무함마드가 하나님의 예언자라는 결론을 내릴 수가 없었다.

샤하다의 걸림돌

무함마드 스벤 칼리시 교수와 아주 비슷하게, 예수의 생애를 연구할 때와 똑같이 비판적 기준을 사용하여 무함마드의 생애를 연구하기 전까지, 나는 나의 이슬람 신앙과 무함마드를 따르는 것이 진리라고 확신했다. 자신이 하나님이라고 했던 예수의 주장을 비판적으로 연구하면서 나는 요한복음이 예수 사후 55년 혹은 65년이 지나 쓰였다는 이유로, 물론 예수의 생애를 직접 목격한 이들이 당시 그 공동체 안에 여전히 살아 있었지만, 기꺼이 버리려고 했다. 만일 내가 무함마드의 생애에 관한 기록을 똑같은 방식으로 처리했다면, 거의 모든 자료를 버려야 했을 테고, 그를 나의 예언자로 간주할 어떠한 근거도 남지 않았을 것이다.

무함마드의 생애에 관한 기록은 내게 하나의 딜레마를 남겼다. 만일 내가 그 기록을 신뢰할 만한 자료로 믿어버린다면, 내가 무함마드를 예언자로 따를 수 있는 길은 아예 없었다. 그의 성품은 그를 예언자로서 믿고 따를 만큼 탁월하거나 설득적이지 않았다. 그는 영적으로 결점이 많았고, 무엇보다 사역 내내 매우 폭력적이었다. 하나님이 그의 사역을 인정했다는 암시를 주는 기록도 없다. 그는 성경에 예언되어 있지도 않았고 과학에 대한 탁월한 식견을 갖고 있지도 않았다.

허탈했다. 나는 역사적 기록에 근거할 때 무함마드가 하나님의 예언자라고 고백할 수 있는 길이 없다는 결론에 이르렀다. 더 이상 고통스러운 회의감 없이 '샤하다'를 낭송할 수 없었다. 그 고통은 사라지지 않았다.

내가 계속해서 무함마드를 따를 수 있는 유일한 길은 코란을 통하는 방법뿐이었다. 코란이 하나님의 말씀인 것이 드러난다면, 그 말씀을 전달해준 이는 하나님의 사자이리라. 나는 코란에 대한 조사가 무함마드를 변호해줄 뿐만 아니라 기독교의 증거보다 훨씬 더 우월함을 드러내주리라는 희망을 붙들었다.

10부

코란은 하나님의 말씀인가?

37장

옹호론: 그와 같은 책은 없다

코란은 이슬람의 보석이다. 그것은 이슬람 신앙의 "이유"이고, 무함마드의 보배이며, 신앙의 토대다. 이슬람 신학에서 코란의 위치는 기독교 신학에서 예수의 위치에 견줄 수 있으며, 무슬림으로서 나의 확신은 다름 아닌 코란의 본문과 그 탁월함에 기초한 것이었다.

우리는 주변의 무슬림들과 우리 세계의 전통으로부터 코란을 존중하는 법을 물려받았다. 나는 낮기도 시간에 낭송되는 코란을 들으면서, 그리고 날마다 엄마가 내는 문제를 풀면서 코란의 각 장을 암송하며 자랐다. 나는 다섯 살 때 이미 코란의 마지막 일곱 장을 외웠고, 열다섯 살이 될 때까지 마지막 열다섯 장을 외웠다. 나는 내가 알고 있던 대부분의 무슬림들보다 코란을 더 잘 알았지만, 내가 유별난 건 분명 아니었다. 우리가 속해 있던 이슬람 공동체 안에는 십 대 때 코란 전체를 암기한 사람들도 있었다.

우리는 이 세상에 있는 다른 어떤 물리적 대상보다 코란을 가장 귀하게 여겼다. 결국 우리는 코란을 하나님의 말씀으로 믿었던 것이다.

무함마드의 예언자직에 대한 역사적 확신을 잃기 시작하면서, 나는 코란이라는 기둥에 모든 희망을 걸었다. 나는 코란이 무함마드의 예언자 신분을 입증해줄 만큼 견고한 기둥이라 믿었다. 솔직히 말해, 나는 그것이 견고히 서 있으리라고 참으로 확신했다. 코란의 영감성을 지지하는 수많은 논증을 들어온 탓이었다.

코란의 문학적 탁월함

신실한 무슬림들의 마음 깊은 곳에는, 코란의 탁월함은 타의 추종을 불허하며 그 문학적 성취는 모방 불가하다는 믿음이 자리하고 있다. 이것이 진리일 수밖에 없는 본질적인 이유는, 코란은 알라의 표현 곧 이 땅에 주어진 하나님의 말씀이기 때문이며 그뿐 아니라 코란이 그렇게 말하고 있기 때문이다. 사람들이 코란이 하나님의 영감이라는 증거를 대보라며 무함마드에게 도전했을 때, 그 응답이 왔다. "이 코란은 하나님이 아닌 다른 것으로 인하여 있을 수 없으며…'그가 그것을 위조했다'고 말하더뇨. 일러 가로되 '너희가 진정 진실한 자들이라면 그와 같은 말씀을 가져오라'"(10:37-38).

이처럼 코란은 회의하는 자들에게 그들의 손으로 그와 비견할 혹은 그보다 더 나은 것을 만들어보라고 도전하면서, 알라 외에 아무도 그처럼 훌륭한 암송문을 써낼 수 없다고 주장한다. 사람들은 절대 그리할 수 없을 것이며, 설령 모든 사람과 모든 마귀의 도움을 받더라도, "인간과 영마('진', jinn)가 서로 같이하여 코란과 같은 것을 만들려고 해도 그들은 그와 같은 것을 만들지 못하리라"(17:88). 이러한 기본적인 도전이 코란에 여러 번 반복된다.[1]

무슬림들에 따르면, 이러한 도전은 시에 정통한 회의적인 아랍인들을 향해 제시된 것이다. 그들은 코란만큼 탁월하고 설득력 있는 글을 써낼 수 없었다. 따라서 이 도전은 오늘날까지 유효하다.

성취된 코란의 예언들

코란에 성취된 예언들이 담겨 있음을 보여줄 수 있다면, 코란이 하나님으로부터 왔다고 믿을 만한 충분한 이유가 생기는 셈이다. 아주 분명한 예언 가운데 하나를 30장, 로마인들에 관한 장에서 발견할 수 있다. 그 장에서 코란은 최근에 있었던 로마 제국의 손실을 언급하면서, 로마가 결국 전열을 가다듬어 다가오는 수년 안에 적을 물리칠 것이라고 예언한다(30:2-4). 이는 정확히 그대로 이뤄진다. 614년에 페르시아가 로마를 물리쳤지만, 622년에 헤라

---

1   코란 2:23; 10:37-38; 11:13; 17:88; 52:33-34.

클라우스 황제는 결국 페르시아를 물리친다.

또 다른 예언들로는, 좀 더 장기간에 걸쳐 성취된 예언들도 있다. 예를 들어, 코란은 "그들의 시야와 피부는 그들의 모든 행위에 대하여 증언하노라"(41:20)고 말한다. 이 구절을 읽으면 어떻게 피부가 사람에 대해 증언하는지 궁금해진다. 무함마드가, 피부가 사람에게 불리한 증거가 될 수 있다는 지문 분석에 대해 알았을 리가 없으니 결국 이 구절은 근대에 와서 실현된 예언인 셈이다.

이 두 가지와 같은 많은 예언들, 곧 고대와 근대에 관한 예언들이 코란이 하나님의 말씀임을 확인해준다.

코란에 담긴 경이로운 과학 지식

무슬림들은 종종 코란에 경이로운 과학 지식이 적혀 있다고 주장한다. 이 책 33장에서 제시한 예들 말고도, 무슬림들은 종종 20:30에서 코란이 빅뱅 이론에 대해 말한다고 주장한다. "불신자들은 하늘과 땅이 하나였음을 알지 못하느뇨. 하나님은 하늘과 땅을 분리하고." 경이로운 천문학적 통찰에 이어서 이 구절은 경이로운 생물학적 통찰을 보여준다. "물을 모든 생명체의 근본으로 두셨으나."

무함마드가 빅뱅 이론이나 모든 생명체의 근본이 물이라는 것을 알았을 리는 없다. 이러한 경이로운 과학 지식에 대한 최선의 설명은 코란이 알라로부터 온 게 틀림없다는 것이다.

코란의 수학적 경이로움

내가 사용했던 논증은 아니지만, 많은 무슬림들이 주장하는 바 코란은 하나님이 쓰시지 않았다면 가능하지 않았을 수학적 경이로움을 보여준다고 한다. 그러한 수학적 경이 중 하나가 숫자적 평행이다. 즉 '달'이라는 단어가 코란에 열두 번 나타나고, '날'이라는 단어가 365번, '남자'와 '여자'는 같은 수만큼, '천사'와 '사탄'도 같은 수만큼, '이 세상'과 '내세'도 같은 수만큼 나타난다. 이러한 숫자적 평행은 본문 이면에서 신의 지성이 작용한 결과일 수밖에 없다.

이런 패턴에 더하여, 코란에는 감춰진 코드가 있다. 74:30에서 코란은 "그 위에는 열아홉이 있노라"고 한다. 코란 본문의 패턴을 분석하면 여러 곳에서 19라는 숫자가 발견되기 시작한다. 몇 가지 예를 들면, 코란의 장의 총 개수는 열아홉으로 나눠진다. 코란의 첫 계시는 열아홉 단어다. 연대순으로 계시된 첫 장은 19절로 되었으며, 총 단어의 수는 19로 나눠진다. 이러한 예를 수십 개나 찾을 수 있으며, 19라는 숫자는 작은 소수가 아니기에 본문이 이 숫자의 패턴을 보이기란 지극히 어려운 일이다. 19라는 수와 관련된 코란의 절, 이 숫자의 기이함, 이 패턴의 편만함 등을 고려할 때, 이 책의 저자가 알라임을 확신할 수 있다.

코란의 완벽한 보존

다른 어떤 것보다 무슬림 신앙에서 좀 더 핵심적인 논증 하나는, 코란이 완벽하게 보존되어왔다는 점이다. 단어 하나, 글자 하나, 점 하나까지 계시받을 당시 그대로 알라에서 무함마드를 거쳐 오늘날까지 정확히 남아 있다. 이 믿음이 필수적인 것은, 코란은 알라의 영원한 표현이며 따라서 절대 변해서는 안 된다는 이슬람의 코란관 때문이다. 코란의 불변성이 필요한 또 다른 이유는, 코란은 만대의 법인 샤리아의 기초이기 때문이다.

이는 코란이 하나님의 영감임을 보여주는 경이로운 증거로서 코란에 예언되어 있는 바다. "하나님이 실로 그 메시지(코란)를 계시했으니 하나님이 그것을 보호하리라"(15:9). 그리고 우리가 믿다시피 다른 모든 경전은 그 추종자들에 의해 타락했기에 이 기적이 더욱 강력한 증거가 되는 것이다.

옹호론을 정리하며

우리 사이에서 코란은 논란의 대상이 아니었다. 여러 가지 이유로 무슬림 공동체는 코란이 하나님의 말씀임을 아무런 의심 없이 확신한다. 코란의 본문은 모방이 불가할 만큼 탁월하고, 성취된 예언을 담고 있으며, 발견되기를 기다리고 있는 숨겨진 과학적 진실을 갖고 있고, 신의 지성이 개입된 작품이 아니라면 불가능할 경이로운 수학적 구조로 짜여 있으며, 본문은 완벽하게 보존되어 처음 기록될 순간부터 지금까지 전해진다.

우리는 이런 논증을 항상 믿었고, 나는 평생 동안 이 논증의 힘을 확신했다. 그것이 내 신앙을 지탱해주는 마지막 남은 기둥이 되었을 때, 나는 이 논증을 이전의 어느 때보다 보다 정확하게 검토해야 했다. 이 논증은 이제 내 신앙을 지탱하는 유일한 토대였고, 나는 그 논증이 나의 이슬람 세계관 전체를 지탱해줄 수 있는지에 대해 확신을 가져야만 했다.

38장

응답: 어떤 면에서 경이로운가?

코란에 대한 조사를 시작할 때 나는 코란이 알라의 말씀임을 전적으로 확신하고 있었다. 하지만 객관적인 조사자도 확신할 만큼 그 증거가 분명하다는 것을 보여줄 필요가 있었다.

거기서부터 그 논거는 무너지기 시작했다.

코란의 문학적 탁월성: 문제가 있는 검사 방식

가장 먼저 분명해진 것은 영감성에 대한 코란의 자기변호—이 같은 계시의 글을 작성해보라는 도전—가 사실상 검토가 불가능하다는 점이었다.

내가 이러한 코란의 도전에 대해 말했을 때 마이크 리코나가 보인 반응이 생생히 떠오른다. "코란보다 더 잘 쓴 작품을 보았죠." 그는 무심하게 말했다. "시편 23편을 읽어봤어요?" 그의 뻔뻔

한 주장에 충격을 받은 나는 시편 23편은 코란의 등급에 끼지도 못한다고 반박했다. 하지만 그는 내 의견에 동의하지 않으면서, 시편 23편이야말로 인간이 쓴 가장 강력한 글 가운데 하나이며 그가 코란에서 읽은 어떤 글보다 훨씬 더 감동적이라고 말했다.

그때 나는 한 걸음 물러나 이 검사에 대해 재고해보았다. 그 검사 방식이 정말로 요구하는 것은 무엇인가? 나는 아랍어 코란이 모방 불가이지, 영어 번역이나 여타의 번역본을 말하는 것은 아닌 게 분명하다는 생각에 이르렀다. 하지만 그러면 이 검사는 아랍어 사용자에 국한된다는 뜻인가?

어느 쪽도 사실이 아니었다. 코란의 도전에 구체적으로 대응해보기로 한 사람들이 기독교의 가르침을 아랍어로 써서 『푸르칸 알-하크』, 곧 "참 분별"이라는 책을 만든 바 있다. 이 아랍어 책에는 코란 스타일로 쓰인 시편의 가르침이 다수 들어 있었다. 그들이 무슬림 도시 한복판에서 코란을 낭송하는 식으로 큰 소리로 본문을 읽자 그 결과는 아주 놀라웠다. 지나가던 많은 이들이 이를 듣고는 코란 낭송이라고 생각하여 낭송한 이들에게 감사를 표했다. 확실히 이 검사는 아랍계 무슬림뿐 아니라 아랍어 사용자들에게도 효과가 없었다.

온라인에서 관련 이슈를 조사하면서 나는 무슬림 변론자들의 주장을 보았다. 그들은 『푸르칸 알-하크』를 코란으로 오해한 아랍인들은 아마도 배우지 못한 사람들일 것이며, 따라서 코란의 고매한 아름다움을 이해하지 못했을 것이라고 주장했다. 아랍어 전문가라면 코란이 모방 불가할 정도로 탁월하다는 것을 알게 될 것이다.

그때 나는 코란의 아랍어 철자법 전문가인 게르드 푸인(Gerd Puin)이라는 학자의 평가를 보게 되었다. 푸인은 코란에는 "매 다섯 문장 정도마다 말이 안 되는 문장이 나온다"고 주장한다.[1] 자신의 주장을 선제적으로 변호하기 위해 푸인은 이렇게 덧붙인다. "물론 많은 무슬림들과 많은 오리엔탈리스트들은 그렇지 않다고 말할 것이다. 하지만 사실을 말하자면, 코란의 본문 중 5분의 1은 **단지 이해 불가할 뿐이다.**"[2] 이러한 주장에 대해 무슬림 변론가들은, 게르드 푸인은 아랍어를 모국어로 하는 사람이 아니며 코란은 아랍인으로 태어나 아랍어를 사용하는 환경에서 자란 아랍어 전문가에 의해 평가되어야 한다고 반박했다.

이렇듯 모든 단계마다 어떻게든 철저한 검토를 피하기 위해 검사 방식이 재정의되는 것 같았다. 이는 다음과 같은 질문을 제기한다. 이 도전은 우리와 어떻게 관련이 있는가? 그 도전이 아랍어 사용자에게만 해당하는 것이라면, 오늘날 전 세계에 있는 대다수의 사람들에게는 아무런 증거 역할을 하지 못한다. 만일 사람들

---

1 다음에서 인용. Toby Lester, "What Is the Koran?" *Atlantic*, January, 1999, http://www.theatlantic.com/magazine/archive/1999/01/what-is-the-koran/304024.

2 강조는 원문. Puin은 이렇게 덧붙이다. "이 때문에 번역에 대한 전통적인 불안이 야기되었다. 만일 코란이 이해 불가하다면, 다시 말해 아랍어로조차 이해가 되지 않는다면, 번역은 불가한 셈이다. 사람들이 두려워하는 것은 그것이다."

이 고전 아랍어 전문가가 되어야 한다면, 이는 인간 역사상 지극히 소수의 사람들에게만 의미 있는 증거인 셈이다.

물론, 이 모든 것은 이 검사의 주관성 및 궁극적으로 불합리한 추론의 성질과 동떨어진 문제다. 한 작품이 다른 작품보다 훨씬 더 뛰어나다고 누가 장담할 수 있는가? 무슨 기준으로? 코란은 분명히 변증가들이 하듯 변수를 설정하지 않는다. 그리고 설령 코란이 인류가 가졌던 최고의 작품이라고 주장하더라도, 그것이 곧 신의 영감으로 되었음을 뜻하는 것은 아니다. 1600년대 중반에서 1700년대까지 살았던 스트라디바리우스는 세계에서 그 누구보다 음향학적으로 가장 완벽에 가까운 바이올린을 만든 것으로 유명하다. 현대의 기술로도 그 완벽함을 복제할 수 없을 정도다.[3] 만일 그가 자신의 바이올린이 하나님이 만든 것이라고 말하며 견줄 데 없는 품질을 그 증거로 제시했다면, 우리는 그를 미치광이나 거짓말쟁이로 여겼을 것이다. 어떻게 탁월한 작품이 곧 신의 솜씨임을 증명한다고 할 수 있는가?

이런 이유들로 인해 코란의 문학적 탁월성은 문제가 있는 검사 방법이며, 내가 마이크와 더불어 발견했다시피 이 기준은 그 검사 방식이 지향하는 대상인 비무슬림들에게 설득력을 갖지 못한다. 객관적 조사자라면 이런 검사로 설득되지 않을 것이다.

---

3 이는 주관성 문제로 논란이 되지만 한편으론 가까이 있는 문제의 전형적인 예가 된다. 그 문제는 이것이다. 어떤 것이 실제로 최고라고 누가 말할 수 있는가?

코란의 예언: 실은 예언이 아니다

코란의 예언들을 주의 깊게 살펴보면, 사실 검사가 필요 없다는 결론에 이르게 된다. 예를 들어, 41:20이 지문에 대한 예언이라는 주장을 살펴보자. 그 구절의 전체 문맥은 이렇다. "알라의 적들이 불지옥으로 모여 줄지어 행진할 그날을 상기하라. 그들이 불지옥에 이르는 동안에 그들의 귀와 시야와 피부는 그들의 모든 행위에 대하여 증언하노라. 그들은 그들의 피부에게 '너희는 왜 우리에게 반대하여 증언하느뇨'라고 말하니, 그것들은 '만물에 화술을 주신 알라께서 우리로 하여금 말하도록 한 것이요'"(41:19-21).

문맥을 파악함으로써 우리는 코란이 실제로 말하고자 하는 바가, 심판날에 피부가 눈과 귀와 더불어 사람의 목소리로 말을 할 것이라는 내용임을 알게 된다. 이는 언젠가 지상에서 일어날 일에 대한 예언이 아니라 심판을 묘사한 묵시인 것이다. 하지만 이 구절을 문맥에서 떼어내어 그 위에 억지스런 의미를 부여했을 때에야 비로소 우리 시대에 대한 예언인 것처럼 들린다.

물론, 충분히 애쓴다면 우리는 어떤 본문을 가지고도 이런 일을 할 수 있고, 묵시적인 본문을 가지고는 더 쉽게 할 수 있다. 예를 들어, 나는 성경을 펼쳐서 요한계시록의 아무 페이지나 짚었더니 손가락이 가 닿은 곳은 11:8이었다. "그들의 시체가 큰 성 길에 있으리니 그 성은 영적으로 하면 소돔이라고도 하고 애굽이라고도 하니 곧 그들의 주께서 십자가에 못 박히신 곳이라." 나는 이것이 아랍의 봄, 곧 2011년 1월에 발생하여 800명 이상의 희생자를 낳은 타흐리르 광장 시위의 여파를 묘사한 경이로운 예언이라고 주장할 수 있다. 게다가 타흐리르 광장이 위치한 카이로시는 아랍어(Misr)로 이집트를 비유할 때 종종 사용된다. 이처럼 이집트로 비유되는 거대 도시의 광장인 타흐리르 광장에 800구의 시신이 널려 있는 것이다. 요한계시록 11:8은 거의 2천 년 전에 이 사건을 엄청나게 정확하게 예언하고 있다.

물론, 이것은 성경 본문이 예언하는 바가 아니라 내가 즉석에서 지어낸 이야기일 뿐이다. 하지만 정말 원한다면 나는 그럴듯하게 이야기를 지어낼 수 있고, 특히 해당 구절을 문맥에서 떼어내면 훨씬 더 쉽게 만들어낼 수 있다. 소위 코란의 예언이라고 하는 대다수의 본문 해석에서 정확하게 이런 일들이 벌어진다. 코란이 소위 이런 식의 예언을 하고 있다고 볼 이유는 없다. 그렇다고 코란의 본문에 감춰진 예언적 의미가 없다는 말이 아니다. 하지만 객관적 조사자를 설득시킬 수 있는 예언이 되려면, 최소한의 기준을 충족시켜야 분명한 예언이 되는 것이지, 본문을 예언으로 바꾸어버린다고 되는 것이 아니다.

예를 들어, 로마의 승리를 다룬 30:2-4 단락은 사실 코란에서 가장 명백한 예언인 것처럼 보이기에 주의 깊게 살펴볼 가치가 있다. 이 구절을 성취된 예언으로 보기에는 두 가지 사소한 문제와 두 가지 주요한 문제가 있다. 간단히 말해, 첫 번째 사소한 문제는 예언의 성격에 관한 것이다. 그것은 대단한 예언이 아니다.

당시 비잔틴 제국과 페르시아 간에 충돌이 끊이지 않았던 상황을 고려해볼 때, 어느 순간에 비잔틴 제국이 승리하리라는 예측은 당연했다. 마치 "시카고 불스가 이번 경기에서는 LA 레이커스에게 패했지만, 최종 승자는 불스가 될 것"이라고 말하는 것과 비슷하다.[4]

두 번째 사소한 문제는 비잔틴 제국이 승리하는 데 걸린 햇수다. 코란의 해당 구절은 10년 이하를 암시하는 단어를 사용하고 있지만, 로마가 페르시아를 최종적으로 물리치기까지 실제로는 17년이 걸렸다.

이 구절을 예언의 성취로 보기에는 훨씬 심각한 두 가지 문제가 있다. 첫째, 코란의 구절들은 주기적으로 폐기되었는데, 비잔틴 제국의 승리는 무함마드의 생애 중에 있었던 일이다. 따라서 비잔틴 제국의 승리가 일어나지 않을 법한 일로 보였다면 해당 본문은 쉽게 폐기되었을 것이다.[5]

둘째, 같은 맥락에서 코란은 훨씬 나중까지 책으로 수집되지 않았다. 이 예언이 성취되지 않았다면, 누락된 다른 절들과 마

---

4 눈치 빠른 독자라면, 내가 1990년대 중반 이후로 농구의 주요 경기를 보지 않았다고 짐작할 것이다. 그 짐작이 맞다.

5 무함마드가 그처럼 자의적으로 코란의 구절들을 폐기하지는 않았다며 반대할 무슬림도 있을 것이다. 하지만 그것은 논점 회피일 뿐이다. 무함마드가 예언자였다고 생각할 충분한 이유는 없다고 하더라도, 그가 그렇게 했을 가능성은 매우 크다. 그렇다고 해서 반드시 불온한 인물이 필요한 것은 아니다. 즉 그는 최선의 의도를 가지고 이 가상의 예와 같은 본문을 폐기했을 수 있다.

찬가지로 마지막 수집본에서 누락되었을 것이다.[6]

따라서 코란의 예언 중에서도 최고의 예언으로 보이는 이 예는 설득력이 없다. 근본적으로 그 예언은 쉽게 빼버릴 수 있는 50:50 확률의 예언이며, 문자 그대로 본문을 살펴본다면 어떤 경우든 사실이 아닌 것 같다. 왜냐하면 예언된 시간이 지난 뒤에도 비잔틴은 아직 페르시아를 물리치지 않았으니 말이다.

경이로운 과학 지식: 본문과 문맥을 고려하라

무함마드의 예언자직을 검토하면서 우리는 코란에 과학적으로 정확하지 못한 내용이 담겨 있음을 살펴보았다. 이를테면, 태양이 검은 물로 지고 척추와 갈비뼈 사이에서 정자가 만들어진다는 설명은, 코란이 과연 과학적으로 경이로운 내용을 담고 있는지에 대해 심각한 회의를 품게 하기에 충분하다. 앞에서 살펴본 바와 같이, 그처럼 경이로운 지식을 담고 있다고 여겨지는 본문과 문맥을 검토해보면 대개 설득력이 없는 주장이라는 결론을 어렵지 않게 내릴 수 있다.

이 경우에도 경험 법칙이 사실로 드러난다. 코란 21:30을 다시 보자. 사실 본문은 이렇다. "불신자들은 하늘과 땅이 하나였음을 알지 못하느뇨. 하나님은 하늘과 땅을 분리하고 물을 모든 생

---

6   다음 장에서 이 현상을 명쾌히 살펴볼 것이다.

명체의 근본으로 두셨으나 그들은 믿지 아니하려 하느뇨." 이는 우주가 원래 특이점이었다는 말이 아니라, 단지 하늘과 땅이 하나 였고 하나님이 그것을 나누었다는 말이다. 이는 사실 창세기 1:6 에서 하나님이 하고 계신 일을 근사치로 표현한 말이다. 코란에는 새롭다거나 구체적이라고 할 만한 내용이 없다. 마찬가지로, 모든 생명체가 물로 만들어졌다는 개념을 상정하기도 그다지 어렵지 않다. 사람도 동물도 물을 마시며 물이 드문 사막에서 생존하기란 지극히 어렵기 때문이다. 마지막으로, 알아두면 좋은 것은, 코란이 종종 주장하다시피 '진'(jinn)은 물이 아닌 불로부터 만들어졌다는 점이다. 일부는 이것이 코란 내부의 모순이라고 본다.[7]

이처럼 우리가 해당 구절의 실제 본문을, 곧 과학적 주장의 역 사적 맥락을, 그리고 코란이 주장하는 내용의 정확성을 살펴볼 때 이런 예들은 앞에서와 마찬가지로 설득력과는 거리가 멀다는 것 이 드러난다. 코란에 경이로운 과학 지식은 없다.

수학적 경이로움: 어떤 면에서 특별한가?

비록 많은 무슬림들이 수학적 패턴에 기초한 논증이 설득력이 있다고 보지만, 솔직히 나는 그렇게 생각하지 않았다. 찾으려고

---

7 코란 7.12; 15.27; 38.76; 55:15. 미리 말하거니와, 나는 코란이든 성경이 든 이처럼 문제 있는 "모순"은 다루지 않는다. 15장을 보라.

만 한다면 우리는 우리 주변의 세계에서 온갖 종류의 놀라운 패턴을 찾을 수 있다. 이는 황금 비율을 살펴본 사람이라면 누구든 증거하다시피, 자연 세계에 해당하는 사실이며 인간이 만든 제품에도 해당하는 사실이다. 예를 들어 『모비 딕』에서 패턴을 찾으려고 한다면, 미래에 대한 예언을 찾을 수 있다. 예컨대, 레온 트로츠키, 마틴 루터 킹, 존 F. 케네디, 에이브러햄 링컨, 다이애너 왕비 등의 암살을 찾을 수 있다.[8] 열심히 찾고 변수를 조작할 수 있다면, 패턴을 찾는 것은 일도 아니다.

코란에서 19라는 패턴을 "발견한" 사람이 그런 식으로 해냈다는 것을 알고 있다. 숫자 19의 패턴에 관해 처음으로 출판물을 발행한 라샤드 칼리파(Rashad Khalifa)는 250페이지를 할애하여 19라는 숫자를 코란 본문에서 발견하는, 서로 다른 52가지 방법을 옹호한다. 유명한 무슬림 학자인 빌랄 필립스(Bilal Philips)는 말하기를 "대부분의 무슬림들은 기꺼이 그리고 아무런 의문 없이 칼리파의 주장을 받아들인다. 그 주장에 '과학적 사실'이라는 후광이 둘려 있기 때문이다." 하지만 일부 무슬림들은 숫자 19에 기초한 주장을 매섭게 비판하면서 칼리파의 주장과 추론에 중대한 오류가 있음을 지적한다. 필립스도 "코란의 수학적 기적"이라는 논문을 써서 반대를 표했다.[9]

---

8 Brendan McKay, "Assassinations Foretold in Moby Dick!" 1997, https://cs.anu.edu.au/people/Brendan.McKay/dilugim/moby.html.

9 Abu Ameenah Bilal Philips, *The Qur'an's Numerical Miracle*.

논문에서 필립스는 이렇게 말한다. "19의 이론은 진지한 과학적 조사를 통과할 수 없는 조잡하게 날조된 속임수다."[10] 칼리파에 대한 필립스의 대응 중 일부는 칼리파가 인용한 코란 74:30-31과 관련된다. 이 경우 본문 전체를 읽으면 19라는 숫자가 지옥불을 관리하는 천사의 수를 뜻하는 것이지, 코란 본문의 경이로운 패턴과는 아무런 관계가 없다는 것이 분명해진다. 코란의 "예언"과 관련해서 살펴본 다른 본문들에서처럼, 칼리파는 그 단어들을 맥락에서 뽑아내어 자신의 이론에 짜 맞추려고 했다.

필립스의 또 다른 대응은 숫자 19를 주장하기 위해 동원된 일관성 없는 방법론 및 자의적인 선택과 관련이 있다. 필립스는 "칼리파 박사의 배수를 조작하는 일관성 없는 방법론을 사용하면… 숫자 8이 코란의 경이로운 수학적 코드의 축이라는 이론 또한 정립할 수 있다"며 여덟 가지 근거를 덧붙인다.

칼리파의 주장에 대한 필립스의 대응은 대부분 칼리파의 출판물과 계산을 조직적으로 분석함으로써, 결과적으로 칼리파가 "19의 배수가 되는 총 글자 수를 인위적으로 만들어내기 위해 자료를 조작"했다고 결론 내린다. 칼리파는 "고전 아랍어 문법으로 보든 근대 문법으로 보든, 완전히 모순되는 임의적인 단어 인식 체계에 따라" 글자와 절의 수를 세는 데 일관성이 없었을 뿐 아니라, 자신의 계산에 맞아 떨어지도록 하기 위해 코란에서 두 절

---

10 앞의 책.

을 기꺼이 버리기까지 한다. 칼리파가 자료를 맞추기 위해 코란의 본문을 기꺼이 조작했다는 결론에 따라 "경이로운 패턴"에 반대하는 필립스의 반론은 설득력을 갖는다.

비슷하게, 경이로운 수학적 평형에 대한 주장도 일관성 없이 본문을 다루거나 본문의 표현을 조작한 것으로 보인다. 예를 들어, 코란에 '날'이라는 단어가 365번 사용된 것은 아니다. 코란에서 그 단어는 360번 사용되었지만, 다섯 번을 보충하기 위해 그 주창자들은 자료를 적당히 꾸며서 정확히는 '날'이 아닌 단어가 계산에 포함되게 만들어야 했다. '달'이라는 단어의 등장 횟수, '남자/여자'와 '이승/저승'이 동등한 횟수로 등장한다는 추정도 마찬가지다. 아랍어는 셈 계열의 언어로서 매 단어가 3자음식 어근 구조로 되어 있으므로, 서로 다른 단어가 철자상 서로 매우 유사하게 보인다. 이런 유사성은 자신의 주장을 관철하기 위해 기꺼이 "자료를 조작"하려는 이들에게 종종 유리하게 사용된다.

경이로운 수학적 패턴에 근거한 주장에 대한 우리의 응답을 정리하면서, 필립스의 마지막 말을 인용하고자 한다. "코란의 경이로운 수학 코드로서 19의 이론은 코란 자체에서는 그 근거가 될 만한 것이 없으며, 19와 그 배수가 등장하는 아주 드문 경우에도 침소봉대라고 해도 될 만큼 우연에 불과하다고 결론을 내려도 무방하다."[11] 코란에서 발견되는 수학적 경이에 대해 똑같이 말할

---

11 Philips는 이어서 말한다. "데이터 변조, 본문 변경, 숫자 조작 등 (칼리파) 박

수 있다.

코란 본문의 완벽한 보존: 어떤 면에서 완벽하게 보존되었다는 말인가?

마지막으로, 우리는 코란이 완벽하게 보존되었다고 굳게 믿었지만, 그것은 증명이 불가능한 믿음이다. 우스만은 코란의 공인 편집본을 펴내면서 그 밖의 모든 사본들을 폐기해버림으로써 후대의 학자들이 오늘날의 코란이 실제로 무함마드까지 거슬러 올라갈 수 있는지를 판단할 수 있는 방법을 전혀 남겨놓지 않았다.[12] 우스만은 모든 증거를 없앴는데, 그가 그런 조치를 취한 것은 이형 사본들이 있었기 때문이었던 것으로 보인다.[13]

완벽한 보존이 사실임을 **입증**하기란 사실상 불가능하지만, 사

사의 기록은 분명 연구자로서 그의 불성실을 나타내며 그가 자신의 거짓을 지지하기 위해 필요한 것을 고안해내기를 마다하지 않을 만큼 낮은 수준에 서 있음을 드러낸다고까지 결론 내릴 수 있을 것이다. 따라서 19와 그 제곱수들은 코란이나 이슬람에 대해 어떠한 해석을 내리는 데 사용되어서는 안 되며, 무지로 인해 이 이론을 공적으로 전파했던 모든 진실한 무슬림들은 이슬람 차원에서 공적으로 이 이론과의 관계를 끊고 이의를 제기해야 할 것이며 그것을 지지하는 책과 테이프의 출간과 배포를 즉각 중지해야 할 것이다."

12 Sahih Bukhari 6.61.510.
13 일부 무슬림들은 여기서 이 이형들이 코란 발성법의 차이일 뿐이었다고 주장한다. 하지만 발성법은 본문에 기록조차 되지 않았다. 다시 말하면, 발성법의 이형 표기들 때문에 사본을 폐기할 이유는 없다는 것이다. 그 차이는 분명 '라즘'(rasm), 곧 본문 음소의 차이였다.

실이 아님을 **입증**하기란 상당한 정도까지 가능하다. 우선, 코란 본문이 항상 기록되었던 것은 아니며 때때로 기억으로 전달되었다는 점을 짚어야 한다. 이런 이유 때문에 우마르는 아부 바크르에게 먼저 코란 사본을 수집하게 했다. 쿠라(코란 암송자)들이 전쟁터에서 대거 죽음을 당하고 있었기에 우마르는 "다른 전쟁터에서도 쿠라들 가운데 훨씬 심각한 사상자들이 나오지 않을까 두렵다. 그로 인해 코란의 상당 부분을 잃게 될지도 모른다고 했다."[14] 만일 코란이 글로 쓰인 것이었다면, 암송자들의 죽음으로 코란이 소실될 것을 왜 두려워했겠는가?

사실은 이렇다. 코란의 상당 부분은 기록된 형태가 아니었고, 그래서 사람들의 기억을 근거로 수집해야 했다. 이는 '사히 부카리'에 명시된 바인데, "손바닥 크기의 줄기, 얇고 흰 돌에서, 그리고 그것을 암기하고 있는 사람들에게서" 코란을 수집했다. 같은 하디스는 최소한 두 구절은 오직 한 사람만이 알고 있었다고 전한다. "나는 아비 쿠자이마 알-안사리와 함께 '수랏 알-타우바'의 마지막 두 구절을 찾기 시작했으나 그를 제외한 어느 누구에게서도 이 구절들을 찾을 수 없었다."[15] 달리 말하면, 코란의 두 구절은 단 한 사람의 증언에 근거해서 들어간 것이라는 말이다.[16] 그가 기

---

14 Sahih Bukhari 6.61.509.

15 Sahih Bukhari 6.61.511.

16 그에 대한 반응으로 일부 무슬림들은 그가 단지 자이드와 다른 이들이 기억한 내용을 지지하는 증거를 기록한 것뿐이라 주장한다. 하지만 하디스와 가장 초

억하지 못했다면, 이 두 구절은 사라졌을 테고 우리는 그 이상 알지 못했을 것이다.

처음 코란을 기록할 때에 한 구절이 사라져서 나중에 찾았어야만 했던 일이 '사히 부카리'에 언급되어 있다. "우리가 코란을 필사할 때 나는 알라의 사자가 암송하는 것을 듣곤 했는데, 그때 나 때문에 수랏 아흐자브의 한 구절이 누락되었다. 그래서 우리는 그 한 구절을 찾아 나섰고 쿠자이마 빈 타빗 알-안사리와 함께 그것을 찾아냈다."[17] 그 두 구절은 영원히 잊히고 사라질 뻔했다가 가까스로 복원된 듯 보인다.

무함마드 자신도 무슬림들이 코란의 구절들을 너무 쉽게 잊어버린다고 말하곤 했다. "끊임없이 코란을 암송하라. 그것은 낙타보다 빠르게 사람의 마음에서 도망하나니."[18] 무함마드의 말이 과장이 아닌 것은, 그 자신조차도 코란의 구절들을 잊어버렸기 때문이다. 한 남자가 밤중에 코란을 낭송하는 것을 듣고 무함마드는 이렇게 말했다. "알라께서 저 사람에게 자비를 베푸시기를. 내가

기의 이슬람 문헌들은 그렇게 말하지 않는다. 그들은 오직 한 사람만이 이 두 구절을 가지고 있었다고 말한다.

17 Sahih Bukhari 6.61.510. 어떤 이들은 자이드가 그것을 암기하고 있지 않았더라면 그것을 찾지 않았을 것이다. 따라서 쿠자이마는 기록되어 있던 기록을 갖고 있었던 게 틀림없다. 이것은 하디스가 말하는 바가 아니지만, 자이드가 그것을 희미하게 기억하고 있어서 훨씬 잘 알고 있던 누군가를 찾을 필요가 있었다고 쉽게 말할 수 있다.

18 Sahih Bukhari 6.61.550.

잊어버렸던 구절을 저가 생각나게 해주었다."[19]

만일 가장 신뢰할 만한 전승에서처럼 코란의 어떤 부분은 오직 한 사람만 알고 있고, 어떤 부분은 누락되고, 무슬림들이 정말로 잊어버리기도 한다면, 코란의 일부분은 완전히 사라져버릴 수 있는 것 아닌가? 그렇게 위태로운 본문이 정말로 완벽하게 보존되었다고 말할 수 있을까?

안타깝지만, 그렇게 말할 수 없다. '사히 부카리'는 다음 하디스를 기록함으로써 쐐기를 박는다. "우마르가 말했다. '우바이는 코란을 암송하는 데 있어서 우리 중 최고였지만, 우리는 그가 암송하는 것 중 일부를 제외한다.' 우바이가 말한다. '나는 그 말씀을 알라의 사자의 입에서 받았으니 어떤 이유로도 그것을 제외시키지 않겠다.'"[20] 이처럼 코란의 최고 암송자는 코란의 일부 구절이 제외되었다고 완강히 주장했다.[21] 무함마드 자신도 우바이를 최고의 코란 교사 중 하나로 뽑았지만,[22] 그는 오늘날의 코란에 동의하지 않았다.

---

19 Sahih Bukhari 6.61.558. 나는 하디스를 보다 더 읽기 좋게 하기 위해 번역에서 "이러이러한"이란 말들을 제거했다.
20 Sahih Bukhari 6.61.527.
21 어떤 이들은 우바이가 모르는 사이에 그 구절이 폐기되었다고 주장할 것이다. 하지만 그것은 이 부분의 궁극적인 요점이 사실임을 증명한다. 즉 코란은 유동적인 작품이었고, 따라서 코란이 완벽하게 보존되었다고 말하려면 증거와 관련된 객관적 평가가 아니라 믿음이 필요하다.
22 Sahih Bukhari 6.61.521.

요약하면, 코란이 완벽하게 보존되었음을 입증할 수 있는 방법은 없지만, 그것이 완벽하게 보존되지 않았음은 입증된 듯 보인다. 일부는 유실되었고, 무함마드가 직접 뽑은 최고의 코란 교사 중 한 명도 오늘날의 코란 판본에 동의하지 않았다. 코란의 완벽한 보존을 말하는 주장에 반대되는 논거는 훨씬 더 많이 있지만, 사히 부카리에 나오는 증거 곧 그것도 전부가 아닌 여기서 언급한 일부에 한정해보았다.[23]

마지막으로, 이 책 14장에서 보았다시피 코란의 본문은 폐기 과정을 거치고 있었다. 무함마드는 일부 앞선 구절을 취소하고 나중 구절로 대체하곤 했다. 코란 자체가 2:106과 16:101에서 이 점을 증언한다. 무슬림들이야 이런 현상을 신의 명령으로 받아들일 수 있고 그렇게 하는 것이 그들의 권리이니 그럴 수 있겠으나, 객관적 조사자에게 폐기는 완벽한 보존을 말하는 주장에 대한 강력한 도전이 된다. 오히려 폐기 현상은 코란 본문이 매우 인위적이고 인공적이라는 인상을 준다.

설령 코란이 완벽하게 보존되었다고 해도, 그것이 반드시 기적은 아니다. 많은 본문들이 여러 세대를 거치면서 변함없이 내려왔다. 그러나 본문의 폐기, 누락 부분, 기억에서 잊힌 부분, 이형

---

23 이를테면, Sahih Bukhari 6.61.512는 한 맹인이 코란이 계시된 이후에 코란의 한 구절에 영향을 끼칠 수 있었음을, 본문에 추가된 예외가 있었음을 암시한다. 이런 유의 현상들 또한 아직 무슬림이 아닌 이들에게는 당황스러운 일이다.

사본의 파기 등을 염두에 둘 때, 객관적 조사자는 이렇게 묻지 않을 수 없다. "어떤 면에서 코란의 보존이 경이롭다는 것인가?"

옹호론에 대한 반론 정리

코란이 신적 영감으로 되었다는 주장은 내막을 파고들면 그 근거가 모두 설득력이 없는 것으로 드러난다. 코란의 문학적 탁월성은 검증 불가능하고, 주관적이며, 불합리한 추론으로 드러난다. 코란의 예언은 설득력이 없다. 코란의 과학은 실제로 문제가 많다. 수학적 패턴은 종종 조작된 자료에 과도한 해석이 얹혀 빚어진 결과다. 코란은 어떤 의미에서도 기적이라고 할 만한 방식으로 보존되지도 않았다.

설득력 있는 논증이 없기 때문에 코란을 하나님의 말씀으로 받아들일 이유도 없다.

39장

반론에 대한 평가: 코란은 어떤 책인가?

이러한 반론을 평가하면서 무슬림으로서 나의 즉각적인 반응은, 더 많은 증거를 제시하고 더 많은 성취된 예언과 더 많은 경이로운 과학 지식의 예를 제공하자는 것이었다. 모스크에서 우리는 평생에 걸쳐 그런 예를 수십 개는 들었다. 분명 처음 몇 가지 예는 설득력이 없다고 하더라도 다른 많은 예들 중 하나는 설득력이 있을 터였다.

여러 달에 걸쳐서 다른 예들을 차례로 제시하면서 마침내 알게 된 것이 있는데, 참으로 그 모든 예가 하나같이 기본적인 비판을 견디지 못한다는 것이었다.

내가 코란 본문의 역사에 대해 알게 되었을 때 그것은 완전히 다른 과정이었다. 이 경우에 문제가 된 것은 일련의 예가 아니라 내 무슬림 신앙의 토대가 되는 이야기였다. 우리는 모든 사람들로부터, 그러니까 모스크의 이맘뿐 아니라 우리 부모님과 장로들,

그리고 우리가 읽은 책으로부터도 코란이 절대적으로 완벽하게 전파되었다고 배웠다. 무함마드는 필사자들에게 전달했고, 필사자들은 받아 적고 암송했고, 무슬림들은 마음에 소중히 간직하고 매일 기도 시간에 정기적으로 암송했고, 이처럼 코란은 순조롭게 기록되고 보존되었다. 하여 오늘날의 모든 판본은 정확히 똑같다.

이것이 우리가 살면서 들어온 이야기다. 그러나 '사히 부카리', 그중에서도 특히 『코란의 덕』이라는 제목이 붙은 책을 읽으면서 나는 상당수의 증거가 내가 전해 받은 이야기에서 빠져 있다는 것을 분명히 알았다.

오늘 내가 코란의 본문과 그 역사에 관한 진실을 이야기해주면 무슬림들은 큰 충격을 받는다. 하지만 이는 문서로 정리된 이야기다. 아랍어 글쓰기는 무함마드의 생애 동안 완벽함과는 거리가 멀었고, 그런 이유로 인해 아랍어로 쓰인 책 같은 것은 없었다.[1] 코란의 본문이 기록되기 시작할 무렵, 철자와 모음 부호에 대한 표준화 과정이 진행 중이었고, 그래서 혼돈이 이어졌다. 이런 이유들로 인해, 필사자들의 기록은 구전 본문에 대한 기억을 돕는 보조 수단이었다. 이는 사실 무슬림 코란 학자들 사이에서도 전혀 논쟁의 여지가 없는 사실이다.

논쟁이 되는 것은 그 결과이다. 즉 코란의 본문은 무함마드의

---

1 "책"을 뜻하는 아랍어 단어 '키탑'(Kitab)에 대한 모든 언급은 실제로는 시인들과 낭송자들을 통해 전수되어 온 구두 본문을 의미했다. 문자로 쓰인 책이 아니었다.

생애 동안에는 유동적이었다. 그는 같은 절을 여러 방식으로 낭송하곤 했는데, 일곱 가지 방식으로까지 낭송할 수 있다고 했다.[2] 어느 시점에서 한 본문을 취소할 필요가 있다면, 간단히 폐기하고 다른 본문으로 대체하면 되었다. 코란의 본문은 눈에 보이는 기록된 본문이 아니었기에, 이런 취소는 별 문제가 안 되었다. 필요한 조치가 있다면, 해당 구절의 암송을 그치고 이전에 계시로 들어난 것을 "잊어버리면" 되는 것이었다.[3]

기록된 본문의 장점은 경계가 분명히 드러난다는 것이다. 책은 특정 구절로 시작해서 특정 구절로 끝난다. 부분적으로 암송되고, 상이한 방식으로 반복되고, 이따금 폐기되고, 결코 처음부터 끝까지 공적으로 낭독되지 않는 구전 본문을 가지고는 정확한 내용을 확정하기가 어렵다. 이런 이유로 해서, 코란이 최종적으로 기록되었을 때 그 경전성에 대해 수많은 이견이 있었다. 이미 살펴봤다시피, 코란의 최종판에 대해 우바이는 문제가 있다고 보았고, 일부가 누락되었다고 말했으며, 또한 그는 코란의 최고 교사 가운데 한 명이었다. 초기 이슬람 자료에 따르면, 우바이의 코란에는 현대 코란에는 없는 두 개의 장이 끝부분에 있었는데 바로 '수랏 알-하프드'와 '수랏 알-칼'이다.[4] 이 두 장을 코란에 포함시

---

2 Sahih Bukhari 6.61.513.
3 이는 정확히 코란 2:106과 16:101이 말하는 바다. 알라는 "사람들로 망각케" 할 수 있다.
4 이와 관련된 기록은 많이 있는데, 그중 최고는 아마 최근 재발견된 이븐 다우드

킨 사람은 우바이만이 아니다. 적어도 무함마드의 다른 두 동료도 이 두 장이 코란에 포함된다고 생각했다.[5]

그러나 우바이는 코란의 최고 교사는 아니었다. 무함마드는 코란의 최고 교사 네 명의 명단을 제시하면서 압둘라 이븐 마수드를 첫째로 적었다.[6] 그는 우바이의 마지막 두 장이 계시로 받은 기도이지 성경은 아니라고 하며 우바이와 의견을 달리했다. 똑같은 근거로 그는 113, 114 수라뿐 아니라 1 수라도 계시된 기도이지 코란의 일부는 아니라고 주장함으로써 현대의 코란과도 의견을 달리했다. 그는 최종 편집본에서 그 세 장을 제외하여 총 111개의 수라로 자신의 코란 정본을 한정했다.[7]

오늘날의 코란은 다수의 코란 정본들 중 하나이며(무함마드가 거명한 교사들에 의해 편찬되지 않았다), 칼리프의 공적 승인을 거쳐 표준 본문이 되었다(나머지 본문들은 모두 소각되었다).

표준화가 진행되면서, 코란은 구전 본문에서 기록 본문으로 바뀌었고, 기억으로 암송되던 것이 책으로 읽히게 되었다. 여전히 완결되지 않은 아랍어 문자는 표준화되고 완결될 필요가 있었다.

(Ibn Daud)의 『키탑 알-마사히프』(*Kitab al-Masahif*)일 것이다. 이븐 나딤(Ibn Nadim)의 *Fihrist*나 수튜티(Suyuti)의 *Itqan fi Ulum al-Quran*을 참고할 수도 있다.

5 Ibn Abbas와 Abu Musa. 다음을 보라. Suyuti, *Itqan fi Ulum al-Quran*.
6 Sahih Bukhari 6.61.521
7 자세한 사항은 앞서 인용한 다음의 문헌들에서 볼 수 있다. *Kitab al-Masahif*, *Fihrist*와 *Itqan fi Ulum al-Quran*.

이 아랍어 표준 문자의 발전을 촉진시킨 것이 바로 코란이다.

무함마드가 죽고 3백 년이 지난 후 아랍어 문자는 어느 정도 표준화되었고, 그래서 상당한 권위를 가진 학자였던 이븐 무자히드(Ibn Mujahid)는 일곱 가지 낭송법을 제외한 나머지는 모두 불법으로 간주했다. 연장자들 중에는 그의 의견에 반대하는 이들이 있었는데, 그들은 이제는 불법으로 간주된 낭송법으로 어릴 때부터 코란을 읽어왔기 때문이다. 그들 중 하나인 이븐 샤나부드는 태형에 처해졌고 결국 공개적으로 자신의 견해를 철회했다.[8] 다양한 코란 낭송법은 이런 과정을 거쳐 통제되었다.

하지만 서로 다른 수용자들에게 낭독되던 일곱 가지 독법은 1924년 무렵, 그러니까 무슬림 세계가 첫 아랍어 코란을 내놓을 때까지 한 번 더 확산될 기회를 얻었다. 카이로 왕립본(Royal Cairo Edition)은 대량 생산을 위해 여든 개의 독법 중 하나인 아심에 따른 하프스 독법을 채택했다. 이것이 오늘날 대부분의 세계가 알고 있는 코란이다. 하지만 일부 무슬림들은 여전히 다른 독법에 따른 코란을 가지고 있는데, 가령 나피에 따른 와쉬 독법 같은 것들이 있다. 이 코란들 사이에는 중대한 의미의 차이가 있는 경우도 일부 있지만, 대부분은 사소한 차이 곧 대개 발성법의 차이 정도다. 그럼에도 불구하고 불과 백 년 전에 무슬림 세계에서 여든

---

8   Christopher Melchert, "Ibn Mujahid and the Establishment of Seven Qur'anic Readings," *Studio Islamica* 91 (2000), 5-22.

가지의 코란 독법이 있었고 오늘날의 코란들 사이에도 중대한 차이가 있다는 것을 알고 있는 무슬림은 극소수에 불과하다.

이것이 코란의 진짜 역사이며, 이는 우리가 모스크에서 어른들한테 전혀 듣지 못했던 내용이다. 코란은 구전 본문으로 시작하여 완전한 동의가 이뤄지지 않은 상태에서 기록 본문으로 바뀌었고, 20세기에 접어들면서 인간의 권위에 의해 다듬어지고 가공되었다.

코란의 본문 전승에는 인간의 책략과 개입의 흔적이 남아 있으며, 코란의 영감성을 주장하는 어떠한 주장도 엄밀한 조사를 통과하지 못한다. 참으로, 객관적 조사자로 하여금 코란이 신의 영감으로 작성되었다고 믿게 할 만큼 설득력을 가진 논증은 없는 것이다.

40장

결론
: 코란이 하나님의 말씀이라고 생각할
만한 설득력 있는 이유는 없다

코란의 영감설을 지지하는 각각의 논증을 연구하는
동안 하나의 패턴이 분명히 드러났다. 즉 코란에 대한 내 믿음을
변호하기에 충분한 이유를 찾을 수는 있었으나, 그중 어느 것도
그 자체로 아직 이슬람을 믿지 않는 신중한 조사자를 설득시킬 만
한 논증은 없는 게 분명했다.

코란이 그 어느 책보다 더 문학적으로 탁월하다고 계속해서
믿을 수 있을까? 물론 내 친구 마이크나 학자 게르드 푸인 등의
평가를 묵살하면서 그럴 수는 있었다. 코란이 경이로운 예언적 지
식을 가지고 있다고 믿을 수 있을까? 물론 나는 다른 이들한테는
분명하지가 않더라도 나한테만은 분명한 그런 지식을 본문에서
찾을 수 있었다. 코란이 경이롭게 보존되었다고 믿을 수 있을까?

그렇다. 나는 알라가 그 형성과 발전 과정을 인도해서 원래의 본문 그대로 참되게 코란을 지켜주었다고 생각할 수 있었다.

그러나 그 논증들 중 어느 하나도 객관적 조사자를 설득시킬 만한 것은 없다. 코란은 주의 깊고 면밀하게 증거를 조사하는 사람을 설득시킬 만한 경이로운 증거로 사용될 수 없다.

주의 깊고 면밀한 조사자, 그게 바로 나였다. 코란의 영감설을 믿고 싶지만 분명한 증거가 있어야 그렇게 할 수 있는 사람 말이다. 다섯 개의 가장 일반적인 주장을 면밀히 검토한 뒤 나는 그 논증들이 믿음을 옹호할 만큼의 설득력과는 거리가 있으며 실은 신앙의 옹호를 받아야 할 논증임을 알게 되었다.

이슬람인가,
기독교인가?
증거는 분명하다

이슬람 옹호론과 이슬람의 기원을 설명하려는 노력에 대한 평가

무슬림이 되기 위해서는 '샤하다', 곧 "알라 외에 다른 신은 없고 무함마드는 그의 사도다"라고 고백해야 한다. '샤하다'가 진리임을 평가하는 최선의 방법은 무함마드의 예언자적 지위와 코란이 알라의 영감으로 되었다는 주장을 평가하는 것이다. 비록 내 마음 깊은 곳의 소원은 이슬람 신앙을 옹호하고 무슬림으로 계속 남아 있는 것이었지만, 그럼에도 피할 수 없는 진실이 있었다. 내가 무함마드의 예언자직을 변호하기 위해 사용할 수 있는 논거가 없었고, 코란이 하나님으로부터 왔다고 생각할 만한 설득력 있는 근거가 없었던 것이다.

다시 한번, 그것은 단지 이슬람의 전통적인 이야기가 역사의 지지를 받지 못해서가 아니라, 이슬람의 기원과 역사가 전적으로 양립 불가능하다고 입증되었기 때문이다. 기독교의 기원을 평가할 때 사용한 똑같은 기준으로 이슬람의 기원을 평가할 때 우리는 역사 기록에서 거대한 구멍을 발견한다. 7세기 중반의, 그러니까 무함마드 시대 이후 초기 무슬림 시기의 아랍인들의 기록을 보면, 그들은 무슬림이라 불리지 않았고, 그들 자신도 자신들의 거룩한 책을 언급하지 않았으며, 무함마드의 이름을 언급하지 않았고, 메카도 언급하지 않았으며, 메카를 향해 기도하지도 않았다. 그 시기에 생산된 엄청난 양의 기록을 염두에 둘 때, 특히 아랍인에게 정복당한 많은 나라들의 기록을 고려할 때, 이것은 단지 침묵 논증이 아니다. 당대의 역사 기록은 전통적인 이슬람 이야기와 단순히 양립할 수 없는 것이다.

마찬가지로, 코란의 역사는 우리 무슬림들이 들어온 이야기와 양립하지 않는다. 우리는 코란이 어떤 변화도 겪지 않았다고, 글자 하나하나까지 무함마드의 시대로부터 오늘에 이르기까지 정확히 똑같다고 배웠다. 하지만 코란에는 근본적인 변경이 있었고, 코란은 원래부터 구전 본문으로 매우 유동적이었을뿐더러 기록된 본문으로 바뀐 후에도 다양한 정도의 끊임없는 변화를 거쳐 현재의 모습으로 남았다.

무함마드와 코란에 대한 이슬람의 전통적인 이야기는 근본적으로 역사 기록과 양립할 수 없다. 그것들은 이슬람 신앙의 기둥들인데도 그 토대가 없는 것이다.

그 의미는 내가 무슬림으로 남아 있고자 한다면 객관적 진리가 아닌 다른 이유에 근거해야 한다는 뜻이었다. 내가 이슬람의 메시지를 좋아하기 때문에, '샤리아'의 규율을 바라기 때문에, 또는 내 가족이 계속해서 행복하기를 원하기 때문에라도 무슬림으로 남아 있을 수 있었다.

하지만 내가 이슬람교로부터 한 가지 배운 게 있다면, 사람이 아니라 하나님께 순종해야 한다는 것이다. 그것은 곧 진리를 따르는 것을 의미했다. 어떤 결과가 따르더라도 말이다.

물론, 내가 이슬람 옹호론을 연구한 이유는 기독교 옹호론에 대응하기 위해서였다. 이제 내가 의지하던 모든 것에 대한 탐구를 마쳤으니, 마지막으로 스스로에게 정직하게 기독교 옹호론과 이슬람 옹호론을 평가해야 했다.

기독교가 이슬람보다 낫다는 증거

나는 이슬람과 기독교의 진리 주장을 충분히 검토한 후에도 아직 무슬림이었지만 분명한 진리를 회피할 수 없었다. 기독교를 지지하는 증거가 이슬람교를 지지하는 증거보다 월등하게 강력하고 설득력이 있었다.

기독교의 세 가지 핵심 주장, 곧 예수가 십자가에서 죽었고 죽은 자들 가운데서 부활한 것이 그가 하나님임을 증명한다는 주장은 아주 견고하게 역사에 근거해 있다. 비록 이슬람은 이 세 가지 주장을 부인하지만, 나는 예수의 십자가 죽음을 지지하는 역사적 증거가 여느 역사적 사건만큼이나 강력하며, 예수가 죽은 자들 가운데서 부활했다는 것이 그의 십자가 죽음을 둘러싼 사실들을 설명해주는 최선의 방법이고, 예수가 자신이 하나님이라고 주장한 것은 초기 교회의 선포를 설명해주는 최선의 방법이라는 결론을 내렸다.

이러한 결론은 특이한 것이 아니며 신학적 스펙트럼과 관계 없이 학자들 간에 이루어진 합의에 근거한 것이었다.[1] 달리 말해, 기독교 메시지의 진리는 역사적 증거와 부합한다.

반면, 이슬람교의 핵심 진리 주장 곧 무함마드가 예언자이며 코란이 하나님의 말씀이라는 주장은 어느 쪽도 설득력이 없다. 무함마드의 성품은 그가 하나님의 선택을 받은 사람이라는 인상을 주지 않으며, 성경에 그가 예언되어 있지도 않다. 하디스에도, 코란에도 그가 경이로운 과학적 통찰을 갖고 있었다는 기록은 없다. 그 문제에 있어서 코란은 문학적 탁월성으로나, 성취된 예언으로나, 수학적 패턴으로나, 완벽한 보존으로나 영감된 책이라고 보이지 않는다.

이슬람의 전통적인 이야기는 기독교 역사와 양립할 수 없으며 역사 기록과도 양립할 수 없다. 기독교의 기원과 관련된 역사 기록을 진지하게 수용하면서 동시에 이슬람교의 기록을 믿으려면, 예수가 철저히 무능력한 메시아이며, 알라는 기만적인 신이라

---

1 분명히 말하자면, 비그리스도인 학자들은 예수가 죽은 자들 가운데서 부활했다고 믿지 않지만, 예수의 부활로 사실이 가장 잘 설명된다는 데에는 수긍한다. 마찬가지로 모든 학자들이 예수가 스스로를 하나님이라 주장했다고 수긍하지는 않지만, 현재까지 합의된 바는 가장 초기의 그리스도인들은 예수가 하나님이라고 믿었다는 것이다. 나는 여기서 한 걸음 더 나아가 이에 대한 최선의 설명은 예수가 스스로 신성을 주장한 것이라고 말하는 것이다.

는 결론에 이를 수밖에 없다. 이슬람의 기원과 관련된 역사 기록은 많은 학자들로 하여금 무함마드가 실제로 존재했는지 의구심을 갖게 만들며, 코란이 원래 훨씬 유동적이어서 현재의 모습과는 매우 다른 성격의 책이었으리라는 생각을 하게 만든다.

기독교의 기원 및 이슬람의 기원에 관한 이슬람의 이야기는 역사와 양립할 수 없다. 달리 말해, 이슬람의 진리를 믿으려면 역사적 증거를 무시해야 한다.

나는 무슬림으로서 내 신앙의 기초를 맹목적 믿음이나, 내게 매력적으로 느껴지는 것이나, 또는 내 가족의 유산에 두고 싶지 않았다. 나는 내 믿음이 실체에 근거한 것이기를 바랐다. 만일 내가 역사 기록을 진지하게 받아들이기를 원한다면, 나는 내 이슬람 신앙을 버리고 복음을 받아들여야만 했다.

그러나 그것은 어마어마한 대가를 요구하는, 본질적으로 내가 알고 있는 모든 것을 희생하는 일일 터였다. 진리를 위해 모든 것을 희생하는 것이 가치 있는 일일까? 과연 그 진리는 목숨을 걸 만한 것인가?

결론

목숨을 걸 만한 진리인가?

이슬람을 떠난다는 것은 전부를 거는 일일 수 있다. 가족, 친구, 직업, 당신이 알아온 모든 것, 그리고 어쩌면 생명까지도. 진리를 위해 모든 것을 희생하는 것이 정말 가치가 있을까? 대답은 간단하다. 그 진리의 가치에 달려 있다.

복음을 생각할 때 우리는 우리 앞에 펼쳐진 세계의 깊은 비밀을 발견한다. 우리가 삼위일체 하나님을 발견하게 되는 것은 그분의 사랑이 영원하고 절대적이기 때문이며, 그분께서 자신에게 세상이 필요한 것은 아니었지만 그럼에도 넘치는 사랑으로 이 세상을 창조하셨기 때문이다. 이 야웨 하나님 안에서 우리는 아무 조건 없이 사랑하시고, 한없는 은혜를 베푸시고, 우리가 돌아설 때에라도 우리에게 달려오시고, 뜻을 품고 우리를 만드시고, 그분을 사랑하는 이들의 유익을 위해 만물을 지휘하시는 아버지를 갖게 된다. 야웨 하나님 안에서 우리는 우리의 고통을 기꺼이 지시고,

우리를 위해 고난 당하셔서 겸손의 본으로 우리를 인도하시며, 우리의 짐을 가볍게 하시고, 죽을지언정 풍성한 삶을 살도록 우리의 길을 다듬어가시는 성자를 발견한다. 야웨 하나님 안에서 우리는 은혜로 우리를 채우시고, 우리의 마음을 변화시키시며, 우리의 지성을 새롭게 하고, 그분이 우리를 섬기신 것처럼 우리도 그분의 손과 발이 되어 다른 사람을 섬기도록 세상 속으로 우리를 보내시는 우리의 위로자이신 성령을 영접한다. 복음은 우리 각자의 고통에 대한 응답일 뿐 아니라 이 세상의 고통, 그리고 인생의 비밀에 대한 대답이다.

하나님 한 분 외에 다른 신은 없다. 하나님은 아버지시요, 성령이시며, 아들이시다. 하나님 한 분 외에 다른 신은 없으며, 그 하나님은 예수님이다.

이 진리를 영접하고 그분을 따르기 위해서라면 모든 고통을 감내한다 해도 그럴 만한 가치가 있다. 하나님은 인생보다 아름다운 분이시다. 그분을 사랑하는 자는 죽음을 만나더라도 기꺼이 맞이할 준비가 되어 있으니, 그분을 영화롭게 하기 위해서뿐만 아니라 그분의 품에 속히 안기길 원하기 때문이다. 비록 우리는 죽더라도, 살 것이다.

사라 파티마 알-무타이리는 오빠가 자신을 방에 가뒀을 때 이 사실을 알았다. 파티마는 무함마드의 길과 메시아의 길이 서로 엄청나게 다르다는 것을 알았으며 또한 복음의 진리를 확신했다. 파티마는 그리스도에 대한 신앙을 버리지 않기로 했다.

2008년 8월 12일, 사우디에서 발행되는 신문인 「알-아하두드」에 "알-하스바 집안 사람이 기독교로 개종한 누이를 살해하다"라는 제목의 기사가 실렸다. 기사는 자세한 이야기를 담고 있다. "동부 지역 '미덕 증진과 악덕 방지 위원회'에서 일하는 한 사우디 시민이 기독교로 개종했다고 알려진 자기 누이를 살해했다. 희생자를 잘 아는 소식통에 따르면, 피의자는 소녀를 불사르고 그녀의 혀를 잘랐다."

우리의 자매인 스물여섯 살의 사라 파티마는 하나님의 은혜를 확신했고, 다른 모든 것을 포기하더라도 그분을 얻는 것이 가치가 있다고 확신했다. 파티마는 이 땅의 생명보다 예수를 선택한 것이다.

나중에 알려진 것처럼, 그녀는 마지막 순간까지 자신의 신앙을 포기할 생각을 하지 않았다. 오히려 그녀의 마음은 무슬림들로 인한 괴로움에 사로잡혀 있었다. 오빠가 돌아와 그녀의 생명을 빼앗기 직전 마지막 순간에, 그녀는 시 한 편을 온라인에 게시했다.[1] 그녀의 오빠가 그녀의 혀를 자르고 그녀의 생명을 앗아갔지만, 그녀의 생생한 목소리는 지금도 우리에게 다가온다. 다음은 사라 파

---

1 사라 파티마의 최후 순간에 대한 세부 사항은 이야기마다 차이가 있는데, 그녀가 온라인에 남긴 게시글과 뉴스 보도를 종합해서 이야기를 전하기 때문이다. 내가 알고 있는 바, 순교하기 얼마 전 그녀는 배교자들을 저주하는 무슬림들에 대한 응답 형식의 시 한 편을 쓰고 있었다. 그녀는 죽음을 코앞에 둔 마지막 순간에 그 시를 마무리했다.

티마가 이 세상에 남긴 말이다.

눈물이 뺨을 적시고, 아, 마음이 슬픕니다.
그리스도를 따르기로 한 이들에게, 당신은 얼마나 잔혹한가요!
메시아께서 "핍박받는 자들은 복이 있다"고 하시니
우리는 메시아를 위해 모든 것을 견딥니다.
우리가 배교자가 된들 그것이 당신에게 무슨 상관이 있나요?
당신은 우리 무덤에 들어오지도, 우리 곁에 눕지도 못할 것입니다.
당신의 말, 내게는 조금도 중요하지 않고,
당신의 협박, 나를 흔들지 못하오니 우린 두렵지 않습니다!
하나님으로 인해, 나는 죽을 때까지 그리스도인입니다!
아, 나의 눈이여, 지나간 슬픈 생을 위해 울 것은,
많은 세월을 주 예수 없이 살았기 때문입니다.
오 역사여, 기록하라! 증언하라, 오 증인들이여!
우리는 메시아의 길을 걷는 그리스도인입니다.
나에게서 이 지식을 가져가 잘 기록하기를!
예수는 내 주요, 그는 내 보호자입니다.
당신에게 권합니다. 당신의 존재를 불쌍히 여기고
당신의 증오가 얼마나 무시무시한지 바라보기를.
사람은 사람의 형제, 오 배운 자들이여!
인간성과 사랑은 어디 있으며, 당신은 어디 있습니까?

메시아 예수, 분명한 인도의 빛,

세계의 주인이신 분께 내가 드릴 마지막 말은 이것이니,

저들의 마음을 바꾸사 옳고 그름을 분별하게 해주소서.

여러분, 무슬림들에게 사랑이 전파되게 해주소서.

아멘, 아멘. 나의 자매, 사라 파티마여! 이 말을 전합니다. 당신은 단지 몇 개월 동안 그리스도인이었지만, 당신의 믿음은 우리 모두에게 귀감이 됩니다. 당신의 목소리가 영원토록 울려 퍼지기를, 우리가 당신의 모범에 영감을 얻어 죽기까지 당신의 본을 따르기를. 우리는 머지않아 예수 그리스도의 품 안에서 당신과 함께할 것을 확신합니다.

누가 진짜 하나님인가? 알라인가, 예수인가

무슬림이었던 구도자, 이슬람교와 기독교의 증거를 조사하다

Copyright ⓒ 새물결플러스 2018

1쇄 발행 2018년 9월 12일

지은이	나빌 쿠레쉬
옮긴이	박명준
펴낸이	김요한
펴낸곳	새물결플러스

편 집	왕희광 정인철 박규준 노재현 한바울 신준호 정혜인 이형일 서종원 조광수
디자인	이성아 이재희 박슬기 이새봄
마케팅	박성민 이윤범
총 무	김명화 이성순
영 상	최정호 조용석 곽상원
아카데미	유영성 차상희

홈페이지	www.holywaveplus.com
이메일	hwpbooks@hwpbooks.com
출판등록	2008년 8월 21일 제2008-24호
주 소	(우) 07214 서울특별시 영등포구 양평로 11, 4층(당산동5가)
전 화	02) 2652-3161
팩 스	02) 2652-3191

ISBN 979-11-6129-076-8 03230

책값은 뒤표지에 있습니다.

이 도서의 국립중앙도서관 출판예정도서목록(CIP)은 서지정보유통지원시스템 홈페이지(seoji.nl.go.kr)와 국가자료공동목록시스템(nl.go.kr/kolisnet)에서 이용하실 수 있습니다. CIP2018028583